Wilfried Klemmer

GIS-Projekte erfolgreich durchführen
Grundlagen Erfahrungen Praxishilfen

Bernhard Harzer Verlag Karlsruhe

Alle in diesem Buch enthaltenen Angaben wurden nach bestem Wissen erstellt und von dem Autor mit größtmöglicher Sorgfalt überprüft. Gleichwohl sind inhaltliche Fehler nicht vollständig auszuschließen. Daher erfolgen die Angaben ohne jegliche Verpflichtung oder Garantie des Verlages, der auch keinerlei Verantwortung und Haftung für etwaige Unrichtigkeiten übernimmt.

Bernhard Harzer Verlag GmbH
Westmarkstr. 50/59 a
D-76227 Karlsruhe
Tel. ++49 (0)721 944 02 0
Fax ++49 (0)721 944 02 30
E-Mail: info@harzer.de
http://www.harzer.de
http://www.geobranchen.de
http://www.gis-report.de

Bibliografische Information der Deutschen Bibliothek:

Die Deutsche Bibliothek verzeichnet diese Publikation in der Deutschen Nationalbiografie; detaillierte bibliografische Daten sind im Internet über **http://dnb.ddb.de** abrufbar.

Dieses Werk, einschließlich aller seiner Teile, ist urheberrechtlich geschützt. Jede Verwendung außerhalb der engen Grenzen des Urheberrechtsgesetzes ist ohne Zustimmung des Verlages unzulässig und strafbar.
Dies gilt insbesondere für Vervielfältigungen, Übersetzungen, Mikroverfilmung und die Einspeicherung und Verarbeitung in elektronischen Systemen.

© Bernhard Harzer Verlag GmbH, Karlsruhe 2004

Herstellung: Bernhard Krebs
Druck und Verarbeitung: Greiserdruck GmbH & Co. KG, Rastatt

ISBN 3-9808493-2-5

Inhaltsverzeichnis

Vorwort — 8

1 Einführung — 11

2 Charakteristika der GIS-Anwendung — 15

   2.1 **Was ist ein GIS?** — 15
   2.2 **Ziele des GIS-Einsatzes** — 20
   2.3 **Das Grundproblem des GIS-Einsatzes** — 25
   2.4 **Quellen der Einsparpotentiale** — 27
      2.4.1 Funktionale Aspekte — 27
      2.4.2 Von einfachen zu komplexeren Funktionalstrukturen — 28
      2.4.3 Das Potenzial der Informationsverfügbarkeit — 30
      2.4.4 Neue Aspekte für das Kartenwerk — 34
      2.4.5 Die Stabilitätsebenen der Grafik — 41
      2.4.6 Von kartografischen zu informationstechnischen Sichten — 45
      2.4.7 Bedeutung der Arbeitsprozesse — 48
   2.5 **Wichtige Komponenten der GIS-Architektur** — 51
      2.5.1 Der Missstand mangelnder Definition — 51
      2.5.2 Visualisierungssysteme versus Informationssysteme — 52
      2.5.3 Datenstrukturen und Auswertemöglichkeiten — 57
      2.5.4 Art der Datenhaltung im GIS — 66
   2.6 **Die gedankliche Revolution** — 71

3 Projektmanagementtheorie — 81

   3.1 **Definition** — 81
   3.2 **Management von GIS-Projekten** — 83
      3.2.1 Das Grundprinzip — 84
      3.2.2 Ziele — 85
      3.2.3 Inhaltliche Strukturelemente eines GIS-Projektes — 88
         3.2.3.1 Projektadministration — 89
         3.2.3.2 Technologie — 90
         3.2.3.3 Mitarbeiter — 92
         3.2.3.4 (Geschäfts-)Prozessorganisation — 94
      3.2.4 Bewertungskomponenten — 95
         3.2.4.1 Inhalt — 96
         3.2.4.2 Zeit — 97
         3.2.4.3 Kosten — 98

		3.2.4.4 Probleme	98
		3.2.4.5 Verantwortung	98
		3.2.4.6 Kritische Erfolgsfaktoren	99
	3.3	**Projektplanung und Projektcontrolling**	99
		3.3.1 Bedeutung	99
		3.3.2 Projektmanagementmatrix	100
		3.3.3 Weitere Projektplanungs- und -controllingwerkzeuge	104
	3.4	**Kommunikation**	105

4 Aufbau von integrierten Informationssystemen — 107

	4.1	**Multiprojektmanagement für Informationssysteme**	108
		4.1.1 Rahmenfestlegungen für IT-Systeme	111
		4.1.2 Architektur der Informationssysteme	113
		4.1.3 Management des IS-Projektportfolios	115
		4.1.4 IS-Gesamtprojektplan	118
		4.1.5 Berichtswesen	118
		4.1.5.1 Projektdefinition	121
		4.1.5.2 Phasenbeschreibung	122
		4.1.5.3 Phasenergebnis	123
		4.1.5.4 Statusbericht	124
		4.1.5.5 Protokolle	125
		4.1.6 Projektkennzahlen	125
		4.1.7 Projektaudit	126
	4.2	**GIS und SAP**	129
		4.2.1 Chancen und Risiken der Integration	129
		4.2.2 Stärken und Schwächen der Systeme	131
		4.2.3 Typische Schwierigkeiten und Lösungsansätze	132
	4.3	**(Daten-)Migrationsprojekte**	136
		4.3.1 Datenmigration zu einem GIS	137
		4.3.2 Investitionsschutzaspekte	140
	4.4	**Besonderheiten mit GIS**	144
		4.4.1 Das grafische Benutzerinterface	144
		4.4.2 Die grafische Komponente	144
		4.4.3 Lange Transaktionen	147

5 Methodische Behandlung von Projekten — 149

	5.1	**Kernpunkte der Methodik**	149
	5.2	**Methode**	155
		5.2.1 Projektentwicklungsmodell	155
		5.2.2 Vorgehensmodell	157
		5.2.3 Phasenentwicklungsmodell	161
		5.2.4 Arbeitsmodell	163

Inhaltsverzeichnis

5.3	Werkzeuge für den Projektmanager	167
	5.3.1 Grundsätzliches	168
	5.3.2 Fragebogen	168
	5.3.3 Mind-Map Technik	170
	5.3.4 Filterarchitekturen	174
	5.3.5 Routing Techniken	182
	5.3.6 Beziehungsmatrix	189
	5.3.7 Wertekettenanalyse	191
	5.3.8 GIAD-org	193
	5.3.9 Ablaufanalysen	201
	5.3.10 Funktionsleistungsspiegelung	204
	5.3.11 Aktionsleistungsspiegelung	207
	5.3.12 Handling der Werkzeuge	208

6 Praktischer Leitfaden 209

6.1	Praktische Umsetzung	209
	6.1.1 Wichtige Grundsätze	209
	6.1.2 Formaler Projektablauf	211
	6.1.3 Voruntersuchungen	212
	6.1.4 Zieldefinition	213
	6.1.5 Projektdefinition	219
	6.1.6 Analyse des Ist-Standes	222
	6.1.7 Entwicklung des Soll-Standes	226
	6.1.8 Grundsätzliche Entwicklung weiterer Projektphasen	231
	6.1.9 Ausschreibung	233
	6.1.10 Kosten/Nutzen Analysen	239
	6.1.11 Hard- und softwareabhängige Soll-Konzeption	242
	6.1.12 Datenerfassung	245
	6.1.13 Tests	250
6.2	Projektmanagementhandbuch	255
6.3	Anforderungen an den Projektmanager	257

7 Adaptierung der Methodik 261

8 Literaturverzeichnis 263

9 Glossar 269

Farbtafeln 275

Vorwort

Die Einführung von Informationstechnologie in die Unternehmenspraxis und das damit verbundene Projektmanagement werden in ihrer Komplexität und Bedeutung häufig unterschätzt. Oft wird ein Verantwortlicher für die Einführung eines Informationssystems per Akklamation festgelegt. Man weiß, dass sich ein engagierter Mitarbeiter für PC-Anwendungen interessiert und schon wird aus ihm ein Projektmanager. Eine gezielte Ausbildung für seine ihm zugewiesene Tätigkeit hat er nicht. Einen Mitarbeiter „ins kalte Wasser zu werfen" und darauf zu hoffen, dass er sich freischwimmt, kann nicht die Maßnahme sein, mit der Unternehmen Optimierungen hoch komplexer Aufgaben erreichen wollen.

Einzelne Studienzweige gehen - mehr oder weniger intensiv - auf die Problematik des Projektmanagers ein und größere DV-Unternehmen kennen sogar eigene Projektmanagementmethoden, die in internen Schulungsmaßnahmen den Mitarbeitern zur Fort- und Weiterbildung angeboten werden. Manchmal ist hier sogar das Berufsbild des Projektmanagers entwickelt.

In der Praxis findet man aber überwiegend die Projektverantwortlichen. Sie müssen meistens neben ihrer normalen Tätigkeit ein Projekt nach bestem Wissen und Gewissen durchziehen. In der Regel haben sie keine besondere Ausbildung für diese Aufgabe. Sinkende Fortbildungsetats sehen ohnehin keine fundierten Ausbildungen vor, und so ist es meistens nur dem enormen Engagement des Projektverantwortlichen zu verdanken, dass Projekte überhaupt abgewickelt werden können.

Während man in jedem Bereich des Berufslebens die Spezialisierung forciert, immer fundiertere Ausbildungen verlangt und ständig versucht, Arbeitsabläufe zu optimieren sowie Kosten zu senken, findet Projektmanagement für Informationssysteme nur selten in professioneller Art und Weise statt, obwohl IT-Projekte häufig Kosten in Millionenhöhe verursachen.

Natürlich entstehen durch diese ungünstigen Voraussetzungen auch negative Konsequenzen. Noch sorgen fehlende Controllingmechanismen und die mangelnde Kenntnis der Kritischen Erfolgsfaktoren von Projekten der Informationstechnologie dafür, dass diese Mängel derzeit nicht transparent werden. Das stetige Bemühen der Unternehmen zu effektiveren Abläufen und zur Reduktion von Kosten wird früher oder später die Notwendigkeit eines professionellen Projektmanagements für die Realisierung von IT-Projekten bestätigen.

Wer sich aktiv um die Verbesserung seiner Kenntnisse für das Projektmanagement kümmert, wird feststellen, dass es eine Vielzahl von Hilfen gibt. Für fast jeden Problemfall wird man nach entsprechender Recherche einen Lösungsansatz finden. Die theoretisch wie praktisch zusammenhängende Behandlung des Themas sucht man aber vergebens.

Da ich selbst auch vor diesem Problem stand, blieb mir nichts anderes übrig, als im Laufe der Zeit alle mir bekannten Lösungen zu diesem Thema zu sammeln. Damit entstand zwar ein Portfolio von Möglichkeiten, eine stringente Strategie zur Bearbeitung hatte ich jedoch nicht.

Vorwort

Es blieb die Notwendigkeit, eine in sich geschlossene und durchgängige Methodik zu erarbeiten, die theoretisch stabil und praktisch gut anwendbar ist.

Diese Ideen wurden erstmals 1997 in dem Buch „GIS-Projektplanung und Projektmanagement" veröffentlicht. Die positive Resonanz auf dieses Buch hat mich dazu veranlasst, den Themenbereich der Umsetzung von Geografischen Informationssystemen mit Hilfe des Projektmanagements weiter zu verfolgen, zusätzliche Anwendungsfälle und Erfahrungen einzubringen und dieses Buch komplett zu überarbeiten.

Im Rahmen dieser Überarbeitung wurde der Umfang der Thematik auf die Technischen Informationssysteme erweitert, aber nach wie vor blieb die Ausrichtung an den Geografischen Informationssystemen (GIS), um die Tücken der Praxis und die Bedeutung von Besonderheiten von Informationssystemen zu belegen und Lösungen aufzuzeigen. Da ein GIS in diesem Zusammenhang besonders vielgestaltig ist, eignet es sich gut als Standardbeispiel.

Weiterhin wurde Wert auf die oben erwähnte Durchgängigkeit gelegt. Von der ersten Idee zu einem Projekt bis zu konkreten Ratschlägen für die Umsetzung einzelner Projektphasen wird der gesamte Lebenszyklus eines Projektes theoretisch wie praktisch behandelt.

Neu wurde das Multiprojektmanagement aufgenommen. Hierbei werden die Grundlagen für eine unternehmensseitige aktive Steuerung von Projekten entwickelt und damit die Abkehr von der reaktiven Projektbehandlung in Unternehmen propagiert. Da mittlerweile die Chancen der unternehmensweiten integrierten Nutzung unterschiedlicher Informationssysteme stärker ins Bewusstsein der Unternehmensstrategen rücken, wurde dieser Aspekt zusätzlich aufgenommen und um die Erfahrungen aus der Integration zwischen SAP und GIS ergänzt.

Immer mehr GIS-Projekte ergeben sich aus der Notwendigkeit, auf ein anderes System umzusteigen oder Daten aus einer Altanwendung in ein GIS zu übernehmen. Spätestens jetzt wird die weitreichende Bedeutung von Daten und Datenstrukturen erkannt. Um dem praktischen Bedarf nachzukommen, aber auch um die theoretischen Ausführungen durch ein typisches Praxisbeispiel zu untermauern, wurde auch dieser Sonderfall im GIS-Projektmanagement behandelt.

Dieses Buch ist für diejenigen geschrieben, die Verantwortung für die Realisierung von Praxisprojekten der Informationstechnologie (außer Softwareentwicklung) haben oder übernehmen wollen. Es eignet sich gleichermaßen für Führungskräfte wie operativ tätige Mitarbeiter, für Lernende, die sich ihren Wirkungsbereich noch erschließen wollen, und für erfahrene Projektmanager, die das Spektrum ihrer Möglichkeiten abrunden und sich mit neuen Ideen beschäftigen wollen.

Letztlich stellt dieses Buch die Summe von Erfahrungen der 10-jährigen Nutzung einer Methodik dar. Diese wurde wesentlich von den Diskussionen mit den Projektleitern meiner Kunden beeinflusst, mit denen ich in dieser Zeit zusammengearbeitet habe. Ihre Bereitschaft, sich neuen Gedanken zu stellen, aktiv an der Gestaltung zukünftiger Unternehmensprozesse zu arbeiten, mit unermüdlichem Einsatz Visionen umzusetzen und auch richtig Erkanntes gegen die retardierenden Kräfte in Organisationen durchzusetzen, hat dazu geführt, dass der Methodik der Nährboden bereitgestellt wurde, der für eine gesunde Entwicklung notwendig ist.

Mit ihnen verbindet mich eine langjährige geistige Verwandtschaft konstruktiven Streitens und ihnen sei an dieser Stelle dafür gedankt!

Dahlem, im Juni 2004

Wilfried Klemmer

1 Einführung

Geografische Informationssysteme (GIS) haben sich mittlerweile bei Behörden und Versorgungsunternehmen als Informationssysteme für raumbezogene Anwendungen etabliert. Unterwirft man aber diese Anwendungen einer kritischen Analyse, stellt sich die Situation des Erreichten oftmals nicht sehr positiv dar.

Viele Projekte sind bis heute nicht zum Ende gekommen, weil die Datenerfassung nicht abgeschlossen ist. Statt Rationalisierungseffekte zu erzielen, hat sich die Mannschaft um GIS sogar noch vergrößert. Oder das GIS verstaubt im Keller, und man arbeitet nach wie vor mit den alten Methoden.

Während es früher fast zum guten Ton gehörte, ein GIS zu haben und sich mit dieser Hochtechnologie zu schmücken, sind die Zeiten heute härter geworden. Desillusionierte Manager beginnen zu rechnen und wollen Effekte für das Unternehmen sehen, wenn GIS eingesetzt wird. Verschärfte Haushaltslagen zwingen die Mitarbeiter aus dem Experimentierstadium herauszutreten und die Vorteile der GIS-Nutzung zu belegen. Während früher die erstmalige Beschaffung eines GIS Auslöser eines GIS-Projektes war, sind es heute eher Redesignvorhaben, Unternehmenszusammenlegungen, Integrationsvorhaben oder auch Systemwechsel, die ein GIS-Projekt initiieren.

Spätestens dann ist der GIS-Projektmanager gefordert. Der bloße Einsatz eines GIS bringt an sich noch keine nennenswerten Effekte für das Unternehmen. Leider sind die Aufwendungen für GIS (und der zugehörigen Datenerfassung) sehr hoch. Es bedarf besonderer Anstrengungen, adäquate Nutzeffekte zu generieren, die diese Investition des Unternehmens rechtfertigen. Analysiert man die Möglichkeiten, so zeigt sich, dass ein GIS durchaus in der Lage ist, einem Unternehmen die erhofften Rationalisierungseffekte zu bringen. (Behörden werden aufgrund der gleichen Interessenslage hier auch unter den Begriff „Unternehmen" gefasst).

Neben der reinen GIS-Technologie, die alles andere als einfach einzustufen ist, müssen noch eine Menge an unternehmerischen, organisatorischen und Mitarbeiter bezogenen Aspekte berücksichtigt werden, um mit GIS-Projekten Ergebnisse zu erreichen, die den Vorstellungen der Unternehmen entsprechen.

GIS-Projektmanagement oder allgemein das Projektmanagement Technischer Informationssysteme wird damit zu einer sehr komplexen Aufgabe.

Überwiegend haben die Unternehmen keine ausgebildeten Projektmanager. In der Regel fällt demjenigen, der ein besonderes Engagement in diese Richtung zeigt, irgendwann wie selbstverständlich diese Aufgabe zu. Wenn er dann auch noch neben seiner normalen Arbeit das Projektmanagement für GIS erledigen soll, hat man Rahmenbedingungen gesetzt, die den ernannten Projektmanager überfordern müssen.

Ein GIS-Projektmanager, der nicht speziell für diese Arbeit ausgebildet ist, ist also auf Hilfestellungen angewiesen. Literatur zum IT-Projektmanagement ist zwar vorhanden, aber häufig berücksichtigt sie nicht die typischen Schwierigkeiten des Alltags. Viele Autoren konzentrieren sich darauf, darzustellen, **was** alles getan werden muss. Der Praktiker benötigt aber zu-sätzlich auch Hilfen, **wie** etwas im Projektmanagement umgesetzt werden muss. Praktische Hilfen für das Projektmanagement existieren nicht gebündelt. Wenn der Praktiker also versucht, Hilfen zu finden, stößt er auf Techniken und Werkzeuge, die aber nicht im Zusammenhang mit seinem Thema dargestellt werden.

Das alleinige Wissen um Werkzeuge und Arbeitsmethoden trifft aber nur teilweise den Bedarf des GIS-Projektmanagers. Er braucht eine Durchgängigkeit von theoretischem Wissen um GIS und dem Projektmanagement bis zu den passenden Methoden und Arbeitstechniken für die effektive Umsetzung. Gerade hier setzt das vorliegende Buch an.

Immer geht es darum, Zusammenhänge transparent zu machen, und aufgrund dieser Transparenz zu Methoden und Arbeitstechniken zu kommen, die den theoretisch begründeten Zusammenhang auch rein praktisch für die Realisierung unterstützen. Der Leser soll erkennen, wie aufgrund eines transparent gewordenen Zusammenhangs eine Methode wirkt und eine Arbeitstechnik unterstützt. Dieses Rüstzeug macht ihn flexibel, und er wird Zug um Zug in die Lage versetzt, diese Strategie zu adaptieren.

Da alle Kapitel des Buches im Zusammenhang stehen und aufeinander aufbauen, kann der Leser nicht selektiv vorgehen. Er muss dem entwickelten Aufbau folgen.

Im ersten Schritt wird zunächst auf die Charakteristik eines GIS und einer GIS-Anwendung eingegangen. Erst, wenn die gedankliche Dimension eines Informationssystems für Unternehmensanwendungen gegenüber kartografischen Werkzeugen deutlich geworden ist, ist der Leser hinreichend auf professionelles, unternehmensorientiertes Projektmanagement für Technische Informationssysteme vorbereitet.

Natürlich werden die theoretischen Grundlagen des Projektmanagements am praktischen Bedarf ausgerichtet, so dass der Leser bei den Darlegungen den Bezug seines Interesses nicht verliert. Die hier entwickelten „Rezepturen" sind aber immer so aufgebaut, dass eine Adaptierbarkeit auf Schwerpunkte, die die eigene Anwendung hat, leicht möglich ist. Es wird von einem kompletten Projektumfang ausgegangen (Neueinführung eines GIS). Je nach Anwendungsfall reduziert sich der Umfang entsprechend.

Danach wird auf eine aktive Möglichkeit der unternehmensseitigen Initiierung und Steuerung von Projekten für Informationssysteme aufmerksam gemacht (Multiprojektmanagement), das nach meinen Erfahrungen bislang viel zu wenig genutzt wird. Multiprojektmanagement wird aber auch für den Tätigkeitsbereich des Projektmanagers definiert. In diesem Zusammenhang werden die in der Praxis bedeutsamen Fälle der Integration von GIS und SAP sowie (Daten-)Migrationen vertieft.

Auf der Basis des theoretischen Hintergrundes erfolgt nun intensiv die Behandlung der praktischen Aspekte. Der praktische Teil verbindet Methoden mit Werkzeugen. Die Werkzeuge stellen wiederum Empfehlungen dar. Der Projektmanager sollte sie sorgsam prüfen, einüben und dann sukzessiv in seine Praxis einführen. Dabei wird er automatisch Anpassungen an seinen persönlichen Stil vornehmen und so im Laufe der Jahre über die gewonnenen Erfahrungen Modifikationen und eigene Ideen einbringen. Genau dies ist die Absicht! Methode, Werkzeuge und Persönlichkeit des Projektmanagers werden zu einer Einheit und verbessern so signifikant seinen Wirkungsgrad in der Praxis. Dieser Lohn wird dem Leser nur dann winken, wenn er bereit ist, die Darlegungen zu studieren, sie in seiner Praxis anzuwenden und sie für seine Zwecke dann zu adaptieren.

Nachdem die Methoden und Werkzeuge erläutert sind, wird der Bezug zu den theoretischen Darstellungen hergestellt. Für jede aufgezeigte Arbeitsphase eines Projektes wird die praktische Umsetzung gezeigt und die entsprechenden Werkzeuge empfohlen. Auf diese Weise wird die genaue Umsetzung vermittelt. Zur Hilfestellung werden praktische Tipps und Erfahrungen mitgeteilt.

Die vorgestellte Methodik wurde für das Projektmanagement mit Technischen Informationssystemen konzipiert. Ihre Wirksamkeit hat sich mittlerweile seit einem Jahrzehnt in der Praxis bestätigt. Immer wieder bin ich darauf hingewiesen worden, dass die Methodik und die Werkzeuge auch viel abstrakter nutzbar sind. Dies ist durchaus plausibel. Ich kann aber diese Allgemeingültigkeit nicht durch ausreichend viele Erfahrungen bestätigen, weil ich überwiegend nur auf technischem Sektor mit dieser Methodik gearbeitet habe. Insofern soll die Adaptierbarkeit auf andere Gebiete über die Technische Datenverarbeitung hinaus eine Anregung sein, und es würde mich freuen, wenn auf anderen Gebieten ähnlich positive Erfahrungen gemacht werden können.

Nun möchte ich den Leser einladen, mir in das arbeitsreiche, aber höchst faszinierende Gebiet des Projektmanagements für Technische Informationssysteme zu folgen, das hier am Beispiel der Geografischen Informationssysteme entwickelt wird.

2 Charakteristika der GIS-Anwendung

2.1 Was ist ein GIS?

Stellen Sie diese Frage einmal Personen, die ausgewiesene GIS-Erfahrung haben. Wahrscheinlich werden Sie zwei Dinge bemerken:

- eine passende Definition fällt nicht leicht und
- die Definitionen werden mehr oder weniger stark voneinander abweichen.

Die Hauptursache dafür ist die mangelnde Normung des Begriffes „Geografische Informationssysteme (GIS)". Auf diese Weise entsteht ein dehnbares Begriffsfeld, das bei der Behandlung des GIS-Themas zu Missverständnissen führen kann. Um diese Missverständnisse für die weitere Behandlung in diesem Buch auszuschließen, muss die Definition des Begriffes „Geografische Informationssysteme (GIS)" vorangestellt und eindeutig geklärt werden. Ein Exkurs in die Fachliteratur bestätigt die differierenden Sichten auf den Begriff „GIS". Bartelme hat einige dieser Definitionen zusammengestellt und ggf. aus anderen Sprachen übersetzt.

[Bartelme]
„Ein Geografisches Informationssystem dient der Erfassung, Speicherung, Analyse und Darstellung aller Daten, die einen Teil der Erdoberfläche und die darauf befindlichen technischen und administrativen Einrichtungen sowie geowissenschaftliche, ökonomische und ökologische Gegebenheiten beschreiben."

[Cowens]
„... ein System zur Unterstützung der Entscheidungsfindung, das raumbezogene Daten in einer Problemlösungsumgebung integriert."

[Borrough]
„... eine umfassende Sammlung von Werkzeugen für die Erfassung, Speicherung, Bereitstellung im Bedarfsfall, Transformation und Darstellung raumbezogener Daten der realen Welt im Rahmen spezieller Anwendungen."

[Bill und Fritsch]
„Ein Geografisches Informationssystem ist ein rechnergestütztes System, das aus Hardware, Software, Daten und Anwendungen besteht. Mit ihm können raumbezogene Daten digital erfasst und redigiert, gespeichert und reorganisiert, modelliert und analysiert sowie alphanumerisch und grafisch präsentiert werden."

[Dueker]
„... ein Informationssystem, dessen Datenbank aus Beobachtungen räumlich verteilter Objekte, Aktivitäten oder Ereignissen besteht, die durch Punkte, Linien oder Flächen definierbar sind."

[Göpfert]
„... ein Informationssystem, das alle raumbezogenen Daten der Atmosphäre, der Erdoberfläche und der Lithosphäre enthält und eine systematische Erfassung, Aktualisierung, Erarbeitung und Umsetzung dieser Daten auf der Grundlage eines einheitlichen räumlichen Bezugssystems gestattet."

Eine eigene Definition von GIS gibt Bartelme nicht. Er sagt, welchem Zweck ein GIS dient. Umgekehrt lässt sich nicht zwingend daraus folgern, dass alles, was dem beschriebenen Zweck dient, auch ein GIS ist. Ein Karteikasten über die Universitäten der Welt dient auch der Erfassung, Speicherung, Analyse und Darstellung von administrativen Einrichtungen. Er ist aber kein GIS. Für Definitionszwecke führt deshalb die gewählte Begriffsdarstellung nicht weiter.

Cowens Definition ist auch sehr allgemein und weit gefasst. Jedes System, das in irgendeiner Form raumbezogene Daten zum Zweck der Entscheidungsfindung vorhält (Karteikasten), wäre demnach ein GIS.

Borrough sieht ein GIS als einen Werkzeugkasten für Spezialanwendungen. Er prägt damit eine sehr funktionale Sicht auf GIS. Ein mit entsprechenden Hilfen ausgestatteter Karteikasten wäre bis auf die Transformation auch in der Lage, die Kriterien des GIS zu erfüllen.

Bill und Fritsch fassen den GIS-Begriff enger und schränken ihn auf rechnergestützte Systeme ein. Zusätzlich gehen sie mit der Aufzählung der Komponenten eines GIS in die Richtung der Festlegung eines Anforderungsspektrums, das dieses digitale System leisten muss. Die im Rahmen der Behandlung von Informationssystemen wichtige Modellierung wird erwähnt.

Dueker vollzieht auch den Schritt zu den digitalen Informationssystemen. Den Raumbezug der Objekte, Aktivitäten oder Ereignisse reduziert er sehr stark auf modularisierte und darstellerische Komponenten (geometrische Primitive).

Göpfert betont wiederum die Sicht eines speziellen Informationssystems für raumbezogene Daten. Bei ihm kommt zusätzlich der wichtige Praxisaspekt der Fortführung mit auf. Allerdings ist die Einschränkung eines einheitlichen Bezugssystems nicht praxisrelevant. In den Unternehmen werden durchaus zusammenhängende Pläne verwaltet, die unterschiedliche Bezugssysteme haben (Bestandsplan und Schemaplan).

Diese Definitionen zeigen: die gängigen GIS-Definitionen sind von unterschiedlichen Sichten geprägt. Dieser Umstand hat für die weitere Behandlung des Themas zwei Konsequenzen:

- Aufgrund der unterschiedlichen Sichten lässt sich kein einheitlicher GIS-Begriff ableiten.
- Der diesem Buch zugrunde liegenden GIS-Begriff muss definiert und erläutert werden.

Charakteristika der GIS-Anwendung

Natürlich ist auch mein GIS-Begriff von meiner Arbeit mit GIS geprägt. Als Unternehmensberater steht jeweils das Unternehmen und die Optimierung seiner Geschäftsprozesse zur Steigerung der Produktivität im Mittelpunkt. GIS ist hier keine isolierte Spezialdisziplin, sondern die Ausprägung einer konsequenten Weiterentwicklung von Informationssystemen, die Geschäftsprozesse unterstützen. Informationssysteme haben in dieser Situation keinen Selbstzweck. Sie dienen den Zielen des Unternehmens und ordnen sich diesen unter.

Als unabhängiger Unternehmensberater und Projektmanager bin ich nicht auf Systeme fixiert. Im Gegenteil! Ich bin aufgrund meiner Erfahrungen der Meinung, dass es das ideale GIS nicht gibt und man deshalb gezwungen ist, aus dem Angebot des Marktes das für die jeweilige Anwendung am besten passende GIS zu finden. Systembeispiele wird man daher vergeblich in diesem Buch suchen. Schließlich geht es um allgemein gültige Einsichten und daraus resultierenden Handlungsvorschlägen für die erfolgreiche Geschäftsprozessoptimierung mit GIS-Projekten.

In meiner Position bin ich aber nicht neutral. Ich verstehe mich eindeutig als Anwalt der Anwender und dementsprechend auch als deren Interessenvertreter. In dieser Beziehung bin ich absolut kompromisslos. Ich werde in meinen Projekten daran gemessen, welchen Nutzen ich durch meine Tätigkeit für den Anwender bringe. Dieser Einfluss war und ist prägend für meine Gedankenwelt und Methodik.

Somit ist klar, dass meine Sicht auf GIS praktisch und unternehmerisch geprägt ist. Aus dieser Ausgangssituation heraus möchte ich einen GIS-Begriff etablieren, der gewisse Qualitätskriterien festlegt. Meinen Ausführungen liegt ein GIS-Begriff zugrunde, den ich im folgenden eingehend erläutern werde. Diese Sicht auf GIS zieht sich wie ein roter Faden durch meine gesamte Methodik.

„Ein Informationssystem ist eine themenbezogene, geordnete Zusammenstellung von Informationen und Funktionen über die Realwelt zur prozessoptimierten Arbeit. Ein Geografisches Informationssystem (GIS) ist ein auf raumbezogene Fragestellungen spezialisiertes, dem Stand der Technik entsprechendes, digitales Informationssystem."

Diese Begriffsdefinition zielt auf sehr mächtige Möglichkeiten des GIS. Nach meinen praktischen Erfahrungen ist dies eine notwendige Voraussetzung, um die betriebliche Praxis angemessen unterstützen zu können. Ich will ein GIS nur dann einsetzen, wenn es (messbare) Vorteile für das Unternehmen bringt. Aufgrund der hohen Investitionen für GIS muss das System viele Optimierungsmöglichkeiten vorhalten oder viele Optimierungsmöglichkeiten müssen mit dem System geschaffen werden, um einen entsprechenden Nutzeffekt zu liefern. Mehr noch! Die Praxis zeigt, dass man alle Effekte des GIS und der Arbeitsorganisation mit GIS ausnutzen muss, um Nutzeffekte zu bekommen, die die Investitionen für GIS (inklusive der Datenerfassung) in vertretbaren Zeiträumen amortisieren.

Meine Definition bedeutet in vielerlei Hinsicht eine Abkehr von bislang gängigen Vorstellungen zu GIS. Diese Punkte sollen zunächst kurz aufgeführt werden. Später werden sie dann in gesonderten Ausführungen ausführlich behandelt.

Wie gesagt, würde ich gerne den Begriff „GIS" an Qualitätsmaßstäbe geknüpft sehen. Wer den Markt der Systeme kennt, weiß, wie unterschiedlich die Systemarchitekturen und Funktionalitäten der angebotenen (so genannten) GIS sind. Gäbe es genormte Qualitätsmaßstäbe, hätte es der Anwender viel leichter, sich zurecht zu finden.

Der erste Qualitätsmaßstab ist deshalb die Sicht des GIS als spezielles, dem Stand der Technik entsprechendes, digitales Informationssystem. Bewusst will ich damit die Abkehr von kartografischen Sichtweisen auf GIS begründen. Die Qualität eines GIS definiert sich nach meiner Vorstellung nicht durch die Qualität der durch das System erzeugten Bilder, sondern durch die Beherrschung der Informationstechnologie für raumbezogene Anwendungen. Abstrakt gesehen ist es bedeutungslos, ob diese Informationen nun alphanumerischer oder grafischer Natur sind. Erst wenn ein GIS die dem Stand der Technik entsprechenden Möglichkeiten digitaler Informationssysteme bietet, sollte es als solches bezeichnet werden dürfen. Informationstechnisch betrachtet ist die kartografische Komponente des GIS eine abgeleitete Größe. Für den eigentlichen Kern des GIS ist die kartografische Ausprägung der Daten eine, wenn auch nicht einfache, zusätzliche Funktionalität. Ausgangspunkt des Datenmodells im GIS ist **nicht die Kartografie, sondern die reale Welt**. In der weiteren Entwicklung dieses Gedankens wird gezeigt, dass kartografische Sichtweisen sogar schädlich für die Modellierung im GIS und die Effektivität der Anwendung sind.

Der Stand der Technik, der sich auf Technologie- und Qualitätsstandards der Informatik bezieht, verlangt dabei z.B.

- Datenintegrität und -konsistenz

    Mit dem Begriff der Datenintegrität werden alle Themen behandelt, die im weitesten Sinne mit der Erhaltung der Korrektheit der Daten zu tun haben. Eine Datenbank in moderner Ausprägung versteht sich nicht nur als ein Ablagemedium für Daten. Vielmehr unterstützt die Datenbanksoftware aktiv die Qualität der eingegebenen Daten (soweit dies möglich ist). Dementsprechend werden Eingabeprüfungen vorgesehen und Zulässigkeitstests durchgeführt (semantische Integrität). Die Software reguliert den gleichzeitigen Zugriff von mehreren Benutzern (operationale Integrität) und sie ist bei Störungen sogar in der Lage, auf definierte Stände aufzusetzen (letzte Sicherung) und die getätigten Arbeiten bis kurz vor der Störung automatisch nachzufahren, um so den aktuellen Stand wieder herzustellen (Recovery).

    Der Begriff der Konsistenz der Daten wird häufig synonym zum Integritätsbegriff benutzt. Innerhalb des GIS gewinnt er aber eine besondere Bedeutung, weil sehr oft mit getrennten Datenbanken für Grafik- und Sachdaten gearbeitet wird. In diesem Sinne bezeichnet die Konsistenz die Widerspruchsfreiheit und Vollständigkeit zwischen den Datenbeständen.

- eine performante Datenbehandlung

Unter dem Begriff Performance wird das Antwortzeitverhalten eines Systems verstanden. Aufgrund der komplexen Datenstrukturen, der großen Datenmengen und der Grafik ist es durchaus keine Selbstverständlichkeit, mit GIS ein angemessenes Antwortzeitverhalten zu erreichen.

- Redundanzfreiheit (oder kontrollierte Redundanz)

Unter der Redundanzfreiheit wird das nur einmalige Vorhalten einer Information in der Datenbank verstanden. Dies klingt einfach, stößt aber auf praktische Schwierigkeiten. Für den Fall, dass man eine Information mehrfach in die Datenbank bringen muss, möchte man zumindest diese Redundanz durch das System so kontrollieren, dass es den Benutzer auf inkonsistente Zustände redundanter Daten hinweist oder selbst (falls überhaupt möglich) diese inkonsistenten Zustände beseitigt.

Geografische Informationssysteme müssen neben den reinen Sachdaten (alphanumerischen Daten) auch noch Informationen über die geometrische Beschreibung der nachgewiesenen Objekte mitverwalten und Interaktion über alphanumerische und grafische Präsentationen der Objekte zulassen. Durch diese Anforderung wird den Geografischen Informationssystemen eine Komplexität auferlegt, die nicht mehr durch einfache Architekturen zu lösen ist und ein hohes Know-how der Hersteller in raumbezogenen Datenbank- und GIS-Praxisanwendungen verlangt.

Weiterhin definiere ich GIS im Sinne des Projektmanagements als zielgerichtetes System. Ich gehe bewusst von der wissenschaftlichen Wertneutralität der Definition ab, weil Projektmanagement immer einen ganz bestimmten Einsatzzweck verfolgt. Sinn und Zweck des Einsatzes sind konkrete Verbesserungen im betrieblichen Ablauf. Ohne den Reiz philosophischer Betrachtungen schmälern zu wollen, muss man sich im Projektmanagement der Erfüllung von Zielen unterwerfen. Angesichts der Kosten für den Aufbau eines GIS wird (zu Recht) die Rentabilität der Investition gefordert. Mithin muss ein Informationssystem für den betrieblichen Einsatz Arbeitsprozess optimierende Wirkungen haben, weil den Kunden nur Systeme interessieren (oder interessieren sollten), die messbare Verbesserungen bewirken können. Im späteren Verlauf wird noch gezeigt werden, dass damit weit mehr als eine bloße Funktionalitätenvielfalt des GIS gefordert ist. GIS-Einsatz muss betriebswirtschaftlichen Bemessungskriterien genügen. Ein GIS wird demnach nicht absolut an seiner Funktionalität gemessen (also nicht die Qualität der Werkzeuge des Werkzeugkastens), sondern an dem Grad, wie es eine konkrete Anforderungspalette erfüllen kann. In meinem Sinn gibt es keine absolut guten oder schlechten GIS, sondern nur passende oder unpassende Systeme für eine bestimmte Anwendung. Sobald also Systeme die durch die Definition festgelegte Schwelle überschreiten, sind sie Geografische Informationssysteme. Welche von diesen GIS sich dann jeweils für ein Anforderungsspektrum am besten eignen, muss immer wieder im Einzelfall geprüft werden.

Das wichtigste Qualitätskriterium meiner Definition eines GIS für die betriebliche Praxis ist damit von relativer Natur. Insofern ist es nicht förderlich, nach einer Definition auf der Basis absolut festgelegter Qualitätskriterien zu streben.

2.2 Ziele des GIS-Einsatzes

Wer die Zeiten des Rechenschiebers, der Logarithmentafeln oder Kurbelrechenmaschinen erlebt hat, kann sich der Faszination der Entwicklung der Rechnertechnologie nicht entziehen. Als die ersten elektronischen Taschenrechner aufkamen, reduzierten sich viele Stunden mühsamer Rechnerei plötzlich auf wenige Minuten. Bereits kurze Zeit später konnten die Rechenabläufe mit den Taschenrechnern programmiert werden. Sie hatten Basisprogramme für schon recht komplexe numerische Operationen und wurden zum fast unersetzlichen Werkzeug der Techniker.

Eine ähnliche Faszination geht auch von einem GIS aus. Funktionalitäten stehen bereit, die Auswertungen in Sekunden möglich machen, für die man früher Tage gebraucht hätte. Zusätzlich erhöht die visuelle Komponente und die Interaktion die Attraktivität des GIS.

In der Tat werden auch heute noch viele GIS-Projekte von der Begeisterungsfähigkeit einzelner Mitarbeiter initiiert und umgesetzt. Nicht zuletzt wird das GIS von einem Hauch der Hochtechnologie umgeben, was dem Image eines GIS-Projektes durchaus nicht schadet. So schön diese Technologie auch sein mag; sie wird im Betrieb durch die raue Wirklichkeit eingeholt. In der Zeit voller Kassen reichten durchaus Argumentationen wie:

„Der zukünftige Weg führt sowieso über GIS und diesem Weg kann man sich nicht verschließen. Es ist besser, frühzeitig aufzuspringen, um die Entwicklung noch mit beeinflussen zu können, als dem Fortschritt hinterher zu hinken."

„Die Datenverarbeitung bietet das Rationalisierungspotential schlechthin. Ohne DV-Einsatz wird man in der Zukunft nicht überleben können."

„Um die vielfältigen Probleme der betrieblichen Kartografie lösen zu können, gibt es nur den Weg der Einführung eines GIS."

Heute sind die Zeiten härter. Desillusionierte Manager wollen wissen, was ein GIS tatsächlich für das Unternehmen bringt. Sie sind sogar bereit, sich jeder Faszination der Technik zu widersetzen und fragen nach dem (monetären) Nutzen - der Schock für begeisterte Technologen.
In der Tat zeigt die Erfahrung mit GIS in der Praxis, dass die Möglichkeiten eines GIS oft falsch oder auch gar nicht umgesetzt werden. Zwar werden bei den diversen Kongressen, Tagungen und Veranstaltungen weiterhin die Lobeshymnen auf GIS-Projektrealisierungen gesungen. Wer sich aber wirklich in der Szene auskennt, weiß genau:

Charakteristika der GIS-Anwendung 21

- Ein Großteil der öffentlichen Darlegungen sind nichts weiter als bloße Selbstdarstellung. Einfachste Funktionalitäten werden den immer noch Ahnungslosen als Erfolg des Projektes verkauft. Schwierigkeiten oder Versäumnisse im Projekt werden ignoriert oder totgeschwiegen. Welcher Projektleiter wird schon zulassen, dass man seine Arbeit als gescheitert erklärt? Selbst bei gravierenden Mängeln wird aus Angst vor kritischen Rückfragen lieber vertuscht, als dass man offen Fehler eingesteht und versucht, daraus zu lernen.

- Die Projekte werden nie fertig. Sobald ein geringer Prozentsatz an Daten im GIS erfasst ist, läuft schon die Selbstdarstellungsmaschinerie an. Dass für den Aufbau der Ersterfassung erhebliche Anstrengungen unternommen werden müssen, ist allen Beteiligten klar. Dass aber die Ersterfassung auch einmal zu Ende gehen und anschließend der produktive Praxisbetrieb stattfinden muss, verwässert im Laufe der Jahre. Wie der eigentliche Produktivbetrieb laufen soll, ist nie erörtert, geschweige denn geplant worden. Der geschickte Projektleiter lässt sich rechtzeitig befördern und schon wenige Jahre, nach dem die „fähigen" Leute nicht mehr im Projekt sind, stellen sich die Schwierigkeiten ein.
  Die Fortführung ist ein Fremdwort. Üblicherweise wird das Ende der Ersterfassung (falls es überhaupt kommen sollte) direkt mit einer Nacherfassung eingeleitet. GIS-Anbieter und Datenerfassungsfirmen sehen dem mit Dank entgegen. Das Management des Unternehmens ist durch die lange Ersterfassungsdauer sowieso daran gewöhnt, die Geldmittel bereitzustellen. Also fallen nicht vorhandene Fortführungskonzepte kaum auf. Wenn man dann den Aufwand für die Nacherfassung gegenüber der Ersterfassung etwas verringern kann, gelingt meistens sogar das Husarenstück, dass das Management glaubt, tatsächlich eine Einsparung (gegenüber den Vorjahren) erzielt zu haben.

- Kein Projekt wird nachkalkuliert. Wenn man die Ankündigungen und Versprechungen mit den tatsächlichen Ergebnissen der Praxis vergleichen würde, ergäben sich Differenzen, die das Baugewerbe in den Schatten stellten. Ein Glück, dass die Feinheiten des GIS so verborgen sind, dass ein fachfremder Manager kaum eine Chance hat, sich einzuarbeiten!

Zugegeben, die obigen Bemerkungen sind zynisch. Wer aber die Praxis kennt, weiß, dass sie keinesfalls gelogen sind. Kehren wir zurück zu einer sachlichen Darstellung und vor allen Dingen zu einer konstruktiven Form, die hilft, die bekannten Praxisprobleme zumindest einzudämmen oder gar zu beseitigen.

Die Untersuchungen von Selin, Gunnar und May zeigen deutlich, dass DV-Projekte in den seltensten Fällen an der Technologie scheitern (vgl. Abbildung 1).

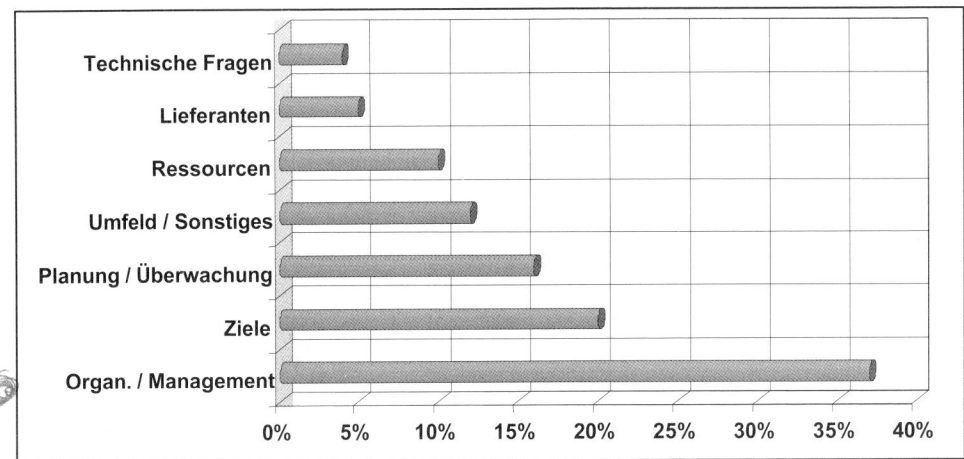

Abbildung 1: Gründe für Erfolg / Scheitern von Projekten

Da diese Untersuchungen richtungweisend für die Entwicklung meiner Methodik waren, sollen sie eingehender betrachtet werden.

Viele, die sich mit der Beschaffung von GIS-Systemen beschäftigen, orientieren sich an der Technologie. Ohne jetzt näher auf die Ursachen dafür einzugehen: für jene ist das Ergebnis der Untersuchung schockierend. Technische Fragen sind nur zu einem äußerst geringen Anteil für den Erfolg oder das Scheitern von Projekten verantwortlich. Ähnliches gilt auch für die oft geschmähten GIS-Lieferanten. Sie haben nur einen geringen Anteil am Erfolg des Gesamtprojektes. Wirklich entscheidend für das Gelingen sind die Komponenten Zielsetzung, Planung und Überwachung des Projektes. Diese Aufzählung definiert nichts anderes als die zentralen Komponenten des Projektmanagements. Natürlich ist damit nicht die Ausschließlichkeit der aufgezeigten Zusammenhänge gegeben. Aber es ist deutlich, dass ein durchdachtes Projektmanagement ein erheblicher Erfolgsgarant für die Realisierung von GIS-Anwendungen darstellt.

Eigene Untersuchungen der GIS-Praxis stützen diese Ergebnisse. Gleichzeitig beobachtete ich immer wieder eine Erscheinung in der Praxis, die ich „Abdriftphänomen" (vgl. Abbildung 2) getauft habe. Unter diesen Begriff fasse ich folgende Erscheinung:

Charakteristika der GIS-Anwendung

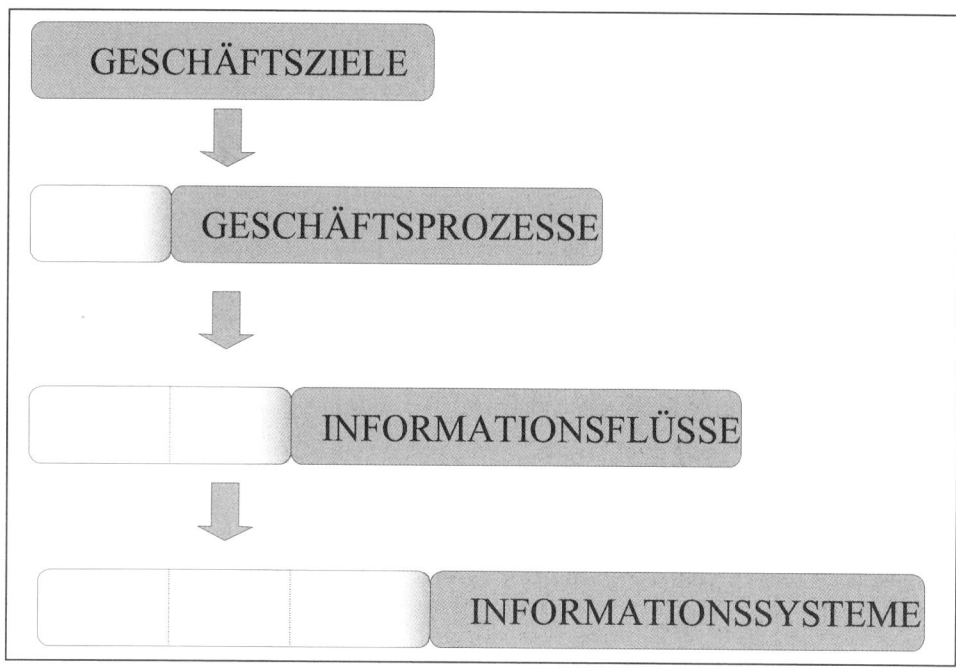

Abbildung 2: Abdriftphänomen

Jedes Unternehmen setzt sich bestimmte Ziele, die es erreichen möchte. Hierzu werden im Rahmen der Unternehmensorganisation bestimmte Unternehmenseinheiten geschaffen, denen definierte Arbeitsgebiete zugewiesen werden. Die Geschäftsziele werden zur Realisierung auf eine Geschäftsprozessebene verlagert. Diese Arbeitsteilung funktioniert, wenn es gelingt, zur richtigen Zeit, am richtigen Ort die erforderlichen Informationen bereitzustellen. Das Funktionieren der Geschäftsprozessebene ist damit zu einem erheblichen Maße von Informationsflüssen abhängig.

Geschäftsprozesse brauchen eine passende Informationsflussebene. Je größer ein Unternehmen ist und je umfangreicher die Organisation, desto schwieriger wird es, das harmonische Zusammenwirken zwischen Arbeitsprozess- und Informationsflussebene herzustellen. Gerade hier können Informationssysteme wertvolle Unterstützung leisten.

Das „Abdriftphänomen" bezeichnet den Effekt der Verselbständigung der einzelnen vorgestellten Ebenen. Geht man von den definierten Zielen des Unternehmens aus, so kann man häufig schon auf der nachfolgenden Ebene der Geschäftsprozesse feststellen, dass Arbeiten durchgeführt werden, die nicht ausschließlich der Erfüllung der Ziele dienen. Ebenso verhält es sich mit den Informationsflüssen. Die Informationsflüsse, die zur optimalen Erledigung der Arbeiten erforderlich sind, sind nicht immer vorhanden. Statt dessen fließen Informationen, die unnötig für die Erfüllung der Arbeiten sind. Die kritische Betrachtung von Sinn und Zweck der eingeführten Informationstechnologie bringt nicht immer das Ergebnis, dass die eingesetzte Technik Geschäftsprozesse und Informationsflüsse optimal unterstützt.

In der Abbildung 2 ist eine extreme Verselbständigung der aufgeführten Ebenen dargestellt, die dazu führt, dass das Informationssystem nichts mehr mit dem Unternehmensziel zu tun hat. Letztlich ist diese Darstellung eine grundlegende Erklärung der schon weiter oben geschilderten Praxisprobleme. Die mangelnde Berücksichtigung der Unternehmensziele führt zur Verselbständigung der dargestellten Ebenen. Jede Ebene rückt für sich in den Mittelpunkt. Der Verlust einer gemeinsamen Orientierung führt zwangsläufig zum Auseinanderdriften der vorgestellten Ebenen.

Dies mag theoretisch klingen. Deshalb ein Beispiel. Als die ersten PCs aufkamen, war es durchaus nicht selbstverständlich, die Rechnerleistung an den Schreibtisch des Anwenders zu bringen. Nicht selten war zu beobachten, dass PCs auf den Tischen leitender Mitarbeiter verstaubten und diejenigen, die sie zweckmäßig hätten einsetzen können, über Jahre hinweg auf eine Auslieferung warten mussten. Schließlich bringt neue Technologie neben nützlichen Eigenschaften auch das Image des Fortschritts mit sich und die Versuchung, sich durch bloßen Besitz der Technologie ein fortschrittliches Image zu verschaffen. Im aufgeführten Beispiel ist damit das Interesse des Unternehmens, den PC nutzbringend für die Verbesserung der Wertschöpfung einzusetzen, durch Fixierung des Selbstzwecks „Informationstechnologie" (für eigene Belange) pervertiert.

Diese Darstellung des Abdriftphänomens bringt einen einfachen, aber entscheidenden Grundsatz auf den Punkt.

Ein GIS-Projekt muss so geplant, entwickelt und umgesetzt werden, dass es dem Zweck des Unternehmens dient!

Im übrigen sei angemerkt, dass der Begriff des Unternehmens in dem hier behandelten Zusammenhang nicht auf marktwirtschaftlich tätige Organisationen allein beschränkt ist. Gemeint sind alle Organisationen, deren Ziel die Erhöhung der Produktivität ist. Der trivial anmutende Satz, ein GIS-Projekt nach den Unternehmenszielen auszurichten, ist nach meinen Erfahrungen die eigentliche Ursache dafür, dass GIS-Projekte nicht den Erfolg bringen, der angedacht oder sogar versprochen war. Die Erkenntnis zu dieser Aussage ist nicht das Problem.

Das wirkliche Problem steckt darin, diese Erkenntnis konsequent umzusetzen!

Im Rahmen der Umsetzung gilt es nämlich, das Abdriftphänomen und damit die Verselbstständigung der aufgeführten Ebenen zu bekämpfen oder, im Sinne des Abbildungsbeispiels, die Ebenen in eine Linie untereinander zu bringen. Wer dies versucht, wird bemerken, dass es in der Praxis häufig mächtige Interessen gibt, bestehende Strukturen unverändert zu belassen. Die bloße theoretische Behandlung dieses Problems ist damit der erste Schritt zur Lösung. Für die Praxis muss noch mehr geleistet werden.

Die später vorgestellten Methoden der Projektplanung und des Projektmanagements haben eigentlich nur ein Ziel: dem Unternehmen (im obigen Sinne) effektive Unterstützung für das Erreichen seiner Ziele bereitzustellen. Methodik und Werkzeuge dienen eigentlich „nur" dazu, das Abdriftphänomen zu beseitigen und damit eine vollständige Kongruenz zwischen Unternehmenszielen und Informationssystem herzustellen. Dabei wird zunächst auf die Theorie eingegangen und ergänzend dazu auf die Methoden und Werkzeuge zur praktischen Umsetzung.

2.3 Das Grundproblem des GIS-Einsatzes

Die moderne Technik hat Werkzeuge für den Menschen hervorgebracht, die zu wesentlichen Produktivitätssteigerungen geführt haben. Wenn für das Ausheben einer Baugrube alternativ ein Spaten oder ein moderner Bagger zur Verfügung stehen, ist die Wahl eindeutig. Trotz höherer Anschaffungs- und Unterhaltskosten ist durch den Einsatz des Baggers mit einer größeren Arbeitsproduktivität zu rechnen.

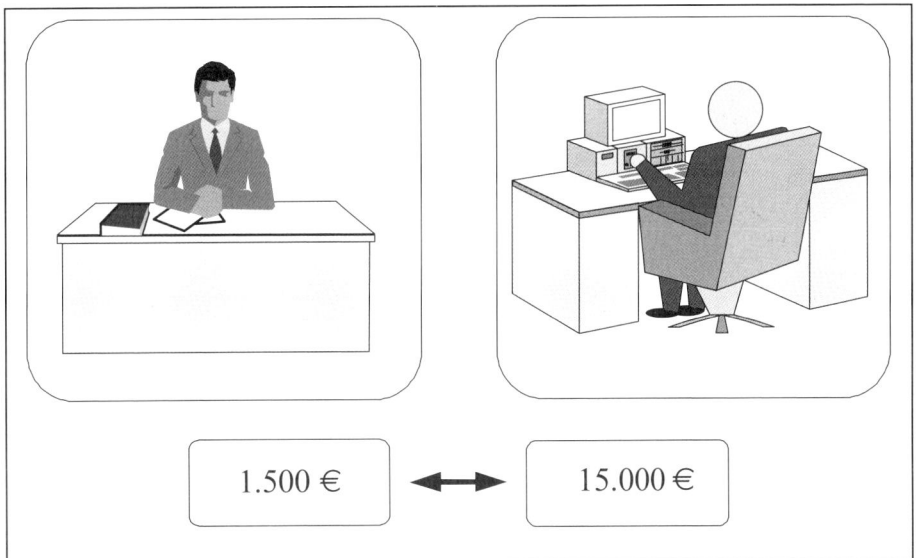

Abbildung 3: Grundproblem der GIS-Einführung

Das Grundproblem der GIS-Einführung, für die Investition in einem angemessenen Zeitraum auch einen entsprechenden Nutzen zu bekommen, ist nicht so einfach. Zur Verdeutlichung soll ein simples Gedankenexperiment dienen. Nehmen wir einmal an, die Ausstattung eines klassischen Kartografiearbeitsplatzes koste ca. 1.500 € (Folien, Tuschestifte, Werkzeuge u.ä.). Löst man die bestehenden Arbeitsmittel einfach durch ein anderes Hilfsmittel ab (GIS), gibt es enorme Schwierigkeiten, Rationalisierungseffekte zu erzielen. Ein GIS Arbeitsplatz koste dimensionsmäßig ca. 15.000 € (Hardware, Software, Dienstleistungsanteil o.ä.). In diesem Beispiel kommt es jetzt nicht auf die exakten Zahlen an. Das Wesentliche dieser einfachen Dimensionsabschätzung ist das überschlägige Ergebnis. Die Kosten eines GIS-Arbeitsplatzes bewegen sich in diesem Beispiel um Faktor 10 höher als bei konventioneller Ausstattung. Anders ausgedrückt: ein GIS-Arbeitsplatz liegt mindestens eine Kostendimension höher, als ein konventioneller Arbeitsplatz (vgl. Abbildung 3).

Der Mitarbeiter wird aber durch das GIS sicherlich nicht um eine Dimension schneller zeichnen können. Fazit: wenn bei einem Übergang zum GIS nur das Werkzeug gewechselt und die bisherige Art der Arbeit beibehalten wird, ist kein Rationalisierungseffekt zu erwarten. Im Gegenteil - die Kosten steigen bei gleich bleibender Arbeitsleistung. Kein wirtschaftlich denkender Verantwortlicher wird dies tun! Deshalb gilt:

Wird GIS allein als Ersatzwerkzeug für bestehende Werkzeuge eingesetzt, ist es absolut ungeeignet, Rationalisierungseffekte zu erzielen.

Trotzdem wird behauptet, dass man mit GIS rationalisieren kann. Ich schließe mich dieser Behauptung ausdrücklich an. Wie sieht dann die Konsequenz dieser Überlegung aus?

Der o.a. Schluss bedeutet nicht den Untergang des GIS. Ein Beispiel soll diese Behauptung verdeutlichen:
Aktenordner sind als Werkzeug ungeeignet, wenn alle Unterlagen einfach nach Belieben abgeheftet werden. Trotzdem kann das Werkzeug einen großen Effekt erzielen, wenn es in Kombination mit Strukturierungsgedanken eingesetzt wird. Geht man dazu über, die Unterlagen in Aktenordnern nach einem bestimmten Ordnungsgedanken abzuheften und strukturiert dementsprechend die Ordner nach einem System, zeigt sich sofort ein Nutzen.

In diesem Fall bewirkt nicht das Werkzeug allein den Fortschritt, sondern die Kombination zwischen Werkzeug und Organisation. Ähnlich verhält es sich auch mit GIS. Ersetzt man die Tuschefeder durch GIS, bewirkt dieser Wechsel gar nichts oder sogar in der Regel eine Verschlechterung, weil die Kosten für die Arbeitsmittel um ein Vielfaches höher sind, jedoch nicht schneller gezeichnet wird. Erst die Kombination mit der Arbeitsorganisation bringt Effekte. Ein Umstieg auf GIS-Technologie zur Verbesserung der Arbeitsproduktivität bedeutet deshalb mehr als einen Austausch von Werkzeugen.

Die Beispiele Aktenordner und Bagger zeigen: es gibt unterschiedliche Arten von Werkzeugen für die Verbesserung der Arbeit. Das Werkzeug Bagger hat im Vergleich zum Spaten eine unmittelbare Verbesserung der Produktivität zur Folge, die lediglich auf deren Austausch zurückzuführen sind. Das Automobil ist ein unmittelbar besseres Werkzeug zur Produktivitätssteigerung als die Pferdekutsche. Personen und Lasten lassen sich wesentlich schneller und effektiver damit bewegen.

Das Fließband als Werkzeug zur Montage von Automobilen hingegen bringt an sich keine Produktivitätssteigerung. Es wäre sogar hinderlich, wenn ein Monteur seine normale Arbeit an dem sich bewegenden Fließband verrichten müsste. Der eigentliche Fortschritt wurde nicht durch das Werkzeug Fließband, sondern durch das Fließband und einer mit dem Werkzeug in Einklang stehenden Organisation des Produktionsablaufes erreicht. Erst die Idee der Spezialisierung einzelner Arbeitsabläufe und der aufeinander abgestimmten Taktfolge von spezialisierten Arbeitsschritten mit dem Hilfsmittel Fließband brachte den Durchbruch. Mit dem Synonym „Fließband" (zur Produktivitätssteigerung) ist eigentlich mehr als nur das Werkzeug gemeint.

Man könnte somit von Werkzeugen erster Ordnung sprechen, die unmittelbar zur Produktivitätssteigerung beitragen. Werkzeuge erster Ordnung wären demnach der Bagger oder das Automobil, wenn wir auf die obigen Beispiele zurückgreifen. Werkzeuge zweiter Ordnung erzielen Fortschritte erst in Kombination mit der Arbeitsorganisation. Diese Werkzeuge wären in unserem Beispiel die Aktenordner oder das Fließband.

Die vorherigen Betrachtungen zeigen, dass ein GIS den Charakter eines Werkzeugs zweiter Ordnung (vielleicht sogar noch höherer Ordnung) hat. Allein durch den Austausch ist mit GIS kein Produktivitätsfortschritt zu erzielen. Im Gegenteil! Das Werkzeug GIS braucht für seine Effektivität im Betrieb noch „Zusätze". Nur so lassen sich Einsparpotentiale finden, die die aufwendige Investition in ein GIS rechtfertigen. Im Folgenden sollen nun die Quellen für die Einsparpotentiale näher betrachtet werden.

2.4 Quellen der Einsparpotentiale

Bislang wurde ein erheblicher Aufwand bei einer Investition in ein GIS deutlich. Im Rahmen eines alleinigen Werkzeugtausches ist GIS nicht in der Lage, adäquate Nutzeffekte für diese Investitionen zu bringen. Demnach muss untersucht werden, wo entsprechende Nutzenpotentiale zu finden sind und wie sie für die Praxis erschlossen werden können. Schritt für Schritt soll nun analysiert werden, wo der praktische Nutzen eines GIS liegt und wie er ausgeschöpft werden kann.

2.4.1 Funktionale Aspekte

Wenn doch schon gewisse Ähnlichkeiten des Werkzeugs GIS mit dem Werkzeug Fließband festgestellt wurden, liegt es nahe, die Prinzipien der Produktivitätsverbesserungen auf die betriebliche GIS-Handhabung zu übertragen. Ein wesentliches Merkmal der Fließbandorganisation ist das Modularisieren der Arbeitsprozesse in aufeinander abgestimmte Einzelfunktionalitäten. Indem zusätzlich Spezialisierungen für jede Einzelfunktionalität eingeführt und massenhaft eingesetzt werden, gelingt es, jede Einzelfunktionalität effektiver durchzuführen und damit den gesamten Arbeitsprozess zu rationalisieren.

Geografische Informationssysteme verfügen über einen erheblichen Funktionsvorrat, um die täglich anfallenden Arbeiten zu unterstützen. Konstruktionsfunktionen erleichtern das Zeichnen. Manipulationsfunktionen werden als „Trickkiste" für das Zeichnen genutzt. Ausgestaltungsfunktionen verbessern die optische Repräsentanz der Objekte. Auswertefunktionen haben eine Schlüsselfunktion bei der Eröffnung des GIS Potentials. Mit Sicherheit bringen diese Funktionen eine Erleichterung der Arbeit. Doch wie oft kommen diese Funktionalitäten beim täglichen Arbeiten vor und ist ihr Effekt so groß, dass sie die höhere Kostendimension des GIS auffangen? Lässt sich überhaupt eine Arbeitsorganisation aufbauen, die in einer Fließbandmanier die anfallenden Arbeiten erledigt?

Ich habe bislang nur einen Fall erlebt, dass durch die bloße bereitgestellte Funktionalität solch große Effekte erzielt werden konnten. In diesem Fall wurden ausschließlich ständige massenhafte Fortführungen von Geländesituationen im Tagebau behandelt. Damit war die

Nähe zu den fließbandtypischen Abläufen gegeben und deren Prinzipien auch übertragbar. Diese Anwendung ist aber untypisch für die Praxis der Behörden und Versorgungsunternehmen, so dass dieses Beispiel nicht verallgemeinert werden kann.

In der Praxis kommt ein Fließband ähnlicher Arbeitsablauf im GIS-Anwendungsbereich eher selten vor. Dementsprechend lassen sie sich mit GIS normalerweise nicht verwirklichen und sind auch nicht sinnvoll, weil

- die Arbeitsabläufe häufig Ereignis gesteuert sind und damit zeitlich zufällig anfallen (beim Fließbandablauf sind sie exakt planbar);

- die Arbeitsabläufe überwiegend nicht gleichförmig (mechanisch) und damit nicht vollständig auf Einzelfunktionalitäten reduzierbar sind;

- erheblicher Know-how Input des Bearbeiters verlangt wird, der maßgeblich zur Ablaufsteuerung beiträgt. Die Komplexität ist dabei so groß, dass teilweise Programmieransätze überhaupt nicht formulierbar sind (z.B. Erstellung eines Schemaplans).

Trotzdem dürfen funktionale Aspekte nicht ignoriert werden. Die Taktik, dem Unternehmen durch GIS in einem entsprechend hohen Grad Nutzen zu bringen, läuft darauf hinaus, sämtliche sinnvoll einsetzbaren Möglichkeiten der GIS-Technologie auszuschöpfen. So eröffnet die Blattschnittfreiheit Arbeitserleichterungen für die Herstellung von Planauszügen; die Möglichkeit, nach bestimmten Sachdaten Bilanzierungen durchzuführen, bringt wertvolle Entscheidungshilfen für die betriebliche Praxis und erleichtert eine Verbesserung der Betriebssteuerung. Vervielfältigungsprozesse für Karten und Pläne können stärker automatisiert werden.

Wie erläutert, sind aber mechanisch funktionale Rationalisierungsansätze oder das Modularisieren in Einzelfunktionen oft keine ausreichende Basis für einen die Kosten egalisierenden Effektivitätsgewinn durch GIS. Die Arbeit mit GIS hat keinen funktional mechanischen Charakter. GIS verlangt die Interaktion mit dem intelligenten Anwender. Sein Aufgaben- und Wirkungsspektrum lässt sich oft nicht auf mechanisierbare Arbeiten reduzieren. Darüber hinaus hat auch die Einführung der Fließbandarbeit gezeigt, dass die Reduktion der menschlichen Arbeitskraft auf einige wenige hoch spezialisierte Funktionalitäten nicht nur inhuman ist, sondern sich auf Dauer auch kontraproduktiv auswirkt.

2.4.2 Von einfachen zu komplexeren Funktionalstrukturen

Rationalisierungsansätze wie bei der Fließbandarbeit sind nur dann auf die Arbeit mit GIS übertragbar, wenn die erläuterten Ähnlichkeiten mit Fließbandarbeitsorganisation gegeben sind. Im Regelfall ist aber der Charakter der Arbeit mit GIS anders. Zwei Einflüsse bestimmen dabei den andersartigen Charakter:

- Die Art der Arbeit ist wesentlich qualifizierter gegenüber der Arbeit am Fließband. Ein Arbeitsprozess besteht in der Regel aus mehreren Arbeitsschritten (Funktionalitäten). So werden für die Erstellung einer Karte verschiedene Konstruktionsfunktionen benötigt. Weiterhin ist es sinnvoll (abgesehen vielleicht von massenweisen Ersterfassungen), Objekte, die ins GIS eingeführt werden, direkt vollständig zu erfassen; sie also nicht in grafische und alphanumerische Erfassungsprozesse aufzuteilen.

- Das GIS kann aufgrund der Qualifikationsanforderung nicht alle Funktionalanforderungen selbst übernehmen und braucht die Interaktion des Benutzers. Dies wird zum Beispiel bei der Erstellung von Schemaplänen besonders deutlich. Obwohl die Softwareindustrie schon seit Jahrzehnten an Generalisierungsalgorithmen arbeitet, gibt es bislang noch keine Produkte, die befriedigende Ergebnisse ohne den Input des Anwenders liefern. Die Sachzusammenhänge sind so komplex, dass sie bis heute durch Softwaretechnologien gar nicht alleine bewältigt werden können.

Jetzt zeigt sich der Unterschied zur Fließbandorganisation. Der Bedarf der Unterstützung durch GIS geht über die rein massenhaft durchgeführte Funktionsanwendung hinaus. Vielmehr werden Bündelungen von Funktionalitäten benötigt. Diese Bündelungen

- werden häufig sehr komplex, weil neben einer Vielzahl von Einzelfunktionen der Input des Benutzers (interaktives Arbeiten) eingebunden werden muss;

- sind häufig nicht in starren Zeit- oder Ablauffolgen planbar, weil ereignis- und durch die Interaktion des Bearbeiters gesteuert der Arbeitsablauf entwickelt und verändert wird.

Die Folge dieser Überlegungen hat einen wesentlichen Einfluss auf die Projektplanung und Umsetzung von GIS. Letztlich wird hier der Schritt von der Einzelfunktionalität zu einem Arbeitsschritt hin vollzogen. Während die Fließbandorganisation das Modularisieren in kleinste selbständige Einzelfunktionalitäten verfolgt, geht der Bedarf an GIS-Unterstützung genau in die andere Richtung. Die tägliche Arbeit verlangt hier mehr die Bündelung von Einzelfunktionalitäten.

Rationalisierungspotential steckt zwar zu einem (geringeren) Teil in der Einzelfunktion; aussichtsreicher ist aber zusätzlich noch die Betrachtung zusammenhängender Funktionalitäten in Arbeitsschritten. Gemeinsam mit der Fließbandorganisation hat die GIS-Arbeitsorganisation das Scheitern des reinen Werkzeugansatzes. Die Lösung ist in beiden Fällen in komplexeren Strukturen zu suchen.

Was bedeutet dies nun konkret für die GIS Projektplanung und das Projektmanagement?

Wenn sich doch zeigt, dass funktionale Ansätze alleine nicht den gewünschten Effekt bringen, müssen andere Strukturen der Denkweise etabliert werden. Diese Aussage ist aber gleichbedeutend mit: **funktional orientierte Denkweisen müssen durchbrochen werden!**

Funktional orientierte Denkweisen sind sehr etabliert und halten sich dementsprechend auch in der Praxis hartnäckiger als man denkt. Allein eine technische Ausbildung prägt (fälschlicherweise) die Neigung zum rein funktionalen Denkansatz. Die Abkehr von diesen Denkansätzen bedeutet also mehr als den Austausch von Methoden der Vorgehensweise.

Denkstrukturen müssen verändert werden!

Sie zu verändern, ist ungleich schwieriger als der Wechsel zu einer methodischen Änderung. Gerade dieser Aspekt wird wegen seiner Bedeutung in späteren Kapiteln aufgegriffen und weiter behandelt (siehe Kapitel 2.6).

GIS ist in der Lage, ganze Arbeitsschritte zu unterstützen. Im einfacheren Fall geschieht dies durch eine Bündelung aufeinander folgender Funktionalitäten. Hierfür sind häufig Makrosprachen vorgesehen oder die Einbindung ganzer Programme. Die Denkrichtung geht so weit, ganze Arbeitsabläufe abzubilden (Workflow).

Arbeitsprozess unterstützende Maßnahmen müssen aber nicht gleich Workflowintegration sein. Ein abgestimmtes Miteinander von (gebündelter) Funktionalität und manuellem Arbeiten realisiert auch einen Workflow. Der Zwang, in jedem Fall komplett DV-unterstützt zu arbeiten, ist nicht gegeben.

Fassen wir zusammen:
Die nähere Untersuchung, wo Potential für Einsparungen durch GIS identifiziert werden kann, liefert zunächst zwei Möglichkeiten. Einerseits lassen sich die bereitgestellten GIS-Funktionalitäten für die praktische Arbeit ausnutzen und andererseits geht eine noch effektivere Möglichkeit in die Richtung, ganze Arbeitsschritte zu unterstützen. Die Art der Rationalisierung ist nicht mit mechanischen Unterstützungsansätzen zu vergleichen. Ebenfalls ist die reine Werkzeugsicht auf GIS untauglich, Rationalisierungen umzusetzen. Beide bislang identifizierten Rationalisierungsmöglichkeiten müssen ausgenutzt werden, weil der Aufwand für die Erstinvestition groß ist. Die Möglichkeiten des effektiven GIS-Einsatzes gehen aber noch weiter.

2.4.3 Das Potenzial der Informationsverfügbarkeit

Zurück zur Praxis. Der Standardfall im Betrieb wird für den Anwender bei manueller Arbeitsweise zunehmend inakzeptabel. Für seine Arbeit braucht er Übersichtskarten, Bestandspläne, Vorgänge aus Akten, Verzeichnisse, Karteien und noch viele Informationsquellen mehr. Diese Streuung der Informationen ist meistens historisch gewachsen und stellt ein ständiges Ärgernis dar, weil der Mitarbeiter eine erhebliche Zeit damit verbringt, sich seine Informationen zusammen zu suchen. Natürlich findet er sich nicht mit dieser Situation ab und setzt Hilfsmittel ein. Das Aufkommen der PCs wurde genutzt, Informationen digital abzuspeichern und damit besser verfügbar zu machen. In den meisten Fällen erfolgte dieser PC Einsatz allerdings punktuell und nicht übergreifend. Soll ein GIS konkret realisiert werden, sieht sich der Anwender eigentlich einer wenig veränderten Situation gegenüber. Seine

Arbeitsumgebung ist häufig noch komplexer geworden. Neben digital gespeicherten Informationen existiert nach wie vor ein Berg manuell geführter Akten, ein Karten- und Planwerk, mikroverfilmte Archiv- und Verzeichnisunterlagen und vielleicht sogar Pläne aus einem CAD-Zeichensystem, womit man einen geringen Prozentsatz des Kartenwerks bearbeitet.

Trotz aller Unterstützung ist der Anwender nicht zufrieden. Seine Unzufriedenheit liegt ursächlich in der Streuung der Information begründet. Nach wie vor muss er sich in zueinander inhomogenen Informationsquellen die benötigte Information beschaffen.

In dieser Situation hat das GIS eine hohe Attraktivität. Sie resultiert zu einem großen Teil aus der Möglichkeit, Informationen benutzergerecht zu organisieren, repräsentieren und universell bereit zu stellen. So können alphanumerische und graphische Informationen **zusammenhängend in einem System** verfügbar gehalten werden. Damit werden langwierige Suchen eingespart, aber auch Inkompatibilitäten von Informationen wie in der beschriebenen gewachsenen Situation vermieden.

Während reine Sachdatenbanken für den Benutzer zunächst ein anonymes Abstraktum darstellen, geht ein GIS viel intensiver auf den Anwender ein, indem grafische Eingabe-, Ausgabe- und Auswertemöglichkeiten bereitgestellt werden. Sachinformationen werden um die raumbezogene Komponente erweitert. Bei diesen Themenstellungen ergeben sich durch GIS naturgemäß besondere Synergien. Grafische Ausprägung und zugehörige Information verschmelzen zu einer Einheit. Damit kann eine Vielzahl unterschiedlicher und unterschiedlich vorgehaltener Informationen redundanzfrei, bzw. in kontrollierter Redundanz zusammengefasst werden. Eine Information wird nur einmalig vorgehalten, oder das System regelt die Konsistenz gleicher Informationen. Diese Regelung kann aus Hinweisen des Systems auf anzugleichende Daten bestehen oder im Idealfall in der automatischen Kontrolle und Fortführung redundanter Daten.

Praktisch gesehen heißt das, Kartenblatt und zugehörige Informationen in Karteikästen oder PC-Datenbanken finden zueinander. Eine einheitliche DV-Umgebung bringt die Daten zusammen und integriert sie derart, dass die Datenbestände konsistent gehalten und universell - auch in Kombinationen zueinander - auswertbar werden. Ein Beispiel soll dies verdeutlichen.

Grundstücksbezogene Rechte können - umfassend dargestellt - bei konventioneller Führung nicht in einem System vorgehalten werden. Einerseits sind die Informationen raumbezogener Art, weshalb sie zum Teil in der Karte abgebildet werden. Die Karte reicht aber von ihrem Darstellungsraum her in der Regel nicht aus, um sämtliche (Sach-)Informationen mit aufzunehmen. Deshalb wird ergänzend noch eine Akte oder Karteikarte geführt. Wenn sich Änderungen ergeben, muss Konsistenz zwischen diesen Nachweisen hergestellt werden. Unmittelbar nach den Änderungen in der Karte muss die Akte oder Kartei ergänzt, bzw. fortgeführt werden.

Wird der Zeitraum zwischen der Aktualisierung in den unterschiedlichen Systemen zu lang, besteht die Gefahr der Fehlinterpretation der Unterlagen, weil die Richtigkeit des Nachweises vorausgesetzt wird. Derjenige, der die Karte zu seiner Fragestellung eingesehen hat, wird zu anderen Ergebnissen kommen, als jener, der die Akten herangezogen hat. Der inkonsistente Zustand wird nur bemerkt, wenn der Benutzer beide Informationsquellen für seine Arbeit heranziehen muss und er diese aufmerksam studiert. Hieraus wird ersichtlich, welche Bedeutung die Verwaltung zusammenhängender Daten hat, und es wird bewusst, dass unterschiedliche Datenquellen zu einem Thema Überschneidungen in ihrer Information haben. Manuelles Arbeiten in raumbezogenen Themenstellungen kann in der Praxis kaum ohne Redundanzen auskommen. Ein Hausanschluss ist sowohl im Kartenwerk als auch in der Anschlussskizze, in der Hausanschlussakte, in der Verbrauchsabrechnung u.s.w. nachgewiesen. Eventuell existieren noch nach unterschiedlichen Kriterien (Kundenname, Straße o.ä.) sortierte Verzeichnisse. Sowohl die Ersterfassung als auch die Fortführung bringt dadurch immer Mehraufwand mit sich. Redundante Informationen lassen sich manuell so gut wie gar nicht konsistent halten.

In der Praxis bedeutet dies: einzelne Verzeichnisse oder Dateien werden bevorzugt fortgeführt, und andere hinken der Aktualisierung hinterher. So kommt es, dass der Benutzer zu den gleichen Sachverhalten aus unterschiedlichen Quellen unterschiedliche Informationen erhält. Insbesondere für neuere Mitarbeiter ist dies sehr hinderlich. Teilweise ist die Bearbeitung bestimmter Themen dann nur noch mit entsprechendem „Hintergrundwissen" möglich. Anstelle transparenter Information durch bereitgestellte Informationssysteme steht unter Umständen ein durch Erfahrung geprägtes Monopolwissen einzelner Mitarbeiter, ohne das das Unternehmen kaum noch auskommen kann. Ein GIS verfügt über das außerordentliche Potenzial, diese Informationen redundanzfrei (oder in kontrollierter Redundanz) zusammenzuführen, so dass sämtliche Eingaben oder Änderungen nur einmal zu erfolgen brauchen.

Die Vorteile des Zusammenführens von verbundenen Informationen stehen also außer Frage. Die Schwierigkeit der praktischen Umsetzung liegt in der mangelnden gegenseitigen Konsistenz getrennt geführter Informationsquellen. Immer wenn inhaltlich zusammenhängende Informationen in unterschiedlichen Quellen vorgehalten werden, setzt deren Verselbstständigung ein. So wird man feststellen, dass

- mit unterschiedlichen Bezeichnungen für gleiche Informationen gearbeitet wird,

- keine eindeutigen Bezeichnungen vergeben wurden,

- sprechende Nummerierungs- oder Bezeichnungsschemata verwendet wurden,

- verwendete Datenstrukturen nicht übereinstimmen,

- selbst bei DV-Verwaltung die Auswertemöglichkeiten aufgrund unpassender Datenstrukturen oder mangelnder Strukturierung beschränkt sind und vieles mehr.

Charakteristika der GIS-Anwendung

Dem hohen Potential an Möglichkeiten des GIS, Informationen zusammenfassend bereitzustellen, stehen nicht selten erhebliche Aufwände für die Herstellung dieses Zustandes entgegen. Das Vorhandensein digitaler Informationen zu den gewünschten Themen reicht allein nicht aus. Diese Informationen müssen auch digital so strukturiert sein, dass sie in das GIS überführt werden können. Meistens gibt es hier Mängel, so dass die Aufnahme der Daten ins GIS nicht oder nur mit zusätzlichem Datenerfassungsaufwand und fachlichem Input durchzuführen ist. Diese Zusammenhänge muss der Projektmanager genau kennen, untersuchen und für die Projektrealisierung berücksichtigen, weil sie wesentlich die Erstaufbauphase beeinflussen.

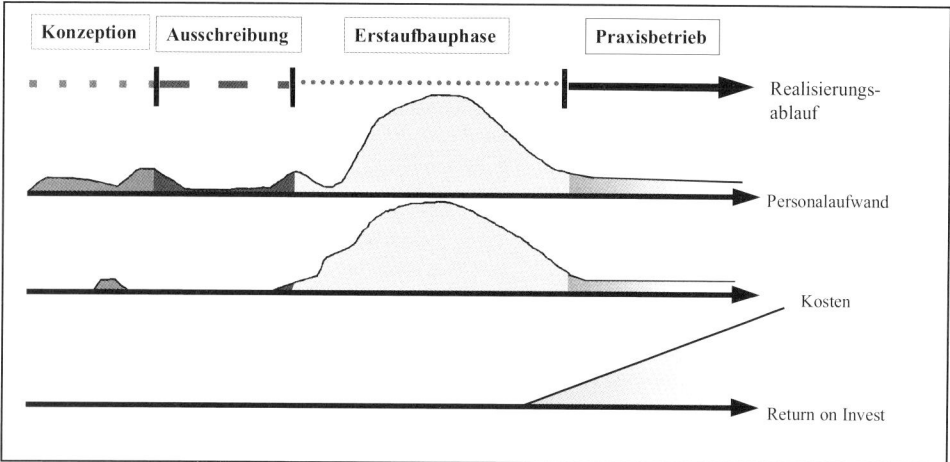

Abbildung 4: GIS Aufwand/Nutzenentwicklung

Betrachtet man schematisch die Zusammenhänge zwischen dem Aufwand, ein GIS-Projekt zu realisieren, und der Nutzenentwicklung, zeigen sich relativ ungünstige Ergebnisse (vgl. Abbildung 4). Geht man von den vier Hauptprojektphasen Konzeption, Ausschreibung, Erstaufbau und Praxisbetrieb aus, erkennt man folgende Tendenzen:

Während der Konzeptionsphase ist ein gewisser kontinuierlicher Personalaufwand erforderlich, um das Konzept zu entwickeln. Gegen Ende dieser Phase steigt der Aufwand, weil sämtliche Ergebnisse abschließend abgestimmt und schriftlich für die Ausschreibung fixiert werden müssen. Während der Ausschreibung kommt es nur zu Rückfragen der Hersteller, so dass hier die personelle Belastung gering ist. Sobald die Angebote eingegangen sind, müssen sie ausgewertet und im Rahmen von Gesprächen und Verhandlungen das für die gestellten Anforderungen optimale GIS identifiziert und entsprechende Vertragsregelungen mit dem Hersteller getroffen werden. Mit der dann einsetzenden Erstaufbauphase beginnt der größte personelle Aufwand. In möglichst kurzer Zeit müssen die vorhandenen Informationen gesammelt, qualitativ untersucht, häufig noch verbessert und in das GIS eingebracht werden. Erst danach ist ein Abklingen des Aufwandes zu erwarten. Er sollte sich jetzt auf dem Niveau des Fortführungsaufwandes einpendeln, das wesentlich geringer sein muss als bei der Ersterfassung.

Die Kostenkurve zeigt ähnliches Verhalten. Während der Konzeptionsphase fallen höchstens Kosten für Messen, Seminarbesuche oder sonstige Informationsmöglichkeiten über GIS an. Ab der Ersterfassung zeigt die Kurve analoges Verhalten zum Personalaufwand.

Erst gegen Ende der Erstaufbauphase beginnt der Return on Invest. Je länger diese Phase dauert, desto später stellen sich die Nutzeffekte ein, weil in dieser Zeit Fortführungen anfallen, die Hardware sich ändert, neue Software Releases anfallen und noch viele kostenträchtige und zeitverzögernde Maßnahmen mehr. Die überwiegende Anzahl der GIS-Projekte stirbt in dieser Phase, weil man nie mit dem Erstaufbau fertig wird.

In der Praxis kommt es auch immer wieder vor, dass die ursprünglich vorgesehenen Gelder für die Ersterfassung gestreckt werden. Aus den geschilderten Zusammenhängen ist eindeutig zu erkennen, dass solche Maßnahmen zusätzliche Kosten (wie oben beschrieben) produzieren.

Diese Darstellung zeigt eindringlich, dass kompetentes GIS-Projektmanagement nur von Personen durchgeführt werden kann, die Projektmanagementqualifikationen und zusätzlich entsprechendes GIS Know-how und Erfahrung mitbringen. Die Sicht, dass der Projektmanager lediglich ein Verwaltungsfachmann für beliebige Projektthemen ist, wird von mir nicht geteilt.

2.4.4 Neue Aspekte für das Kartenwerk

Eine wesentliche Motivation der Anwender, sich mit GIS zu beschäftigen, sind die ständigen Probleme mit dem Kartenwerk. Mangelnde Qualität und Aktualität, Arbeitsstau und Fortführung werden als Hauptprobleme genannt. Woran liegt es, dass überall die gleichen Schwierigkeiten mit dem Kartenwerk bestehen? Analysiert man eine typische Kartenwerksituation, werden die Ursachen deutlich:

Oft existieren zwei oder mehrere geografische Basiskartenwerke in den entsprechenden Raumplanungsebenen. So führt man Bestandspläne in Katastermaßstäben und Übersichtspläne auf der Basis der topografischen Landeskartenwerke. Hinzu kommen eventuell thematische Karten in Form der Schemapläne oder Karten mit Spezialthemen. Diese Karteninformationen werden noch durch unterschiedliche Informationssammlungen ergänzt. Hier findet man Karteien, Akten, Datenbanken, die von einfachen PC-Tabellen bis hin zur professionellen Datenbank auf größeren Rechnern reichen, aber auch Handakten oder unstrukturierte Aufzeichnungen.

Charakteristika der GIS-Anwendung 35

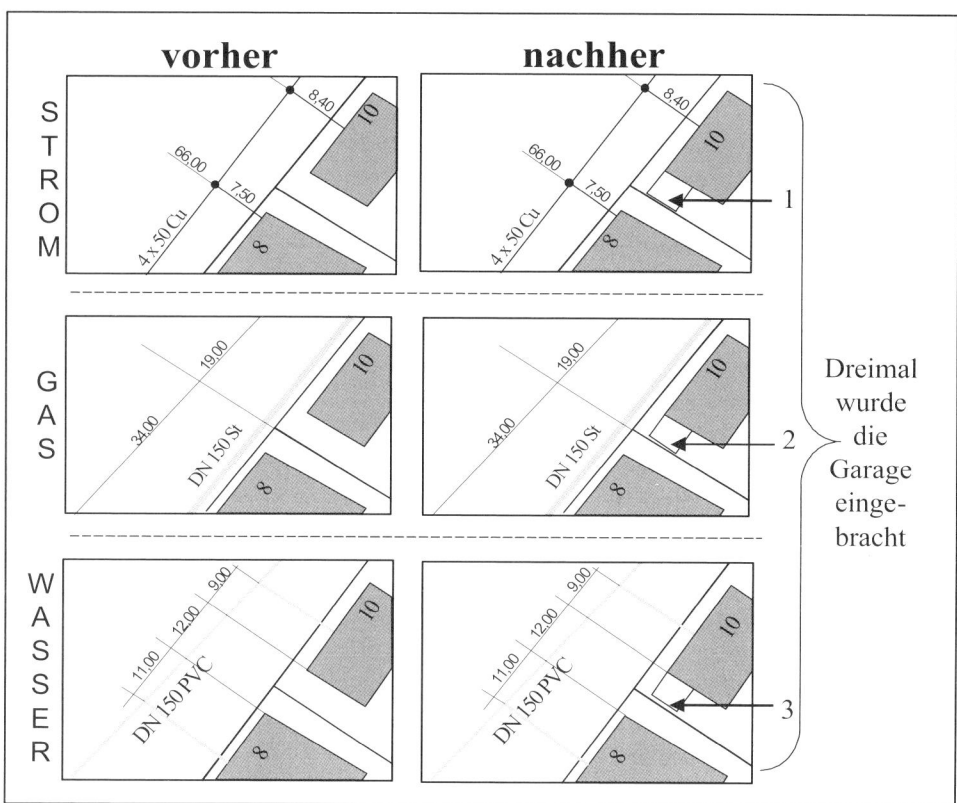

Abbildung 5: Spartenpläne

Bei dieser manuellen Führung der Informationen tritt immer wieder der Effekt auf, dass dasselbe Objekt mehrfach in den verschiedenen Karten, Plänen und sonstigen Informationsunterlagen vorhanden ist (vgl. Abbildung 5). Für die Praxis bedeutet das: ein Objekt muss mehrfach eingezeichnet, vermerkt und bei Fortführungen dementsprechend auch mehrfach geändert werden. Nach meinen Erfahrungen kommt man hier durchaus zu Redundanzfaktoren zwischen 5 und 20! Drastisch ausgedrückt: eine Information wird bis zu 20fach aufgenommen, verwaltet und fortgeführt. Dies kommt einer ungeheuren Verschwendung von Arbeitspotenzial gleich. Kein Wunder also, dass man mit den zur Verfügung stehenden Mitarbeitern die angestrebten Ziele nicht erreicht.

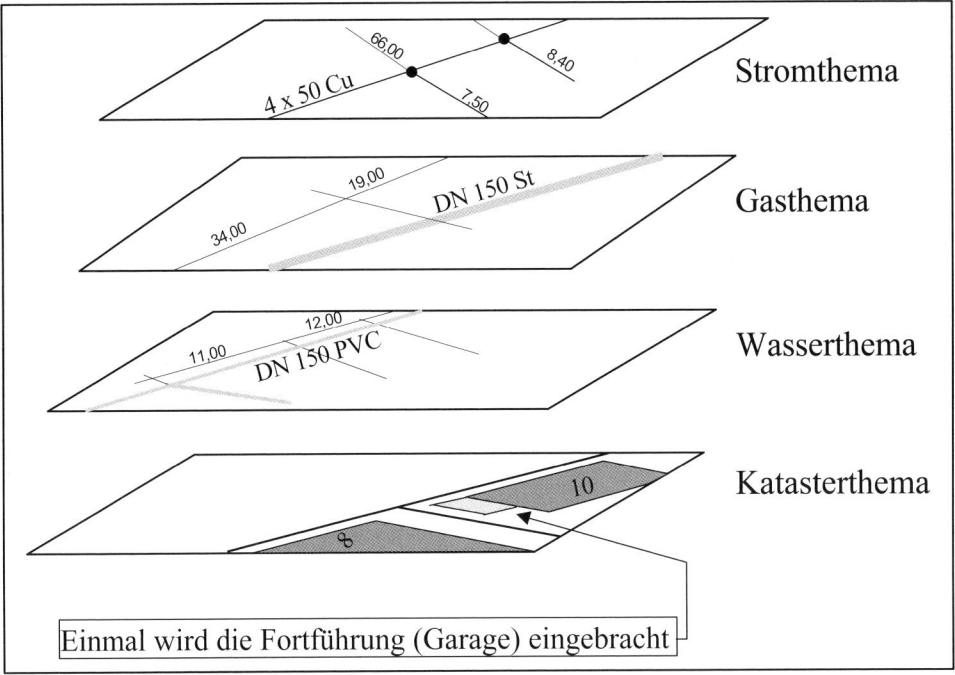

Abbildung 6: Folienprinzip

Natürlich gibt es Gegenmaßnahmen. In der manuellen Kartografie besteht die Möglichkeit, ein Kartenwerk in Einzelfolien nach bestimmten Gliederungs- oder Themenschemata aufzuspalten (vgl. Abbildung 6). Diese Möglichkeit wird erstaunlicherweise in der Praxis wenig benutzt. So ist es keine Seltenheit, dass ein Versorgungsunternehmen seine Bestandspläne Strom, Gas und Wasser direkt auf Abzügen der Flurkarte führt. Ein Haus wird so dreimal eingezeichnet, verändert oder gelöscht. Würde man das Folienprinzip nutzen, ergäbe sich eine Vereinfachungsmöglichkeit. Die Flurkarte würde als separate Folie vorgehalten und jeweils mit dem Fachthema kombiniert. Änderungen in der Flurkartensituation brauchten somit nur einmal durchgeführt zu werden.

Genauso ist es vorstellbar, dieses Prinzip noch feiner zu gliedern, so dass bestimmte Objekte jeweils auf eine Folie gebracht werden und eine Karte sich aus der Kombination verschiedener Folien zusammensetzt. Eine Folie kann so für mehrere Pläne benutzt werden. Dieses Prinzip hat bei manueller Bearbeitung Beschränkungen. Es ist nur in soweit effektiv, wie es eine Darstellungsgleichheit des Objektes in unterschiedlichen Plänen gibt. Wird das Objekt durch eine andere Signatur in einem anderen Zusammenhang oder auch nur aus Generalisierungsgründen leicht verschoben dargestellt, versagt das Folienprinzip. In der Abbildung 5 ist das Katasterthema in allen Sparten absolut darstellungsgleich. Hier lohnt sich eine separate Folie für das Kataster besonders.

In der Abbildung 7 ist die Schutzzone aus der TK 25 rückvergrößert auf die Katasterkarte.

Charakteristika der GIS-Anwendung

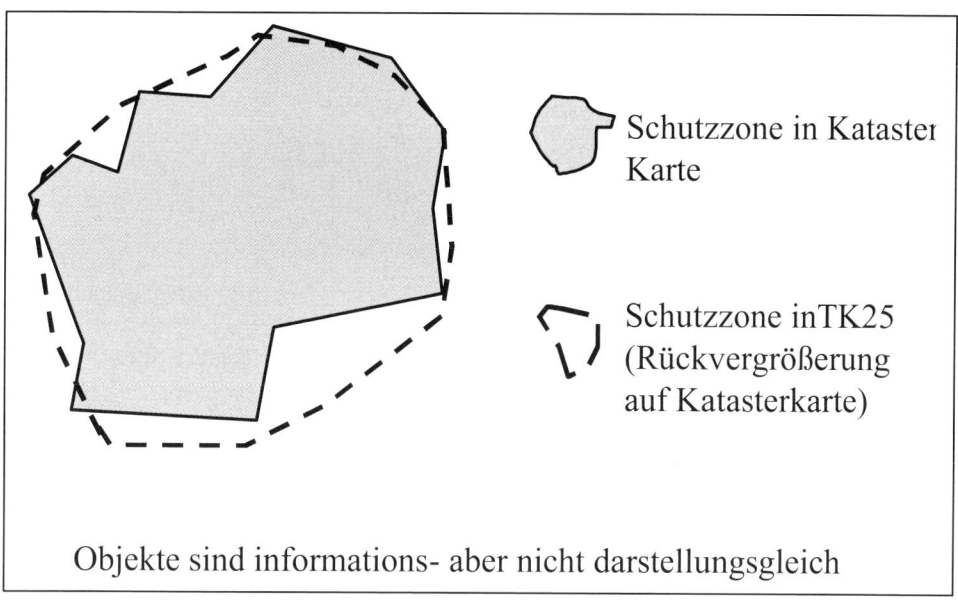

Abbildung 7: Generalisierungseffekte

Klar ist zu erkennen, dass die Generalisierung dieser Schutzzone im kleineren Maßstab dazu geführt hat, dass sich die geometrische Darstellung geändert hat. Die Darstellung ist also höchst unterschiedlich, das Objekt selbst aber informationsgleich, da alle Attribute (außer der Geometrie des Objektes) identisch sind. Das Prinzip der Darstellungsgleichheit ist also sehr empfindlich und damit doch starken Beschränkungen unterworfen.

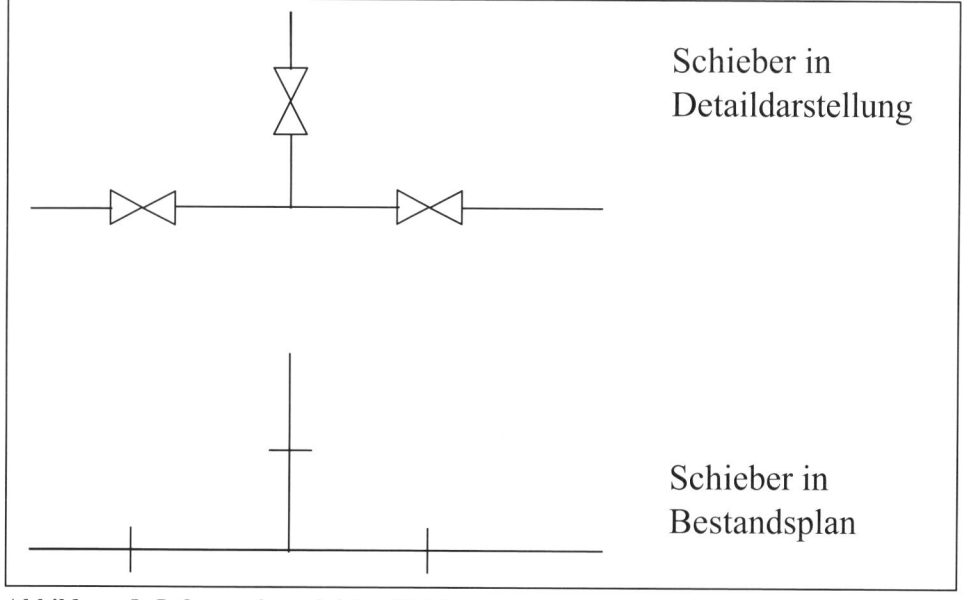

Abbildung 8: Informationsgleiche Objekte

Das nächste Beispiel der Schieberkreuzsituation (vgl. Abbildung 8) zeigt auch wieder die Grenzen der manuellen Kartografie. Obwohl die Symbole in den unterschiedlichen Plänen an der gleichen Stelle positioniert sind, müssen sie nach unseren Ableitungen als nicht darstellungsgleich bezeichnet werden. Besonders deutlich wird aber die Informationsgleichheit. Im vorliegenden Beispiel ist lediglich das Symbol ausgetauscht worden. Die dargestellten Objekte sind absolut informationsgleich. Eine Situation, die sich mit GIS nutzbringend abstrahieren lässt.

Das Folienprinzip der manuellen Kartografie hat physische Beschränkungen. Wird der durch Übereinanderlegen von Folien entstehende Plan zu dick, ist er nicht mehr reproduzierbar, weil Unterstrahlungseffekte beim Pausen oder Kopieren auftreten. Damit ist der gedankliche Ansatz des Folienprinzips bei manueller Führung nur sehr beschränkt anwendbar.

Im GIS ist dies anders. Hier lassen sich (logische) Folienebenen aufbauen, die nur durch die Grenzen des Systems beschränkt sind. Diese liegen in der Regel so hoch, dass es fast schon Schwierigkeiten in der Übersicht der Vielzahl der möglichen Folien gibt.

Geht man von der vorgestellten Begriffsdefinition des GIS aus, eröffnen sich noch viel weitergehende Möglichkeiten (vgl. Abbildung 9).

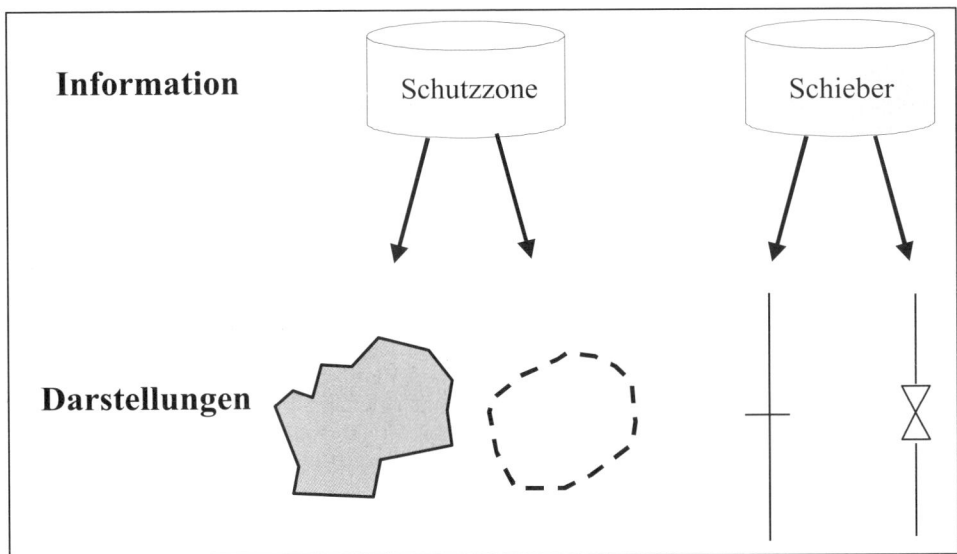

Abbildung 9: Trennung von Informationen und deren Darstellung

Ich definiere GIS als spezielles Informationssystem. Demnach unterscheidet ein GIS zwischen dem Objekt mit seinen zugehörigen Sachinformationen und seiner darstellerischen Ausprägung. Die Tatsache, dass ein Objekt in verschiedenen Plänen eventuell unterschiedlich dargestellt wird, berührt nicht die Sachinformation zum Objekt. Diese Objekte sind **informations-, aber nicht darstellungsgleich**. Warum also soll ein Objekt, das sich nur

Charakteristika der GIS-Anwendung

hinsichtlich seiner Darstellung in den Plänen ändert, jeweils neu erfasst und verwaltet werden. Es ist viel rationeller, die Informationen zum Objekt und seine Darstellung zu trennen. Dementsprechend unterscheiden wir in den Karten und Plänen darstellungsgleiche und informationsgleiche Objekte.

Die darstellerische Ausprägung eines Objektes ist eigentlich eine abgeleitete, bzw. ableitbare Größe. Ein GIS (nach meiner Definition) ist in der Lage, die Objekte informationsbezogen zu organisieren. Damit wird ein höherer Abstraktionsgrad erzielt. So wie das darstellungsbezogene Objekt nur einmal in einer Folie verwendet wird und für alle Varianten gleichartiger Darstellung herangezogen werden kann, kann das informationsbezogene Objekt nur einmal als Repräsentant für alle irgendwie gearteten Darstellungen des Objektes verwendet werden. Dieses Beispiel zeigt zwei wichtige Aspekte:

- Durch GIS lassen sich höhere Abstraktionsebenen für die grafische Information finden und auch praktisch nutzbringend umsetzen.

- Die weiterführenden Ideen lösen sich von den klassischen Ansätzen in der Kartografie. Dieses Lösen ist aber nicht im Sinne von „Verwerfen" zu verstehen, sondern als folgerichtige Weiterentwicklung. Dieser wichtige Gedanke wird später noch genauer aufgegriffen und vertieft werden.

Zum ersten Mal wird hier sichtbar, welche (Qualitäts-)Vorteile die vorgestellte GIS-Definition für die Anwendung erreicht. Nach dieser Definition muss ein GIS dem Stand der Technik genügen und mithin den Regeln der Normalisierung gehorchen. Schließlich soll es ja ein Informationssystem sein, das auf Datenbanken beruht. Hierbei ist der Stand der Technik der Informationssysteme (oder genauer gesagt der der Datenbanken) gemeint. Mit „Normalisierung" wird ein Datenstrukturierungs- und -modellierungsprozess bezeichnet, mit dem Wiederholungen von Attributsausprägungen vermieden werden. Die folgenden Beispiele sollen dies näher verdeutlichen.

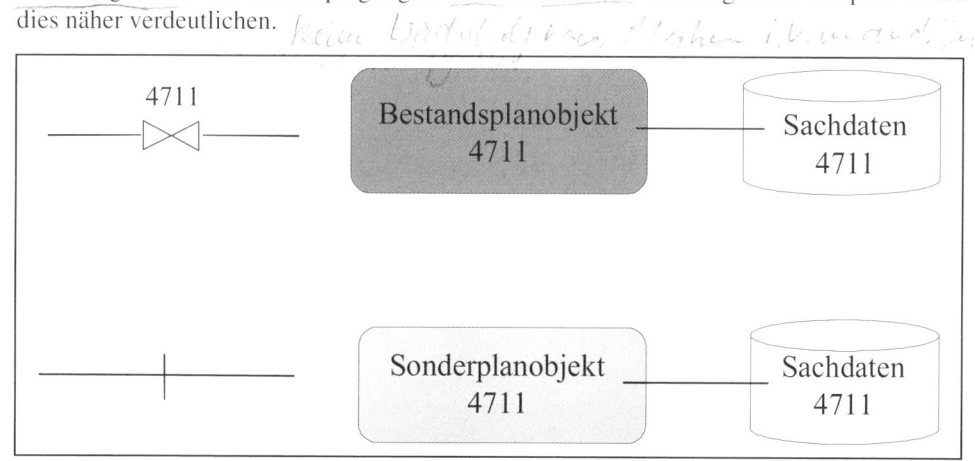

Abbildung 10: Nicht normalisierte Informationsorganisation

Im ersten Beispiel (vgl. Abbildung 10) wird eine planbezogene Architektur eines Systems am Beispiel eines Schiebers verdeutlicht. Derselbe Schieber (4711) wird als Objekt zweimal erfasst, weil er in unterschiedlichen Ausprägungen im Kartenwerk auftritt. Diese Redundanz bezieht sich in diesem Beispiel auf das Objekt und seine ihm zugeordneten Sachdaten. Eine solche Organisation ist typisch für die manuelle Kartografie. Derselbe Schieber existiert im Bestandskartenwerk in einer bestimmten Symbolik und nimmt (evtl.) noch einige Sachdaten auf, indem sie als Text erklärend hinzugefügt werden.

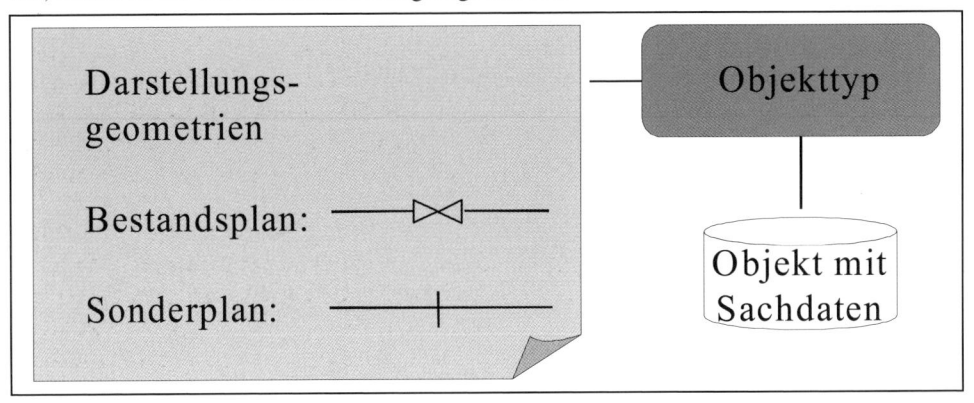

Abbildung 11: Normalisierte Informationsorganisation

Im anderen Beispiel (vgl. Abbildung 11) existiert das Objekt 4711 mit seinen Sachdaten nur ein einziges Mal in der Datenbank (wie auch in der Wirklichkeit). Ihm ist eine Tabelle zugeordnet, die die darstellerische Ausprägung für bestimmte Plantypen festhält. Die Datenbanktechnologie ist nämlich in der Lage, die geometrische Ausprägung eines Objektes wie ein beliebiges anderes Attribut zu führen. Damit können alle Informationen (grafische wie alphanumerische) absolut gleich behandelt werden.

Praktisch bedeutet dies: ein Objekt ist nur ein einziges Mal im System vorhanden. Objektbezogene Informationen und die darstellerische Ausprägung des Objektes sind strikt voneinander getrennt, weil die Änderung der Darstellung eines Objektes nicht seinen Informationsgehalt ändert. Die darstellerische Ausprägung wird in den wirklichen (geometrischen) Informationsanteil und alle sonstigen Informationen, die die spätere Auszeichnungsart des Objektes in bestimmten Plänen betreffen, aufgespalten. Wenn ein Objekt in mehreren Plänen, allerdings in unterschiedlichen Ausprägungen, vorkommt, würde ich ein System nur dann als GIS bezeichnen, wenn die Objektinformation nur ein einziges Mal abgelegt wird und lediglich die unterschiedlichen Darstellungen in den verschiedenen Plänen, verknüpft mit den Objektinformationen, zusätzlich gespeichert werden.

Der Vorteil für den Anwender lässt sich am einfachsten beim Fortführungsfall verdeutlichen. Verändern sich die Attribute eines Objektes, brauchen sie nur ein einziges Mal verändert zu werden. Es darf nicht sein, dass für jeden Plan dasselbe Objekt verändert werden muss. Ansonsten fiele man auf den Redundanzstand der klassischen Kartografie zurück. Wie sollte in einem solchen Fall die Einführung eines GIS wesentliche Vorteile gegenüber der manuellen Arbeit bringen?

Spätestens hier wird deutlich, dass GIS mehr als Kartografie mit Datenverarbeitungssystemen sind. GIS eröffnen vollkommen neue Perspektiven und neue gedankliche Vorstellungen. Im weiteren Verlauf werden wir dieses Thema noch einmal aufgreifen und vertiefen (siehe Kapitel 2.6 „Die gedankliche Revolution").

2.4.5 Die Stabilitätsebenen der Grafik

Wie im vorherigen Kapitel schon dargestellt, spielt der Charakter des GIS als Informationssystem eine wesentlich größere Rolle als allgemein angenommen wird. Greifen wir deshalb einmal das Beispiel der unterschiedlichen Planwerke auf und betrachten dies aus der Sicht eines Informationssystems. Nehmen wir dazu einmal an, dass ein Energieversorgungsunternehmen einen Spartenplan in drei Ausführungen führt: einen Bestandsplan auf Katastergrundlage, einen Übersichtsplan auf der Grundlage der DGK 5 und einen Schemaplan. Diese Pläne zeigen mehr oder weniger differenziert dieselben Objekte in unterschiedlichen Darstellungsformen.

Ein GIS ist in diesem Zusammenhang aber mehr als eine bloße Sammlung von grafischen Objekten. Neben den Sachdaten, die einzelnen Objekten zugeordnet sind, existieren auch noch Informationen über die Zuordnung der Objekte untereinander. Als auf diese Zusammenhänge die Regeln der Datenmodellierung angewendet wurden, führte dies dazu, dass man streng zwischen den Objektinformationen und der Darstellung der Objekte unterscheiden musste. Dies gebot die Normalisierungsvorschrift. Wendet man diese Normalisierungsvorschrift konsequent auf die Grafik an, ergeben sich neue faszinierende Erkenntnisse und Möglichkeiten.

Die Grafik ist zunächst ein recht oberflächlicher Begriff. Im vorigen Kapitel zeigte sich schon, dass es unterschiedliche Komponenten der „Grafik" gibt, nämlich die geometrische Information und die Informationen, wie diese Geometrie in den unterschiedlichen Plänen ausgezeichnet werden soll.

Generelles Thema ist ja, die Redundanzen zu vermeiden, um daraus Vorteile für die Anwendung zu ziehen. Greifen wir auf das erreichte Ergebnis zur Grafik zurück, um dies zu verdeutlichen. Ob jetzt eine Geometrie eines Objektes in rot oder in grün ausgezeichnet wird, ist für den Informationsgehalt des Objektes selbst bedeutungslos. Für die Anwendung ist dies aber wichtig. Das heißt: die Bedeutung der grafischen Informationen ist unterschiedlich und wird auch unterschiedlich behandelt.

In der Datenbanktechnologie reagiert man auf solche Fälle durch die strikte Trennung dieser Informationen. Der Vorteil ist offensichtlich. Kommt man zu der Auffassung, dass ein Objekt jetzt anders ausgezeichnet werden soll, betrifft diese Änderung nicht den Informationsgehalt des Objektes selbst. Mit anderen Worten: die Objektinformationen bleiben stabil und ändern sich nicht. Mehr noch! Die Auszeichnung wird nicht ein Objekt speziell betreffen, sondern alle Objekte, die vom gleichen Typ sind. Indem man die Auszeichnung jetzt von der speziellen Objektinformation trennt, lässt sich diese Information dem Objekttyp zuweisen. Der praktische Vorteil besteht darin, dass auf diese Weise alle Objekte eines gleichen Typs auf einen Schlag anders ausgezeichnet werden können, wenn man hierzu Bedarf hat. Oder anders: alle Objekte des gleichen Typs werden in einer gleichartigen Art ausgezeichnet.

Diese praktischen Vorteile wurden nur erzielt, weil konsequent die grafische Information hinsichtlich ihrer Stabilität betrachtet und dementsprechend modularisiert wurde, wie es der Stand der Datenbankmodellierung vorschreibt. Die grafische Information lässt sich noch weiter strukturieren und so lassen sich zusätzliche Vorteile hieraus ziehen. Diese weitere Modularisierung ist nicht einfach zu verstehen. Deshalb möchte ich sie anhand eines Beispiels herleiten.

Betrachten wir hierzu zunächst zwei vorgegebene Punkte im Raum, die untereinander verbunden sein und eine Leitung darstellen sollen. In unserem Beispiel möge die Leitungsverbindung zwischen den beiden Punkten im Bestandsplan ein Polygon, im Übersichtsplan eine Strecke und im Schemaplan ein Polygon sein, das aus zueinander rechtwinklig verlaufenden Teilsegmenten besteht (vgl. Abbildung 12).

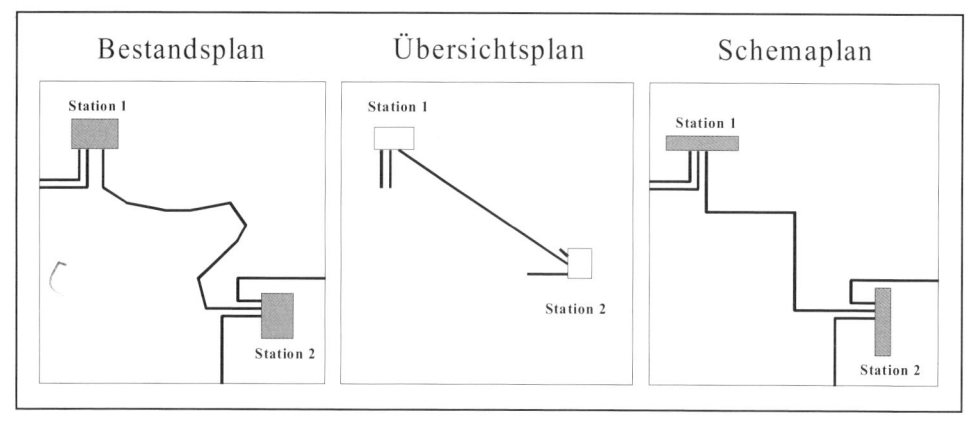

Abbildung 12: Unterschiedliche Darstellung in Planwerken

Die geometrische Form der Leitungsverbindung wäre unterschiedlich, allen gemeinsam wäre aber die Verknüpfung der beiden Punkte. Daraus wird ersichtlich, dass es eine Information gibt, die über die Planwerke hinaus stabil ist. Ob jetzt die beiden Punkte auf unterschiedlichen Wegen miteinander verbunden sind, ist uninteressant. In jedem Fall ist die Verknüpfungsinformation, „Punkt 1 ist mit Punkt 2 verbunden", gleich.

Charakteristika der GIS-Anwendung

Diese Verknüpfungsinformation wird auch als Topologie bezeichnet. Die topologische Information hat, wie gezeigt, eine Besonderheit: sie ist abbildungsinvariant.

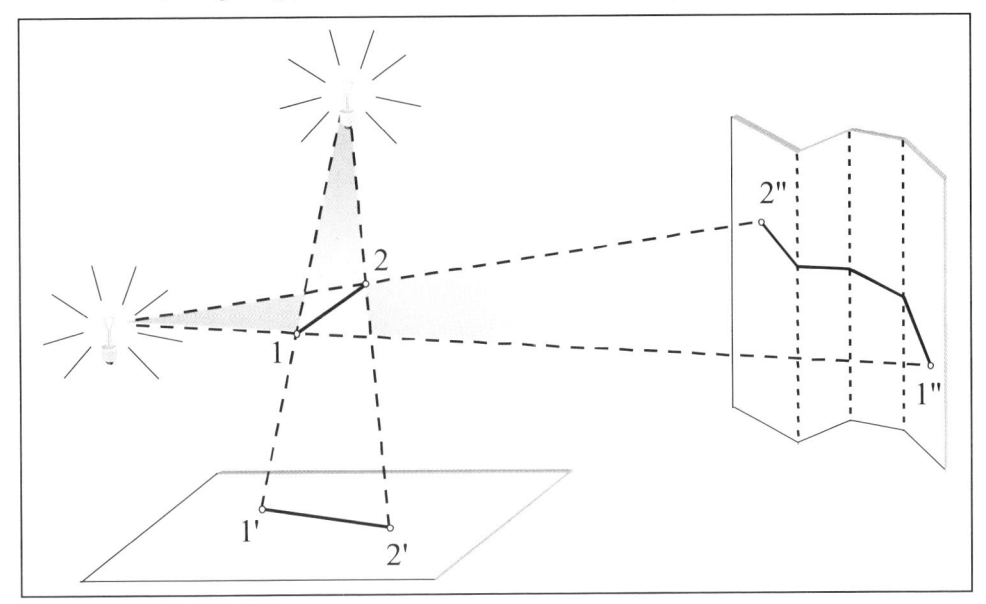

Abbildung 13: Invarianz der Topologie

Diesen abstrakten Zusammenhang kann man sich ganz leicht verdeutlichen (vgl. Abbildung 13). Die beiden Punkte im Raum seien durch einen Draht miteinander verbunden. Jetzt wird von einer beliebigen Stelle aus eine Lampe auf diese Konstruktion gerichtet und ihr Schattenbild auf einem weißen Papier aufgefangen. Je nach Verschiebung der Lampe oder des Blattes wird eine unterschiedliche Abbildung dieser Konstruktion erreicht. Ganz extrem wird diese Abbildung, wenn auch noch das Papier verbogen oder verdreht wird. Selbst, wenn das Papier zusammengedrückt würde und der Draht wie eine zackige Raumkurve als Schatten auf dem Papier erschiene: immer wieder wäre die Verknüpfungsinformation gleich. Punkt 1 ist mit Punkt 2 verbunden. Der geometrische Weg der Verbindung reichte dabei von der einfachen Strecke bis zum komplexen Raumkurvengebilde.

Karten sind nichts anderes als Abbildungen der Realität. Wenn es also Informationen gibt, die abbildungsinvariant sind, sollte man sie aus praktischen und Datenmodellierungsgründen nicht kartenbezogen abbilden, sondern losgelöst von den Kartenunterlagen. Ein Beispiel: Die Sachinformationen zu einem Objekt sind auch abbildungsinvariant. Es ist vollkommen gleichgültig, wo und wie ein Objekt abgebildet wird: die Sachinformation ändert sich nicht. Deshalb würde auch niemand auf die Idee kommen, Sachinformationen planbezogen (also redundant) zu speichern.

Die nähere Untersuchung der Grafik zeigt, dass es auch hier unterschiedliche Informationskomponenten mit unterschiedlicher Stabilität gibt (vgl. Abbildung 14). Die stabilste Ebene ist demnach die Topologie. Topologische Information ist abbildungsinvariant und steht dementsprechend über allen Plänen. Es ist also nicht nur unpraktisch, sondern auch vom Stand der (Logik der Modellierungs-) Technik her absolut falsch, die Information „Topologie" planbezogen abzuspeichern.

Die nächst stabilere Ebene ist die Geometrie des Objektes. Hier ist es in der Praxis durchaus üblich, dass die Geometrie des Objektes in Abhängigkeit vom Plan unterschiedlich sein kann. Eingangs wurde ja bereits das Beispiel einer Leitung erwähnt, die in unterschiedlichen Plänen durch unterschiedliche Geometrien dargestellt wird (Polygon, Strecke, Polygon).

Die informationstechnisch instabilste Ebene ist die darstellerische Ausprägung einer Geometrie eines Objektes.

Topologie	"1 ist mit 2 verbunden"
Geometrie	"Die Verbindung ist eine Gerade"
Darstellerische Ausprägung	"Im Maßstab 1:500 ist die Darstellung der Geometrie schwarz gestrichelt"

Abbildung 14: Stabilitätsebenen der Grafik

Die Berücksichtigung dieser Stabilitätsebenen der Grafik hat höchste praktische Bedeutung. Ziel dieser Strategie der Zerlegung ist die Stabilität der gespeicherten Informationen. Betrachten wir dazu ein Beispiel. Gegeben seien zwei Leitungsmaste und deren Leitungsachsenverbindung. Zerlegt man nun die Leitungsachsenverbindung in

- die **topologische** Information (die Verbindung geht von Station 1 zu Station 2),

- die **geometrische** (der Leitungsweg wird im Maßstab 1:500 als eine Gerade dargestellt) und

- die **darstellerische** Information (für Bestandspläne werden die Liniengeometrien durchgezogen in schwarz dargestellt),

erreicht man große praktische Vorteile. Wäre die Leitungsachsenverbindung ein nicht modularisiertes Objekt, müsste ein weiteres neues Objekt gebildet werden, wenn die gleiche Leitungsachse in einem anderen Plan anders dargestellt werden sollte, weil die Darstellungsinformation unterschiedlich ist. Alle Informationen (auch die, die sich nicht verändern) müssten in beiden Objekten vorhanden sein. Dies bedeutete zusätzlichen Erfassungs- und Änderungsaufwand. Die modularisierte Form brauchte nur die wirklichen Änderungen aufzunehmen. Nach wie vor bliebe ja die Verbindungs- und Geometrieinformation gleich. Durch die Modularisierung wird so planübergreifende Redundanzfreiheit geschaffen.

Da die Datenerfassung die größte Investition eines GIS-Projektes ausmacht, ist ein guter Projektmanager (und auch ein guter GIS-Hersteller) bestrebt, diesen Aufwand bestmöglich zu schützen. Wenn also die grafische Information so im Rechner abgelegt wäre, dass nur schon die darstellerische Änderung eines Objektes die Gesamtinformation betreffen würde, wäre der Aufwand für die Aktualisierung sehr hoch. Die Modularisierung erreicht, dass nur die Informationen geändert werden müssen, die wirklich betroffen sind. Stabile Informationskerne werden nicht berührt und laufen deshalb auch nicht Gefahr, angegriffen zu werden.

Weiterhin wird dafür gesorgt, dass eine Information wirklich nur ein einziges Mal erfasst und gespeichert wird und so Konsistenzprobleme zwischen den Planwerken im Keim erstickt werden. Dies ist ein Schlüssel zur Realisierung von Einspareffekten durch GIS.

Die Bedeutung der Stabilitätsebenen der Grafik für GIS liegt aber noch weitaus höher als bislang angedeutet wurde. Versuchen wir deshalb, das Ergebnis der Überlegungen einmal zu realisieren. Die konsequente Analyse der Grafik im GIS, verbunden mit der aus dem Stand der Technik von Datenmodellierungen resultierenden Normalisierungssicht, führt zu einer Sicht auf GIS, die über die Pläne hinausgeht. Wenn es abbildungsinvariante Information gibt und sie auch entsprechend planübergreifend abgespeichert werden soll, ist eine planbezogene Sicht auf GIS für die Datenmodellierung unzulässig. Damit rücken kartografische Betrachtungsweisen in den Hintergrund. Vielleicht wird jetzt deutlich, warum ich die Sicht auf ein dem Unternehmen Nutzen bringendes GIS als System der Informationstechnik definiere.

Ein GIS ist nicht digitale Kartografie, sondern Informationstechnik, erweitert auf raumbezogene Daten!

2.4.6 Von kartografischen zu informationstechnischen Sichten

Der Ausflug in die Welt der erforderlichen Datenstrukturen für GIS hat revolutionäre Erkenntnisse gebracht. Aufgrund der historischen Entwicklung von GIS ist man doch sehr geneigt, ein GIS als Grafik mit verketteter Sachinformation anzusehen. Will man den Gedanken eines Informationssystems umsetzen, muss man sich der Möglichkeiten der Datenverarbeitung bedienen. Bei der Umsetzung von Karten, Plänen und deren zugehöriger Information auf die Möglichkeiten der Datenverarbeitung stößt man auf erste Schwierigkeiten.

Diese Schwierigkeiten haben zwei Hauptursachen.

- Kartografie ist für den Menschen gemacht. Die gesamte Ausprägung kartografischer Arbeit richtet sich nach dem (ästhetischen) Empfinden des Betrachters. Will man sich in Richtung eines GIS orientieren, werden die Informationen durch ein System verwaltet und ausgegeben. Die Informationen, die hierfür erforderlich sind, müssen in einer Struktur abgelegt sein, die es dem Rechner erlaubt, die gewünschten Auswertungen bereitzustellen. In Kapitel 2.4.4 „Neue Aspekte für das Kartenwerk" wurde bereits deutlich, dass die Nutzung der GIS-Technologie Beschränkungen der klassischen Kartografie aufheben und so bessere Möglichkeiten der Nutzbarkeit bereitstellen kann.

Auch im letzten Kapitel wurde erkannt, dass eine planorientierte Sicht nicht den Regeln der Datenverarbeitung entspricht. Dies ergibt sich einfach aus den Widersprüchen, die die Planwerksorganisation zu den Regeln der Datenverarbeitung hatte (z.B. mangelnde Redundanzfreiheit). Mithin ist es nicht vernünftig, die Planwelt, die die Kartografie produziert, als Ausgangsstand für ein GIS anzuhalten.

Woran soll sich denn dann ein GIS orientieren?

Ein Plan ist nichts anderes als ein Modell der realen Welt. Jeder Plan hat ein Thema, sei es die Bebauung, der Leitungsnetzbestand, Schutzzonen, Autobahnen und Landstraßen etc.. Das Wesen des Plans besteht darin, dass die reale Welt um die Informationen gefiltert wird, die für das Thema des Planes unwichtig sind. So entsteht eine Reduktion der Informationsvielfalt und hieraus resultiert die Übersichtlichkeit. Wenn nun erkannt wurde, dass dieses gefilterte Modell Nachteile für die GIS-Modellierung bringt, ist es doch am einfachsten, nicht ein Modell der Wirklichkeit (Plan) anzuhalten, sondern die Realität selbst als Ausgangsstand zu nehmen.

Damit ist schon ein wesentlicher Problempunkt erledigt. In der Praxis gibt es nämlich schon viele Modelle (Pläne) der Wirklichkeit (Bestandsplan, Übersichtsplan, Schemaplan). Jeder Plan stellt ein gesondertes Abbild der Realität zum gewählten Thema dar. Hätte man den Plan als Bezug für das GIS, müssten zwangsläufig auch mehrere GIS-Modelle entstehen. Da aber diese Modelle (Pläne) stark redundant sind und die Nachteile dieser redundanten Informationen hinreichend aufgezeigt wurden, ist diese Vorstellung unsinnig.

Nicht die Kartografie, sondern die wahre Welt muss im GIS modelliert werden!

Jetzt wird deutlich, warum ich in der propagierten GIS-Definition die Realwelt (und nicht die Karte) als Ausgangsstand anhalte und kartografische Sichten kritisiere. Mit der Realwelt ist dabei die wahrhaft vorhandene Welt gemeint und nicht irgendein Abbild. Dies bedeutet: das Datenmodell des Rechners darf keinesfalls planorientiert sein. Vielmehr muss die dem Sachverhalt innewohnende Logik gefunden und abgebildet werden. Das Modell eines Flurstücks besteht demnach nicht aus einer gezeichneten Fläche, sondern beinhaltet eine Struktur, die die für die geplanten Auswertungen erforderliche Logik abbildet. Die Art der Modellbildung wird später noch genauer aufgegriffen und verdeutlicht werden.

Damit ist klar, was als Ausgangsstand für die Modellierung der Daten angehalten werden muss. Noch offen ist, was Zielpunkt der Modellierung ist.

Aufgrund meines Bekenntnisses ist das Ziel eines GIS-Projektes, dem Unternehmen zu nutzen. Demnach muss festgelegt sein, was das Informationssystem leisten soll. Hierauf wird noch intensiver in den folgenden Kapiteln eingegangen. Damit wäre der inhaltliche Zielpunkt definiert. Nicht übersehen werden darf aber auch der technische Zielpunkt. Es geht nicht nur darum, die wahren Zusammenhänge der Realwelt für bestimmte Themen zu modellieren. Dieses Modell muss auch so aufbereitet sein, dass es durch die Möglichkeiten der Informationstechnologie aufgenommen und nutzbar gemacht werden kann.

Während die Kartografie als Ausgangsstand die reale Welt hat, schafft sie ein Modell der Wirklichkeit mit der Zielrichtung auf eine sachgerechte und übersichtliche Darstellung und Interpretation für den Menschen. Das GIS hat auch die reale Welt als Ausgangsstand. Ziel der Modellierung der Realwelt im GIS ist die Ausschöpfung der erwarteten Nutzeffekte.

Man muss also versuchen, die Wahrheit der Zusammenhänge der realen Welt zu erkennen und sie dann in eine dem Informationssystem verständliche Form zu übersetzen. Das Ziel der Abbildung ist nicht ein beliebiges Informationssystem, sondern ein dem Stand der Technik entsprechendes. Dies bedingt eine Modellierung der realen Welt nach den Kriterien der Informationstechnologie und nicht der Kartografie.

- Einer der Hauptfehler, der bei Herstellern, Wissenschaftlern und auch Anwendern im Bezug auf GIS existiert, ist die kartografische Sicht. Fälschlicher Weise sehen die meisten in einem GIS-Projekt ein Umsetzen der vorhandenen Pläne in digitale Kartografie. Dies leistet z.B. die CAD-Technologie. Für diesen Zweck braucht man kein GIS. Vielmehr geht es darum, die interessierenden Informationen der realen Welt wahrheitsgemäß und unverfälscht zu erkennen, hinsichtlich ihrer Zusammenhänge zu erfassen und sie in Strukturen der Informationstechnologie umzusetzen, damit die Informationstechnologie wirksam zum Nutzen des Unternehmens eingesetzt werden kann.

Dies bedeutet einen Bruch mit kartografischen Denkstrukturen. Fast könnte man behaupten, dass sie im GIS-Projekt eher schädlich sind. Für den Projektmanager hat dies die Konsequenz, dass er die Philosophie der Informatik und die Grundregeln des Arbeitens mit Informationstechnologie verstanden haben muss, bzw. sich mindestens den Gedanken dieser Fachdisziplin öffnet.

Für die erfolgreiche Realisierung eines GIS-Projektes ist die Abkehr von kartografischen hin zu informationstechnischen Sichtweisen unabdingbar erforderlich!

2.4.7 Bedeutung der Arbeitsprozesse

Bereits im oberen Kapitel wurde die redundante Informationsfülle in den Betrieben deutlich. Ebenso war zu erkennen, dass sich diese Redundanzen nicht nur auf die Pläne und Karten beschränken. Sie betreffen letztlich alle Informationsquellen. Eine herausragende Eigenschaft eines GIS ist die Möglichkeit, grafische und alphanumerische Informationen zu verknüpfen. Bei manueller Führung wird der Sachbearbeiter die benötigten Informationen teilweise aus den Karten und teilweise aus den Akten entnehmen. Eventuell braucht er auch noch referenzierende Verzeichnisse, um die benötigten Informationen finden zu können. So wird er im Übersichtsplan die Blatteinteilung einsehen, um die richtige Karte finden zu können und in Übersichtskarteien den Hinweis suchen, in welcher Akte die benötigten Informationen abgelegt sind.

Wenn tatsächlich nun Informationsbestände zusammengeführt werden, wird man in anderer Weise mit ihnen umgehen. Konkret bedeutet dies, dass sich die Arbeitsweise ändern wird. Viele Arbeiten entfallen (die Suche in referenzierenden Verzeichnissen), neue kommen hinzu (die Prozeduren zur Arbeit mit dem Rechner).

Durch die neuen Möglichkeiten des GIS ergeben sich andere Arbeitsmöglichkeiten!

Wenn sämtliche relevanten Informationen so kompakt zusammengefasst sind, kann der Arbeitsablauf anders organisiert werden. Bislang ist es vernünftig, die Arbeit an der Karte abzuschließen und dann die entsprechenden Sachdaten in anderen Verzeichnissen zu aktualisieren. Jetzt wird es möglich, viel zeitnäher (vielleicht sogar gleichzeitig) diese Arbeiten zu erledigen.

Durch eine Aktion können so u.U. Arbeiten erledigt werden, die bislang getrennt in Karte und zugehörigen Verzeichnissen durchgeführt werden mussten. Notwendige Trennungen im manuellen Arbeitsablauf (kartografische Arbeiten, Arbeiten an Sachverzeichnissen) können zusammengefasst und von einer Person durchgeführt werden.

Denkt man jetzt an das Beispiel des Aktenordners zurück, lassen sich Parallelen ziehen. Ein GIS liefert das Potenzial zu neuen Ordnungsstrukturen, weil es zusammenhängende Informationen unterschiedlichen Charakters bündeln kann. Diese Bündelungsmöglichkeit lässt sich ausnutzen. Geht man diesen Weg, ist es einleuchtend, dass sich die vorhandene Art des Arbeitens ändern wird. Es wird unsinnig, zunächst die Grafik zu bearbeiten und dann die Sachdaten zu aktualisieren. Eventuell sind grafische Daten und Sachdaten so miteinander verknüpft, dass nur eine einzige Änderung ausreicht, die gesamten Informationen zu aktualisieren. Will man also wirkliche Effekte mit der GIS-Einführung erreichen, muss man zwangsläufig die bestehenden Arbeitsabläufe untersuchen und sie mit den Möglichkeiten des GIS neu organisieren.

Die Einführung eines GIS bedeutet zwangsläufig die Änderung bestehender Arbeitsprozesse!

Charakteristika der GIS-Anwendung

Ein Praxisbeispiel zeigt dies ganz deutlich (vgl. Abbildung 15). Der Projektierer stellt für eine Leitungsprojektierung zunächst seine Unterlagen zusammen. Neben der kartografischen Unterlage, die unter Umständen aus Teilen montiert werden muss, benötigt er Übersichten, eventuell auch noch Verbrauchsdaten. Im Projektierungsprozess entsteht eine Versorgungsleitung zunächst skizzenhaft. Ist die Projektierung abgeschlossen, wird eine Reinzeichnung gefertigt. Dazu wird die Skizze an das Zeichenbüro abgegeben. Diese Reinzeichnung dient als Grundlage für den Bau der Leitung. Nach Fertigstellung wird die Leitung aufgemessen und die relevanten eingebauten Bauteile aufgenommen. Anhand der Eintragungen des Feldbuchs wird die Leitung in das Kartenwerk einkonstruiert, gezeichnet und in andere Verzeichnisse eingetragen. Für die Abrechnung und Anlagenbuchhaltung sucht sich die kaufmännische Abteilung die erforderlichen Informationen aus dem Aufmaß, der Karte und erstellten Verzeichnissen heraus.

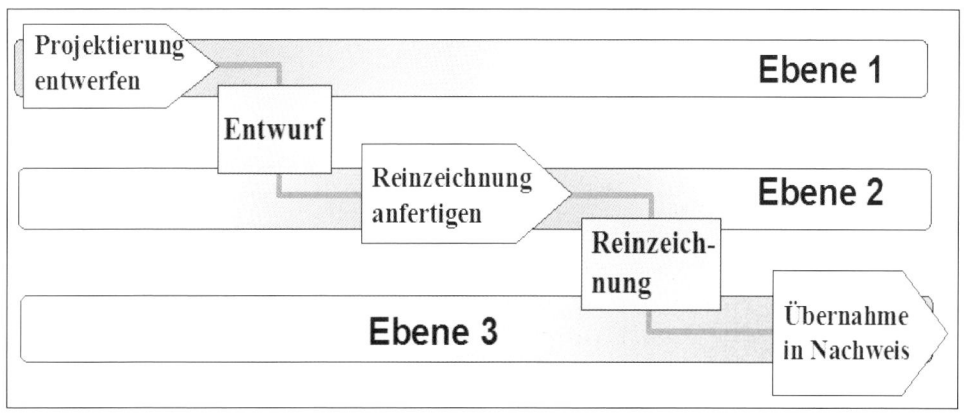

Abbildung 15: Konventioneller Fortführungsprozess

Mit einem GIS findet der Fortführungsprozess interaktiv statt (vgl. Abbildung 16). Die blattschnittfreie Grundlage macht beliebige Ausschnitte möglich. Benötigte Informationen werden aus dem GIS abgerufen. Sobald die Projektierung abgeschlossen ist, liegt der Leitungsverlauf als Reinzeichnung mit allen definierten Bauteilen fest. Auf der Basis des Ausdrucks wird die Lage der Leitung aufgemessen und nur die Änderungen werden festgehalten. Einmaßkorrek-turen und Bauteiländerungen brauchen nur noch in das GIS eingegeben zu werden. Durch Abfrage der Projektierungssituation lässt sich eine Materialliste generieren, die der Lagerverwaltung des Kaufmännischen Systems übergeben werden kann, um sie für die Lagerdisposition zu nutzen.

Während der Bauphase werden zu dem entsprechenden Auftrag im kaufmännischen System Zu- und Abbuchungen des Materials vorgenommen, je nach den praktischen Erfordernissen. Aus diesen Buchungen kann eine Materialliste abgeleitet werden, genauso wie aus der Dokumentation des Bestandes im GIS. Der Vergleich beider Listen stellt eine effektive Möglichkeit der Qualitätskontrolle dar.

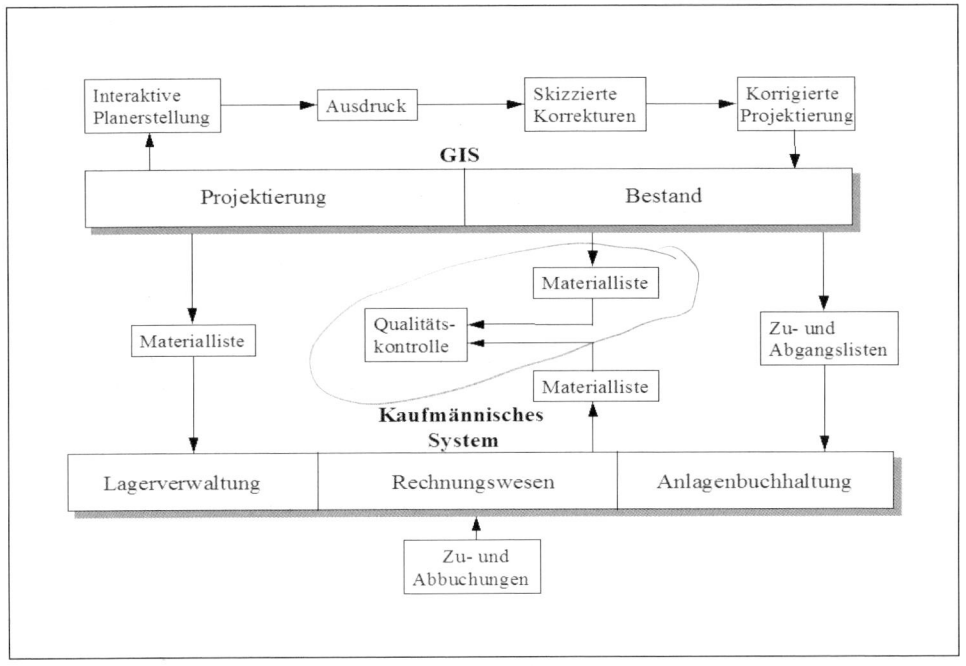

Abbildung 16: Integrierte Raumbezogene Arbeitsprozesse

Weiterhin können die Änderungen im Bestandsnachweis des GIS dazu herangezogen werden, um Zu- und Abgangslisten des Anlagenbestandes zu erzeugen und der Anlagenbuchhaltung zuzuführen.

In diesem Beispiel ist der Gesamtablauf viel effizienter. Das ergibt sich aus der konsequenten Umsetzung mehrerer Einzelfaktoren. Die zusammenhängende Bündelung der Daten ermöglicht umfassende Informationen mit einem oder wenigen Zugriffen. Die Dokumentation der Leitung wird nicht im Sinne einer Abschlussdokumentation geführt, sondern als Nebenprodukt des Arbeitsprozesses Projektierung und Aufmass. Zeitverzögerungen durch Reproduktions-, Montage- und Zeichenarbeiten werden vermieden. Auswertefunktionalität in Verbindung mit gebündelter und verketteter Sachinformation und geschickt geplanten Ablaufstrukturen bringen den Fortschritt in der effektiven Nutzung des GIS.

Wirkliche Erfolge sind mit GIS nur dann zu erzielen, wenn in Rationalisierungskategorien höherer Ordnung gedacht wird (vgl. auch Kapitel 2.4.2 „Von einfachen zu komplexen Funktionsstrukturen"). Dies bedeutet einerseits einen höheren Rationalisierungserfolg, aber andererseits auch ein komplexeres Projektmanagement. Diese Komplexität zu beherrschen, ist nicht einfach. Sie ist Thema der weiteren Ausführungen zum Projektmanagement.

Andererseits ist aus diesem Beispiel zu erkennen, wie unsinnig die Übertragung bisheriger Arbeitsabläufe auf ein GIS ist. In der Praxis kommt es immer noch sehr häufig vor, dass ein GIS als reines Zeichenwerkzeug genutzt wird. Mit einer solchen Organisationsstruktur wird sich der GIS-Einsatz niemals rechnen! Wer die Zeichenarbeit verbessern will, sollte sich um die Möglichkeiten von CAD-Werkzeugen kümmern. Wer GIS einsetzen möchte, muss nicht nur den Zeichenprozess betrachten, sondern die gesamten Arbeitsabläufe um raumbezogene Daten. GIS- und CAD-Einsatz müssen begrifflich streng voneinander getrennt werden. Ebenso gilt dies für die Umsetzung. GIS-Projekte können nicht in der Manier einer CAD-Einführung realisiert werden.

2.5 Wichtige Komponenten der GIS-Architektur

Die vorangestellten Kapitel zeigen, wie wichtig die intensive Beschäftigung mit den Arbeiten zu raumbezogenen Informationen ist. Letztlich sollen die Geschäftsprozesse ja zweckdienlich unterstützt werden. Gleichzeitig wurde aber auch der enge Zusammenhang zwischen dem grundsätzlichen Potenzial der Systeme und den sich daraus ergebenden Möglichkeiten für die Verbesserung der Arbeitsorganisation deutlich. Da der Begriff GIS keiner geschützten Definition unterliegt, muss der Anwender sehr genau recherchieren, welches System denn überhaupt welche Möglichkeiten bietet.

Für den Anwender stellt dies eine überaus unglückliche Situation dar. Mittlerweile werden im deutschsprachigen Raum weit mehr als 100 Systeme angeboten, die sich als GIS bezeichnen. Es ist unmöglich, hier noch Überblick zu gewinnen. Auch bei Messen und Ausstellungen wird der interessierte Anwender geradezu mit Informationen überschüttet. Diese Informationen kommen allerdings aus der Selbstdarstellung der Hersteller. Inwieweit sie dem wirklichen Bedarf der Anwendung dienen, ist damit offen. Der Anwender kommt so seinem eigentlichen Ziel, Klarheit über die GIS-Szene im Hinblick auf seine Anwendung zu gewinnen, auch nicht näher. Der Projektmanager muss aber einen Überblick über die Möglichkeiten und Grenzen von GIS haben. Deshalb werden im folgenden allgemeine Orientierungshilfen erarbeitet.

2.5.1 Der Missstand mangelnder Definition

Da es keine scharf abgegrenzte und verbindliche Definition für Geografische Informationssysteme gibt, reicht die Spanne der Produkte, die vom Markt (oder den Herstellern) als GIS bezeichnet werden, von Zeichenprogrammen bis hin zu intelligenten Informationssystemen, die in beliebiger Struktur redundanzfrei raumbezogene Daten aufnehmen, verwalten und in vielschichtiger Form ausprägen können. Nicht exakt definierte Begriffe haben aber den Nachteil, dass unterschiedliche Vorstellungen entwickelt und dass, obwohl gleiche Namen benutzt werden, eine völlig andere Sicht und damit ein völlig anderes Verständnis vom gleichen Wort anzutreffen ist. Anders ausgedrückt: das Wort GIS eröffnet eine Quelle von Missverständnissen, weil dahinter völlig unterschiedliche Begriffswelten stehen können. Der Verweis auf die unterschiedlichen Begriffsdefinitionen (siehe Kapitel 2.1) soll hier als Ausführung genügen.

Aufgrund der Vielfalt der Systeme und der unterschiedlichen Sichten auf GIS wird der Anwender mehr verwirrt, als dass er Klarheit gewinnt. Und mit Definitionen, wie sich ein GIS aufbaut und was es leistet, wird ihm auch nicht geholfen. Es gilt, Orientierungshilfen zu geben und nachvollziehbar zu zeigen, welche praktischen Konsequenzen bestimmte Eigenschaften von Systemen haben. Mit diesem Wissen wird der Anwender in die Lage versetzt, Systeme hinsichtlich ihres Nutzens für den vorgesehenen Praxiseinsatz selbst zu beurteilen.

In diesem Sinne ist es dann nicht mehr so wichtig, wie genau GIS definiert sein mag. Mein Ziel ist es, den Anwender wissend zu machen, damit er den manchmal nicht immer seriösen Aussagen der Hersteller trotzen kann und in die Lage versetzt wird, seinen eigenen Standpunkt zu GIS zu entwickeln und Sachverhalte kritisch zu durchleuchten.

2.5.2 Visualisierungssysteme versus Informationssysteme

Um die Masse der auf dem Markt befindlichen Systeme in einer ersten Stufe gliedern zu können, definiere ich Visualisierungssysteme und Informationssysteme.

Unter einem Visualisierungssystem soll ein System verstanden werden, dass Daten nur präsentieren, nicht aber deren innere Zusammenhänge berücksichtigen kann.

Diese Definition ist schwierig und soll deshalb anhand eines Beispiels verdeutlicht werden (vgl. Abbildung 17)

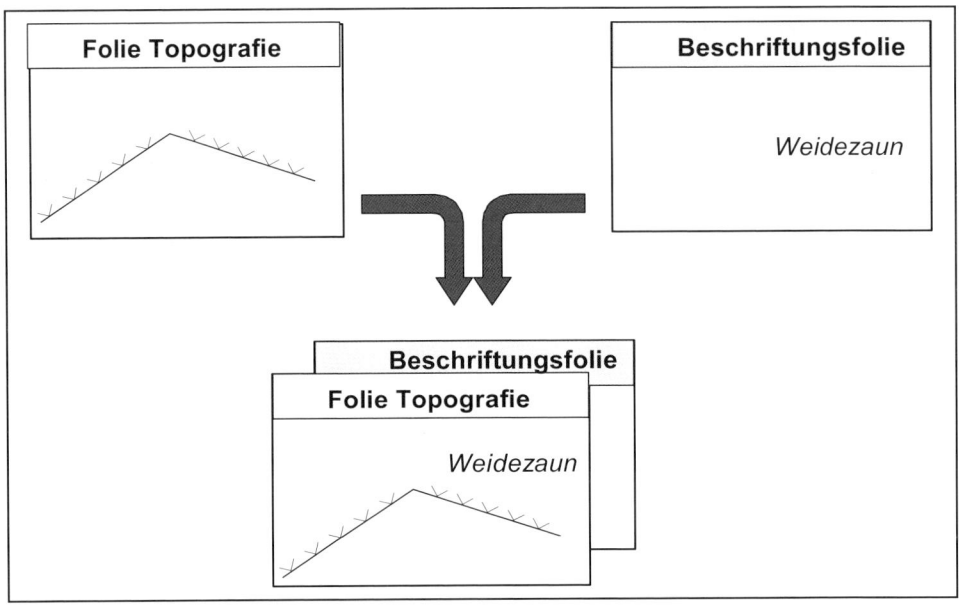

Abbildung 17: Visualisierungssysteme

In der Abbildung ist ein Prinzipausschnitt einer Karte dargestellt. Dieses Kartenwerk ist nach dem Folienprinzip aufgebaut. In der oberen Folie ist die Topografie (Weidezaun) abgebildet und in der unteren Folie die Beschriftung. Durch Passer werden die Folien zusammengebracht, so dass dem Betrachter die zeichnerische Darstellung und der begleitende Text im optischen Zusammenhang präsentiert werden. Der verständige Betrachter wird die Daten des Bildes dahingehend interpretieren und damit in seinem Kopf die Information bilden, dass es sich bei der abgebildeten Situation um einen Weidezaun handelt.

Charakteristika der GIS-Anwendung 53

Hätte sich nun der Kartograf geirrt und anstelle des Weidezauns müsste ein Gartenzaun dargestellt werden, so müsste er in der Darstellungsfolie die Signatur des Weidezauns ausrasieren und sie durch die Signatur des Gartenzaunes ersetzen. Weiterhin müsste die Beschriftungsfolie geändert werden. Würde der Kartograf nach der Aktualisierung der Topografie aus irgendeinem Grund an der Fortsetzung seiner Arbeit gehindert werden, bliebe die jetzt falsche Beschriftung stehen.

In diesem Beispiel ist die Karte ein Visualisierungssystem. Welche Informationen die Daten beinhalten und wie diese zusammenhängen, weiß die Karte selbst nicht. Sie erträgt klaglos alle ihr „auferlegten" Daten. Sogar der inkonsistente Zustand, dass etwas anderes dargestellt ist, als die Beschriftung ausdrückt, interessiert die Karte nicht. Die wirkliche Information entsteht erst im Kopf des Betrachters. Er sieht die Signatur, liest die Beschriftung und fügt diese Komponenten zu der Information zusammen: dies ist ein Weidezaun. Anstelle der Karte könnte man sich auch ein DV-System vorstellen, das über zwei Ebenen verfügt. Die erste Ebene nimmt die grafische Darstellung und die zweite Ebene die Beschriftung auf. Der Rechner kennt in diesem Fall den Zusammenhang der Daten nicht.

Hieraus wird die mangelnde Intelligenz eines reinen Visualisierungssystems deutlich. Es ist nur Datenträger und Repräsentant dieser Daten. Systeme, die Daten tragen und präsentieren, sie aber nicht selbständig in irgendeiner Form auswerten oder in Beziehung bringen können, erreichen nicht den Rang eines Informationssystems im hier definierten Sinn. Deshalb sollen sie als Visualisierungssystem bezeichnet werden. Die Information entsteht nur durch den verständigen Betrachter. Das System selbst kann nur präsentieren, aber nicht in irgendeiner Form die gespeicherten Daten auswerten.

Damit wird das vorgestellte Visualisierungssystem durch einige wesentliche Punkte charakterisiert:

- Darstellung und Beschriftung existieren unabhängig voneinander.

- Die zusammenhängende Information, dass der dargestellte Zaun ein Weidezaun sein soll, entsteht erst im Kopf des Betrachters. Auf den Einzelfolien sind zwar die hierfür grundlegenden Daten abgelegt, doch das System selbst (Kartenwerk) dient nur als Datenträger, dem weder Inhalt noch Struktur der Daten bekannt sind. Dieses Beispiel ist formal analog einem Datenträger, der gescannte Informationen aufnimmt. Das bloße Visualisierungssystem verfügt damit über keine eigene Intelligenz.

- Auswertungen wie: „Zeige alle Weidezäune!" sind nicht möglich.

Die gleiche Situation sähe bei einem Informationssystem im eingangs definierten Sinne folgendermaßen aus (vgl. Abbildung 18):

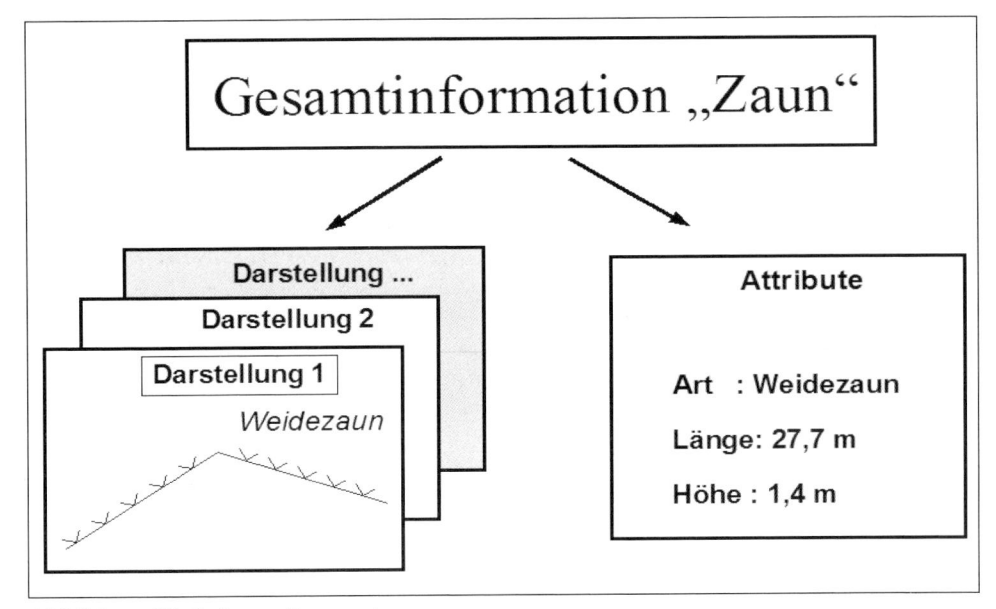

Abbildung 18: Informationssysteme

Im Rechner existiert ein Objekt Zaun, das durch begleitende Attribute näher charakterisiert ist und dessen grafische Ausprägung beschrieben ist. Dementsprechend kann aus diesen Daten heraus ein Kartenbild abgeleitet werden, das den Verlauf des Zauns beschreibt, ihm seine Signatur zuordnet und ihm auch eine erklärende Beschriftung zufügt. Genauso wäre es aber auch möglich, die Attribute abzufragen und sich anzeigen zu lassen. Das System wird dann die geforderten Informationen aufschlüsseln.

Besonders interessant wird die Situation, wenn der im vorigen Beispiel angenommene Fehler des Kartografen (Gartenzaun anstelle von Weidezaun) korrigiert werden soll. Hierzu gibt es zwei Möglichkeiten. Der Bearbeiter kann den Weidezaun in der Grafik anwählen und ihn als Gartenzaun deklarieren. Aufgrund der Definition des Informationssystems muss sofort ein konsistenter Zustand erreicht werden. Das System erkennt, dass sich eine Änderung ergeben hat, und korrigiert das Sachattribut Weidezaun in Gartenzaun.

Wäre die Alternative gewählt worden, das Sachattribut „Weidezaun" zu „Gartenzaun" umzusetzen, würde das System die Änderung wiederum erkennen und die Symbolik entsprechend korrigieren.

Hieraus erkennt man:

- Darstellung und Beschriftung sind in irgendeiner Form miteinander verkettet.
- Die zusammenhängende Information, dass der dargestellte Zaun ein Weidezaun sein soll, ist im System verankert. Auf Ausgabemedien wird diese Information ausgeprägt. Dem System ist Inhalt und Struktur der Daten bekannt, so dass es sogar selbständig Zusammenhänge ermitteln und darauf reagieren kann. Das Informationssystem verfügt damit über eigene Intelligenz.

Der Vorteil des Visualisierungssystems liegt darin, dass die Datenerfassung einfach und kostengünstig ist. Sein Nachteil resultiert aus der mangelnden Intelligenz. Dies wurde am Fortführungsbeispiel deutlich. Selbst inkonsistente Zustände werden nicht erkannt.

Der Vorteil des Informationssystems liegt darin, dass es selbständig die vorliegenden Daten in definierter Weise ausprägen, verwalten und auswerten kann. Dem steht allerdings der Aufwand gegenüber, dass diese Informationen über die Zusammenhänge der Daten dem System mitgeteilt werden müssen. Das System an sich ist nicht in der Lage, selbständig Zusammenhänge zu erkennen. Für die Praxis hat dies zwei Konsequenzen.

- Die Systeme müssen komplexer sein, weil neben den zu speichernden Daten zusätzliche Informationen über die Zusammenhänge erfasst und verwaltet werden müssen.

- Die Datenerfassung wird aufwändiger, da die Informationen über die Zusammenhänge entweder mit eingegeben oder in den Daten mit verschlüsselt werden müssen. Auf diese wichtigen Zusammenhänge werden wir noch im nächsten Kapitel eingehen.

Zwischen Visualisierungs- und Informationssystemen (im hier definierten Sinne) liegen Welten. Für den Anwender besteht die Schwierigkeit darin, die grundsätzlich unterschiedlichen Architekturen zu unterscheiden. Vergleicht man die Produkte (Abbildungen) aus beiden Systemen, so ist zunächst nicht erkennbar, ob die Karte aus einem Visualisierungs- oder einem Informationssystem stammt. Für die Praxis bedeutet diese augenscheinliche Gleichheit der Visualisierung ein erstes Problem. Visualisierungssysteme können als Geografische Informationssysteme tituliert werden. Der reinen Präsentation nach ist dieser Unterschied nicht erkennbar. Die grafische Gleichheit der Darstellung zwischen reinen Visualisierungssystemen und Informationssystemen, gepaart mit dem in der Regel günstigeren Preis der Visualisierungssysteme, verleitet dazu, dem letzteren den Vorzug zu geben.

Dies ist so lange richtig, wie in der Anwendung auch nur visualisiert und interpretiert werden soll. Das böse Erwachen kommt, wenn auf einmal Fähigkeiten eines Informationssystems verlangt werden. Weder System noch vorgenommene Datenerfassung geben diese Funktionalität her. Ein bloßer Systemumstieg würde also gar nichts nützen. Zusätzlich müssten alle Daten auf ein neues Intelligenzniveau gebracht werden, was nicht selten Neuerfassung bedeutet.

Aus didaktischen Gründen ist der Unterschied der beiden Systeme extrem herausgearbeitet. Immer noch werden Visualisierungskomponenten eines Systems mit Informationskomponenten gleichgesetzt. Der unerfahrene Anwender glaubt, dass die Zusammenhänge, die er aus der Visualisierung entnimmt, auch automatisch im System verankert sind. In Wirklichkeit müssen aber **die systemischen Möglichkeiten und die Datenstruktur** aufeinander abgestimmt sein, damit die Möglichkeiten eines Informationssystems nutzbar werden. Ein typisches Beispiel der Praxis verdeutlicht diesen Zusammenhang:

Ein Versorgungsunternehmen hatte ein GIS beschafft und die Flurkartengrundlage gescannt eingebracht, weil die ALK-Daten noch nicht vorhanden waren. Auf dieser Grundlage wurde das Leitungsnetz digitalisiert. Der Geschäftsführer des Unternehmens sah bei einer Messevorführung u.a. die Möglichkeit, sich mit seinem System über eine Verschneidungsfunktion alle Grundstücke anzeigen zu lassen, die von einer Leitung angeschnitten wurden und erwartete diese Auswertung auch von seiner Systemanwendung. Obwohl er doch sämtliche Flurstücke und die darüber laufende Leitung auf dem Bildschirm sehen konnte und obwohl das bei der Messepräsentation genauso ausgesehen hatte, erklärten ihm seine Mitarbeiter, dass dies nicht ginge!

Das aufgeführte Beispiel soll aber nicht dazu dienen, Visualisierungssysteme zu verdammen. Aufgabe des Projektmanagements ist es, das für die jeweilige Anwendung adäquate System zu finden und die zur Anwendung notwendigen Datenstrukturierungs- und -erfassungsarbeiten durchzuführen. Wenn eine Anwendung durch bloße Interpretation geprägt ist und auch in absehbarer Zeit so bleiben wird, wäre es vollkommen überzogen, ein Informationssystem einzuführen. Soll nur ein Auskunftssystem erstellt werden, das vorhandene eingescannte Karten in beliebigen Ausschnitten anzeigen soll, reicht ein Visualisierungssystem vollkommen aus.

Es kann in bestimmten Fällen auch sinnvoll sein, Teile der Daten nur in einen interpretatorischen Zusammenhang zu bringen, selbst wenn das System die Möglichkeiten eines Informationssystems bietet. Zur Verdeutlichung sei das Beispiel des Bebauungsplans aufgeführt. Dieser wird vornehmlich von Planern in den unterschiedlichen Abteilungen benötigt. In den meisten Fällen reichen die auf dem Plan lesbaren (interpretierbaren) Informationen ohne automatisierte Auswertung der Informationszusammenhänge aus. Würde man grundsätzlich immer sämtliche Informationszusammenhänge in einer integrierten GIS-Anwendung abbilden, könnte dies sehr schnell zu erheblichen Performanceproblemen des Gesamtsystems führen. Deshalb können interpretatorische Modellierungen von Daten sinnvoll sein, selbst wenn die eingesetzte Technologie mehr leisten kann.

In der Praxis kommt die dargestellte extreme Situation Visualisierungs- versus Informationssysteme nur sehr selten vor. Vielmehr geht es fast immer um eine sinnvolle Mischung von Interpretations- und Informationskomponenten in der GIS-Anwendung.

Dies bedeutet aber eine höhere Schwierigkeit für den Anwender. Gerade zu Beginn eines Projektes ist man geneigt, sich sehr stark von der visuellen Komponente eines GIS leiten zu lassen und möchte auch in relativ kurzer Zeit schon Ergebnisse sehen. In dieser Phase sind rein visuelle Ansätze verlockend. Generell sind Visualisierungssysteme auch wesentlich kostengünstiger zu realisieren als Informationssysteme. Die Ursache liegt letztlich im Aufwand, der erforderlich ist, dem System Intelligenz zu vermitteln. In der Praxis gibt es durchaus fließende Übergänge.

Deshalb muss ein GIS-Projektmanager genau herausfinden, welche Anforderung der Betrieb wirklich jetzt und mittelfristig benötigt und welche Systeme des Marktes auf diese Anforderung zugeschnitten sind. Besonders für die Datenerfassung ist diese Festlegung, wie im nächsten Kapitel eingehend erläutert wird, von großer Bedeutung.

2.5.3 Datenstrukturen und Auswertemöglichkeiten

Bereits im letzten Kapitel klang die enorme Bedeutung der Datenstrukturen für eine Praxisanwendung an.

Der Zusammenhang zwischen Datenstrukturen und der Auswertbarkeit der Daten ist so elementar, dass eine Beschaffung eines Systems nur dann stattfinden darf, wenn es hierüber vollkommene Klarheit gibt.

Deswegen sei jedem Projektmanager zunächst einmal die Lektüre des Buches von Niklaus Wirth [Wirth] empfohlen.

In der Praxis weist der Wissensstand vieler Projektmanager über dieses Thema Lücken auf. Deswegen muss es intensiv behandelt werden. Die Sensibilität für dieses sehr wichtige, manchmal sogar entscheidende Fachgebiet muss geschärft werden. Dem Leser wird eindringlich nahe gelegt, dieses Thema weiter zu vertiefen. Angesichts der hohen Summen, die die Datenerfassung für GIS verschlingt, ist hier jede Weiterbildungsmaßnahme gut investiert. Beherrscht der Projektmanager diese Thematik nicht, sollte er fachkundiges Personal hinzuziehen.

Betrachten wir die gesamte Problematik an dem Beispiel einer Viereckfläche (z.B. Flurstück). Anhand der folgenden Variationen werden unterschiedliche Datenstrukturen und die daraus resultierenden Konsequenzen für die Anwendung vorgestellt. Schon jetzt sei bemerkt, dass das aufgeführte Beispiel repräsentativen Charakter hat und dem Sinn nach für beliebige GIS-Themen übertragbar ist.

Rastergrafik

Im ersten Fall möge diese Fläche gescannt sein. Der Rechner hält dieses Flurstück als ein Bild in Form einer Rastergrafik vor, vergleichbar der Momentaufnahme eines Fernsehbildes. Die Rastergrafik besteht aus einer relativ hohen Anzahl von Einzelpunkten, die, mosaikartig zusammengesetzt, den Bildeindruck ergeben. Dem Rechner ist eine am Scanner ausgerichtete Struktur hinterlegt. Er kennt jeweils das Bild, das sich aus Mosaiksteinen zusammensetzt. Er weiß aber nicht, welche Objekte sich dahinter verbergen. Dementsprechend kann er nicht auf den Inhalt des Bildes schließen und dem Benutzer Auswertungen über die Inhalte des Bildes bereitstellen.

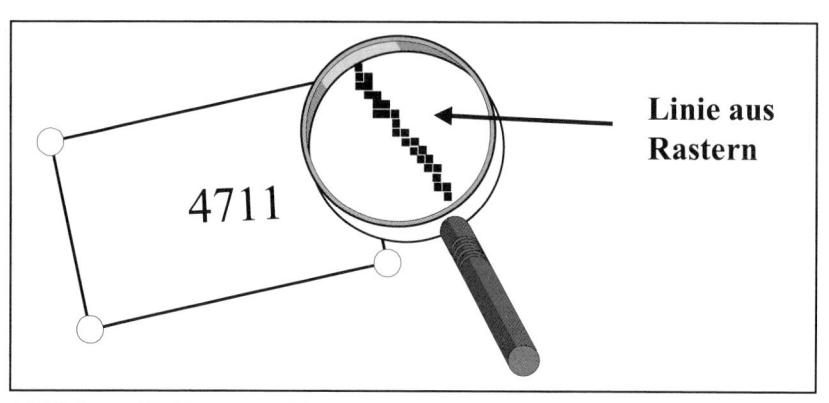

Abbildung 19: Rastergrafik

Einfache Datenstrukturen

Im zweiten Fall soll nun die Fläche beschrieben werden. Hierzu bedienen wir uns eines komplett anderen Modells (vgl. Abbildung 20).

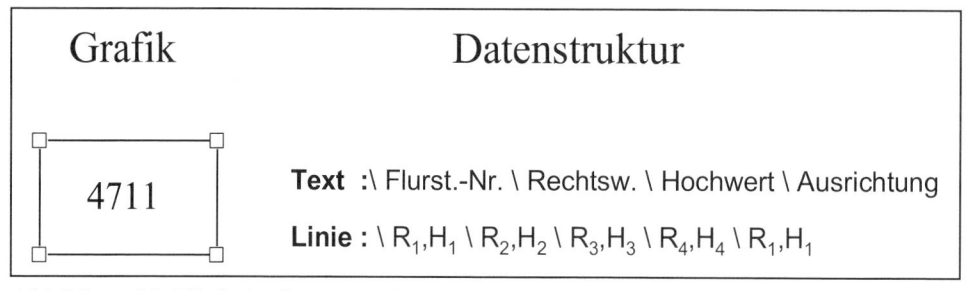

Grafik	Datenstruktur
4711	**Text** :\ Flurst.-Nr. \ Rechtsw. \ Hochwert \ Ausrichtung **Linie :** \ R_1,H_1 \ R_2,H_2 \ R_3,H_3 \ R_4,H_4 \ R_1,H_1

Abbildung 20: Einfache Datenstrukturen

Es wird ein Textelement definiert. Dieses Textelement enthält die Flurstücksnummer, die Position der Flurstücksnummer (repräsentiert durch ein Koordinatenpaar) und eine Winkelangabe für die Ausrichtung des Textelementes. Die Fläche möge jetzt durch die Sequenz der Koordinaten der Eckpunkte eindeutig festgelegt werden. Der Flächenschluss wird durch die Wiederholung des ersten Koordinatenpaares erreicht.

Ein benachbartes Flurstück würde in gleicher Weise beschrieben. Diese Art der Beschreibung ist relativ einfach, aber nicht sehr intelligent. Um dies deutlich zu machen, betrachten wir einige Beispiele.

Unintelligente Datenstrukturen

Stellen wir uns vor, neben dem dargestellten Flurstück 4711 wird ein Nachbarflurstück 4712 im Rechner aufgenommen (vgl. Abbildung 21).

Charakteristika der GIS-Anwendung 59

Grafik:

```
1────────2────────5
│  4711  │  4712  │
4────────3────────6
```

Datenstruktur:

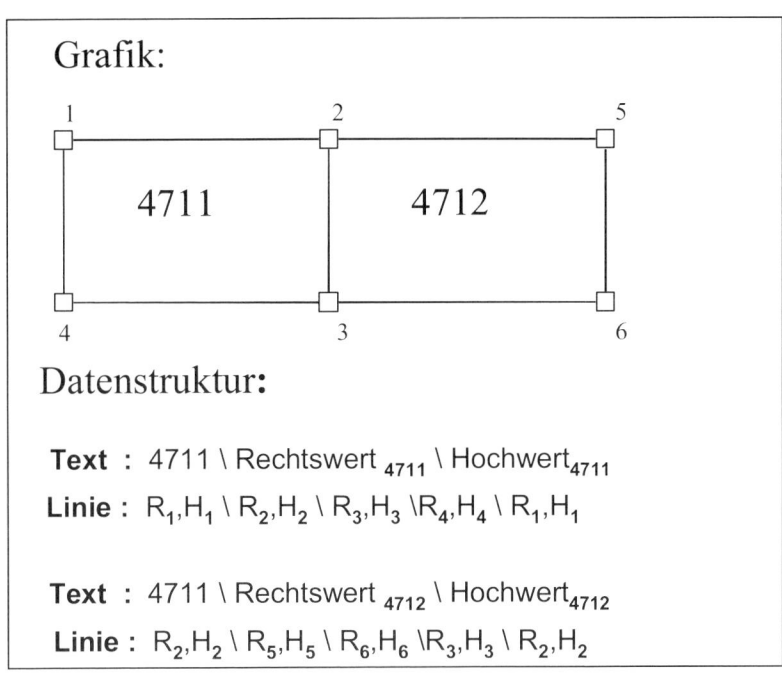

Text : 4711 \ Rechtswert$_{4711}$ \ Hochwert$_{4711}$
Linie : R_1,H_1 \ R_2,H_2 \ R_3,H_3 \ R_4,H_4 \ R_1,H_1

Text : 4711 \ Rechtswert$_{4712}$ \ Hochwert$_{4712}$
Linie : R_2,H_2 \ R_5,H_5 \ R_6,H_6 \ R_3,H_3 \ R_2,H_2

Abbildung 21: Unintelligente Strukturen

Das neue Flurstück 4712 hat eine Seite mit 4711 gemeinsam. Dies wird durch gleiche Koordinaten realisiert, die der Beschreibung des Flurstücks 4712 mitgegeben werden. Die Koordinaten werden ihrerseits wiederholt eingegeben und im System vorgehalten.

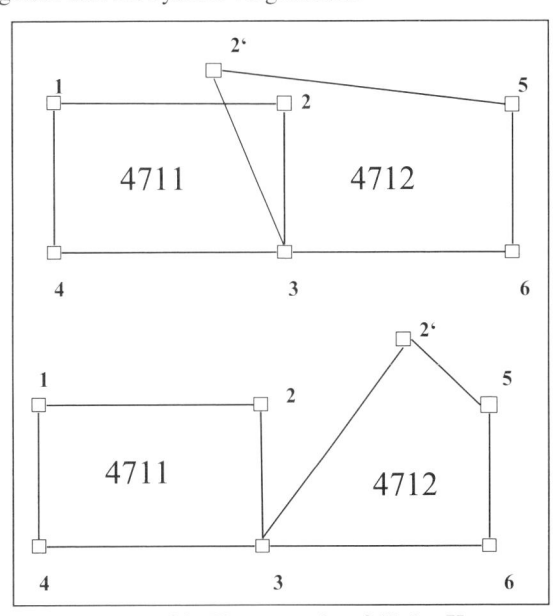

Abbildung 22: Katastrophenfall des Katasters

Passiert bei der Eingabe der Koordinaten von 4712 ein Fehler, z.B. ein „Zahlendreher" (wir nehmen jetzt an, dass dieser Fehler entlang der gemeinsamen Seite erfolgt ist), kommt es zum Katastrophenfall des Katasternachweises. Die beiden Flurstücke überschneiden sich, oder es entsteht eine nicht definierte Freifläche (vgl. Abbildung 22). Das absolute Muss des Katasters - der lückenlose Nachweis - wird durch diese Struktur nicht unterstützt. Der Rechner erträgt klaglos diese Situation. Der niedere Intelligenzgrad der gewählten Struktur bringt ihn erst gar nicht in die Lage, diese Situation zu bemerken, geschweige denn, sie zu vermeiden.

Selbst wenn der Rechner, bzw. die Software noch so gute Möglichkeiten hätte; die Datenstruktur ist der eigentliche Urheber für diesen Missstand! Die Art der gewählten Strukturierung verhindert in diesem Fall intelligente Reaktionen des Systems. Daraus wird ein weiterer wichtiger Aspekt deutlich:

Die Intelligenz eines Systems resultiert nicht nur aus den grundsätzlich bereitgestellten Funktionalitäten.

Diese Funktionalitäten können nur angewendet werden, wenn sie passende Datenstrukturen vorfinden. So wie die Funktionalität des Verschließens einer Tür nur dann greift, wenn das Schloss und der Schlüssel zusammenpassen, so kann man sich das Funktionieren eines GIS für eine konkrete Anwendung auch durch das aufeinander abgestimmte harmonische Zusammenwirken von Softwaremöglichkeiten, Datenmodellen und -strukturen und Datenerfassung vorstellen. Wenn in dieser Kette nur an irgendeiner Stelle ein Bruch vorliegt, gilt der Spruch, dass die ganze Kette nur so stark ist, wie ihr schwächstes Glied.

Grafik:

4711   4712

Datenstruktur:

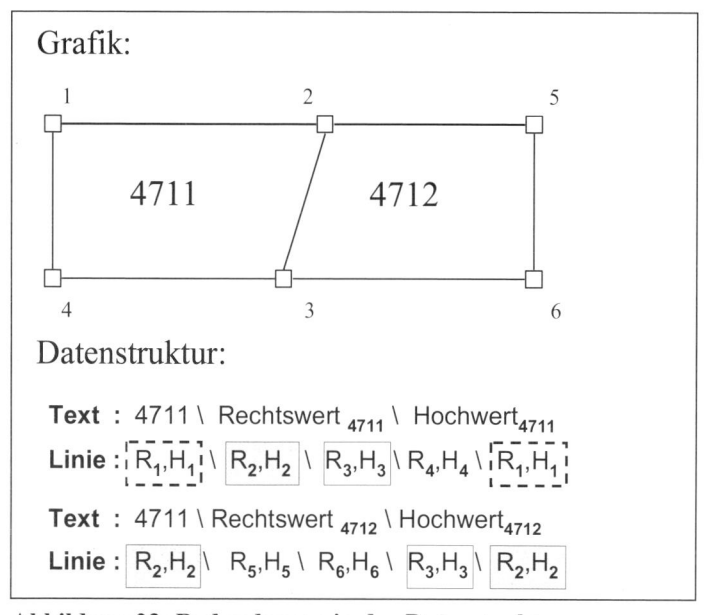

Text : 4711 \ Rechtswert $_{4711}$ \ Hochwert$_{4711}$
Linie : R_1,H_1 \ R_2,H_2 \ R_3,H_3 \ R_4,H_4 \ R_1,H_1

Text : 4711 \ Rechtswert $_{4712}$ \ Hochwert$_{4712}$
Linie : R_2,H_2 \ R_5,H_5 \ R_6,H_6 \ R_3,H_3 \ R_2,H_2

Abbildung 23: Redundanzen in der Datenstruktur

Charakteristika der GIS-Anwendung

Kehren wir aber zum Beispiel zurück, um noch weitere wichtige Prinzipien herzuleiten. Stellen wir uns vor, die Daten der beiden Flurstücke seien richtig eingebracht worden. Später stellt man fest, dass ein gemeinsamer Punkt falsch bestimmt wurde und deshalb seine Koordinaten nun korrigiert werden müssten. In diesem Fall müssten die Korrekturen zweimal durchgeführt werden (jeweils für beide Beschreibungen der Flurstücke), da die Datenstruktur redundant aufgebaut ist (vgl. Abbildung 23).

Komplexe Objektstrukturen

Im nächsten Beispiel werden wir sehen, dass durch ein geschickteres Modell dem System „Intelligenz eingehaucht" werden kann.

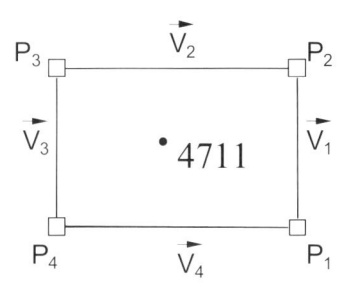

Grafik:

P_3 —$\vec{V_2}$— P_2
$\vec{V_3}$ • 4711 $\vec{V_1}$
P_4 —$\vec{V_4}$— P_1

Datenstruktur:

Objektname: 4711
Textposition: 4711: Schwerpunkt R ; Schwerpunkt H ; Ausrichtung
Geometrie: 4711: $V_1 \setminus V_2 \setminus V_3 \setminus V_4$
Vektoren: $\vec{V_1}(P_1;P_2)$
$\vec{V_2}(P_2;P_3)$
$\vec{V_3}(P_3;P_4)$
$\vec{V_4}(P_4;P_1)$

Eindeutig identifizierbare relationale Objektstruktur mit topologisch strukturierter Geometrie

Koordinaten: P_1[Rechtswert\ Hochwert]
P_2[Rechtswert\ Hochwert]
P_3[Rechtswert\ Hochwert]
P_4[Rechtswert\ Hochwert]

Abbildung 24: Komplexe Datenstrukturen

In der Abbildung 24 ist eine recht komplexe Struktur eines Flurstücks dargestellt. Auf den ersten Blick mag sie als übertrieben kompliziert aufgefasst werden. Diese Struktur beinhaltet aber umkehrbar eindeutige Beziehungen zwischen der Flurstücksnummer, den Sachdaten, der Flurstückstopologie, der Flurstücksgeometrie und den Koordinaten der Eckpunkte.

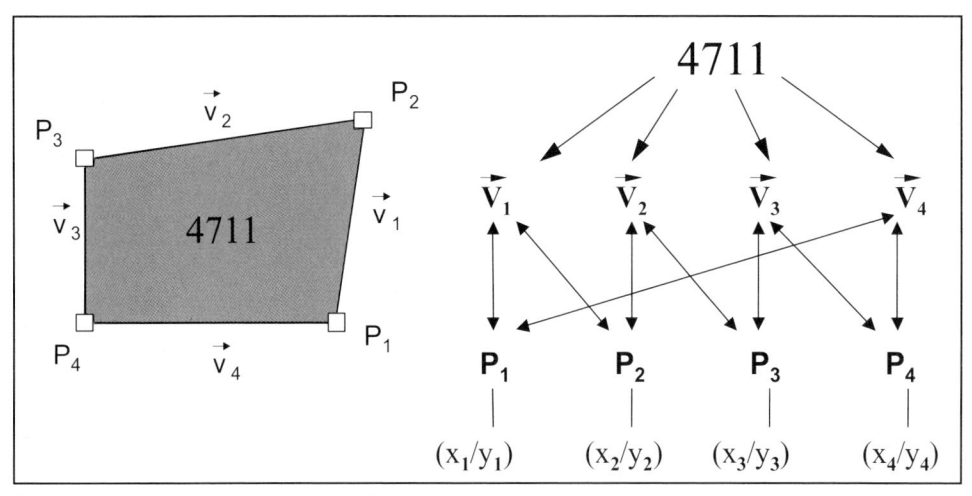

Abbildung 25: Verkettungsstrukturen

Über die Verkettung von eindeutigen Identifizierern findet der Rechner die Beziehungen. So ist durch die eindeutige Flurstücksbezeichnung (4711) die Verbindung zur Textposition und zur geometrischen Ausprägung hergestellt. Die Geometrie verweist auf eine Vektorbeschreibung, die Vektoren sind durch ihre Anfangs- und Endpunkte definiert und den Punktnummern sind ihre Koordinaten zugewiesen (vgl. Abbildung 25).

Unabhängig davon, ob diese Struktur jetzt für eine GIS-Anwendung optimal ist: hieran soll deutlich werden, dass Datenstrukturen einen enormen Einfluss auf die praktischen Möglichkeiten der Anwendung haben, weil mit solchen Modularisierungsschemata letztlich redundanzfreie Strukturen erreicht werden. Das nächste Beispiel wird dies belegen.

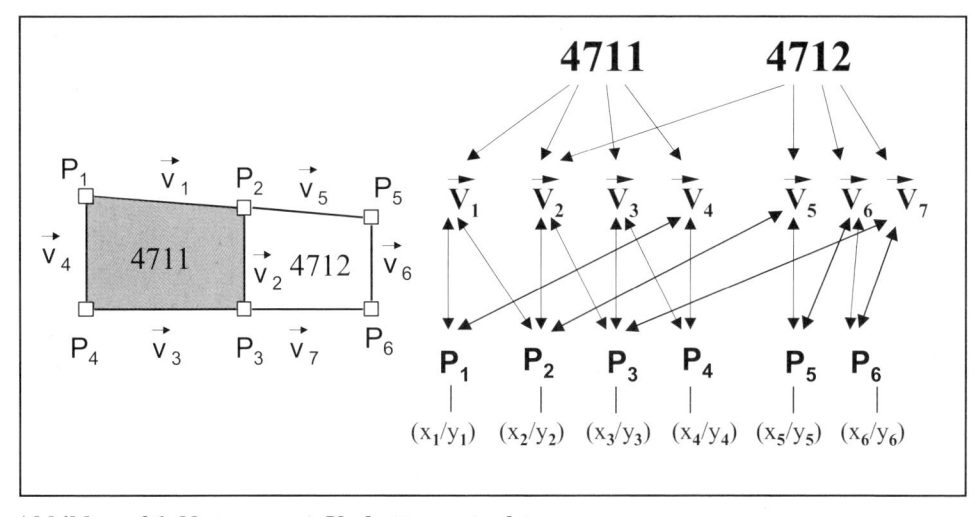

Abbildung 26: Nutzung von Verkettungsstrukturen

Charakteristika der GIS-Anwendung 63

Wenn jetzt ein Nachbarflurstück zusätzlich eingeführt wird (vgl. Abbildung 26), kann man sich auf die vorhandenen Strukturen beziehen, ohne dass sie wieder bis zur untersten Stufe aufgelöst werden müssen (Punktefolge in Koordinaten). Flurstück 4712 hat einfach die Seite v2 gemeinsam mit Flurstück 4711. Damit ist in der Struktur der Daten verdrahtet, dass beide Flurstücke das Schicksal ihrer gemeinsamen Seite teilen werden. Niemals kann es jetzt zu Überlappungen oder Freiflächen zwischen den benachbarten Flurstücken kommen. Selbst, wenn ein Punkt falsche Koordinaten hatte, brauchen sie nur an einer einzigen Stelle korrigiert zu werden. Da jede Seite „weiß", auf welche Punktnummer sie zusteuern soll und jeder Punkt seine Koordinaten kennt, korrigieren sich sämtliche Objekte selbständig.

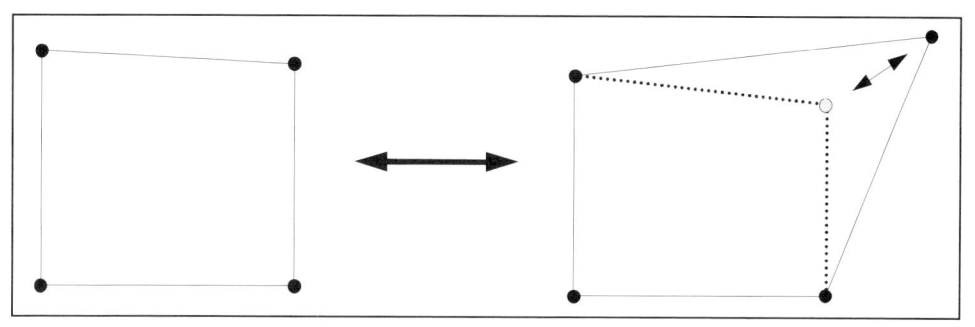

Abbildung 27: Assoziierende Grafik

Es kommt zu dem Effekt der „assoziierenden Grafik" (vgl. Abbildung 27). Damit ist der „Gummibandeffekt" beim Verschieben eines Punktes gemeint. Da die Vektoren ihre Zugehörigkeit zu Punkten kennen, wird eine Punktverschiebung (interaktiv oder durch Änderung der Koordinaten) dazu führen, dass sich sofort die Seitenverläufe nach dem neu definierten Punkt ausrichten und die gesamte Flächenbeschreibung die neue Lage des Punktes berücksichtigt.

Im Beispiel der Abbildung 24 sehen wir auch, wie die Erkenntnisse über die Stabilitätsebenen der Grafik durch Datenstrukturen umgesetzt werden können. Die Verknüpfungsinformation ist über Punktnummern definiert und damit vollkommen abbildungsunabhängig. Wäre die Fläche z.B. über den Verlauf der Koordinaten definiert, ergäbe sich keine Abbildungsunabhängigkeit mehr. Die Fläche könnte so nur in Karten dargestellt werden, die auf dem gleichen Koordinatensystem beruhen.

Das System quittiert den höheren Aufwand der Datenstruktur mit einer höheren Intelligenzleistung. Daran ist klar zu erkennen, dass eine höhere Intelligenz der DV-Anwendung nur durch mehr Möglichkeiten der Systeme (hinsichtlich ihrer Funktionalität und Datenstruktur) und zusätzlich durch einen höheren Datenerfassungsaufwand erreicht werden kann. Neben den reinen Daten müssen dem System auch die Beziehungen zwischen den Daten mitgeteilt werden.

Wenn das System aufgrund seiner Struktur intelligentere Möglichkeiten der Erfassung und Speicherung zulässt, kann man diese Fähigkeit auch dazu ausnutzen, die Datenerfassung zu unterstützen. Logisch formulierbare Zusammenhänge (z.B. Plausibilitäten) helfen, entweder die Eingabe zu kontrollieren oder aus einem definierten Wertevorrat nur bestimmte Daten zur Eingabe zuzulassen. Intelligente Strukturen machen automatisierte Eingabehilfen möglich. Hierdurch gelingt es, den erweiterten Aufwand in der Datenerfassung für intelligente Strukturen wieder ein Stück zu reduzieren.

Betrachten wir das letzte Beispiel des vorigen Kapitels (Verschneidung einer Leitung mit Grundstücken). Selbst wenn das Unternehmen ein Informationssystem gehabt hätte, wäre die gewünschte Auswertung (Anzeige aller durch die Leitung angeschnittenen Flurstücke) nicht möglich gewesen, weil die Datenstruktur der Flurkarte gar nicht die erforderlichen Informationen hatte. Eine gescannte Karte bietet nur (dumme) Pixelinformationen. Die Datenstruktur weist überhaupt keine Zusammenhänge zu Objekten der Karte auf. Dementsprechend lassen sich Informationen bezüglich der Flurstücke nur interpretieren. Neben der Möglichkeit des Systems muss die potentielle Möglichkeit der den Daten innewohnenden Intelligenz berücksichtigt werden.

Auswertung ist ein Zusammenspiel zwischen Systemmöglichkeiten und Datenstruktur.

Die Datenerfassung muss darauf ausgerichtet werden.

Unstrukturierte Grafik ist relativ kostengünstig zu produzieren (z.B. durch Scannen). Falls aber im späteren Stadium Objektstrukturen benötigt werden, fällt ein erheblicher Nachbearbeitungsaufwand an, den man bei der Ersterfassung mit relativ wenig Zusatzaufwand hätte mit erledigen können.

Noch schlimmer ist es, wenn erkannt wird, dass für die Anwendung Objektstrukturen notwendig sind und das eingesetzte (so genannte) GIS diese Funktionalität überhaupt nicht leisten kann. In diesem Fall muss man nicht nur auf ein neues System übergehen, sondern auch die im System erfassten Daten zusätzlich (manuell) überarbeiten, um die angestrebten Objektstrukturen annehmen zu können.

Das Thema „Datenstrukturen" hat eine überragende Bedeutung für die Praxis.

Deshalb sollen noch einige Aspekte vertieft werden, die versteckt und dem Anwender nach meiner Erfahrung gar nicht bewusst sind. Spätestens bei der Migration zu einem anderen System wird offensichtlich, wie es überhaupt mit der Offenheit der Systeme bestellt ist. Können bei einer Migration nicht alle Daten (inklusive der Strukturinformationen) ausgelesen werden, wird ein Erfassungsaufwand notwendig, der schon einmal geleistet wurde. (Wie soll sich so ein GIS-Einsatz jemals rechnen?)

Dem Anwender sei an dieser Stelle deutlich vor Augen geführt, dass mangelnde Möglichkeiten eines Systems, sämtliche Daten auszulesen, entweder die ewige Rente für den Systemhersteller bedeutet oder unverantwortbarer Leichtsinn hinsichtlich des Investitionsschutzes. Aus Sicht der Anwender wäre es optimal, wenn es eine systemneutrale und offen dokumentierte Schnittstelle für das Auslesen aller Strukturinformationen und aller Daten des GIS gäbe. Es müsste für jeden Hersteller, der im öffentlichen Bereich Systeme verkaufen möchte, verpflichtend sein, diese Schnittstelle in allen Belangen zu bedienen. Der Verbund behördlicher und Energie versorgender Stellen hätte auch die Marktmacht, diese Forderungen durchzudrücken.

Charakteristika der GIS-Anwendung

Es ist klar, dass diese Forderung überhaupt nicht auf das Interesse der Hersteller stößt. Zwar wird man sich formal immer zu dieser These bekennen, doch letztlich steht diese Forderung im krassen Gegensatz zu den Herstellerinteressen. Diese Schnittstelle würde, wenn sie realisiert wäre, dazu führen, dass ein Anwender ohne allzu großen Aufwand von einem zum anderen GIS migrieren könnte (unter der Voraussetzung, dass Zielsystem und Quellsystem gleiche Intelligenzen in den Datenstrukturen unterstützen würden). Um die schlimmsten Nachteile für den Anwender zu vermeiden, gebe ich meinen Kunden immer den Rat, zumindest das Auslesen aller Daten aus dem GIS (inklusive sämtlicher Strukturinformationen) über eine offen dokumentierte Schnittstelle als K.O.-Kriterium einer Ausschreibung zu fordern. Auf diese Weise ist zumindest sichergestellt, dass man alle Informationen aus dem System auslesen kann.

Bei dieser Forderung ist höchste Wachsamkeit geboten. Teilweise winden sich die Hersteller und bringen so fadenscheinige Argumente, wie: „die grafischen Daten können über dxf-Format ausgelesen werden und da wir über eine Standarddatenbank verfügen, ist das Auslesen der Sachdaten auch kein Problem". Wie gesagt, ich verlange das Auslesen aller Daten und Informationen in zusammenhängender Weise inklusive der Verkettungsinformationen.

In dieser Situation wäre es wünschenswert, wenn endlich einmal eine herstellerneutrale Organisation sich dem wichtigen Kapitel der systemneutralen Schnittstelle annehmen und auch in endlicher Zeit umsetzen würde. Auch Wissenschaft und Forschung möchte ich an dieser Stelle motivieren, hier tätig zu werden. Weiterhin ist mir vollkommen unverständlich, dass Verbände und Vereinigungen der Behörden und Energieversorger dieses für ihre Mitglieder bedeutende Thema nicht verfolgen. Aus ihrem Verhalten heraus habe ich den Eindruck gewonnen, dass diese Thematik überhaupt nicht in ihrer Brisanz gesehen wird. Nur diejenigen, die einen Systemumstieg durchgeführt haben, wissen um die Bedeutung. Während man sonst versucht, die eigenen Interessen in Vergabeverhandlungen weitgehend durchzusetzen und dazu auch umfangreiche Richtlinien und Empfehlungen geschaffen hat, begibt man sich auf dem Gebiet der Daten eines GIS kampflos in die Abhängigkeit des Herstellers.

Nun aber wieder zurück zum Ausgangsthema. An einem ganz einfachen Beispiel wurde die Bedeutung und die Auswirkungen bestimmter Datenstrukturen gezeigt. Mit den Erläuterungen dieses Kapitels ist folgende Beziehung hergeleitet:

Für die Realisierung einer Anwendung muss das GIS entsprechende Funktionalitäten bereitstellen. Diese Funktionalitäten benötigen eine passende Datenstruktur, weil sie sonst nicht wirksam werden. Die Datenstruktur muss bei der Erfassung von Daten berücksichtigt werden. Der Anwender muss demnach wissen, welche Anwendungen das GIS jetzt und in erkennbarer Zukunft unterstützen soll. Nur so können die passende Funktionalität und Datenstruktur des GIS bestimmt und die richtige Form der Datenerfassung durchgeführt werden. Im weiteren kommt es nun noch darauf an, dass die Art der Datenhaltung im GIS sämtliche genannten Zusammenhänge unterstützt.

2.5.4 Art der Datenhaltung im GIS

Geografische Informationssysteme sind immer noch eine anspruchsvolle Technik und eigentlich ist es erst dem Fortschritt in der Hard- und Softwaretechnologie zu verdanken, dass GIS mittlerweile einen Stand erreicht haben, der wirkliche Einsparpotentiale für ein Unternehmen erschließen kann. Zu Beginn der GIS-Entwicklung gab es u. a. erhebliche Schwierigkeiten, Grafik in angemessener Zeit zu präsentieren. Die rasante Entwicklung der Hardware konnte erheblich zur Verbesserung der Situation beitragen. Was blieb, waren aber immer noch die Probleme mit der Datenhaltung.

Die vorhandenen Datenbanksysteme waren völlig ungeeignet, raumbezogene Problemstellungen abzubilden. Also blieb den Herstellern nichts anderes übrig, als eigene, zweckorientierte Datenverwaltungssysteme für GIS zu entwickeln. So kam es zu der immer noch sehr häufigen Trennung zwischen Grafik und Sachdaten in jeweils eigenen Datenverwaltungssystemen.

Auch heute ist die Grafik in der Datenhaltung nicht einfach umzusetzen. Erst recht wenn man mit Standarddatenbanken raumbezogene Daten verwalten will. Im Sinne des Investitionsschutzes ist es sinnvoll, auf Standards zu gehen. Nebenbei übt auch der Markt einen starken Druck in Richtung der Standardisierung aus. Erst seit relativ kurzer Zeit bieten die Standarddatenbanken Unterstützungen, die die GIS-Entwickler brauchen. Versuche, sämtliche Daten (Grafik- und Sachdaten) zusammen in relationalen Datenbanksystemen abzubilden, brachten erhebliche Performanceprobleme. Erst seit Beginn der 90er Jahre wurden die ersten Erfolge mit solchen Architekturen erzielt. Seit Mitte der 90er Jahre ist bei den marktführenden Datenbankherstellern zu erkennen, dass sie sich dieser Thematik vermehrt annehmen, so dass GIS-Hersteller zukünftig einfacher auf diese Architekturen aufbauen können. Diese Umstellung stellt eine große Investition für die Hersteller dar.

So kommt es, dass fast jedes System seine unverwechselbar eigene Datenhaltung hat, die sich unter Umständen nur um Nuancen unterscheidet. Die genaue Art der Datenhaltung im GIS gehört schon fast zum Betriebsgeheimnis der Hersteller und wird in den seltensten Fällen komplett veröffentlicht. Warum ist eigentlich die Art der Datenhaltung so bedeutungsvoll?

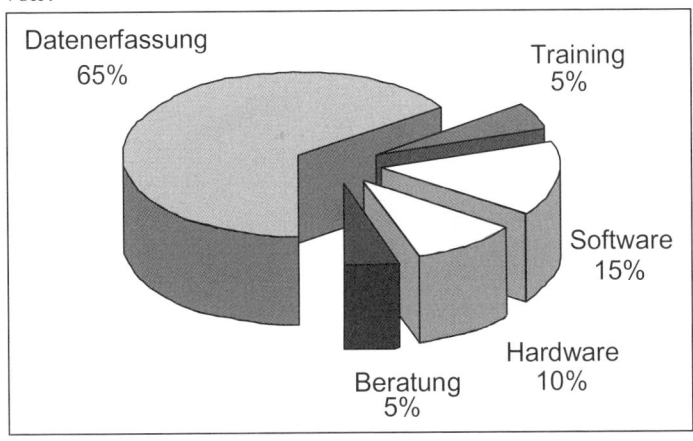

Abbildung 28: Dimensionen der Kostenaufteilung

Charakteristika der GIS-Anwendung 67

Für die Datenerfassung in einem GIS-Projekt muss man im Durchschnitt mindestens doppelt soviel ausgeben als für die Bereitstellung eines praxisreifen Systems (Hard-, Software, Schulungen und sonstige Dienstleistungen) (vgl. Abbildung 28). Die Erfahrungen der letzten Jahre weisen sogar noch auf weitere Verschiebungen zu den Datenerfassungskosten hin. Realistische Planungen können heutzutage durchaus von einem Verhältnis von 5:1 (Datenerfassungskosten zu den restlichen Kosten) ausgehen. In extremen Fällen sind die Kosten der Datenerfassung sogar noch größer. Die Datenerfassung stellt damit eine erhebliche Investition dar, die bestmöglich geschützt werden muss. Deshalb ist es sehr wichtig, die konkrete Art der Datenhaltung eines Systems kennen zu lernen, um dann Vor- und Nachteile für die eigene Anwendung abschätzen zu können. Um überhaupt eine Übersicht über die verwirrende Vielfalt der Systemarchitekturen zu bekommen, sollen die grundsätzlichen Aspekte herausgearbeitet werden.

Grundsätzlich kann man zwei Ansätze unterscheiden:

- Trennung zwischen Grafik- und Sachdaten und

- integrierte Haltung von Grafik- und Sachdaten.

Schon allein dieser Ansatz wird kompliziert, weil man in der nächsten Stufe sofort zwischen der logischen Art und der physischen Art der Datenhaltung unterscheiden muss. Unter der logischen Art der Datenhaltung versteht man das Konzept der Datenhaltung. Unter der physischen Art der Datenhaltung wird die DV-technische Umsetzung der Datenhaltung verstanden. Eine logisch integrierte Art der Datenhaltung kann physisch durchaus in einer Trennung zwischen Grafik- und Sachdaten umgesetzt sein. Ebenso kann die physische Speicherung aller Daten in einer Datenbank eine rein formale Angelegenheit sein und die Grafik- und Sachdaten können dabei logisch strikt getrennt sein. Zur besseren Transparenz sollen die beiden Fälle zunächst unter der Maßgabe betrachtet werden, dass die logische und physische Realisierung identisch ist. Letztlich geht es darum, Grundsätze herauszuarbeiten.

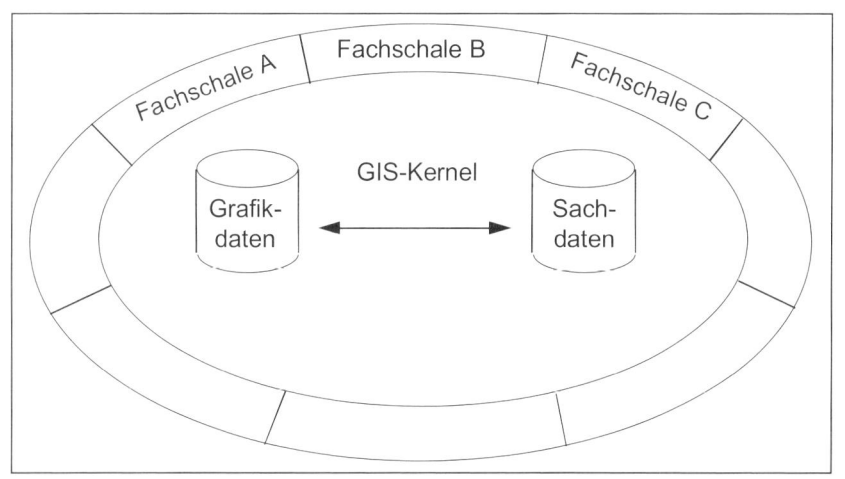

Abbildung 29: Trennung von Grafik- und Sachdaten

Die Trennung von Grafik und Sachdaten (vgl. Abbildung 29) in eigene Datenbanken hat den Vorteil, dass die Grafik nach Performancegesichtspunkten optimiert werden kann. Von Nachteil ist die Redundanz zwischen Grafik und Sachdaten. Da die Grafik immer in einer gewissen symbolhaften Form Inhalte, Eigenschaften, Zustände o.ä. visualisiert, besteht ursächlich ein gewisser Redundanzanteil zwischen Grafik und Sachdaten. Nimmt man das Beispiel des Weidezauns auf (siehe Kapitel 2.5.2), bedeutet dies: die Information Weidezaun liegt sowohl als Sachdatum als auch in der Signatur des Objektes vor.

Die Schwierigkeit der redundanten Datenhaltung zeigt sich sofort, wenn Änderungen durchgeführt werden müssen. Die primitive Form des Arbeitens bestünde darin, die Grafik und das Sachdatum entsprechend zu ändern. Dies entspricht weder unserer Definition eines Informationssystems noch einer angestrebten Verbesserung praktischer Abläufe mit GIS. Der Benutzer erwartet hier eine Systemintelligenz, die Änderungen bemerkt, verbundene redundante Daten findet und automatisch mit aktualisiert.

Diese Vorstellung ist einfach auszusprechen. Praktisch bedeutet dies aber: wenn der Benutzer die Änderungen in der Grafik macht, muss das Sachdatum geändert werden, und wenn die Änderung im Sachdatum gemacht wird, müsste sich die Grafik automatisch ändern. Allein dieser einfache Fall braucht schon zwei unterschiedliche Behandlungen.

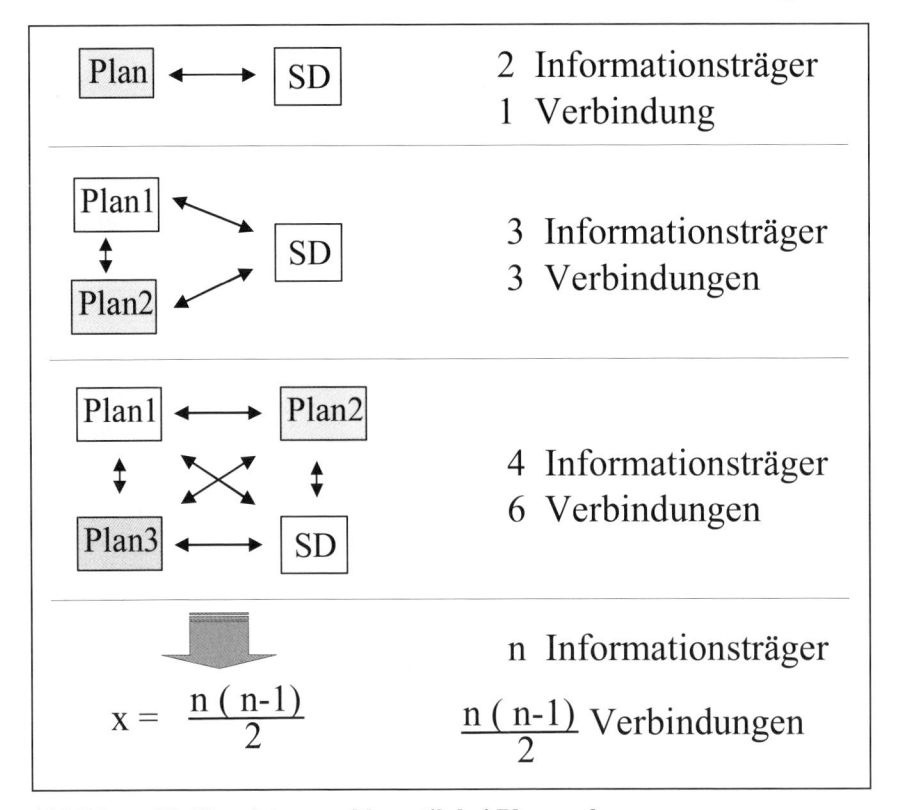

$$x = \frac{n(n-1)}{2}$$

$\frac{n(n-1)}{2}$ Verbindungen

- 2 Informationsträger, 1 Verbindung
- 3 Informationsträger, 3 Verbindungen
- 4 Informationsträger, 6 Verbindungen
- n Informationsträger, $\frac{n(n-1)}{2}$ Verbindungen

Abbildung 30: Konsistenzproblematik bei Planwerken

Charakteristika der GIS-Anwendung

Noch schlimmer ist es, wenn das Beispiel „Weidezaun" auf mehrere Planwerke erweitert wird (vgl. Abbildung 30). Ist der Zaun jetzt mehrfach in Daten und Grafik vorhanden? Was geschieht, wenn eine Änderung in einem Planwerk vorgenommen wird? Ändern sich dann auch die anderen Planwerke? Ebenso die Sachdaten? Es ist leicht einzusehen, dass mit der Anzahl der Planwerke die Problematik explodiert und dass es eine große Herausforderung für die Hersteller ist, diese einfachen praktischen Anforderungen in den Griff zu bekommen.

Die Architektur der Trennung von Grafik und Sachdaten erfordert immer die Bewältigung der dadurch automatisch hervorgerufenen Redundanzproblematik. Die Bandbreite der Angebote des Marktes ist hier sehr vielfältig. In seltenen Fällen ist diese Problematik überhaupt nicht gelöst. Der Benutzer muss hier tatsächlich beide Datengruppen im Fortführungsfall aktualisieren, bzw. das System zeigt keine Reaktion, wenn zwischen Grafikdaten und Sachdaten Widersprüche bestehen. Solche Lösungen haben für die praktische Anwendung keinen Wert und verdienen nicht GIS genannt zu werden!

Andere Lösungsansätze erzwingen eine bestimmte Organisation der Dateneingabe. So wird z.B. für bestimmte Daten nur die Sachdateneingabe zugelassen. Die Grafik wird anschließend „refreshed". Der Vorteil des Entwicklers besteht darin, dass die gegenseitige Konsistenz zwischen Grafik- und Sachdaten nur über eine Richtung hin kontrolliert zu werden braucht.

Oft wird die gegenseitige Konsistenz in so genannten Anwendungsschalen oder Regelwerken geschaffen. Ausgangspunkt ist dabei eine feste Modellvorstellung der Anwendung mit genau definierten Attributleisten. Hier lassen sich vorab Konsistenzregeln beschreiben. Diese Regelung hat den Vorteil, dass eine systemkontrollierte Redundanz geschaffen wird. Nachteilig wirkt sich diese Architektur dann aus, wenn

- die Attribute für die Anwendung erweitert werden müssen oder
- die Anwendung erweitert wird.

Im ersten Fall müssen die möglichen Redundanzen zwischen Grafik und den neuen Attributen identifiziert und dann durch Programme abgefangen werden.

Im zweiten Fall müssen alle Anwendungsmöglichkeiten hinsichtlich der Konsistenzkontrolle identifiziert und durch Programme abgefangen werden.

Hierzu ein Beispiel. Für den Bestandsplan einer Anwendung besteht eine kontrollierte Redundanzregelung. Wenn jetzt auch ein Übersichtsplan geführt werden soll, müssen sämtliche Möglichkeiten der Zusammenhänge der Daten untereinander eindeutig geregelt werden. Allein diese Überlegungen zeigen, dass sehr schnell die praktische Grenze der Regelungsmöglichkeiten erreicht wird, weil sich die Menge der Variationsmöglichkeiten explosionsartig vermehrt.

Wie sieht die Situation im Fall der integrierten Datenhaltung aus?

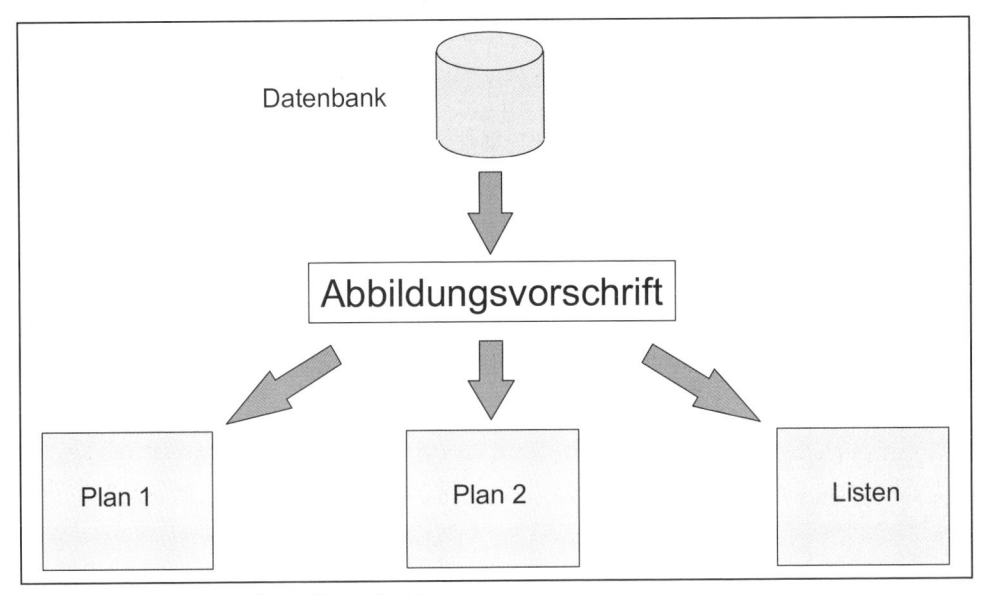

Abbildung 31: Integrierte Datenhaltung

Diese Architektur (vgl. Abbildung 31) hebt die Grenze zwischen Grafik- und Sachdaten auf - es gibt nur noch (Sachdaten-) Informationen. Der Vorteil dieser Denkweise ist offensichtlich: es gibt keine Redundanzen mehr. Allerdings hat diese Vorgehensweise auch ihren Preis. Wenn es keine Grafik im eigentlichen Sinn mehr gibt, wie kommt denn dann eine Karte auf den Bildschirm oder Plotter? Für die Daten werden separat Regeln verdrahtet, die dafür sorgen, dass die Grafik erzeugt wird. Mit anderen Worten heißt das: die Grafik muss jedes Mal neu errechnet werden.

Dies hat Konsequenzen. Einerseits ist es jetzt (logisch gesehen) relativ leicht, völlig unterschiedliche Ausprägungen der gleichen Information vorzunehmen. Andererseits erwartet der Benutzer bei seiner Arbeit eine gute Performance des Systems. Wenn aber alle Elemente der Grafik jeweils neu gerechnet werden müssen, bevor sie zur Anzeige gebracht werden, ist die Performance ein Kritischer Erfolgsfaktor. Standardmäßig benötigen solche Architekturen mächtige Hardwareleistungen.

Beide Architekturtypen haben also Vor- und Nachteile. Dementsprechend kann nicht pauschal von guten und schlechten Architekturen gesprochen werden. Aufgrund meiner GIS-Definition interessieren mich auch nicht primär Fragen nach der technologischen Eleganz von Architekturansätzen. Ich möchte GIS einsetzen, um konkrete Verbesserungen in der Praxis zu erreichen. Deshalb sollte der Projektmanager darauf abzielen, das für seine Anwendungen am besten passende System zu finden.

Allerdings wird der kritische Projektmanager in der Praxis nicht umhin kommen, sich auch vertiefter mit den Architekturen der Systeme zu beschäftigen. Angesichts der hohen Kosten eines GIS-Projektes wird davor gewarnt, sich mit beschwichtigenden Aussagen der Hersteller zufrieden zu geben. Die einzige Garantie, ein Projekt mit minimalem Risiko abzuwickeln, besteht darin, selbst die wichtigen Gedankengänge nachzuvollziehen. Hierzu gehört das Wissen um den architektonischen Aufbau des in Betracht kommenden Systems und die daraus resultierenden Konsequenzen für die geplante Anwendung. Mit diesem Wissen ist weitaus mehr gemeint, als das bloße Zuordnen eines Systems nach den oben erwähnten Einteilungskategorien, zumal es hier auch noch viele Zwischenlösungen gibt.

Allein diese kurzen Ausführungen dieses Kapitels zeigen die weitreichende Bedeutung der Architekturen der unterschiedlichen Systeme für die Art der Datenhaltung. In der Praxis wird man diese vorgestellten Grundprinzipien bei den verschiedenen Systemen in den unterschiedlichsten Ausprägungen antreffen, so dass die hier gewählte polarisierte Sicht nicht direkt übertragen werden kann. Das macht die Beurteilung von Systemen zusätzlich schwierig. Aufgrund der Komplexität der Zusammenhänge können nicht ein paar dedizierte Kriterien genannt werden, anhand derer einfach und sicher die beste Architektur festgelegt werden kann.

Der Sinn der aufgeführten Überlegungen besteht darin, auf Grundprinzipien und deren Konsequenzen aufmerksam zu machen. Letztlich ist das Prinzip einfach.

Bestimmte Strukturen des GIS haben immer bestimmte Auswirkungen auf die Anwendung.

Die Darstellungen sollen dem Projektmanager Kriterien an die Hand geben, wonach er Schwerpunkte erkennen und je nach Anwendungsfall vertiefen kann. In der Fülle der Aspekte, die man bei einem GIS-Projekt berücksichtigen muss, tut es gut, möglichst frühzeitig Tendenzen zu erkennen, um dann entscheiden zu können, ob und wie ein bestimmter Aspekt vertieft werden muss (siehe Kapitel 5.3.5 „Routing Techniken").

2.6 Die gedankliche Revolution

Aus den bisherigen Überlegungen wurden zwei Aspekte deutlich:

- Will man wirkliche Fortschritte mit der Nutzung von GIS erzielen, dann reicht es nicht aus, die bestehenden Werkzeuge einfach durch GIS auszutauschen.

- GIS in dem hier definierten Sinne eröffnet eine Reihe von Möglichkeiten für die betriebliche Praxis. Diese neuen Möglichkeiten ergeben sich durch die neue Technologie. Sie sind auf manuellem Weg nicht zu erzielen.

Ein effektiver GIS Einsatz zwingt dazu, die technischen Möglichkeiten des Systems auszuschöpfen. Da ein neuer Stand gegenüber dem manuellem Arbeiten erreicht werden kann, **werden sich zwangsläufig die bisherigen Arbeitsabläufe ändern**. Der Übergang von der manuellen zur GIS-unterstützten Arbeitsweise erfordert somit ein „gewisses" Umdenken. Die intensive Beschäftigung mit diesem Aspekt wird zeigen, dass dieses Umdenken eine stark veränderte Gedankenwelt nach sich zieht. GIS ist mehr als nur ein technisches Spielzeug. Als Instrument, das Unternehmensabläufe signifikant verbessern kann, wird es dann besonders wirksam, wenn sich die gesamte Sicht auf raumbezogene Informationen ändert. Diese Änderung ist so umwälzend, dass sie hier als gedankliche Revolution beschrieben wird. Im Folgenden soll nun diese These näher erläutert werden.

Alle vorherigen Bemerkungen gelten auch, wenn ein Anwender die Migration auf ein neues GIS plant. Wahrscheinlich wird das neue GIS erweiterte Möglichkeiten gegenüber dem vorhandenen Stand bieten. Ebenso kann man meistens davon ausgehen, dass die Einführung des alten GIS nicht in dem hier vorgeschlagenen gedanklichen Umfang stattgefunden hat. Deshalb wird hier kein Unterschied zwischen Neueinführung oder Migration zu einem anderen System gemacht. Bei der Migration kann es gegenüber der Neueinführung höchstens vorkommen, dass sich der Gesamtaufwand verringert, weil schon Teile der hier vorgeschlagenen Maßnahmen realisiert sind.

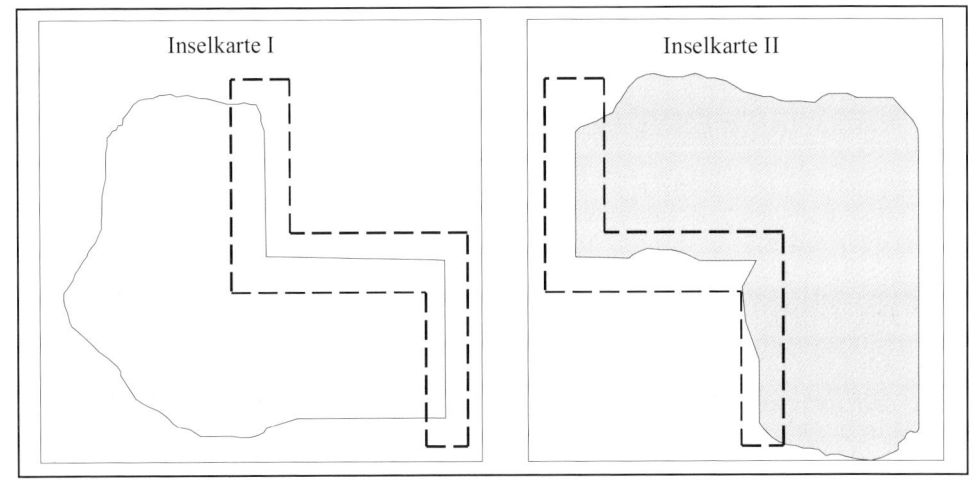

Abbildung 32: Probleme bei Inselkarten (1)

Beginnen wir mit einem einfachen Beispiel. Der Beginn der Kartografie lieferte in der Regel Pläne als Inselkarten. Das interessierende Gebiet wurde topografisch abgegrenzt und zusammenhängend auf der verfügbaren Fläche der Karte abgebildet. Normalerweise wurden hierzu lokale Bezugssysteme benutzt (vgl. Abbildung 32). Mit dem sich erweiternden Bedarf, auch die Grenzen dieser Gebiete zu überspringen, kamen Probleme auf, weil sich Inselkarten unter Umständen nicht ohne Schwierigkeiten aneinander fügen lassen. So wurden Grenzverläufe bei ihrer Aufnahme unterschiedlich interpretiert. Diese Differenzen waren so lange unschädlich, wie das eigene System nicht übersprungen wurde. Mussten zwei Inselkarten aber aneinander gefügt werden, kam es zu Effekten, die in den Abbildungen skizziert sind.

Charakteristika der GIS-Anwendung

Während der Grenzverlauf entlang der gemeinsamen Grenze bei Inselkarte I in generalisierter Form aufgenommen wurde, bringt die genauere Form der Aufnahme in Inselkarte II einen anderen Grenzverlauf. Da die Philosophie des Katasters keine Überschneidungen von Flurstücken toleriert, bzw. Leeräume zwischen benachbarten Flurstücken erlauben kann, zwingen diese Fälle immer zur Klärung.

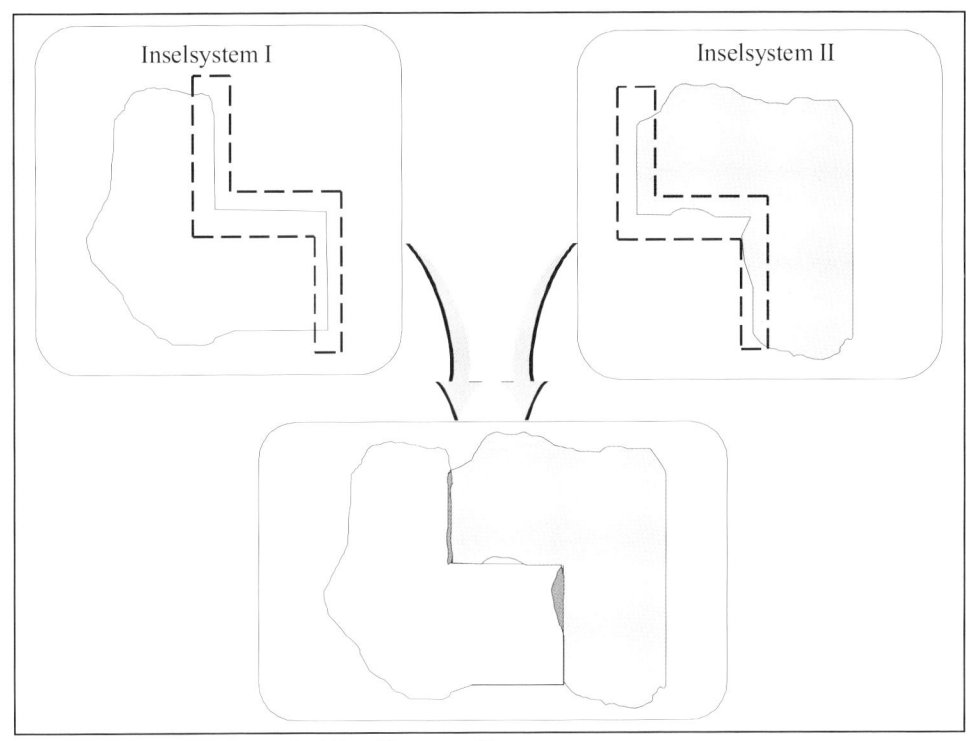

Abbildung 33: Probleme bei Inselkarten (2)

Aufgrund lokaler Bezugssysteme kommt es häufig zu auffallenden Differenzen im Maßstab und der Lagerung des Bezugssystems (vgl. Abbildung 33), so dass beim Zusammenfügen auch die absoluten Genauigkeiten geklärt werden müssen. Diese Effekte sind hier isoliert voneinander dargestellt. In der Praxis kamen (und kommen auch heute noch) diese Fälle gemischt vor.

Generell entstand für die Kartografie die Notwendigkeit, beliebig große Gebiete zusammenhängend abbilden zu können. Die Schwierigkeit bestand aber darin, nur begrenzt verfügbare Darstellungsräume (Kartenfläche) zu haben. Pläne von mehreren Metern Größe sind praktisch nicht verwendbar. Mithin gibt es eine physische Grenze der Kartografie, den Einzelplan. Sämtliche kartografischen Nachweise sind Einzelplan bezogen, bzw. als Planwerk im Blattschnitt des Einzelplans organisiert. Der einzige Fortschritt, der möglich war, bestand in der Definition eines einheitlichen Bezugssystems. Damit war zwar der Einzelplan nicht aufgelöst, aber mehrere Einzelpläne konnten jetzt als Montage zusammengefügt werden.

Die Möglichkeit, die die manuelle Kartografie bietet, dem praktischen Bedarf nach der Darstellung beliebiger Raumausschnitte nachzukommen, besteht in der homogenen blattschnittorientierten Abbildung der realen Welt. So erweitert die manuelle Kartografie den aus Einzelplänen entstandenen Plangedanken bis an die physisch möglichen Grenzen, der Kartenentwicklung im Blattschnitt.

Ein GIS erschließt das erfasste Gebiet als Ganzes, vollkommen blattschnittfrei. Die physische Ebene eines Kartenblattes wird durch eine virtuelle Ebene des Planraumes ersetzt. Dieser Vorgang bedeutet eine Abstraktion des kartografischen Prinzips. Die physische Grenze des Kartenblattes wird durch die virtuelle Grenze des Planraumes ersetzt. So bewegt sich GIS in der Tradition der Kartografie, erweitert aber das kartografische Gedankenmodell auf das technisch Mögliche.

Die Vorteile dieser gedanklichen Abstraktion sind bekannt. Wer einmal Planunterlagen zusammenstellen musste, die sich über den Blattschnitt hinaus erstrecken, weiß den Vorteil der blattschnittfreien Abspeicherung im GIS zu schätzen. Ganz zu schweigen von den Fällen, wo Inselkarten montiert werden müssen.

Dieses Beispiel mag einleuchten, aber es wäre wohl ein wenig übertrieben, es als gedankliche Revolution zu bezeichnen. Das Grundprinzip, das hinter diesem Beispiel steckt, ist allerdings wichtig. Ein Grundgedanke der Kartografie (der Plangedanke) wird genommen und hinsichtlich der neuen Möglichkeiten (keine physische Begrenzung des Planes) abstrahiert. Das Prinzip ist eigentlich gleich geblieben. Aus der Sammlung von Einzelplänen wird ein ganzer (virtueller) Plan, dessen Grenzen beliebig festlegbar sind und der deshalb in beliebigen Ausschnitten reproduzierbar ist.

Dieses Beispiel zeigt eine Abstraktion des Plangedankens. Nun aber werden wir den Planinhalt vertiefen und hieraus weitere Abstraktionen ableiten.

In der klassischen Kartografie hat sich das Folienprinzip als Modularisierungsstufe des Kartenwerks etabliert (vgl. Abbildung 6). Nicht alle Objekte werden auf eine einzige Folie gebracht, sondern die Objekte werden thematisch gegliedert und pro Thema wird eine separate Folie erzeugt. Eine Karte entsteht durch eine Summe eingepasster Einzelfolien. Dieses Prinzip ist besonders effektiv, wenn mehrere Planwerke bestehen. Indem unterschiedliche Kartenwerke dieselbe Folie nutzen, werden Rationalisierungseffekte bei der Kartenherstellung und Fortführung erzielt. Die geschickte Organisation der Einzelfolien hilft dabei auch, unterschiedliche Aktualisierungszyklen zu berücksichtigen. Wiederum ist die Menge der Folien praktisch wie physisch begrenzt.

In der GIS-Welt lassen sich diese Grenzen aufheben und weiter abstrahieren. Aus Folien können nun Fachthemen werden, die das Kartenwerk wesentlich differenzierter auflösen. Letztlich können alle kartografischen Objekte einem Fachthema zugewiesen werden. Erneut ist ein kartografisches Prinzip konsequent weiterentwickelt worden. Während zunächst das Kartenwerk als Ganzes betrachtet wurde, bringen Modularisierungen messbare Effekte im Kartenaufbau und der Fortführung. In der GIS-Welt kann diese Modularisierung bis auf das einzelne Objekt hin vorgenommen werden. Die Bedeutung für die Praxis liegt in der zielgerichteten Aktualisierungsmöglichkeit. Bei manueller Führung eines Kartenwerks ist es rationeller, Veränderungen an einem Kartenblatt zu sammeln und dann zusammenhängend fortzuführen, wenn nicht rechtliche Aspekte oder betriebliche Notwendigkeiten entgegen stehen. Unberücksichtigt bleiben dabei unterschiedliche Aktualisierungszyklen unterschiedlicher Themen oder Objekte.

Mit einer differenzierteren Modularisierung kann man diesen Anforderungen viel stärker entgegenkommen. Fortführung muss nun nicht mehr karten- oder folienorientiert organisiert werden. Fortführung kann auf Fachthemen oder spezielle Objekte ausgerichtet und somit viel stärker als früher aufgaben- und zielorientiert durchgeführt werden, weil sich das gesamte Kartenthema auf den Bedarf hin modularisieren und damit auch gegenseitig entkoppeln lässt. Jeder Objektklasse kann ein eigener Fortführungsrhythmus zugeordnet werden. Die verfügbaren Ressourcen zur Fortführung können damit effektiver eingesetzt werden.

Die Denkrichtung im GIS geht aber noch weiter. Das Folienprinzip der klassischen Kartografie funktioniert nur bei der Darstellungsgleichheit eines Objektes (siehe Kapitel 2.4.4 „Neue Aspekte für das Kartenwerk"). Wenn also eine Station im Bestandsplan im Maßstab 1:500 in einer bestimmten Art dargestellt wird, kann ein Sonderplan dann die Folie der Stationen mitbenutzen, wenn der Sonderplan diese Station in der gleichen darstellerischen Art und der gleichen Lage verwendet. Würde man in dem Sonderplan eine andere Darstellung der Station wünschen, könnte die Folie des Bestandsplans nicht mehr eingebunden werden. Würde der Sonderplan in einem anderen Maßstab aufgelegt werden, könnte selbst bei gleicher Darstellung der Station die Folie dann nicht benutzt werden, wenn in irgendeiner Form Generalisierungen vorgenommen würden (Lageverschiebung der Station, Symbolvergrößerungen u.ä.). Das Fo-lienprinzip funktioniert nur bei absoluter Darstellungsgleichheit eines Objektes.

Aber wieder ist eine Abstraktion möglich. Ob eine Station im Bestandsplan oder im Übersichtsplan dargestellt ist: die eigentliche Änderung der Darstellung ist rein grafischer Natur. Der Informationsgehalt der Station ändert sich nicht. Wenn man also streng zwischen der Information und ihrer darstellerischen Ausprägung trennt, ergeben sich neue faszinierende Möglichkeiten. Das gleiche Objekt (Station) ist zwar in den unterschiedlichen Plänen unterschiedlich dargestellt, seine Informationen sind aber gleich. Dementsprechend kann man das Folienprinzip der Kartografie erweitern. Während hier ein darstellungsgleiches Objekt nur ein einziges Mal vorgehalten werden muss, braucht im GIS ein informationsgleiches Objekt nur ein einziges Mal abgespeichert werden.

Dieser Gedankengang hat gravierende Konsequenzen. Zeigt er doch, dass die grafische Darstellung eigentlich nur als eine abgeleitete Größe betrachtet werden kann. Grafik ist damit nicht mehr ein Teil des GIS. Grafik hat den gleichen Stellenwert wie eine Auswerteliste. Beide sind Formen der Präsentation von Informationen. Beide sind damit abgeleitete Größen eines Informationsbestandes. Entsprechend der Grundregeln des Informationssystems muss die Konsequenz daraus die strikte (modularisierte) Trennung zwischen Information und deren unterschiedlicher Möglichkeit der Ausprägung sein.

Diese Folgerung ist zwangsläufig, weil der höhere Abstraktionsgrad (die Information) den Vorteil der längeren Lebensdauer (gegenüber der darstellerischen Ausprägung) hat. Warum soll meine teuer eingebrachte Information im GIS geändert werden, nur weil es Änderungsanforderungen in der Darstellung gibt?

Am eindringlichsten wird dies am Katastrophenbeispiel der manuellen Kartografie deutlich. Das Schlimmste, was hier passieren kann, ist die Änderung der Zeichenvorschrift. Diese Vorschrift bewirkt die Anpassungspflicht sämtlicher Karten und Pläne. Sie müssen angepasst werden, weil es in der manuellen Kartografie physisch unmöglich ist, den Informationsgehalt von der Darstellung zu trennen. Die Karte ist ja gerade eine Verschmelzung von Darstellung und Information.

Die Änderung der Zeichenvorschrift bezieht sich ausschließlich auf die grafische Repräsentanz der Informationen. Die Information selbst ändert sich in diesem Beispiel überhaupt nicht. Mithin bringt die ungeheure Arbeit des Anpassens an die Zeichenvorschrift keinen Vorteil für die informationstechnische Nutzung.

GIS (im Sinne der vorgestellten Definition) ist hier viel eleganter. Das Problem wird anders gelöst. Ein Objekt würde nicht direkt durch ein Symbol dargestellt. Vielmehr würde man z.B. eine Referenztabelle schaffen, die bestimmt, welches Objekt, in welchem Maßstab, mit welchem Symbol dargestellt wird. Dieses Konstrukt soll als Symbolkatalog bezeichnet werden.

Mit diesem Schritt ist es gelungen, die grafische Ausprägung vom Informationsbestand zu trennen. Nun wird eine Abbildungsvorschrift formuliert, die das darzustellende Objekt und den Zielmaßstab ermittelt, mit Hilfe des Symbolkataloges das richtige Symbol findet und für die Darstellung benutzt. Die gesamte Änderung des Planwerks aufgrund der geänderten Zeichenvorschrift lässt sich nun dadurch lösen, dass der Symbolkatalog geändert wird. Mit anderen Worten: ein Symbol, das in den Plänen 10.000fach vorkommt, kann durch die Bearbeitung an einer einzigen Stelle geändert werden.

Während der Kartograf sich an die Arbeit macht, die gesamten Symbole in den Karten zu ändern, aktualisiert der GIS-Anwender nur seinen Symbolkatalog. Damit ist recht eindrucksvoll gezeigt, dass die Trennung der grafischen Repräsentanz von der Information bedeutende Vorteile für die Praxis hat. Letztlich hilft diese Vorstellung, den wertvollen Datenbestand zu sichern. Allerdings sei an dieser Stelle bemerkt, dass das Vorhandensein eines Symbolkatalogs in einem so genannten GIS nicht damit gleichzusetzen ist, dass das Prinzip der Trennung von Informationen und deren grafischer Ausprägung konsequent befolgt ist. Das Beispiel sollte nur deutlich machen, welche Bedeutung das Modularisieren in Themenkomplexe hat.

Die Denkrichtung eines GIS konzentriert sich aus den angegebenen Gründen **primär auf die Informationen** und erst im zweiten Schritt auf die grafischen Ausprägungen einer Information. Die gedankliche Revolution besteht nun im GIS-Paradoxon. Obwohl durch die (grafische) Visualisierung von Information ein großer Effekt hinsichtlich benutzerfreundlicher

Anwendungen erzielt werden kann, spielt die Grafik im GIS eine nachgeschaltete Rolle. Sie ist fast unwichtig. Wichtig ist nur die Information. Die Grafik dient als Kommunikationsmedium. Sie ist für die Erfassung und Repräsentanz der Informationen von hoher Bedeutung. Sie hat aber vor-, bzw. nachgeschalteten Charakter. Ein GIS trennt nach meinem Verständnis streng zwischen der Information und ihrer Ausprägung. Damit kommen wir zu dem GIS-Paradoxon:

Das einzig wichtige des GIS ist die (Sach-)Information! Die Grafik hat als ableitbare Größe nachrangigen Charakter!

Jetzt wird vielleicht wirklich deutlich, warum GIS eingangs als ein spezielles Informationssystem definiert und damit die grafische Komponente in den Hintergrund gedrängt wurde. Die grafische Komponente ist damit nicht unbedeutend! Vielmehr soll der wertvolle Kern des GIS (die Informationen) dadurch bestmöglich geschützt werden, indem sämtliche Änderungen, die nicht die Information direkt betreffen, von ihr ferngehalten werden. Diese Sicht ist dabei keinesfalls nur theoretisch interessant. Sie hat enorme praktische Bedeutung. Genügt ein System diesem Denkansatz (ich würde es dann als GIS bezeichnen), gelingt die Abstraktion über die Planwerke hinaus. Wie schon im Kapitel 2.4.4 („Neue Aspekte für das Kartenwerk") gezeigt, besteht in der manuellen Kartografie über die Planwerke eine enorme Redundanz der Informationen. Wenn ein GIS letztlich die Information in den Mittelpunkt der Betrachtungsweisen rückt, schafft der Abstraktionsprozess von der unterschiedlichen Darstellung einer Information zur Information selbst die Beseitigung eines Großteils der Redundanzen über das gesamte geführte Planwerk. Beseitigte Redundanzen bedeuten aber einen mehrfachen Nutzeffekt. Einerseits wird die Datenerfassungsmenge und andererseits der Fortführungsaufwand auf das notwendige Maß reduziert. Angesichts der Kosten für Datenerfassungsmaßnahmen können hier enorme Einsparungen erzielt werden.

Wie gezeigt, beruht ein Teil der Revolution durch GIS auf der gezielten Fokussierung der Informationskomponente der Kartografie. Ein weiterer nicht zu unterschätzender Effekt ist das Werkzeug GIS. Bereits zu Anfang wurde dargelegt, dass der Wechsel auf das Werkzeug GIS keinen nennenswerten Nutzen bringt (siehe Kapitel 2.3).

Diese Aussage ist auf einen Zeichenarbeitsplatz bezogen. In der Praxis stellt die Reinzeichnung der Karte immer einen gewissen „Flaschenhals" dar. Üblicherweise laufen im Zeichenbüro die Aufbau- und Aktualisierungsarbeiten auf. Diese arbeitsteilige Organisation ist notwendig, weil die Kartenherstellung und Aktualisierung neben fachlicher Qualifikation auch erhebliche manuelle Fertigkeiten voraussetzt und die Homogenität des Kartenwerks hinsichtlich seiner Beschaffenheit und grafischen Ausprägung mit ausschlaggebend für die Nutzbarkeitsdauer ist.

Ein GIS bietet hier ein großes Unterstützungspotential. Mit den Möglichkeiten des Systems kann auch ein nicht kartografisch ausgebildeter Mitarbeiter Zeichnungen anfertigen, die einen hohen Qualitätsstandard haben. Damit bleibt die Kartenherstellung nicht auf ein Zeichenbüro, bzw. spezialisierte Fachkräfte reduziert. Kartenherstellung wird damit auch für Fachdisziplinen möglich, die keine Spezialausbildung haben. Diese Konsequenz hat eine hohe praktische Bedeutung.

Die Kartenerstellung kann an den Ursprung der Entstehung der Information gelenkt werden.

Wie im Kapitel 2.4.7 („Bedeutung der Arbeitsprozesse") am Beispiel des Projektierers deutlich wurde, kann der kartografische Herstellungsprozess in Arbeitsabläufe integriert werden, so dass die Karte quasi als „Nebenprodukt" entsteht.

Kombiniert man jetzt die Informationssicht des GIS mit der Möglichkeit des Werkzeugs, ergibt sich ein vollkommen neues Bild betrieblicher Kartografie. Durch die Organisation in Fachthemen und das im GIS bereitgestellte kartografische Werkzeug, kann die Kartenerzeugung und -fortführung dezentralisiert werden. Idealerweise wird der Aufbau der Karte an die Fachdatenerhebungen und -fortführungen direkt geknüpft, so dass differenzierte Regelungen hinsichtlich der Informationsfülle und des Fortführungszyklus möglich werden. Das gesamte Arbeitsspektrum wandelt sich. Fachabteilungen übernehmen (indirekt) kartografische Aufgaben, die durch die Fachdatenerhebungen und deren Fortführung entwickelt werden, und die betriebliche Kartografie sorgt für die kartografischen Grundlagen, die Koordination und die Standardisierung.

So wie der PC einst den Übergang bestimmter DV-Aufgaben und Arbeiten auf die Anwender bewirkte, zielt die wirtschaftliche GIS-Nutzung auch auf die Dezentralisierung kartografischer Arbeiten und auf **ein vollkommen neues Verständnis des Aufbaus, der Fortführung und der Nutzung betrieblicher Kartografie**. Gerade diese Gedanken stellen für die Praxis schlechthin eine Revolution dar, weil mit etablierten Strukturen über viele Jahre ein Standard geschaffen wurde, der allgemein akzeptiert ist. Da GIS kein Werkzeug ist, das durch seinen Werkzeugcharakter selbst überzeugt (siehe Kapitel 2.3) und hierdurch Nutzeffekte schafft, muss der Rationalisierungseffekt, der die Kosten des GIS rechtfertigt, durch synergetische Nutzung erzielt werden. **Dies setzt ein komplettes Überdenken der derzeitigen Situation voraus und die Bereitschaft, neue Wege zu entwickeln und zu gehen**.

Der hier aufgezeigte Weg zum neuen Denken ist nur beispielhaft gemeint, um den umwälzenden Charakter besser darstellen zu können. Gezeigt werden soll die gedankliche Abkehr von der traditionellen Vorstellungswelt der Kartografie hin zur Denkweise in Informationssystemen auf der Basis von Geschäftsprozessen. Dieser Schritt setzt gedankliche Flexibilität und Abstraktionsvermögen voraus. Leider ist diese Gedankenwelt nicht so anschaulich wie die Abläufe in der Kartografie. Entsprechend schwer wird man sich beim ersten Kontakt mit diesen fremden Gedanken tun. Die theoretischen Darlegungen haben aber eine bedeutsame Wirkung auf die Praxis. Deshalb wurde immer der Bogen zwischen den entwickelten Zusammenhängen und den jeweiligen Auswirkungen auf die Praxis gespannt.

Die hier beispielhaft aufgezeigten Zusammenhänge und Herleitungen müssen nicht zwangsläufig für jedes Projekt gelten. Dementsprechend haben die Darstellungen zur „gedanklichen Revolution" keine zwingende Gültigkeit. Das Beispiel wurde lediglich so gewählt, dass es für viele Projekte durchaus zutreffen kann.

Entscheidend ist eigentlich, dass das Wesen des Denkprozesses deutlich wird. Die anschauliche Welt der Kartografie wird verlassen. Statt dessen abstrahiert man die Zusammenhänge auf der Basis von digitalen Informationen, notwendigen Geschäftsprozessen und dazu passenden Systemen (in unserem Beispiel GIS). Man stellt sich vor, ein passendes Informationssystem zu haben und beschreibt damit die (neuen) Arbeitsabläufe. Nutzt man hierzu die im Kapitel 5.3 beschriebenen Werkzeuge, bekommt man Kontrollmöglichkeiten für die Logik und Effektivität der entworfenen Geschäftsprozesse. Unklare oder wenig plausible Schritte werden näher untersucht und die Ursachen für die Unklarheiten aufgedeckt. Dann wird der entwickelte Prozess weiter verbessert. Mit dieser Vorgehensweise wird man nach einiger Übung den Effekt der Umstellung der eigenen Denkweise erreichen. Revolutionäre Einsichten stellen sich so fast automatisch ein. Der Durchbruch zu der erforderlichen Denkweise ist dann gelungen.

Der weitaus überwiegende Anteil der zurzeit in der Praxis befindlichen GIS-Anwendungen schafft keinen die Kosten egalisierenden Nutzeffekt. Die Hauptursache liegt daran, dass mit dem GIS nicht auf ein neues Denken übergegangen wird. Die erzielbaren Nutzeffekte verpuffen, weil sie gar nicht erst zur Anwendung kommen. Der Übergang von der Droschke zum Automobil bedingte auch Änderungen im Umfeld, um zu einer umfassenden Nutzung der Rationalisierungseffekte zu kommen. Bei der GIS Nutzung der heutigen Zeit hat es noch sehr oft den Anschein, als würde man Pferde vor ein Automobil einspannen.

Wie kommt es zu derartigen Effekten? Sicherlich muss zunächst einmal die historische Entwicklung gesehen werden. Die Anfänge des GIS lagen in der Nutzung der CAD-Technologie zur Zeichnung von Karten. Hieraus ergab sich eine sehr starke gedankliche Anlehnung an die Kartografie. Auch bei den ersten GIS lässt sich noch der starke Bezug z.B. in der physischen und konzeptionellen Realisierung des Folienprinzips erkennen. Diese Verknüpfung macht es schwer, aus etablierten Denkschemata auszubrechen. Solange Hersteller und Anwender hier gleich dachten (und teilweise auch immer noch gleich denken), kann keine Fortentwicklung entstehen. Schließlich bedeutet doch die neue gedankliche Richtung eine kritische Auseinandersetzung mit dem Ist-Stand. Diese Auseinandersetzung kann natürlich Defizite aufdecken - bei Herstellern und auch Anwendern. Da allgemein die kritische Auseinandersetzung als negativ empfunden wird, kommen neue Gedanken in die dargestellte Richtung nur schwer in Gang.

Allerdings zeichnet sich in den letzten Jahren eine Trendwende ab. Immer mehr werden die Führungskräfte gezwungen, über Produktivitätsverbesserungen nachzudenken. Aus bestehenden Erfahrungen weiß man, dass die Datenverarbeitung nicht grundsätzlich für diese Verbesserung sorgt. Vielmehr setzt sich die Erkenntnis durch, dass Effekte (wie beim GIS) nur durch Bündelung bestimmter Einzeleffekte zu erzielen sind. Außerdem geht man allmählich dazu über, Investitionen nachzukalkulieren. Dabei stößt man häufig auf ein krasses Missverhältnis zwischen dem ursprünglichen Anspruch und der Realität.

Mehr noch! Die zunehmende Globalisierung der Märkte hinterlässt deutliche Spuren. Während früher z.B. Energieversorgungsunternehmen aufgrund ihrer regionalen Monopole erhebliche Gewinne erwirtschafteten, wandelt sich jetzt die Situation schlagartig. Im Rahmen des aufkommenden Wettbewerbs benötigen diese Unternehmen alle Möglichkeiten, um mehr Qualität zu günstigeren Kosten bereitzustellen. Immer mehr setzt sich die Kostenkontrolle durch und immer stärker werden die Manager den Unterschied zwischen technischer Spielerei und wirklichem Nutzen für das Unternehmen von GIS herauskristallisieren.

Ähnlich ist es auch bei den Behörden. Mittlerweile etablieren sich die Gedanken, dass sich Behörden hinsichtlich ihrer Leistungen mit der freien Wirtschaft messen lassen müssen. Überall ist der Trend zu erkennen, dass Werkzeuge zur Verbesserung der Arbeitsabläufe benötigt werden. GIS (im Sinne der vorgestellten Definition) ist hervorragend geeignet, hier Beiträge zu liefern. Das konsequente Durchdenken der Behandlung raumbezogener Informationen in Unternehmen zeigt sogar, dass GIS hier eine strategische Schlüsselstellung einnehmen kann und nach meiner Einschätzung in der Zukunft auch einnehmen wird.

Ich habe allerdings auch gezeigt, dass die Planung, Einführung und Realisierung von GIS-Projekten mehr ist, als die bloße Beschaffung von Hard- und Software. Der Ausflug in die GIS-Welt belegt, dass sowohl vom System als auch von den betrieblichen Rahmenanforderungen her eine komplexe Problematik verarbeitet und konstruktiv zum Nutzen des Betriebs umgesetzt werden muss. Nicht zuletzt sind mit eingeführten Neuerungen immer Schwierigkeiten und auch Ängste verbunden. Die Webstühle zu zerschlagen, ist, wie die Historie zeigt, keine Alternative. Ebenso wenig ist es das kalte, nur auf Wirtschaftlichkeit pochende Rationalisierungsdenken.

Für den Projektmanager eröffnet sich eine Aufgabe, die zu diesem Zeitpunkt der Behandlung des Themas eher bedrückend als herausfordernd empfunden werden kann. Wie soll eine neue Technologie mit erheblichen Vorinvestitionen so eingeführt werden können, dass sie die erhofften betrieblichen Nutzeffekte wirklich einspielt und die Mitarbeiter die anstehenden Änderungen nicht nur akzeptieren, sondern auch aktiv mit tragen und umsetzen? Wie soll es gelingen, die enorme Fülle von Details, die ein GIS-Projekt berücksichtigen muss, zu erfassen, zu behandeln, konzeptionell zu bearbeiten und dann auch noch effektiv umzusetzen? Wie gelingt es, aus der Fülle der Angebote des Marktes die GIS auszumachen, die der strengen Definition genügen und wirklich zur betrieblichen Unterstützung beitragen können?

Wer sich mit dieser Aufgabe erstmalig konfrontiert sieht, muss sich überfordert fühlen.

Nur Mut! Im Folgenden werde ich anhand der theoretischen Behandlung zeigen, wie ein GIS-Projekt aufgesetzt und gesteuert werden muss, um den gewünschten Erfolg zu erreichen. Und mit dem theoretischen Rüstzeug werden ich die notwendigen Praxistipps, Techniken und Werkzeuge beschreiben, die helfen, die Fülle der Arbeiten sachgerecht zu erledigen. Schließlich ist dieses Buch und die zu Grunde liegende Methodik aus der Praxis für die Praxis entwickelt worden. Sämtliche Vorschläge und Anregungen sind also wirklich praktisch erprobt. Und meine Seminare haben gezeigt, dass die Hilfen auch für wenig Erfahrene vermittel- und umsetzbar sind.

3 Projektmanagementtheorie

Im Sinne der vorgestellten GIS-Definition sollen mit Hilfe eines GIS die Geschäftsprozesse eines Unternehmens optimiert werden, um daraus einen messbaren Nutzen zu ziehen. Bereits die Beschäftigung mit dem technischen Aspekt dieses Vorhabens, dem GIS, hat eine große Komplexität der Aufgabe gezeigt. Der technische Aspekt ist aber nur eine Komponente eines GIS-Projektes. Es stehen noch Antworten zu Fragen aus, wie man z.B. das Vorhaben überhaupt aufsetzt, wie es sachgerecht vorangetrieben wird, wie die praktische Umsetzung aussieht u.s.w..

Bevor auf diese Fragen genau eingegangen wird, sollen zunächst die Zusammenhänge deutlich gemacht, hieraus dann die Umsetzungsvorschläge entwickelt und praktische Tipps zur Durchführung gegeben werden.

Die hier vorgestellte Projektmanagementmethodik wurde für DV-Projekte entwickelt. Für die allgemeine Darstellung der Methodik kann dementsprechend der GIS- und DV-Begriff synonym benutzt werden. Lediglich wenn auf Besonderheiten des DV-Systems eingegangen wird, spielt die Unterscheidung eine Rolle.

3.1 Definition

Vor allem die zuletzt dargestellten Gedanken im Kapitel 2.4 ff. machen eins deutlich: die wirtschaftlich nutzbringende Einführung eines GIS erfordert die Entwicklung von Veränderungsprozessen und deren Umsetzung in die betriebliche Praxis (Change Management). Völlig unproblematisch wird die Umsetzung sicher nicht durchsetzbar sein! Wahrscheinlich liegt es in der Natur des Menschen begründet, dass Veränderungen immer mit einem Unsicherheitsgefühl verbunden sind. Entsprechend starken Gegenkräften findet man sich ausgesetzt, wenn man etwas Neues entwickeln und umsetzen möchte.

Der GIS-Projektmanager kann mit einiger Sicherheit davon ausgehen, dass von vielen Seiten Erwartungen an ihn herangetragen werden, die insgesamt vielleicht sogar widersprüchlich sind. Äußere Anlässe zwingen zur Veränderung in den Betrieben. Gleichzeitig darf diese Veränderung aber auch nicht allzu große Aufwendungen fordern. Das Projekt muss sich schnell amortisieren. Die Mitarbeiter sollen die neue Situation akzeptieren und schließlich soll das Projektmanagement nach Möglichkeit die tägliche Arbeit des Projektmanagers nicht beeinträchtigen.

Diese Aufgabe ist nicht mit routinemäßiger Arbeitstätigkeit zu vergleichen und damit auch nicht innerhalb der üblichen Arbeitsorganisation zu erbringen. Hier geht es um eine außergewöhnliche Anstrengung, ein komplex zusammengesetztes Ziel mit definierten Randbedingungen in optimierter Weise zu erreichen. Die Umsetzung der Aufgabe muss geplant, überwacht und unterstützend gesteuert werden, damit die interdisziplinäre Thematik erfolgreich umgesetzt werden kann. Hierzu bedient man sich zweckmäßigerweise der Organisationsform eines Projektes.

> **Definition Projekt:**
>
> **Ein Projekt ist eine Abfolge von einmaligen, komplexen und voneinander abhängigen Tätigkeiten, die ein Ziel haben und zu einer bestimmen Zeit, mit vorgegebenen Mitteln und vorab festgelegter Spezifikation fertig gestellt sein müssen. Projektmanagement ist das Vordenken, die Kommunikation, das Betreuen, die Verbesserung und das Überwachen der Tätigkeiten.**
> [Wysocki]

> **Definition Projektmanagement:**
>
> **Die Planung, Steuerung und Überwachung von Projekten wird als Projektmanagement bezeichnet.**

Dem Begriff Projektmanagement, wie er hier verwendet wird, liegen die folgenden bildenden Faktoren zu Grunde:

- Einmaligkeit des Vorhabens
- Komplexität der Aufgabe
- In der Regel organisationsübergreifende Charakteristik
- Spürbare Auswirkung auf die Organisation
- Erledigung im Team
- Eindeutige Zuordnung von Verantwortung
- Messbarkeit der Leistung
- Definiertes Ende.

Für die täglich anfallenden Arbeiten schafft sich ein Unternehmen eine Organisationsform, um die Wertschöpfung arbeitsteilig mit speziell ausgebildeten Mitarbeitern umzusetzen. Kleinere Abweichungen zur täglichen Arbeit sind auch in dieser Organisation durchführbar. Erst wenn einmalige, größere Zusatzaufgaben entstehen, die nicht den üblichen Geschäftsabläufen entsprechen, macht es Sinn, ein Projekt zu initiieren. Hier können temporär ein Umfeld und Arbeitsmöglichkeiten bereitgestellt werden, die für die Bewältigung einer solchen Aufgabe notwendig sind. Nur so ist die notwendige Konzentration auf das Thema zu erreichen.

Projektmanagementtheorie 83

Bereits die Darstellung des GIS-Themas zeigte recht vielschichtige Zusammenhänge. Neben den rein technischen Fragen sind noch organisatorische und auch kaufmännische Aspekte zu behandeln. Raumbezogene Arbeiten sind bei den Unternehmen nicht auf eine Organisationseinheit konzentriert. Insofern sind direkt schon unterschiedliche Fachdisziplinen in das Thema involviert.

Im vorigen Kapitel wurde bereits die Notwendigkeit erwähnt, Geschäftsprozesse und GIS durch Veränderung des Bestehenden in Einklang zu bringen. Nur so kann der Nutzen erreicht werden, der aufgrund der hohen Investitionen generiert werden muss. Zwangsläufig hat damit ein GIS-Projekt tief greifende Auswirkungen auf die Geschäftsprozesse und damit auch auf die Unternehmensorganisation.

Die Komplexität der Aufgabe kann nicht durch eine Person allein bewältigt werden. Vielmehr benötigt man für die unterschiedlichen Fragestellungen Mitarbeiter verschiedener Fachdisziplinen. Sie müssen zusammengeführt und ihr Wissen muss genutzt werden, um die gestellte Aufgabe zum Erfolg führen zu können.

Dem Vorteil der Bündelung der Kräfte steht bei der teamorientierten Arbeit die Schwierigkeit der eindeutigen Zuordnung von Verantwortung gegenüber. Um diesen Nachteil auszuschließen, müssen für alle Aktionen Verantwortliche definiert werden.

Mit einem Projekt soll eine bestimmte Aufgabe unter Wahrung der Rahmenbedingungen umgesetzt werden. Wenn die Erfüllung der geforderten Leistung erst am Ende des Projektes kontrolliert wird, besteht keine Möglichkeit mehr, steuernd in das Projekt einzugreifen. Dementsprechend muss die zu erreichende Leistung in Teilanforderungen aufgeteilt und kontrolliert werden können. Unabdingbare Voraussetzung dafür ist die objektive Leistungserfassung. Die Messbarkeit einer Leistung ist der Schlüssel zur Projektsteuerung.

Gerade bei Neuentwicklungen wird man schon während des Umsetzungsprozesses Ideen entwickeln, wie man bereits fertig Gestelltes noch weiter verbessern kann. Diese Verbesserungseuphorie kann leicht dazu führen, den Aufwand aus den Augen zu verlieren, der noch bis zur Fertigstellung zu leisten ist. Viele Projekte haben Schwierigkeiten, zum definierten Zeitpunkt fertig zu werden. Ein fester Endtermin ist ein wichtiger Schritt in die Richtung Projekterfolg.

3.2 Management von GIS-Projekten

Das Prinzip dieses Buches beruht darauf, zunächst Zusammenhänge transparent zu machen. Danach können Maßnahmen zur Umsetzung entwickelt werden. Für die Umsetzung selbst werden Methoden und Tipps vorgestellt, die sich beim Praxiseinsatz bewährt haben. Zwei Aspekte werden hierdurch erreicht:

- Es wird ein durchgängiges Konzept von der Theorie bis zur Praxis vermittelt.

- Der Leser kann den Gedankengang und die sich daraus ergebenen Konsequenzen und Maßnahmen nachvollziehen.

Im Laufe der Jahre und durch angenehme sowie unangenehme Erfahrungen habe ich eine Methodik entwickelt, die den genannten Anforderungen genügt. Sie ist eine Möglichkeit, GIS-Projekte zu managen. Sie erhebt aber nicht den Anspruch auf Absolutheit. Indem die Hintergründe dargestellt werden, wird der Leser in die Lage versetzt, die Methodik zu verstehen und sie auf seinen Bedarf zu adaptieren. Schließlich wird er eigene Erfahrungen gewinnen. Diese kann er dazu nutzen, die Methodik nach seinen Vorstellungen zu ergänzen oder zu modifizieren. Ich sehe die Leistung der Methodik in der lückenlosen Durchgängigkeit und in der Offenheit für Anpassungen oder Modifikationen. Alle Phasen des erweiterten Projektmanagementprozesses werden unterstützt. Wenn die Prinzipien der Durchgängigkeit und Nachvollziehbarkeit gewahrt bleiben, ermuntere ich den Leser nachhaltig, kreativ zu werden und seine Erfahrungen in die Methodik einzubauen.

3.2.1 Das Grundprinzip

Um die Herleitung vorab transparent zu machen, soll das Grundprinzip dieser Projektmanagementmethodik erläutert werden. Es beruht auf drei ganz einfachen Gedanken (siehe auch Abbildung 34):

- **Den Aktivitäten des Projektmanagements muss ein messbares Ziel vorgegeben werden.**

- **Das gesamte Projektmanagement besteht aus einigen wenigen Inhaltskomponenten, die intensiv entwickelt und auf das Ziel hin gesteuert werden müssen.**

- **Zum Controlling müssen Bewertungskriterien formuliert sein.**

Abbildung 34: Methodisches Grundprinzip

3.2.2 Ziele

Allein schon aufgrund der Definitionen der Begriffe „GIS" und „Projekt" lassen sich eine Vielzahl von Einflüssen auf das Thema „GIS-Projektmanagement" erkennen. Technische, unternehmerische und mitarbeiterorientierte Aspekte erscheinen als komplexe, kaum zu durchschauende Wirkungszusammenhänge. Das Sich-Finden dieses inhomogenen Konglomerats darf nicht dem Zufall überlassen werden.

Vielmehr bedarf es eines optimierten Steuerungsprozesses. Dieser Prozess muss zwei Bedingungen erfüllen:

- Das Ergebnis muss in die „richtige Richtung" gesteuert werden.

- Widersprüchliche Vorgaben müssen gegeneinander abgewogen und optimiert werden.

Diese Gedanken zeigen, dass ein Projekt bereits am Anfang einer großen Gefahr ausgesetzt ist. Es kann durch widerstrebende Interessen zerrieben werden. Die Beteiligten haben aufgrund ihrer fachlicher Sichten Schwierigkeiten, einander zu verstehen. Die Prioritäten des Projektes werden unterschiedlich gesehen u.s.w..

Vor jeder anderen Aktivität muss sichergestellt sein, dass alle Projektbeteiligten die gleiche Vorstellung von der Entwicklungsrichtung des Projektes haben!

Anders ausgedrückt: die Ziele des Projektes müssen klar und konkret festgelegt sein, so dass ihre wichtigsten Kriterien messbar sind!

Theoretisch ist dieser Schritt logisch und einfach. Leider sieht die Praxis hier ganz anders aus. Die wenigsten mir bekannten Projekte haben diese geforderte Zieldefinition. Damit hat das Projekt von Beginn an einen schwerwiegenden Risikofaktor. Erfolgreiche Planung und Steuerung eines Projektes sind nur möglich, wenn das Ziel des Projektes definiert und transparent ist.

Immer wieder wird es Konflikte im Projekt geben. Diese Konflikte müssen nach nachvollziehbaren Kriterien gelöst werden. Existiert eine hinreichend genaue Zieldefinition, lassen sich Lösungsalternativen oder unterschiedliche Vorstellungen daran messen. Der Entscheidungsprozess wird auf eine objektive Basis gestellt. Für alle Beteiligten wird so eine Instanz für die Klärung von Problemfällen geschaffen. Mehr noch! Die Transparenz der Ziele des Projektes führt in vielen Fällen dazu, dass sich Problemsituationen reduzieren, weil jeder schon selbst seine Vorstellungen am gesetzten Ziel messen kann und sich auf diese Weise selbst orientieren kann.

Obwohl die Vorteile klar auf der Hand liegen, ist es zunächst verwunderlich, warum so selten konkrete Zielvorgaben definiert werden. Bevor dieses Problem näher beleuchtet wird, sollen einige Beispiele seinen Kern illustrieren.

- Wir werden die vorhandenen Altsysteme des Konzerns durch ein einheitliches GIS ablösen. Das Projekt soll so umgesetzt werden, dass Zeit- und Budgetvorgaben ohne Qualitätseinschränkungen eingehalten werden.

- Wir werden die vorhandenen Altsysteme des Konzerns innerhalb von drei Jahren nach Projektstart durch ein einheitliches GIS ablösen, die vorhandenen Daten aggregieren und auf einen homogenen Informationsstand bringen. Gleichzeitig sollen die Fortführungsprozesse so optimiert werden, dass der Personalaufwand hierfür um 30% reduziert wird.

- Wir werden die vorhandenen Altsysteme des Konzerns innerhalb von drei Jahren nach Projektstart durch ein einheitliches GIS ablösen, die vorhandenen Daten aggregieren und auf einen homogenen Informationsstand bringen. Dabei sollen sämtliche raumbezogenen Arbeitsprozesse konzernweit vereinheitlicht werden, so dass einheitliche Rollen der GIS-Nutzung definiert und etabliert werden.

- Wir werden die vorhandenen Altsysteme des Konzerns innerhalb von drei Jahren nach Projektstart durch ein einheitliches GIS ablösen, die vorhandenen Daten aggregieren und auf einen homogenen Informationsstand bringen. Das zu installierende GIS soll so gewählt und umgesetzt werden, dass die Betriebs- und Wartungskosten minimiert werden.

Alle Beispiele behandeln das gleiche Thema. Trotzdem ergeben sich für das Projektmanagement vollkommen unterschiedliche Akzente. Das erste Beispiel ist absolut nichts sagend. Genauso gut hätte man auch erklären können: das Projekt soll alles richtig machen. Leider sind solche generellen Floskeln nicht unüblich.

Stellen wir uns vor, das Projekt käme in eine kritische Phase. Die vorgegebenen Kriterien setzten dann keine Akzente. Eine Abwägung, welche Alternative die bessere sei, wäre nicht möglich, weil keine objektiven Prioritäten gesetzt wären.

Aus diesem Beispiel wird deutlich: eine Zieldefinition ist weit mehr als eine Richtungsvorgabe. Prioritäten müssen gesetzt werden, weil in der Regel die Erfüllung von Qualitäts-, Zeit- und Kostenvorgaben in sich Zielkonflikte birgt (siehe auch Abbildung 35). Optimierungen sind nur möglich, wenn Akzente gesetzt werden.

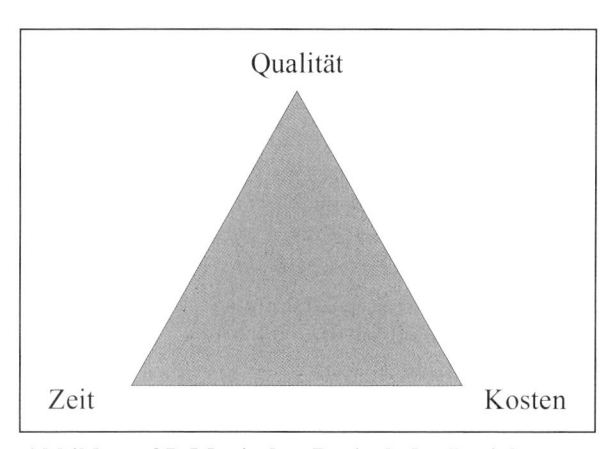

Abbildung 35: Magisches Dreieck des Projektmanagements

Im zweiten Beispiel sieht die Zieldefinition schon ganz anders aus. Hier sind messbare Ziele und deutliche Prioritäten gesetzt. In den folgenden Beispielen ist die Zielsetzung geringfügig modifiziert. Beim zweiten steht ein Rationalisierungsziel im Vordergrund, im dritten die Vereinheitlichung der Anwendungsprofile und im vierten die Reduktion der laufenden Kosten.

Diese scheinbar geringfügigen Differenzen in der Zieldefinition haben deutliche Unterschiede im Projektmanagement zur Folge, weil alle Schritte nach den vorgegebenen Zielen ausgerichtet werden. Projekte müssen nach definierten Zielen umgesetzt werden, um Objektivität herzustellen. Außerdem wird so Liebhaberei als Triebfeder für das Projekt ausgeschlossen. Obwohl die weitreichende Bedeutung der Zieldefinition eines Projektes einsichtig ist, ist es in der Praxis sehr schwer, Ziele zu definieren. Woran liegt das?

- Die Definition von messbaren Zielen setzt ein sehr hohes Abstraktionsvermögen voraus. Letztlich gilt es, die wesentlichen Komponenten des Projektes zu erfassen, sie gegeneinander abzuwägen und sie in Einklang mit den Zielen des Unternehmens zu bringen. Diese Aufgabe ist sehr schwierig. Man kann deshalb nicht voraussetzen, dass die Verantwortlichen direkt in der Lage sind, die Projektziele zu formulieren.

- Wirklich gute Zielformulierungen sind erst möglich, wenn das grundsätzliche Potenzial eines GIS bekannt ist. Damit wird ein recht hohes Fachwissen um die Möglichkeiten eines GIS vorausgesetzt.

- Messbare Zieldefinition bedeutet auch direkte Messbarkeit der Leistung der Verantwortlichen. Wenn man die Risiken eines GIS-Projektes angesichts der Komplexität in Betracht zieht, verwundert es nicht, wenn bei den Verantwortlichen nicht die Neigung besteht, sich messbaren Leistungskriterien zu unterziehen.

Trotz aller Schwierigkeiten ist die Festlegung des Projektziels mit quantifizierenden Aussagen vor dem Projektstart unbedingt notwendig. Der beste Weg zur Entwicklung der Ziele ist die Teamarbeit. Hier kann man Management und Spezialisten zusammenziehen, die Ziele ausführlich diskutieren und dann zu konkreten Aussagen kommen.

Für die Praxis ist aber nicht nur das Wissen um die Notwendigkeit einer Zieldefinition wichtig; entscheidend ist auch die praktische Umsetzung. Da hier der Anspruch besteht, neben dem Aufzeigen der wichtigen Zusammenhänge auch konkrete Hinweise zur Praxis zu geben, werden im Kapitel 6.1.4 noch genaue Hilfen gegeben, wie man zu einer aussagekräftigen Zieldefinition kommt.

Festzuhalten bleibt:

Die (messbare) Zieldefinition ist das grundlegende steuernde Element eines Projektes. Nimmt man Voruntersuchungen einmal aus, ist sie der erste unverzichtbare Schritt in jedem Projekt.

Messbare Zielvorgaben sind die wichtigsten Orientierungshilfen in einem Projekt. Jeder Beteiligte weiß damit, worum es geht und kann sein Wissen und Engagement in die richtige Richtung lenken. Bei Problemsituationen lassen sich die Zieldefinitionen als Filterkriterium für Lösungsalternativen einsetzen. (Das entsprechende Hilfsmittel ist in Kapitel 5.3.4 beschrieben). Transparenz und Objektivität der Lösungsfindung sind die Folge.

3.2.3 Inhaltliche Strukturelemente eines GIS-Projektes

Wenn die Ziele des Projektes klar sind, muss seine inhaltliche Spezifikation angegangen werden. Angesichts der bislang dargestellten Facetten eines GIS-Projektes ist man zunächst mit dieser Thematik überfordert. Man weiß überhaupt nicht, wo man beginnen soll. Hilfe aus diesem Dilemma findet man wiederum durch Analyse der Zusammenhänge. Ausgangspunkt für den Kern der hier vorgestellten Projektmanagementmethodik war die Frage nach den wichtigsten Inhaltskomponenten eines Projektes.

Zu diesem Zweck habe ich aus Praxisprojekten über längere Zeit jeweils die sich ergebenden Probleme zusammengetragen und sie dem im Kapitel 5.3.5 vorgestellten Werkzeug der Problem/Ursachenanalyse unterworfen. Wenn klar ist, welche Ursachenbereiche die gesammelten Probleme jeweils in den Projekten haben, werden die Elemente von Projekten transparent, die bestimmend für den Projekterfolg sind. Diese Elemente bezeichne ich als inhaltliche Strukturelemente.

Die besagte Problem/Ursachenanalyse ergab vier Strukturelemente, die für den Erfolg eines DV-Projektes relevant sind (siehe auch Abbildung 36).

- Projektadministration,
- Technologie,
- Mitarbeiter und
- Prozessorganisation.

Die Kenntnis dieser Strukturelemente führt dazu, dass die inhaltliche Zusammensetzung eines Projektes in Form einer grundsätzlichen, abstrakten Rezeptur erarbeitet werden kann. Damit entsteht neben der Zieldefinition eine weitere Handlungsanweisung für das Management von DV-Projekten.

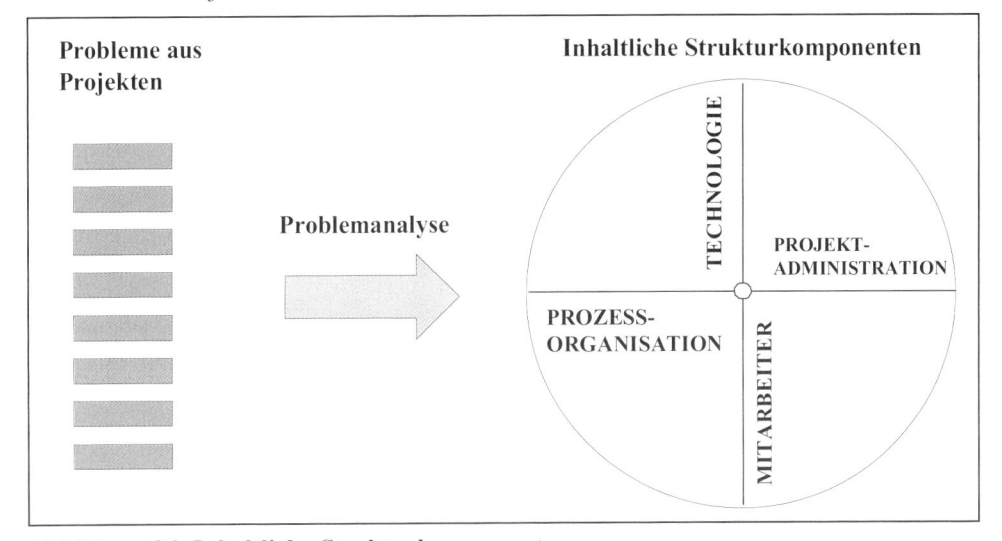

Abbildung 36: Inhaltliche Strukturkomponenten

3.2.3.1 Projektadministration

Ein Projekt kann man sich wie eine Firma vorstellen. Sie wird gegründet, um ein bestimmtes Produktionsziel zu erfüllen. Der einzige Unterschied ist: die Lebenserwartung dieser Firma wird bewusst endlich eingeplant. Da diese Firma eine komplexe Aufgabe zu erfüllen hat, muss sie eine entsprechende Ausstattung zur ihrer Bewältigung haben. Die Arbeit wird zum Teil durch Spezialisten, überwiegend jedoch im Team erledigt, da sehr unterschiedliche Fachdisziplinen und Qualifikationen für die Lösung der Aufgaben benötigt werden.
Die verfügbaren Mittel müssen sorgsam verwaltet und optimiert eingesetzt werden. Alle Beteiligten müssen die Informationen erhalten, die sie für ihre Arbeit benötigen.

Die Firma wird in regelmäßigen Abständen ihren Anteilseignern Rechenschaft über die festgelegten Leistungen geben müssen und ihre Planungen entwickeln und vermitteln müssen.

Während eine Firma sich normalerweise aus kleinen Strukturen heraus entwickeln und die Erfahrungen im Rahmen ihres Wachstums nutzen kann, wird die Firma „Projekt" direkt im vollen Umfang installiert und soll ohne große Vorlaufzeit ungeminderte Leistung bringen.

Diese anspruchsvolle Teilaufgabe verlangt nach einer schlagkräftigen und effektiven Projektadministration.

Bis zu einer Größenordnung von ca. 6 Projektmitarbeitern beschränkt sich der administrative Aufwand wirklich auf die nötigsten Tätigkeiten. Je größer aber die Anzahl der Projektbeteiligten wird, desto umfangreicher werden die Verwaltungsaufgaben, um dem o.a. Anspruch gerecht zu werden. Pauschal kann hierzu keine Organisation vorgeschlagen werden. Je nach Größe eines Projektes sind vollkommen unterschiedliche administrative Maßnahmen notwendig. Wohl aber können wichtige Grundsätze und Verfahren zur Ermittlung der Aufgaben einer Projektadministration vermittelt werden (siehe auch Kapitel 3.3.2).

Die wichtigsten Grundsätze der Projektadministration sind:

- Es gibt eindeutig geregelte Verantwortlichkeiten.

- Verantwortlichkeiten dürfen sich nicht überschneiden, noch dürfen sie Lücken lassen.

- Verantwortlich ist immer eine Person und nicht ein Team.

- Es gibt eindeutige und transparente Regelungen für die Administration des Projektes

- Projektleiter muss immer ein Vertreter des Unternehmens und nicht des GIS-Auftragnehmers sein.

- Der Projektleiter muss organisatorisch in seiner Funktion in das Unternehmen eingebunden sein und dementsprechend für das Projekt einen direkten Vorgesetzten im Unternehmen haben.

3.2.3.2 Technologie

Die im Projekt umzusetzende Technologie (in unserem Beispiel GIS) birgt gleichermaßen Chancen wie Risiken. Einerseits wird ein gewisser Stand der Technologie benötigt, um überhaupt adäquate Nutzeffekte zu erzielen. Andererseits darf man sich nicht so abhängig von der Technologie machen, dass sie den Weg des Projektes diktiert (es sei denn, dass man bewusst diesen Weg gewählt hat). Für den Praktiker ist diese Aussage unbefriedigend und zu wenig konkret. Deshalb muss dieser Aspekt vertieft werden.

Grundsätzlich steht nach der getroffenen GIS-Definition die Verbesserung raumbezogener Geschäftsprozesse im Mittelpunkt des Interesses. Um hier Fortschritte zu erzielen, muss man wissen, was ein GIS vom Grundsatz her (also nicht ein konkretes GIS!) leistet. Nur so gewinnt man eine Vorstellung, welche Möglichkeiten überhaupt bestehen. Möchte man eine strategisch günstige Stellung zu den Anbietern des Marktes bekommen und halten, sollte man in keinem Fall Verbesserungsmöglichkeiten der Geschäftsprozesse am Potenzial nur eines Systems ausrichten. Vielmehr gilt es, die grundsätzlichen Möglichkeiten eines Informationssystems (GIS) kennen zu lernen. Mit diesem Wissen werden Vorstellungen über die zukünftige Gestaltung raumbezogener Geschäftsprozesse entwickelt. Beherzigt man diese Strategie, hat man immer den Vorteil der Konkurrenz mehrerer Systemanbieter, die sich prinzipiell für die Realisierung des Projektes eignen.

Im ersten Schritt gilt es demnach, die grundsätzlichen, allgemein verfügbaren Möglichkeiten herauszuarbeiten, die der GIS-Markt bietet. Danach muss die Auseinandersetzung zwischen Technologie und den derzeitigen Prozessabläufen erfolgen. Das Potenzial von GIS muss hinsichtlich der Möglichkeiten zur Geschäftsprozessverbesserung analysiert und mit diesem Wissen die Vorstellung über die zukünftigen Geschäftsprozesse entwickelt werden.

Diese Aufgabe ist der schwierigste Teil im ganzen GIS-Projekt, weil man unwillkürlich in den Bahnen der bestehenden Geschäftsprozesse denkt. Wenn hier nicht eine „gedankliche Revolution" einsetzt, ist das Projekt bereits in dieser Phase zum Scheitern verurteilt. Der Projektmanager muss den Schritt schaffen, von der Abstraktion der GIS-Möglichkeiten auf die Neuorganisation der Geschäftsprozesse zu schließen. Qualifizierte externe Hilfe kann hier den größten Nutzen für den Projektmanager bringen, wenn sich der Berater nicht an Systemen, sondern an den Zielen des Unternehmens ausrichtet.

Auf keinen Fall sollte der Prozess der Neuorganisation der Geschäftsprozesse dazu führen, sich schon zu diesem Zeitpunkt auf ein GIS festzulegen. Immer muss man vor Augen haben, dass das höchste Ziel die Verbesserung der Geschäftsprozesse ist und nicht die Ausrichtung an einem System. Innerhalb des Beschaffungsprozesses möchte man ja gerade ermitteln, welches System am besten zu den gestellten Anforderungen passt. Außerdem gewinnt man wesentliche Kostenvorteile, wenn man die Konkurrenzsituation des Marktes ausnutzen kann.

Wenn Unternehmen bemerkt haben, dass ihre Geschäftsprozesse mit dem GIS nicht optimiert sind, entscheiden sie sich zum einem Redesign. Selbst in dieser Situation ist es sinnvoll, die zukünftigen Geschäftsprozesse abstrakt und nicht in Anlehnung an ein bestehendes System zu entwickeln. U.a. zeigt sich dann, wie gut das vorhandene System überhaupt geeignet ist, die bestehenden raumbezogenen Arbeiten zu verbessern.

Nun sprechen fast alle GIS-Hersteller von ihrem „Standard" und vermitteln den Eindruck, dass eine Behörde oder ein Energieversorger sowieso jeweils die absolut gleichen Aufgaben durchführen. Wenn sich ein System an diesen Aufgaben orientiert, muss doch der Standard des Systems genau dem Anspruch des Projektmanagers genügen.

Genau diesem Irrtum bin ich anfangs auch verfallen. In erster Näherung stimmt diese getroffene Aussage sogar. Der große Unterschied macht sich beim genaueren Analysieren der Situation sofort bemerkbar. Jedes Unternehmen hat eine andere Historie, daraus resultierend andere Problemstellungen und unterschiedliche Schwerpunkte in der Zielvorstellung. Allein diese Unterschiede genügen schon, dass sich vollkommen andere Lösungskonzepte entwickeln.

Die Anbieter wiederum haben auch eine sehr unterschiedliche Herkunft, Entwicklung und strategische Ausrichtung. Dementsprechend wirken die angebotenen Systeme auf die geplanten Anwendungen völlig unterschiedlich. Man wird immer gut und weniger gut passende Systeme zu einem entwickelten Geschäftsprozess finden. Innerhalb des Projektes wird es u.a. auch darum gehen, das am besten passende System zu finden. Dieser Findungsprozess ist immer von individuellen Kriterien der geplanten Anwendung und des Systems abhängig. Deshalb ist es falsch von guten und schlechten Systemen zu sprechen.

Es gibt immer nur für den jeweiligen Einzelfall (und nicht absolut) ein am besten passendes System.

Die richtige Vorgehensweise besteht nun in folgenden Schritten:

- Kennen lernen von mehreren GIS des Marktes

- Herausarbeiten der Unterschiede und der Gemeinsamkeiten der Systeme

- Abstraktion zu den generellen und grundsätzlichen Möglichkeiten eines GIS, ohne sich auf ein System zu fixieren

- Übertragen der grundsätzlichen Möglichkeiten auf die Gestaltung der zukünftigen Arbeitsprozesse („gedankliche Revolution")

Wie danach der Weg zur Systemauswahl gestaltet wird, wird später behandelt.

3.2.3.3 Mitarbeiter

Das Thema „Mitarbeiter" ist äußerst vielschichtig. Da uns Mitarbeiter in unterschiedlichsten Rollen im Projekt begegnen, spiegeln sich auch an Ihnen die ganze Komplexität und Problematik eines Projektes wider. Mitarbeiter begegnen dem Projektmanager in drei Rollen:

- Führungskräfte des Unternehmens, denen Rechenschaft über das Projekt abgelegt werden muss oder die als Mentor das Projekt fördern,

- vom Projekt „betroffene" Mitarbeiter und

- im Projekt arbeitende Mitarbeiter.

Die bloße Aufzählung der unterschiedlichen Rollen definiert nichts anderes als das typische Führungsproblem von Mitarbeitern. Es wäre zu einfach, hier auf einschlägige Literatur über Mitarbeiterführung zu verweisen, zumal die herrschende Meinung hierüber sehr stark dem Zeitgeist unterworfen ist.

Ein Projektmanager braucht nicht die Beipflichtung, dass die Einbindung von Mitarbeitern im Projekt schwierig ist. Er hat auch nicht die Zeit, sich intensiv in Führungstechniken einzuarbeiten. Deswegen soll diese Thematik nach in der Praxis erprobten und einfachen Zusammenhängen aufgebaut und ausgeführt werden.

Wieder gibt es ganz einfache Zusammenhänge. Stellen wir uns selbst die Frage, wann wir bereit sind, uns für eine Sache zu engagieren.

Kriterien für ein Engagement sind nach gängiger Einschätzung:

- die Überzeugung der Notwendigkeit und Richtigkeit eines Vorhabens,

- die fassbare Aussicht auf Erfolg,

- die Verwirklichung eigener Vorstellungen.

Einfach ausgedrückt heißt das: wenn ein Mitarbeiter sich durch das Projekt verwirklicht sieht, wird er auch sein Wissen und seine Kräfte in den Dienst des Projektes stellen.

Auf diese Erkenntnis baut die hier vorgestellte Methodik auf. Mitarbeiter werden nicht nur in das Projekt einbezogen; das Projekt wird vielmehr durch sie entwickelt. Hierunter wird ein gegenseitiger Lernprozess verstanden. Er wird aus dem Wissen der verschiedenen Mitarbeiter (und damit Fachdisziplinen) gespeist und durch den Projektmanager mit Hilfe diverser Werkzeuge und der hier vorgestellten Methodik moderiert. Diese Vorgehensweise hat zwei Effekte:

- der planerisch konzeptionelle Teil des Projektes wird etwas aufwändiger als bei konventionellen Methoden,

- der realisierende Teil verläuft wesentlich schneller und problemloser.

Insgesamt ergibt sich eine deutliche Beschleunigung des Gesamtprojektes, weil die positiven Effekte den etwas höheren Aufwand in der Anfangsphase deutlich kompensieren. Die Gründe hierfür sind einfach.

Die Mitarbeiter haben im Laufe des Projektes transparente Zielvorgaben erfahren, Zusammenhänge erkannt und auf dieser Basis selbst die optimale Lösung entworfen. Die Lösung wurde nicht vorgegeben, sondern anhand von Alternativen nach festgelegen Kriterien bewertet und eigenständig entwickelt. Diese Entwicklung trägt das Wissen der Beteiligten. Sie werden sich dementsprechend verwirklicht sehen und empfinden zurecht die Projektlösung als ihre Schöpfung, auf die sie auch entsprechend stolz sein können.

Die Mitarbeiter werden in Problemsituationen angemessen, direkt und überwiegend auch selbstständig reagieren können. Schließlich kennen sie die Zusammenhänge und sind auf Grund des erworbenen Wissens auch befähigt, korrigierend einzugreifen. Letztlich werden sie auch bereit sein, sich für ihre Entwicklung einzusetzen und sie zum Erfolg zu führen. Das Projekt gewinnt so wichtige Förderer und Multiplikatoren im Unternehmen. Das scheinbare Problem „Mitarbeiter" wird zum Erfolgsfaktor.

Die in den Kapiteln 5.3 vorgestellten Werkzeuge beruhen wesentlich auf diesen Erkenntnissen und sind immer auf Transparenz und Interaktion ausgelegt. Auf die genaue Handhabung wird noch differenziert eingegangen.

3.2.3.4 (Geschäfts-)Prozessorganisation

Ziel der Entwicklung ist in den hier vorgestellten Betrachtungen immer die Organisation der zukünftigen Geschäftsprozesse mit dem GIS. Die Definition der Projekte, die Vorgehensweise bei der Spezifikation der Leistungen für die Ausschreibung und die Auswahl der Produkte leiten sich immer aus den Geschäftsprozessen ab. Die Geschäftsprozesse werden unter der Voraussetzung einer optimierten GIS-Nutzung entwickelt. Auch die Kosten/Nutzen-Betrachtungen, die für die Auswahl der Projekte und zur Entscheidung über das Investitionsvorhaben vorgeschaltet werden, orientieren sich am Geschäftsprozess und den mit der Automatisierung erwarteten Einsparpotentialen. Der Geschäftsprozess ist somit das Bindeglied zwischen Unternehmensziel und Informationstechnologie.

Die Betrachtungen zur Wechselwirkung zwischen den Anforderungen aus den entwickelten Geschäftsprozessen und den Möglichkeiten der eingesetzten Technologie werden streng an diesen gespiegelt. Damit wird die Verselbständigung der Technologie im Sinne des Abdriftphänomens (siehe auch Abbildung 37) verhindert.

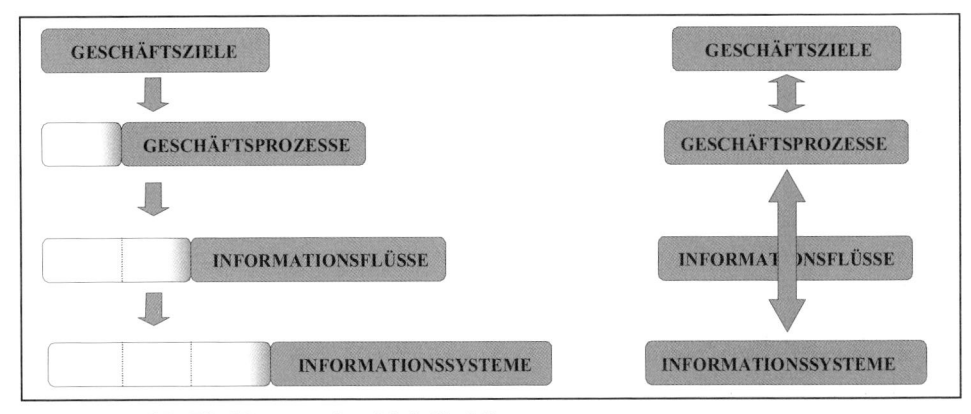

Abbildung 37: Eindämmen des Abdriftphänomens

Projektmanagementtheorie   95

Wie im Kapitel 2.4.7 exemplarisch dargestellt wurde, muss es beim Übergang von manueller zu GIS-orientierter Arbeitsweise zu signifikanten Änderungen in den raumbezogenen Geschäftsprozessen kommen. Nur so lässt sich dem Aufwand für die Realisierung des Projektes ein adäquater Nutzen entgegen setzen. Dieser Satz gilt auch bei Migrationsprojekten. GIS-Einführung, bzw. die Optimierung der Arbeiten mit GIS bedeutet immer die Änderung der bisherigen raumbezogenen Geschäftsprozesse.

Neben der beschriebenen Schwierigkeit, die zukünftigen Geschäftsprozesse mit dem GIS zu entwickeln, ergibt sich jedoch aus den gezeigten Zusammenhängen ein großer Vorteil im Projektmanagement. Da diese Geschäftsprozesse Grundlage für alle weiteren Arbeiten im Projekt sind, stellt ein definierter Geschäftsprozess ein stabiles Element im Projektmanagement dar.

Aus Abbildung 71 wird die relativ lange Lebensdauer eines Geschäftsprozesse deutlich. (Mit dem Begriff „Geschäftsprozess" ist ein Arbeitsschritt in der Wertschöpfung des Unternehmens gemeint und nicht ein Organisationsablauf). Wenn keine gravierenden äußeren Einflüsse auf das Projekt einwirken, wird ein definierter Geschäftsprozess so schnell keine Änderungen mehr erfahren. Er selbst und alle auf ihn aufbauenden Arbeiten bekommen so die maximal mögliche Stabilität. Einmal erarbeitete Ergebnisse auf dieser Basis sind relativ änderungssicher. Diese Stabilität werden wir uns im Laufe des Projektes noch mehrfach zu Nutze machen.

3.2.4 Bewertungskomponenten

Im Kapitel 3.2.3 wurden die inhaltlichen Strukturelemente eines Projektes definiert. Damit weiß der Projektmanager vom Grundsatz her, was er zu tun hat. Jeder der aufgeführten Themenbereiche ist aber an sich schon so umfangreich, dass die vermittelte grundsätzliche Erkenntnis noch nicht dem Anspruch der Praxishilfe nachkommt. Der Projektmanager braucht Hinweise, wie intensiv er bestimmte Themen erarbeiten muss. Neben diesen inhaltlichen Vertiefungen muss er auch wissen, wie er ein Projekt „controllt". Für alle aufgeführten Zwecke werden die Bewertungskomponenten genutzt.

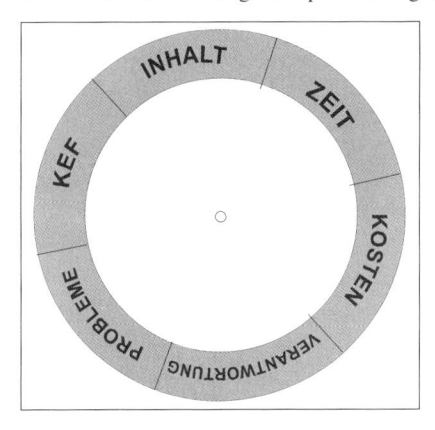

Abbildung 38: Bewertungskomponenten

Zwei Bewertungskategorien werden unterschieden:

- Standardkriterien und

- individuelle Projektkriterien.

Als Standardkriterien für die Bewertung von Projekten gelten:

- (Inhalts-)Qualität,

- Zeit und

- Kosten.

Die Individualität eines Projektes gebietet es aber auch, individuelle Messkriterien zu formulieren. Damit werden die besonderen Anforderungen, die ein Projekt ausmachen, auch hinreichend für die Bestimmung und die Kontrolle des Projektes berücksichtigt.

Grundsätzlich sind diese individuellen Kriterien frei. Aus der Erfahrung heraus sollen Beispiele benannt werden, die oft erfolgsrelevant sind. Auf diese Weise werden Anhaltspunkte für weitere mögliche Bewertungskategorien benannt, und es wird demonstriert, wie sie in die Methodik einbezogen und verarbeitet werden.

Als individuelle Bewertungskriterien schlage ich vor:

- (zu erwartende) Probleme,

- Verantwortung und

- Kritische Erfolgsfaktoren.

3.2.4.1 Inhalt

Inhaltliche Bewertungskriterien zu formulieren, gehört zu den schwierigen Aufgaben im Projektmanagement. Ihre Benennung erfordert nämlich eine weitgehende Durchdringung des Projektes. Bei systematischer Vorgehensweise vereinfacht sich diese Problematik. Die inhaltlichen Bewertungskriterien können aus der Konkretisierung der Zielvorgaben abgeleitet werden. Hierzu werden im praktischen Teil noch Tipps gegeben.

Eine weitere Quelle stellen Qualitätskriterien dar, die man im oder durch das Projekt erreichen möchte.

Gerade bei inhaltlichen Kriterien wird man Probleme mit der Fülle der Einzelpunkte bekommen, die für das Projekt berücksichtigt werden sollen. Nicht nur aus Übersichtsgründen ist es gut, die Kriterien zu priorisieren. Hieraus wird transparent, welche Inhalte wirklich wichtig sind. Die Mühe, die am Anfang steht, zahlt sich im späteren Projektverlauf mehrfach aus. Die definierten Bewertungskriterien werden immer als Filter für die Auswahl alternativer Lösungsideen herangezogen. Die Entscheidungsfindung wird so wesentlich erleichtert.

3.2.4.2 Zeit

Schon allein aufgrund der Definition des Projektbegriffes müssen zeitliche Bewertungskriterien aufgenommen werden. Aber nur das Ende des Projektes zu definieren, reicht nicht aus. Eine wesentliche Hilfe in der Projektsteuerung stellt die Modularisierung dar. Einzelne Teile eines komplexen Gesamtvorgangs lassen sich wesentlich einfacher beherrschen als das Gesamtprojekt. Insofern ist es sinnvoll, das Projekt in Etappen aufzuteilen und auch für diese Etappen verbindliche Fristen zu benennen.

Die Einhaltung von Fristen verlangt eine hohe (Selbst-)Disziplin von allen Mitwirkenden in einem Projekt. Die Neigung, unangenehme Dinge zu verschieben, ist menschlich. Hält man sich nicht konsequent an definierte Zeitpläne, ist das Projekt in seinem Gesamtergebnis gefährdet, weil Zeitüberschreitungen direkt auch mit Kostenerhöhungen verbunden sind.

In schnelllebigen Zeiten können sich durchaus die Prioritäten während der Laufzeit des Projektes verschieben. Vielleicht findet man noch weitere Verbesserungen, die man gerne verwenden möchte. Unvorhergesehene Ereignisse, Veränderungen im Mitarbeiterstamm, Ausfälle von Mitarbeitern oder technische Evolutionen sind allesamt wunderbar passende Argumente für eine Nicht-Einhaltung ursprünglich anvisierter Zeiten.

Keine Projektmethodik wird es schaffen, das Projekt so zu definieren und durchzuführen, dass der ursprünglich gefasste Plan ohne jede Veränderung realisiert wird. Folglich wird man immer wieder mit überraschenden Wendungen konfrontiert werden. Es kann durchaus Situationen geben, die das gesamte Projekt umdefinieren, so dass der ursprüngliche Inhalt maßgeblich verändert wird. In solchen Fällen muss eine Korrektur des Projektes stattfinden.

Kleinere Veränderungen allerdings haben nicht diesen Rang und rechtfertigen damit auch nicht zeitliche Verschiebungen im Projektplan.

Zeitplanungen sind immer schwierig. Die Definition von Zeiträumen für Projektteile, die Machbarkeit und Wirtschaftlichkeit angemessen berücksichtigen, setzen auch große Erfahrung voraus. Da gerade der Verweis auf Erfahrung für Beginnende wenig tröstlich und weiterführend ist, muss man versuchen, diese Schwierigkeit durch eine stärkere Modularisierung und höhere Durchdringung des Projektinhaltes zu lösen. So gelingt es, die abzuschätzende Menge der Arbeiten klein und übersichtlich zu halten.

3.2.4.3 Kosten

Angesichts der Interessenslage eines Unternehmens, Rationalisierungen mit GIS-Projekten zu erreichen, gehören die Kosten eines Projektes zu einem sehr dominanten Bewertungskriterium. Trotzdem darf nicht die Brisanz dieser Kostenfixierung verschwiegen werden. Einerseits muss das Unternehmen eine gewisse Sicherheit haben, dass ein GIS-Projekt im definierten Kostenrahmen bleibt. Andererseits kann die Beschränkung auf die Erfüllung rein formaler Kriterien den inhaltlichen Tod des Projektes bedeuten.

Auf Manager kommt hier eine ganz besondere Aufgabe zu, weil in diesem Zusammenhang unternehmerische Risiken abgeschätzt und verantwortlich vertreten werden müssen. Trotz der analytischen Vorgehens- und Betrachtungsweise wird es keine vollkommene Beherrschung eines Projektes geben.

Mit der vorgestellten Methodik wird ein DV-Projekt auf analytische Weise strukturiert und einer Bewertung zugeführt. Die Steuerung eines Projektes auf den Vergleich von Zahlenreihen reduzieren zu können, bleibt allerdings eine Illusion. Analytische Kriterien helfen, die Transparenz zu erhöhen und Entscheidungsgrundlagen zu strukturieren und systematisieren. Entscheidungen im Projekt tragen aber immer einen gewissen Anteil eines unternehmerischen Risikos.

Wer sich Manager nennen möchte, muss die Fähigkeit haben, unternehmerische Risiken so bewerten zu können, dass sie sich im Nachhinein als richtig erweisen!

3.2.4.4 Probleme

Bei den individuellen Bewertungskriterien empfiehlt es sich, die Bewältigung der (erwarteten) Probleme direkt als Bewertungskriterium einzuführen. Vorab oder auch im Verlauf des Projektes wird nach solchen Problemen gefragt. Hierdurch werden Indikatoren gesetzt, die zeigen, wie weit man in der Problembewältigung gekommen ist.

Der Vorteil dieser Vorgehensweise besteht darin, dass als problematisch eingestufte Bereiche von Beginn an behandelt und nicht verdrängt werden. So steigt die Chance, das Projekt aktiv zu steuern und nicht von unvorhergesehenen Problemen vereinnahmt zu werden.

3.2.4.5 Verantwortung

Das Arbeiten im Team ist bei GIS-Projekten unerlässlich. Die Vorteile dieser Arbeitsweise wurden bereits aufgeführt. Die Schwierigkeit der Teamarbeit besteht u.a. in der klaren Definition von Verantwortlichkeit. Wenn nicht ausdrücklich ein Verantwortlicher namentlich benannt und der Inhalt der Verantwortung definiert ist, läuft man Gefahr, dass jeder die unangenehmen Seiten der Arbeit von sich abweist, bzw. dass sich niemand letztlich verantwortlich für die Ergebnisse des Teams fühlt.

Gerade weil sich dieser Fehler so oft einschleicht, ist es ratsam, die eindeutige Definition von Verantwortung für bestimmte Themen als Bewertungskriterium aufzunehmen. Auf diese Weise wird ein ständiger Zwang aufgebaut, Verantwortlichkeiten zu definieren.

Ein weiterer Vorteil ist die Veröffentlichung der Verantwortung. Wenn Mitarbeiter mit ihrem Namen für bestimmte Themen definiert sind, wird bei ihnen die Motivation steigen, das Thema erfolgreich abzuschließen.

3.2.4.6 Kritische Erfolgsfaktoren

> **Definition:**
>
> **Kritische Erfolgsfaktoren (KEF) sind die Faktoren, die auf dem Weg vom Heute zum Morgen eine wichtige Rolle spielen, aber nicht das Ziel der Strategie darstellen.**

Um die Rolle der KEF noch weiter zu verdeutlichen, möge folgendes Bild dienen. Kritische Erfolgsfaktoren sind wie Hürden, die sich einem auf dem Weg zum Ziel entgegenstellen und die schon vorab als solche erkennbar sind. Diese Hürden sind so gravierend, dass, wenn man sie nicht überspringen kann, das ganze Projekt scheitert. Das Überwinden der KEF ist aber keinesfalls die Garantie für den Erfolg des Projektes. Mathematisch würde man die Überwindung der Kritischen Erfolgsfaktoren als notwendige Bedingung für den Projekterfolg bezeichnen.

Kritische Erfolgsfaktoren ergeben sich aus der Analyse der Probleme eines Projektes. Das praktische Auffinden wird noch bei der Darstellung der Werkzeuge intensiver behandelt.

3.3 Projektplanung und Projektcontrolling

3.3.1 Bedeutung

Nach den theoretischen Darlegungen geht es nun darum, diese in praktikable Handlungsanweisungen umzusetzen. Mit Hilfe der inhaltlichen Strukturkomponenten und den Bewertungskriterien lassen sich aber sehr wertvolle Hilfen für die Projektarbeit aufbauen.

Im wesentlichen können jetzt zwei wichtige Phasen im Projekt unterstützt werden:

- die Projektplanung und
- das Projektcontrolling.

Für Planung und Controlling muss eine gewisse gedankliche Durchdringung erreicht werden. Unter Controlling wird mehr als die reine Kontrolle eines Projektes verstanden. Vielmehr geht dieser Begriff auf den englischen Begriff „to control" zurück und beschreibt die Tätigkeiten des Lenkens, Regelns und Steuerns [Lachnitz]. Controlling ist nach Lachnitz „ein Konzept zur Wirkungsverbesserung der Unternehmensführung, in dessen Mittelpunkt die Unterstützung bei Zielbildung, Planung, Kontrolle und Information steht". Unter dem Begriff „Projektcontrolling" sollen alle Aktivitäten verstanden werden, die dazu führen, dass

- das Projekt zielgerecht aufgesetzt,

- hinsichtlich der definierten Erfolgskriterien gemessen und

- aus den festgestellten Differenzen zum Sollstand rechtzeitig steuernde Korrekturmaßnahmen abgeleitet werden können.

3.3.2 Projektmanagementmatrix

Der Schlüssel zur inhaltlichen Durchdringung eines Projektes ist methodisch einfach. Letztlich geht es darum, die inhaltlichen Strukturkriterien eines Projektes jeweils den Bewertungskriterien zu unterwerfen.

Hierzu denkt man sich eine Drehscheibe mit einem inneren und äußeren Drehkreis (vgl. Abbildung 39). Der innere Drehkreis beinhaltet die inhaltlichen Strukturkriterien des Projektes, der äußere Drehkreis die Bewertungskriterien. Durch gegenseitiges Verdrehen wird jedes Strukturkriterium mit jedem Bewertungskriterium verschnitten.

Für die Projektplanung ergibt sich nun eine einfache Handlungsanweisung. Für jede sich ergebende Konstellation der Verschneidung entsteht für den Projektmanager die Frage:

Was muss für den betrachteten Inhalt (inhaltliches Strukturkriterium) hinsichtlich des Bewertungskriteriums beachtet werden?

Projektmanagementtheorie

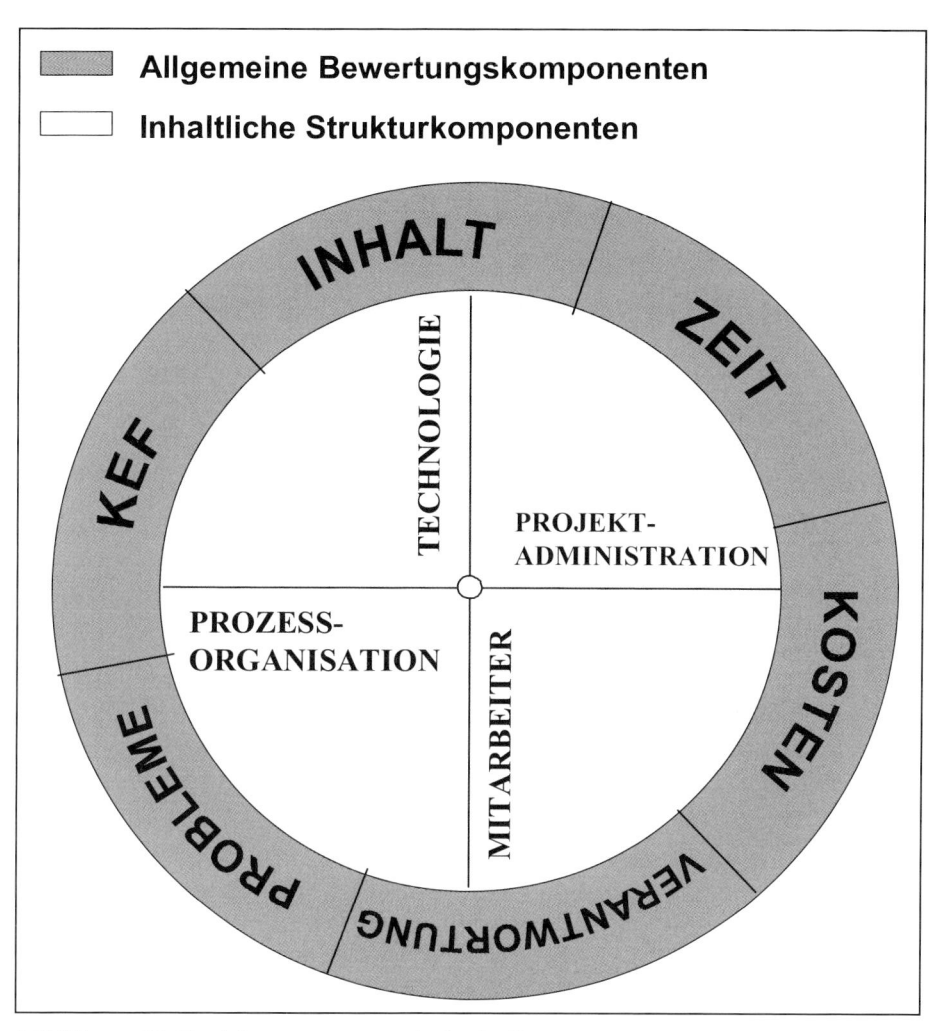

Abbildung 39: Projektmanagementdrehscheibe

Diese einfache, aber sehr wirkungsvolle Methodik lässt sich leicht auf individuelle Änderungen adaptieren. Kommt man zu dem Ergebnis, dass inhaltliche Struktur- oder Bewertungskriterien für ein bestimmtes Projekt geändert oder ergänzt werden sollen, nimmt man einfach die entsprechenden Veränderungen auf der Drehscheibe vor. Das methodische Vorgehen ist abstrakt definiert und bleibt dementsprechend gleich.

Zur besseren Übersicht wird der Verschneidungsprozess der Projektmanagementdrehscheibe in einer Matrix abgebildet (siehe auch Abbildung 40). Im Schnittelement einer Zeile mit einer Spalte (Zelle) wird stichwortartig das Ergebnis des Verschneidungsprozesses eingetragen. Auf diese Weise ist die Vollständigkeit des Projektplanungsprozesses methodisch sichergestellt.

Die Projektmanagementmatrix

	Kosten	Verantwortung	Inhalt	KEF (Beispiele)	Probleme (Beispiele)	
Zeit Einsatzpunkt Verfügbarkeitsdauer Ersatz-/Vertretungs-regelung	Personalbudget Externe Kräfte	Zuständigkeit Entscheidungsbefugnis	Schulungsplan Arbeitsplatzbeschreibung Qualifikation	Einstellungstermin Betriebsrat Qualifikation	mangelnde Qualifikation unzureichendes Zeitbudget Akzeptanz	**Mitarbeiter**
Vorbereitung, Zeitpunkt der Umstellung, Dauer der Umstellung	Umstellungskosten laufende Kosten Einsparpotentiale	Festlegung der Prozeß-manager Einbindung von Sponsoren	Verfahrensanweisung Arbeitsanweisung	Mitarbeiterschulung Umstellungsaufwand	Einbindung in bestehende Arbeitsabläufe	**Prozeß-organisation**
Einführungszeitpunkt Upgrade Ende der Verfügbarkeit	Einführungskosten Lizenzen Wartungskosten Zusatzmodule	Abgrenzung von Zuständigkeiten (extern, intern, inhaltlich, zeitlich)	Leistungsbeschreibung (Lasten-/ Pflichtenheft, Dokumentationen)	(siehe Beispiele zu den Problemen)	Leistungsfähigkeit Vollständigkeit Qualität Abhängigkeiten	**Technologie**
Terminplan Meilensteine kritische Zeitpfade	Budgetüberwachung	Festlegung der Verantwortung für Projektsteuerung Qualitätsmanagement Unternehmenseinbindung	Projektbericht Auditbericht	Einheitlichkeit des Berichtswesens	Termin- und Kostenüberschreitungen Budgetfreigabe	**Projekt-administration**

Abbildung 40: Projektmanagementmatrix

Für das Projektcontrolling nutzt man auch wieder die Projektmanagementmatrix. Der Controllingprozess wird durch die Frage unterstützt:

Welchen Stand hat das Projekt hinsichtlich der Beschreibungen der Verschneidungsprozesse erreicht?

Die definierte Vorgehensweise zwingt dazu, jeden Punkt aufzugreifen und kritisch zu hinterfragen. Hierbei wird in jedem Fall eine weitere Transparenz über das Projekt erreicht. Diese kann dazu führen, dass sich Veränderungen im Inhalt oder der Bewertung des Projektes ergeben. Auch können äußere Einflüsse auf das Projekt Änderungen bewirken.

In diesem Fall wird die Projektmanagementmatrix in den inhaltlichen Strukturkriterien oder Bewertungskriterien angepasst und die Ergebnisse der Verschneidung aktualisiert.

Obwohl den Zielen des Projektes eine überragende Bedeutung zubemessen wurde, tauchen sie nicht in der Matrix auf. Wie ist dies zu erklären?

Die Ziele eines Projektes wirken sich auf die inhaltliche Definition und die Bewertungskriterien aus. Sie werden dadurch viel genauer wirksam, als sich dies in den doch meistens abstrakten Zieldefinitionen spiegelt. Da die vorgestellte Methodik abstrakt definiert ist, können durchaus auch das Ziel oder einzelne, besonders wichtige Zielkriterien in die Projektmanagementmatrix als Bewertungskriterium aufgenommen werden.

Entscheidend für das vorgestellte Verfahren ist nicht das feste Einhalten der vorgeschlagenen Kriterien. Vielmehr ist es der methodisch transparente Weg. Man sollte auch nicht die Wechselwirkung zwischen Projektmanager und seiner Methodik unterschätzen. Im Laufe der beruflichen Praxis entsteht der Bedarf, Methoden auf den eigenen Stil zu adaptieren, so dass sich eine optimale Wirkung ergibt. Wichtig ist demnach nur das Verständnis der Zusammenhänge und der daraus entwickelten Logik der Methodik. So wird sicher gestellt, dass Adaptionen auf den eigenen Bedarf nicht Sinn verfälschend wirken.

Mit den vorgestellten Gedanken ist jetzt folgender Stand in der Durchdringung des Themas erreicht:

Auf Basis der theoretischen Entwicklung konnten Methoden vorgestellt werden, die Struktur in die Komplexität des GIS-Projektmanagements bringen. Der Weg für die Beherrschung dieses Themas wird jetzt transparent. Gleichzeitig werden hiermit auch Strukturen für die einheitliche Beschreibung von Projekten vorgegeben. Sie werden zur Dokumentation des aktuellen Zustandes und zur strukturierten Planung der einzelnen Projektphasen eingesetzt.

3.3.3 Weitere Projektplanungs- und -controllingwerkzeuge

Für das Projektmanagement und –controlling gibt es eine Reihe von Softwareprodukten, die den Projektmanager sinnvoll bei seiner Arbeit unterstützen können. Man darf aber nicht den eigentlichen Verwendungszweck aus den Augen verlieren. Diese Werkzeuge erleichtern die Verwaltung von Projekten. Viel schwieriger ist aber der kreative Teil: das richtige Aufsetzen eines Projektes und das inhaltliche Controlling. Für solche Aufgaben leisten diese Programme höchstens statistisch verwertbare Informationen.

Ich möchte nicht den Wert dieser Werkzeuge schmälern. Aber die Erfahrung und auch die Analyse der Erfolgspositionen zeigt, dass die eigentliche Schwierigkeit im Projektmanagement in den Managementaufgaben und nicht in der Projektverwaltung besteht. Wer ein Projektmanagementtool bedienen kann, hat noch längst nicht die Fähigkeit zum Projektmanagement. Deshalb erwähne ich diese Werkzeuge nur der Vollständigkeit halber. Ihre Nutzung ist dem Grunde nach „nur" solide Handwerksarbeit.

Ich möchte mich auf Werkzeuge konzentrieren, die den schwierigen Teil des Projektmanagements unterstützen. Als Werkzeuge definiere ich in erster Linie Hilfen, die in irgendeiner Weise den oben geschilderten inhaltlich-kreativen Planungs- und Controllingprozess fördern. Man wird sehen, dass dies eine Mischung zwischen Methodik und speziellen Hilfsmitteln ist und stark auf die Visualisierung von Zusammenhängen setzt. Der Bedeutung dieser Werkzeuge entsprechend wird diese Thematik im Kapitel 5.3 „Werkzeuge für den Projektmanager" vertieft.

Nun kann man durchaus einwenden, dass die Aufstellung eines Projektablaufplans mit entsprechender Ressourcenverwaltung eines größeren GIS-Projektes alles andere als eine einfache handwerkliche Umsetzung ist. Somit wäre die oben getroffene „Degradierung" dieser Tätigkeiten durchaus zu kritisieren. Nicht von der Hand zu weisen ist trotz aller Komplexität jedoch die schematische Art der Erstellung. Letztlich führt hier auch ein Trial- and Errorverfahren zum Ergebnis. Angesichts der Schwierigkeit, ein GIS-Projekt gedanklich zu durchdringen und dann dementsprechend steuern zu können, ist die Aufstellung eines Ablaufplans wirklich in eine geringere Anspruchsklasse einzuordnen.

3.4 Kommunikation

Die Ausführungen der vorangegangenen Kapitel haben die Bedeutung der Kommunikation im Projektmanagement unterstrichen. Die Kommunikation lässt sich hierbei in zwei Bereiche einteilen:

- Kommunikation der Projektmitarbeiter untereinander und
- Kommunikation des Projektes mit dem Unternehmen.

Schwierigkeiten mit der Kommunikation in einem interdisziplinär besetzten Team resultieren aus verschiedenen Aspekten. Unterschiedlich besetzte Begriffe und fachdisziplinäre Ausrichtung, verschiedene Abstraktionsniveaus u.ä. sind Quellen für Missverständnisse. Eine effektive Kommunikation ist nicht nur zur Förderung des gegenseitigen Verständnisses wichtig. Sie beeinflusst auch wesentlich das (zeitliche und inhaltliche) Vorankommen im Projekt. Aus diesem Grund ist der Kommunikation ein separates Kapitel gewidmet (siehe auch Kapitel 5.3.8).

Der Projektmanager schuldet dem Unternehmen Rechenschaft über den Stand und die wesentlichen Ergebnisse seines Projektes. Da das Unternehmen meistens mehrere Projekte parallel in Bearbeitung hat, ergibt sich das Interesse, die Kommunikation über das Projekt in einer standardisierten Form zu führen. Hierzu sind Maßnahmen erforderlich, die unter dem Begriff des „Berichtswesens" zusammengefasst werden. Das Projektberichtswesen wird in Kapitel 4.1.5 behandelt.

4 Aufbau von integrierten Informationssystemen

In früheren Jahren gehörte der Aufbau bestimmter Informationssysteme (z.B. GIS) fast zur Zeiterscheinung. Heute ist deren Einsatz eindeutig strategisch und/oder wirtschaftlich motiviert. Auch wächst das Bewusstsein, dass in einem Unternehmen ein Informationssystem kein Inselsystem sein kann. Das unternehmerische Bestreben muss darauf ausgerichtet sein, Informationssysteme als eine Einrichtung der Wertschöpfung einzuführen.

Aus dieser Sicht resultieren zwei Hauptaufgaben:

- Ein neues Informationssystem muss sich in die vorhandene (DV-)Strategie und die Informationslandschaft einpassen.

- Der Aufbau von (in die Wertschöpfung) integrierten Informationssystemen wird zu einer ständigen Optimierungsaufgabe.

DV-Projekte beinhalten damit nicht mehr ausschließlich die Einführung und Realisierung eines Informationssystems. Zusätzlich wird es auch Projekte geben, die eine Umstellung oder Anpassung eines Informationssystems an geänderte Rahmenbedingungen des Unternehmens haben. Geht man von der allgemein akzeptierten These aus, dass ein stetiger und ein immer schneller zu vollziehender Wandel in Unternehmen und Behörden notwendig ist, wird zwangsläufig auch die Anzahl von DV-Projekten steigen. Projektmanagement für unterschiedlichste, neu aufkommende (DV-)Projekte wird zu einer dauernden Einrichtung der Wertschöpfung. Es wird mehr Projekte in Unternehmen geben und diese Projekte werden aus Gründen der Effektivität möglichst parallel abgewickelt werden.

Interessanterweise findet man in der Praxis für den hierzu erforderlichen Steuerprozess kaum Einrichtungen und Hilfen. Man erlebt, wie unterschiedliche Projekte an gleichen oder sich überschneidenden Themenbereichen arbeiten, ohne voneinander zu wissen. Projekte werden von der Unternehmensspitze ins Leben gerufen, aber nicht koordiniert. Auf diese Weise entstehen Lücken, Missverständnisse, Reibungsverluste und kontraproduktives Arbeiten.

Sobald Unternehmen oder Behörden mehrere parallel laufende DV-Projekte initiieren, entsteht sofort die Notwendigkeit einer Metaprojektsteuerung. Sie regelt die übergeordnete Steuerung und Koordination der Projekte zur Umsetzung der Unternehmensziele. Der Umfang des Projektmanagements darf also nicht auf die Sicht der Realisierung eines einzelnen Projektes reduziert werden. Projektmanagement im hier vorgestellten Sinne muss sich auch mit der integrierten Realisierung von DV-Projekten beschäftigen. Ziel dabei ist, die Unternehmensziele optimal zu unterstützen und den Aufwand für die Projekte zu minimieren. Diese Arbeit wird als Multiprojektmanagement bezeichnet.

Das Multiprojektmanagement soll entsprechend der praktischen Notwendigkeiten in zwei Ausprägungen weiter verfolgt werden:

- der abstrakte Weg eines Multiprojektmanagements für DV-Projekte als Dauereinrichtung in Unternehmen (Multiprojektmanagement aus Unternehmenssicht) und

- die parallele Bearbeitung zweier zusammenhängender DV-Projekte am Beispiel von GIS und SAP (Multiprojektmanagement aus Sicht des für die Projekte verantwortlichen Projektmanagers).

Im ersten Fall wird die generelle Planung, Steuerung und das Controlling von DV-Projekten aus der Metasicht des Unternehmens behandelt.

Der zweite Fall geht von der Sicht eines Projektmanagers aus, der für die zusammenhängende Abwicklung von zwei Projekten verantwortlich ist. Für das Management von zwei zusammenhängenden separaten Projekten wird eine Methodik entwickelt. Besonders schwierig, aber praktisch von hoher Bedeutung ist die koordinierte Realisierung von GIS- und SAP-Projekten. Hier stoßen sehr unterschiedliche Sichtweisen, Systeme und Philosophien aufeinander. Um wirksame praktische Hilfestellungen zu vermitteln, wird der zweite vorgestellte Fall am Beispiel von GIS und SAP behandelt.

4.1 Multiprojektmanagement für Informationssysteme

Für die ständig wiederkehrenden Aufgaben in einem Unternehmen schafft sich das Unternehmen eine bestimmte Organisation. Wie erwähnt reicht die klassische Organisation alleine nicht aus, dem ständigen Innovationsbedarf nahe zu kommen. Aus diesem Grund etabliert sich zur bestehenden Organisation die Projektform für einmalige Sonderaufgaben.

Bislang reagieren die meisten Unternehmen auf diesen Sonderstatus eines Projektes mit einer gewissen Hilflosigkeit. Seine mangelnde Einbindung in die normale Unternehmensorganisation bringt Nachteile. Einerseits entgleitet das präzise Projektcontrolling auf die Ziele des Unternehmens und andererseits mindert man die Möglichkeit, DV-Projekte aktiv zur Verbesserung der Geschäftsprozesse aufzusetzen.

Wie auch beim Management eines einzelnen Projektes liegt eine große Chance in der proaktiven Gestaltung des Multiprojektmanagements. Heute sieht man bestenfalls, wie die Ergebnisse von Projekten an einer Unternehmensstelle aggregiert zusammenlaufen und mehr oder weniger statistisch/kaufmännisch ausgewertet werden. Stellt man dann wirklich Mängel fest, ist es fast immer zu spät, diese zu beheben.

Das Management mehrerer DV-Projekte (Multiprojektmanagement) muss deshalb viel steuernder und gezielter für die Verbesserung der Geschäftsprozesse eines Unternehmens eingesetzt werden. Hieraus ergibt sich der Zwang, Projekte in kontrollierter Form aufzusetzen, gegenseitig abzugleichen, zeitlich, ressourcen- und budgetmäßig zu koordinieren sowie deren Ergebnisse zu controllen.

Aufbau von integrierten Informationssystemen

Um diesen Status zu erreichen, müssen folgende Maßnahmen ergriffen werden:

- Grundsätzliche Vorgaben für die Umsetzung von IT-Vorhaben müssen aufgestellt sein (**Rahmenfestlegungen für Informationssysteme**).

- Das Zusammenwirken jetziger und künftiger Systeme muss definiert sein (**Architektur der Informationssysteme**).

- Projekte und ihre Wirkung auf die projektbildenden Faktoren müssen beschrieben werden (**Projektportfolio**).

- Die Umsetzungsfolge und die Verkettung von Projekten muss geplant und festgelegt sein (**Gesamtprojektplan**).

- Ein Berichtswesen als Ausgangspunkt des Projektcontrollings muss entwickelt und installiert sein (**Projektberichtswesen**).

Als Sammelbegriff für alle oben beschriebenen Maßnahmen wird „**IS-Rahmenkonzeption**" eingeführt. Die IS-Rahmenkonzeption ist das vorgeschlagene Modell zur Entwicklung der Informationssysteme in einem Unternehmen. Dieses Modell lässt sowohl IT-Projektentwicklungen aus der Unternehmensspitze wie auch Projektinitiativen aus Anwenderbereichen zu. Es ermöglicht ein Management sämtlicher IT-Projekte nach kontrollierbaren Kenngrößen und die Anpassung der Projekte an geänderte Rahmenbedingungen. Die Wechselwirkungen zwischen den Projekten werden transparent und die Bedeutung eines Einzelprojektes für das Unternehmen wird objektiviert.

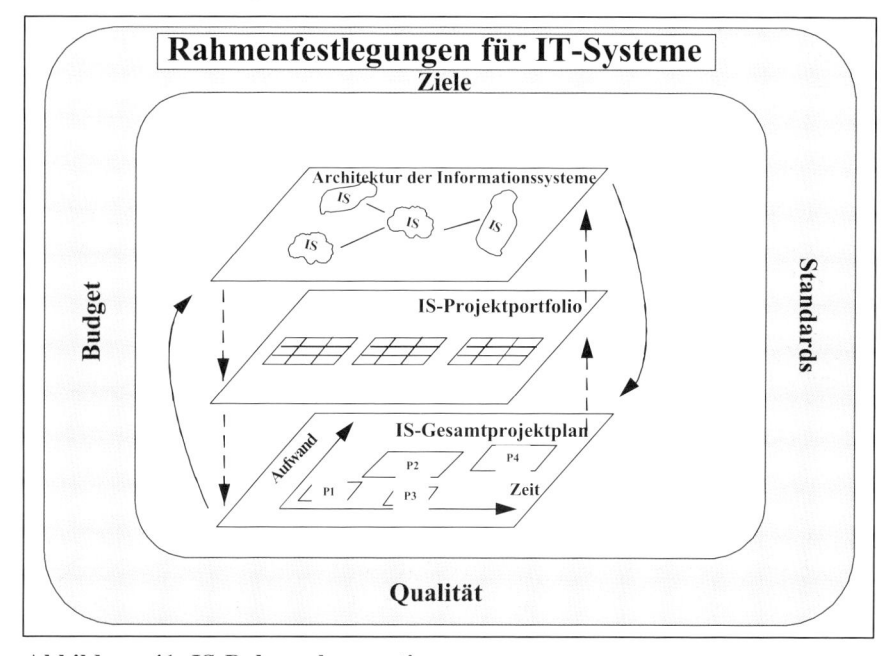

Abbildung 41: IS-Rahmenkonzeption

Man kann sich die IS-Rahmenkonzeption als ein 3-Ebenenmodell vorstellen, wobei die Rahmenfestlegungen für Informationssysteme die grundlegenden Vorgaben für die drei restlichen Komponenten beinhalten und somit die drei Ebenen wie ein Rahmen umschließen. (vgl. Abbildung 41).

In den Rahmenfestlegungen für IT-Systeme werden die grundsätzlichen Vorgaben für die Umsetzung der Vorhaben gemacht. Im Wesentlichen sind dies strategische, finanztechnische, qualitative und technologische Vorgaben.

In der Architektur der Informationssysteme wird das Zusammenwirken der vorhandenen und zukünftigen Informationssysteme beschrieben. Die Landschaft der Informationssysteme kann man sich wie Inseln vorstellen, die über Brücken miteinander verbunden sind. Die Brücken symbolisieren ihre Verknüpfung miteinander.

Zur Umsetzung der geplanten Architektur werden einzelne Projekte entwickelt. Sie werden jeweils mit dem im Hauptteil des Buches beschriebenen Instrumentarium des Projektmanagements initiiert, gesteuert und umgesetzt. Welche Projekte wann mit welchem Aufwand betrieben werden und welche Wirkungen diese auf die Architektur der Informationssysteme haben, ist Aufgabe des IS-Projektportfolios. Die Bewertung und Priorisierung der Projekte in dieser Komponente ist das Bindeglied zwischen den Unternehmensanforderungen und der Machbarkeit von Vorhaben in der IS-Gesamtprojektplanung.

Der IS-Gesamtprojektplan ist die Grundlage zur mittel- und langfristigen Planung aller Einzelprojekte eines Unternehmens. Mittel- und Ressourcenzuweisung gibt es nur für Projekte, die in den IS-Gesamtprojektplan aufgenommen sind. Der Gesamtprojektplan übernimmt sowohl Steuerungs- als auch Überwachungsfunktionen, da die Einhaltung der Vorgaben, die in den anderen Komponenten gemacht wurden, überwacht werden. Abweichungen werden in das IS-Projektportfolio und in die Architektur für Informationssysteme zurückgemeldet.

Um die Planungs- und Steuerungsaufgaben durchführen zu können, muss ein genormter Informationsfluss nach dem Gegenstromprinzip aufgebaut werden. Einerseits müssen in objektivierter Form die Ergebnisse der Einzelprojekte in regelmäßigen Zyklen zusammengetragen und ausgewertet werden. Andererseits müssen Ergebnisse aus der Auswertung und Richtlinien für die Steuerung in die einzelnen Projekte fließen. Hierzu werden ein Berichtswesen und eine spezielle Kommunikationskultur (siehe Kapitel 4.1.7) aufgebaut, die diese Informationsflüsse herstellen.

4.1.1 Rahmenfestlegungen für IT-Systeme

Der Aufbau von Informationstechnologie für Unternehmen wird zweckmäßigerweise an Rahmenfestlegungen geknüpft. Die Rahmenfestlegungen berücksichtigen grundlegende Interessen des Unternehmens an der Informationstechnologie. Während früher diese grundlegenden Interessen fast ausschließlich auf die technologischen Aspekte beschränkt wurden, rücken heute viel mehr inhaltlich-qualitative, strategische und organisatorische Festlegungen in den Vordergrund, ohne jedoch den technischen Aspekt zu vernachlässigen.

In den Rahmenfestlegungen für Informationssysteme werden die grundlegenden Vorgaben beschrieben, die verpflichtend in den Einzelprojekten einzuhalten sind. Im einzelnen werden hier Festlegungen getroffen zu:

- den Zielen der Informationstechnologie (IT-Ziele),

- Vorgaben zum Budget,

- einzuhaltenden Standards und

- Qualitätsmanagement.

Den Rahmenfestlegungen für IT-Systeme kommt insoweit eine Schlüsselstellung zu, als hier die Verbindung zwischen der Informationstechnologie und den Unternehmenszielen geschaffen wird. Auch an dieser Stelle kann die Bedeutung von definierten und dokumentierten Zielen nicht genug herausgestellt werden.

Oft wird man ein starkes Desinteresse an der Definition von messbaren Rahmenfestlegungen erleben, denn diese Aufgabe ist schwierig. Außerdem wird nach einiger Zeit zwangsläufig transparent, wie gut es gelungen ist, die Zielsetzungen des Unternehmens durch Rahmenfestlegungen zu stützen. Unsichere Manager versuchen deshalb Situationen zu vermeiden, die sie in irgendeiner Weise messbar machen.

Um es unmissverständlich zu sagen: modernes Projektmanagement bedeutet das Wahrnehmen von Verantwortung in jeder Hierarchiestufe. Nur so gelingt es, die Informationssysteme auf ein wirksames Zusammenspiel auszurichten und damit den Nutzen für das Unternehmen zu optimieren.

Die Zieldefinition muss in einem Workshop mit den Führungskräften erarbeitet werden. Dabei muss sichergestellt werden, dass die Ziele ausreichend konkretisiert sind und nicht auf der Stufe von schwer greifbaren Visionen abgebrochen wird. Die Vision „Wir wollen Marktführer in Europa sein" kann einige Hinweise für die Entwicklung der IT-Strategie geben (international einsetzbare Buchungssysteme), lässt aber zuviel Spielraum in der Interpretation der erwarteten Leistung, die die Informationstechnologie für das Unternehmen erbringen muss. Jedes Projekt, das sich nicht nachweisbar monetär im Sinne von Kosten/Nutzen rechnen lässt, muss zumindest strategisch die Unternehmensziele unterstützen.

Fehlen diese Vorgaben, kann eine gewisse Abhilfe durch das Gegenstromverfahren geschaffen werden. Die zentrale IT-Abteilung entwickelt mit den Fachbereichen die Ziele der IT-Strategie. Diese werden anschließend mit der Unternehmensführung abgestimmt.

Wichtig ist in beiden Fällen, dass die Führungskräfte die Verantwortung für diesen Teil der Rahmenfestlegungen für Informationssysteme übernehmen. Aufgaben sind beliebig delegierbar, Verantwortung nicht.

In den Rahmenfestlegungen für die Informationstechnologie wird weiterhin das mittelfristige Budget für die IT-Vorhaben festgelegt. Auch bei dezentraler Budgetverantwortung sollten die Einzelbudgets der Fachbereiche hier zusammengeführt werden, damit der Mitteleinsatz für die Entwicklung der Informationstechnologie optimiert werden kann.

Die Festlegung von Standards für den IT-Einsatz wurde früher fast nur technologisch gesehen. Aufgrund der schnellen Veränderungen in der Informationstechnologie führen sich diese Definitionen sehr schnell ad absurdum. Viel wichtiger, schwieriger, aber dafür auch wesentlich langlebiger sind methodische, entwicklungstechnische und qualitätssichernde Standardisierungen. Nach wie vor kann es Sinn machen, sich auf bestimmte Standardsoftwarekomponenten zu beschränken. Deshalb sollen die gemachten Ausführungen nicht dazu verleiten, technologische Standardisierungen aufzugeben. Aber oft bestehen innerhalb der Unternehmen keine einheitlichen Entwicklungs- und Vorgehensmodelle für IT-Projekte. Jeder Projektmanager setzt nach seinem besten Wissen ein Projekt auf und versucht, es zu realisieren. Bemerkt man jetzt Abstimmungsbedarf zu anderen Projekten, fällt es schwer, eine Koordination herbeizuführen, weil jeder Projektmanager nach vollkommen unterschiedlichen Prinzipien sein Projekt entwickelt hat.

Geht man vom ursprünglichen Ansinnen eines Multiprojektmanagements aus, entsteht automatisch die Verpflichtung der Definition einheitlicher Standards wie Entwicklung der Informationstechnologie aus den zukünftigen Geschäftsprozessen, einheitliche Datenmodellierung, Standardisierung der Begrifflichkeit, Festlegung von Entwicklungsmethodiken u.s.w..

Das Qualitätsmanagement ist ein besonders heikles Kapitel. Grundsätzlich ist im wirtschaftlich vertretbarem Rahmen alles zu tun, damit Qualität gesichert werden kann. Der Bedarf des Unternehmens geht dabei eindeutig in die Erreichung von **Inhaltsqualität**. Inhaltsqualität unter den vorgegebenen Rahmenbedingungen zu herzustellen, ist letztlich auch das höchste Ziel des (Multi-)Projektmanagements. Zu diesem Zweck muss ein Qualitätshandbuch entwickelt werden. Damit die Festlegungen des Qualitätshandbuches auch inhaltlich umgesetzt werden können, müssen die Projektmanager auf dieses Ziel hin ausgebildet werden.

Leider werden die an sich guten Ideen eines Qualitätsmanagements in der Praxis manchmal auch pervertiert. Letztlich geht es hierbei immer um das Abschieben von Verantwortung. Indem Verfahrensabläufe und Qualitätskriterien fixiert werden, wird das gesamte Qualitätsmanagement auf die Formalebene reduziert. Das Einhalten von formalen Festlegungen wird dabei zum Indikator für Richtigkeit umdefiniert. Die Beteiligten behandeln das Qualitätshandbuch als Exkulpierungsmedium und nicht als ein Mittel, Inhaltsqualität zu erreichen.

Die Entwicklung eines solchen Qualitätshandbuchs setzt sehr viel Erfahrung voraus. Im Zusammenspiel mit einer auf Inhaltsqualität ausgerichteten und gelebten Firmenkultur kommt es zur Blüte. Zielt man nur auf die Vermeidung von Fehlern ab, kann ein Qualitätshandbuch leicht in die beschriebene Formalebene degenerieren.

4.1.2 Architektur der Informationssysteme

Mit der Architektur der Informationssysteme wird das Zusammenwirken der vorhandenen und zukünftigen Informationssysteme beschrieben. Der Grund, warum dieses Zusammenwirken erfasst und beschrieben werden soll, ist einfach.

Grundsätzlich hat ein Projektmanager genug damit zu tun, die Ziele für sein Projekt unter den gegebenen Rahmenbedingungen umzusetzen. Die Bedingungen sind in der Regel widersprüchlich und daraus erwachsen ihm dann mehr oder weniger komplexe Optimierungsaufgaben. Wenn jetzt noch zusätzlich eine Koordination mit anderen Projekten verlangt wird, wächst der Aufgabenumfang und der Schwierigkeitsgrad.

Deshalb ist es sinnvoll, schon vorab zu klären, welche Projekte zueinander Berührungspunkte haben und wie diese koordiniert werden sollen. Auf diese Weise gelingt es,

- das Ziel des Unternehmens zur koordinierten Entwicklung direkt einzubringen,
- den Aufwand des Projektmanagers auf die wichtigen Aspekte zu reduzieren und zu konzentrieren und
- den Gesamtentwicklungsaufwand zu optimieren.

Die Darstellung der Architektur der Informationssysteme kann man sich als eine Landkarte vorstellen, auf der die Inseln die Fachsysteme darstellen. Es gibt Inseln, die sehr eng und mit mehreren Nachbarinseln verbunden sind. Dabei handelt es sich um Informationssysteme mit einer stark integrierenden Wirkung für das Unternehmen. Daneben gibt es Inseln, die weniger stark oder gar nicht verknüpft sind. Hier handelt es sich in der Regel um spezialisierte Werkzeuge, die die Arbeitsabläufe einzelner Mitarbeiter vereinfachen.

Die Landkarte der Informationssysteme, die auch in der Praxis als solche entwickelt werden kann, dient dazu

- eine übersichtliche Darstellung der Fachsysteme mit ihren Anwendungsbereichen zu geben,
- die Informationsflüsse zwischen den Bereichen aufzuzeigen,
- die (Prozess-)Abhängigkeiten zwischen den Systemen zu visualisieren und
- die Probleme beim Informationsaustausch zu identifizieren.

Die Visualisierung der Architektur der Informationssysteme dient somit als strategische Planungsgrundlage der IT-Entwicklung in einem Unternehmen.

Ergebnis der Architektur der Informationssysteme ist eine Spezifikation der vorhandenen und zukünftigen Informationssysteme nach dem oben definierten Muster. Sie bilden das Regelwerk für das langfristige Zusammenwirken der Systeme und zeichnen damit die IT-Entwicklungsrichtung im Unternehmen vor. Änderungen müssen einem formalen Änderungsverfahren unterworfen werden, wie es im Projektmanagement der Einzelprojekte beschrieben ist. Änderungen, die im Zuge der Projektrealisierung auftreten, müssen zurückgemeldet, in der Architektur der Informationssysteme auf Auswirkungen untersucht und hier genehmigt werden.

4.1.3 Management des IS-Projektportfolios

Bis jetzt kennen wir für das Metamanagement von Projekten nur die Rahmenanforderungen, an denen sich die Projekte auszurichten haben, und die Wechselwirkungen der Projekte untereinander. Nun geht es darum, jeweils ein Projekt nach gleichartigen Kriterien zu charakterisieren, um die Vielzahl der Einzelprojekte strukturieren und managen zu können. Dazu müssen Kriterien herausgearbeitet werden, die für eine erfolgreiche Umsetzung der Einzelvorhaben und für die Weiterentwicklung der gesamten IS-Landschaft von Bedeutung sind. Diese Kriterien sollen „Erfolgspositionen des Projektportfolios" genannt werden.

Im Portfoliomanagement wird jedes Projekt bezüglich der Erfolgspositionen beschrieben. Die einzelnen Projekte werden dann in Matrizen (vgl. Abbildung 42) gegenübergestellt, um so die für eine Priorisierung notwendige Transparenz der Projektlandschaft zu erhalten.

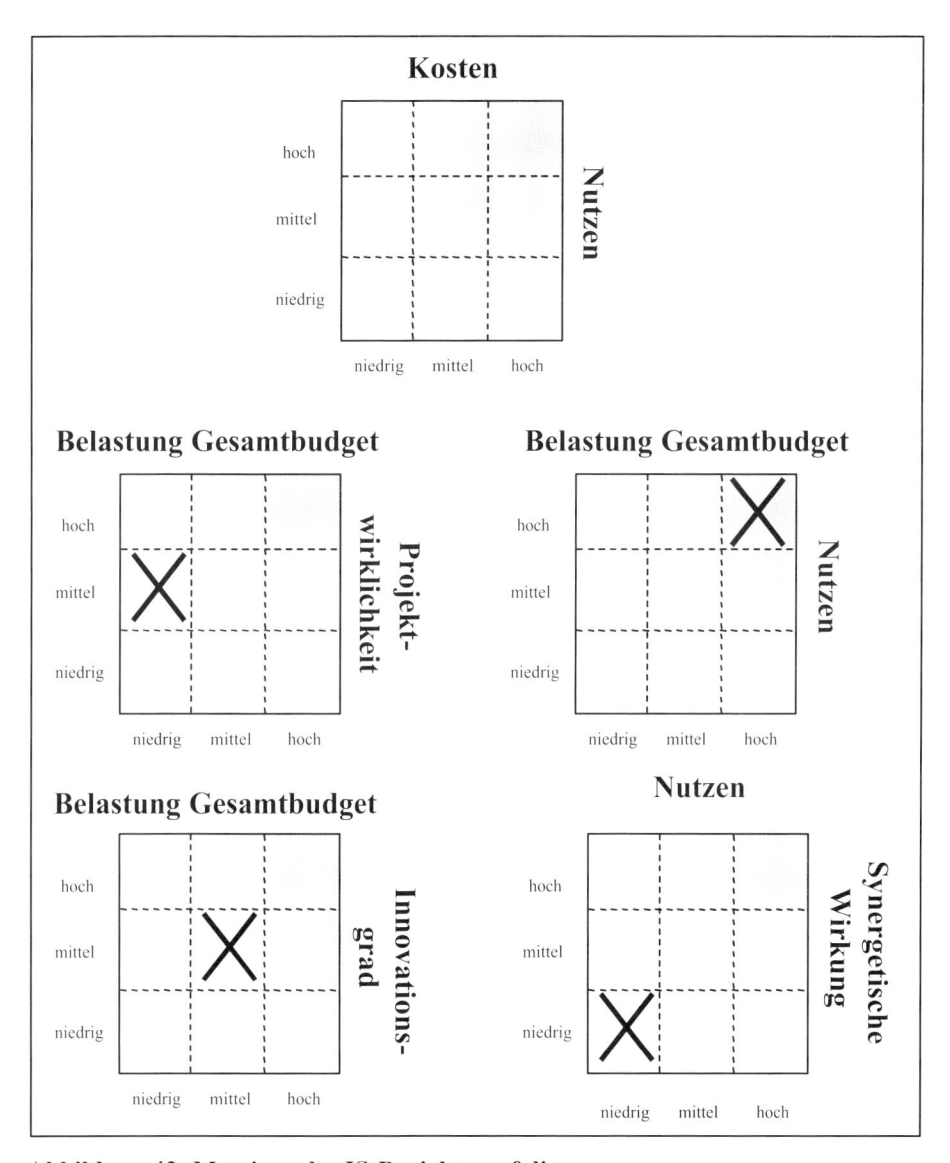

Aufbau von integrierten Informationssystemen 115

Abbildung 42: Matrizen des IS-Projektportfolios

Die Erfolgspositionen dienen dazu, ein Projekt nach verschiedenen Wirkfaktoren zu charakterisieren. Sie sollen ein Projekt aus unterschiedlichen Sichten beschreiben, um so die Bedeutung des Einzelprojektes im Verhältnis zur gesamten Strategie greifbarer zu machen. Es wird vermieden, dass sich ein Projekt auf Grund bestimmter Eigenschaften, wie die Nutzung einer Technologie, die im Trend liegt, in den Vordergrund drängt und andere wichtige Vorhaben nicht berücksichtigt werden. Die hier vorgestellten und gewählten Erfolgspositionen haben sich in meinen Projekten als sinnvoll erwiesen. Für jedes Unternehmen ist es selbstverständlich wichtig, den Bewertungsrahmen auf das individuelle Umfeld anzupassen. Der Bewertungsrahmen muss aber definiert und stabil sein.

- **Projektwirtschaftlichkeit**
  Standardmäßig werden Projekte nach Wirtschaftlichkeitskriterien bewertet. Dieses Kriterium bleibt aber oft über die Projektlaufzeit nicht stabil. Es können zusätzliche Nutzenpotentiale entdeckt werden, Zeitverzögerungen oder unerwartete Kosten auftreten. Im Rahmen des Portfoliomanagements ist deshalb die periodische Kontrolle dieser Erfolgsposition wichtig.

- **Belastung Gesamtbudget**
  In den seltensten Fällen hat man in den Zeiträumen einer Projektrealisierung stabile Rahmenbedingungen im Unternehmen. Daraus resultieren auch für das Portfoliomanagement ständige Anpassungen. In diesem Zusammenhang muss man wissen, wie stark ein Projekt das Gesamtbudget belastet. Kommt es z. B. zu finanziell kritischen Situationen im Unternehmen steht auch die Realisierung bereits begonnener Projekte auf dem Prüfstand. Die Erfolgsposition „Belastung Gesamtbudget" hilft bei der strategischen Frage: konzentriert man sich auf einige wenige aufwendige Projekte oder nutzt man die Möglichkeit, mit reduziertem Budget viele kleinere Projekte umzusetzen.

- **Projektwirklichkeit**
  Mit dem Begriff „Projektwirklichkeit" wird der Grad der Fertigstellung eines Projektes bezeichnet. Dabei geht es nicht um den zeitlichen, sondern inhaltlichen Fertigstellungsgrad. Dieser Erfolgsfaktor trägt dazu bei, dass Projekte, die kurz vor ihrer Fertigstellung stehen, nicht abgebrochen und so Investitionen zunichte gemacht werden.

- **Synergetische Wirkung (Kettenschlussfaktor)**
  Der Zustand integrierter Informationssysteme schließt auch IT-Projekte mit ein, die, für sich alleine betrachtet, keinen großen Nutzen haben, aber für andere Vorhaben wichtig sind. In Projekten mit synergetischer Wirkung werden grundlegende Voraussetzungen geschaffen, von denen andere profitieren können. Typische Beispiele hierfür sind:
  - Basisarbeiten, die eine notwendige Infrastruktur schaffen,
  - übergreifende konzeptionelle Arbeiten oder
  - das Schließen noch vorhandener Medienbrüche.

- **Innovationsgrad**
  Die Gefahr in der konsequenten Ausrichtung der Projekte nach Kosten/Nutzen-Gesichtspunkten liegt darin, dass ein Unternehmen den technologischen Anschluss verliert. Die Möglichkeiten von Innovationen für das eigene Geschäft werden nicht erkannt, wenn man sich nur mit konservativen Lösungsansätzen beschäftigt. Mit dieser Erfolgsposition werden strategisch motivierte Projekte charakterisiert. Dies sind Projekte, die nicht den Anspruch haben, die Investitionen direkt einzuspielen und bei denen akzeptiert wird, dass sie u. U. über einen Pilotbetrieb nicht hinauskommen.

Die Bestimmung der Erfolgspositionen für ein Projekt erfolgen dimensionsmäßig. Sie lassen sich nicht exakt herleiten. Eine Skala von eins bis sechs (Schulnoten) oder die einfache Zuordnung zu den Bereichen schwach, mittel, hoch ist ausreichend. Mit dieser groben Einteilung wird man der der Schätzung innewohnenden beschränkten Genauigkeit gerecht. Der Nutzen dieser Strukturierungsmethodik zeigt sich im Weiteren. Die Reduktion der Projekte auf einige wenige Erfolgspositionen und die vergleichende Einstufung der Projekte in diese Kategorien führt zu einer Transparenz, die ohne großen Aufwand hergestellt werden kann, trotzdem aber genau genug ist, die Projekte für Managementzwecke zu charakterisieren.

Im letzten Schritt werden die Projekte in Matrizen zueinander in Beziehung gesetzt. So wird eine visualisierte Diskussionsgrundlage geschaffen, um die Charakterisierung transparent zu machen. Dabei können folgende Konfigurationen gewählt werden.

- **Kosten - Nutzen**
  Das Kosten/Nutzenverhältnis ist selbstverständlich die wichtigste Beziehung. Investitionen sind in der überwiegenden Anzahl nur dann zu rechtfertigen, wenn der Nutzen in vernünftigem Verhältnis zu den Kosten steht. Zur Nutzenbewertung muss ein einheitliches Verfahren ausgewählt werden, um die Vergleichbarkeit der Nutzenpotentiale zu ermöglichen. Eine Vielzahl von Verfahren ist in der Literatur [Nagel] beschrieben. Häufig greifen Unternehmen hier auf eigene Modelle zurück.

- **Nutzen - Belastung Gesamtbudget**
  Mit dieser Matrix wird die Wirkung der Projekte auf das Gesamtbudget verdeutlicht. In Verbindung mit dem erwarteten Nutzen ergibt sich ein Maß dafür, inwieweit es gerechtfertigt ist, durch einzelne Großvorhaben die Gesamtentwicklung der IT-Landschaft zu bestimmen.

- **Belastung Gesamtbudget - Projektwirklichkeit**
  Es gibt immer wieder Projekte, die mit einem zeitlich befristeten Mehraufwand und der Konzentration von Ressourcen zeitnah zum Abschluss gebracht werden können. Mit der Beziehung Belastung Gesamtbudget zu Projektwirklichkeit können solche Vorhaben identifiziert werden.

- **Kosten - Synergetische Wirkung**
  Die Kosten des Einzelprojekts werden der Synergetischen Wirkung gegenübergestellt. Projekte, die Werteketten schließen (Kettenschlussfaktor) oder wichtige Kommunikationsverbindungen etablieren, können bewusst gefördert werden.

- **Belastung Gesamtbudget - Innovationsgrad**
  Innovative Projekte gehören zu jedem Projektportfolio eines Unternehmens. In der Matrix Belastung Gesamtbudget zu Innovationsgrad werden die Auswirkungen solcher Vorhaben auf das IT-Budget eines Unternehmens verdeutlicht.

4.1.4 IS-Gesamtprojektplan

Die Architektur der Informationssysteme und die Erfolgspositionen der Einzelprojekte liefern Basisinformationen, aus denen sich unter Berücksichtigung der Ziele jetzt ein Gesamtprojektplan für Informationssysteme entwickeln lässt. Die Entwicklung vollzieht sich dabei in zwei Stufen:

- Strategische und

- Inhaltliche Stufe.

Aus der Architektur der Informationssysteme und den Erfolgspositionen der Einzelprojekte wird deren grundsätzliche strategische Stellung im Projektportfolio abgeleitet. Hierbei kann es auch durchaus vorkommen, dass ein geplantes und zur Debatte stehendes Projekt die erforderlichen Erfüllungsgrade nicht erreicht und verworfen wird.

Ist die strategische Positionierung eines Projektes abgeschlossen, kommen noch weitere inhaltliche Komponenten hinzu, um die Planung des Projektportfolios zu komplettieren. Endergebnis ist ein Projektablaufplan, der analog zu den Projektplänen der Einzelprojekte die Umsetzung aller Projekte in einem Unternehmen festlegt. Die Festlegungen beziehen sich auf die zeitliche Reihenfolge und die Ressourcen. Der IS-Gesamtprojektplan wird mittelfristig für einen Zeitraum von 5 bis 7 Jahren angelegt und in festen Zyklen bzw. bei Änderung der maßgeblichen Faktoren aktualisiert. Der Planungsprozess ist formal analog zu dem der Einzelprojekte und soll hier nicht nochmals geschildert werden.

Der IS-Gesamtprojektplan wird von der Unternehmensleitung genehmigt. Weichen Einzelprojekte von den Vorgaben ab, müssen diese rückgemeldet und, wie schon in der IS-Systemarchitektur, einem formalen Änderungsverfahren unterzogen werden.

4.1.5 Berichtswesen

Bevor das Berichtswesen näher beschrieben wird, sind einige grundsätzliche Bemerkungen notwendig. Berichtswesen und Dokumentationsarbeiten sind die unbeliebtesten Arbeiten im Projektmanagement. Trotzdem dürfen sie nicht vernachlässigt werden. Neben der Herstellung einer geordneten Kommunikation im Projekt kommt dem Berichtswesen auch noch eine investitionssichernde Wirkung für das Unternehmen zu. Wenn ein Unternehmen schon erhebliche Aufwände in die Realisierung eines Projektes steckt, muss der Schutz dieser Investitionen auch einigermaßen sichergestellt sein. Dies lässt sich nur durch das Niederschreiben der wichtigsten Ergebnisse erreichen.

Ein investitionssicherndes und die Kommunikation stützendes Berichtswesen in einem Projekt enthält unvermeidbar auch Redundanzen, was den Aufwand größer als erforderlich macht. Deshalb wird versucht, das Berichtswesen möglichst redundanzarm aufzusetzen.

Aufbau von integrierten Informationssystemen

Wie in den oberen Kapiteln angedeutet, werden zum wirkungsvollen Portfoliomanagement inhaltliche Informationen zu den Einzelprojekten benötigt. Allgemein kann man sagen, dass für das Projektcontrolling ein Informationsfluss von den Projekten zur koordinierenden Stelle und umgekehrt geschaffen werden muss. Da wir hier den allgemeinen Fall eines Multiprojektmanagements betrachten, besteht ein nachdrückliches Interesse, diese Kommunikation standardisiert durchzuführen, damit die Ergebnisse leichter verarbeitbar und vergleichbar sind.

Selbst für den einfachen Fall eines Einzelprojektes wird immer eine Stelle im Unternehmen existieren, gegenüber der sich das Projekt rechtfertigen muss. Damit ist eine ähnliche Struktur erreicht wie beim Multiprojektmanagement. Eventuell vereinfachen sich hier noch einige Festlegungen, aber im Prinzip sind die Abläufe und die Mittel, die eingesetzt werden, gleich. Aus diesem Grund wird das Berichtswesen an dieser Stelle allgemein behandelt.

Im Zuge der Realisierung eines IT-Projektes entstehen fünf Dokumententypen, die in den nachfolgenden Kapiteln näher beschrieben werden:

- Projektdefinition
- Phasenbeschreibungen
- Phasenergebnisse
- Statusberichte
- Protokolle

Projektdefinition und Phasenbeschreibungen beinhalten die planenden Komponenten im Projektmanagement. Mit den restlichen drei Dokumententypen wird der Projektverlauf dokumentiert. Allen Dokumenten ist die knappe inhaltliche Beschreibung gemeinsam.

Durch den Einsatz der Projektmanagementmatrix bei der Entwicklung der Projektdefinition, Phasenbeschreibung und des Statusberichts wird eine gleichförmige Struktur im Kernteil der Inhaltsbeschreibung erreicht. Auch an dieser Stelle zeigt sich, dass das an sich flexible Werkzeug Projektmanagementmatrix zu einer Vereinheitlichung der Projektabwicklung führt. Der Aufbau der Phasenergebnisse hängt von der speziellen Aufgabe, z.B. Datenmodell, DV-Feinspezifikation, etc. ab. Der Inhalt der Protokolle wird natürlich geprägt vom Verlauf der zu protokollierenden Sitzungen.

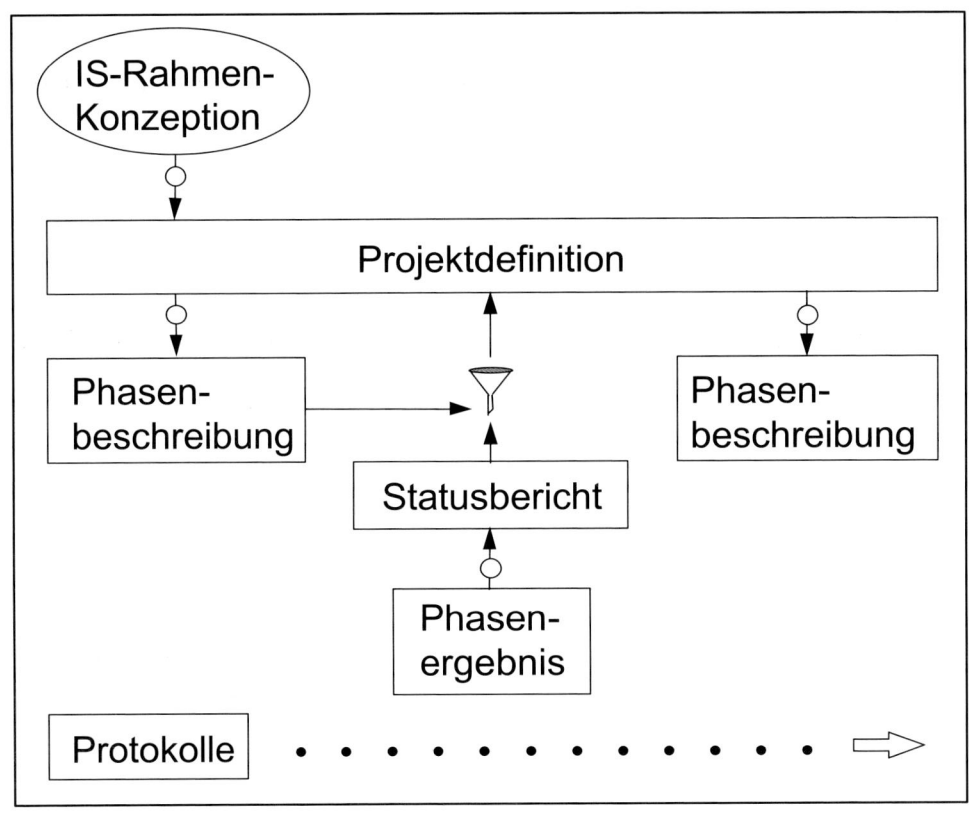

Abbildung 43: Zusammenwirken der Berichte

Das Zusammenwirken der Berichte ist in Abbildung 43 visualisiert. Aus den Vorgaben der Rahmenkonzeption für Informationssysteme wird die Projektdefinition abgeleitet. Dabei kommt die Projektmanagementmatrix zum Einsatz, die in der Abbildung als kleiner Kreis dargestellt wird. Aus der Projektdefinition wird die jeweilige Phasenbeschreibung entwickelt. Die Phasenergebnisse werden im Projektaudit bewertet und zu einem Statusbericht zusammengefasst. Der Abgleich zwischen Phasenbeschreibung und Statusbericht zeigt Abweichungen in der Realisierung der Phase auf. Änderungen werden in die Projektdefinition eingearbeitet und fließen damit in den nächsten Planungsprozess ein. Die Protokolle dokumentieren die Lösungsfindungsprozesse und Festlegungen in den Workshops und Projektaudits während der gesamten Projektlaufzeit.

Der Statusbericht kann zusätzlich auch in festen Zyklen erstellt werden, so dass zusätzlich zu dem hier beschriebenen Verfahren noch Zwischeninformationen über die Projektstände entstehen, die zeitlich zueinander synchronisiert sind.

4.1.5.1 Projektdefinition

Zu Beginn eines Projektes muss festgelegt werden, was man erreichen will, welche Rahmenanforderungen gelten und welche Vorgehensweise eingeschlagen wird. Diese grundsätzlichen Vorgaben sollten über die gesamte Projektlaufzeit stabil sein. Sie leiten sich aus den generellen Vorgaben der Rahmenkonzeption für Informationssysteme, die später noch genauer vorgestellt wird, ab und spannen den inhaltlichen Bogen über die gesamte Projektlaufzeit. Das Ergebnis der ersten Phase des Projektes (siehe Kapitel 5.2.2) wird in der Projektdefinition zusammengefasst.

Die Projektdefinition ist so aufgebaut, dass sie gleichzeitig auch als Dokument für die Beantragung eines Projektes dienen kann. Da jedes Unternehmen individuelle Schwerpunkte setzt, sollen hier nur wichtige Komponenten im Sinne eines Vorschlags aufgeführt werden. Wie immer sind diese Vorschläge auf die eigene Situation adaptierbar.

Die Projektdefinition enthält folgende Komponenten:

- Analyse des Ist-Standes und die Ausarbeitung der Notwendigkeit eines Projektes,

- Definition der Projektziele,

- Beschreibung des Projektinhaltes und Abgrenzung gegenüber anderen Projekten,

- Betriebswirtschaftliche Betrachtungen zum Projekt,

- Planung zur Umsetzung des Projektes mit Ressourcenbetrachtungen.

In der Definition sollte die Ausgangslage dargestellt werden, damit die Verbesserungen, die das Projekt herbeiführen soll, transparent gemacht und die Auswirkungen auf den Ist-Stand deutlich werden. Auch lässt sich die Analyse gut als Grundlage für Kosten/Nutzen Betrachtungen verwerten.

Über die Bedeutung der Ziele im Projektmanagement wurde hinreichend gesprochen, so es hierzu keiner weiteren Ausführung mehr bedarf.

Wesentlich für eine effektive Abwicklung eines Projektes ist die genaue inhaltliche Definition, was zu leisten ist. Es bietet sich an, diese Inhaltsdefinition von zwei Sichten her aufzubauen: was ist genauer Inhalt des Projektes und was gehört nicht hinzu? Diese Abgrenzung ist um so wichtiger, je enger das Projekt mit bestehenden oder in Planung befindlichen Projekten verbunden ist. Hier muss verhindert werden, dass es zu überlappenden inhaltlichen Festlegungen kommt. Genauso wichtig ist die Sicherheit, dass angrenzende Projekte bestimmte Inhalte nicht aussparen, so dass für bestimmte Bereiche keine Zuständigkeit definiert ist. Nach dem hier definierten Verständnis wird die Projektdefinition nicht nur für den

Genehmigungsvorgang, sondern auch für das Multiprojektmanagement genutzt. So werden die oben erwähnten inhaltlichen Anforderungen einer Kontrolle durch Projekt- und Multiprojektmanager unterzogen.

Da von Beginn an die Zweckgebundenheit eines Projektes zum Wohle des Unternehmens definiert wurde, spielen betriebswirtschaftliche Betrachtungen eine große Rolle. Größere Projekte ohne Kosten/Nutzen Betrachtungen sind undenkbar. Es gibt dazu eine Vielzahl von Modellen. Hier wird empfohlen, sich nicht auf diese Modelle einzulassen. Vielmehr sollte man die Fakten sammeln, die für die Modellrechnungen notwendig sind. Dann kann man sich entsprechender Fachkräfte im Unternehmen bedienen, um diese Modellrechnungen durchführen zu lassen. Die Unternehmen setzen hier unterschiedliche Akzente und haben für sich auch meistens schon bestimmte Methoden etabliert. Aus Gründen der Homogenität und Vergleichbarkeit macht es keinen Sinn, die Modelle zu wechseln.

Schließlich muss das Projekt mit seinem Ressourcenbedarf grob geplant werden. Diese Planung ist auch wichtig für die oben erwähnten betriebswirtschaftlichen Modellrechnungen. Die Projektdefinition wird unter Kapitel 3.1 des Projektmanagementhandbuchs abgelegt.

4.1.5.2 Phasenbeschreibung

Im Rahmen des Projektmanagements möchte man zum frühestmöglichen Zeitpunkt Änderungen gegenüber der Planung registrieren, um dann Maßnahmen ergreifen zu können. Es wäre fatal, wenn diese Änderungen erst gegen Ende des Projektes sichtbar würden. Dann besteht keine Chance mehr zur Korrektur.

Zur Erhöhung der Sicherheit ist es sinnvoll, das Projekt in Phasen aufzuteilen, die jeweils eigens definiert sind. Der Vorteil ist evident:

- Eine einzelne Phase kann wesentlich genauer beschrieben werden als das Gesamtprojekt.

- Weit vor dem Ende eines Projektes gibt es Termine, zu denen die Einhaltung der getroffenen Festlegungen kontrolliert werden kann. Kommt es hier zu Differenzen, besteht die Möglichkeit, Korrekturen vorzunehmen, um damit das Projekt wieder auf Kurs zu bringen.

Zu Beginn des Projektes werden zunächst die Phasen in gleicher Detaillierung wie das Gesamtprojekt geplant. Lediglich die anstehende Phase wird weiter vertieft und beschrieben. In einem Projektaudit (siehe Kapitel 4.1.7), der mittels der Projektmanagementmatrix vorbereitet wird, werden Lösungsansätze erarbeitet, Aktivitäten geplant, Ressourcen zugeteilt, Aktionspläne entworfen und die Form der Dokumentation der Phasenergebnisse festgelegt. Die Phasenbeschreibung führt die Planungen für den anstehenden Schritt der Umsetzung in einem Dokument zusammen.

Bei allen Folgephasen werden zusätzlich die Erfahrungen aus den Vorphasen mit eingebracht und gegebenenfalls Modifikationen berücksichtigt. Die Arbeiten zur Phasenbeschreibung sind im Wesentlichen die gleichen wie bei der Projektdefinition. Sie sind lediglich im Detaillierungsgrad höher. Dafür ist der Themenbereich natürlich nur auf den Themenumfang der Phase eingeschränkt.

Nach Abschluss einer Umsetzungsphase werden der Stand des Projektes an den Vorgaben der Phasenbeschreibung gemessen. Die Phasenbeschreibung wird im Projektmanagementhandbuch unter Kapitel 3.2 abgelegt.

4.1.5.3 Phasenergebnis

Die Strategie, ein Projekt sinnvoll controllen zu können, läuft letztlich auf eine Strukturierung in einzelne, thematisch zusammenhängende Abschnitte hinaus. Nach Abschluss einer Phase muss ein kritisches Resümee gezogen werden. In der Phasenbeschreibung ist festgelegt, welcher Stand in der definierten Zeit erreicht werden soll. Dieser Soll-/Ist-Vergleich ist jetzt Ausgangspunkt der weiteren Projektplanung.

Da die einzelnen Projektphasen sehr unterschiedliche Themen haben und je nach Projekt auch sehr unterschiedlich ausgeprägt sind, ist eine normierte oder schematisierte Form des Phasenergebnisses in der Regel nicht förderlich. Vielmehr geht es darum, die individuelle Situation des Projektes zu beleuchten.

Werden negative Differenzen zum Soll-Stand festgestellt, müssen diese zunächst hinsichtlich der Ursachen untersucht werden. Für diese Untersuchungen werden vorzugsweise die Werkzeuge aus Kapitel 5.3.5 eingesetzt.

Ist man sich über die Ursachen von Verschiebungen gegenüber dem Soll-Stand klar, kann die nächste Phase entsprechend korrigierend beschrieben werden.

Phasenergebnisse können auch sehr weitgehende Differenzen mit dem Soll-Stand aufweisen. So können sich u.U. andere Zielsetzungen des Projektes aufgrund geänderter Unternehmenssituationen ergeben haben. In diesen Fällen gilt es alle planenden und beschreibenden Aussagen des Projektes zu modifizieren. Unter Umständen kann dies zu einer völligen Neudefinition des Projektes führen.

Die Phasenergebnisse werden in Kapitel 3.3 des Projektmanagementhandbuchs abgelegt. Bei umfangreichen Dokumentationen, z.B. Spezifikation eines Datenmodells, wird im Projektmanagementhandbuch ein Verweis auf die Dokumentation aufgenommen.

4.1.5.4 Statusbericht

Um auch kurzfristig Informationen über den Stand des Projektes zu bekommen, wird der aktuelle Stand in einem Statusbericht zusammengefasst. Diese Statusberichte werden zu festen Zeitpunkten oder als Ergebnisbericht eines Audits gefertigt. Neben der thematischen Möglichkeit, ein Projekt über ein Phasenergebnis zu controllen, wird das Controlling noch durch zeitliche Momentaufnahmen des Projektes ergänzt. So ist es durchaus üblich, den Projektfortschritt monatlich über Statusberichte zu dokumentieren.

Primäre Aufgabe des Statusberichts ist es, den Zustand des Projektes so zu erfassen, dass er von einem Dritten nachvollzogen werden kann. Er ist der Nachweis, welchen Erfüllungsgrad die Projektaufgaben haben und wie die Ergebnisse zu bewerten sind. Neben der Funktion der Zustandsbeschreibung hat der Statusbericht zwei weitere Aufgaben. Zum ersten aggregiert er Informationen so, dass sie vom Management leicht ausgewertet werden können und damit jederzeit die Transparenz des Projektes gewährleistet ist. Zum zweiten dient er als Erfahrungsbericht, mit dem Wissen im Sinne der Strategie eines lernenden Unternehmens transportiert werden kann.

Der Statusbericht gliedert sich deshalb auch in drei Hauptteile:

- Im ersten Teil werden die Ergebnisse aus dem zweiten Teil so zusammengefasst, dass sie schnell lesbar und auswertbar sind. Neben einer kurzen Zusammenfassung des Projektstandes werden die in Kapitel 4.1.6 festgelegten Projektkennzahlen ermittelt. Zum Schluss des ersten Teiles werden für den weiteren Projekterfolg notwendige Entscheidungen des Managements formuliert.

- Der mittlere Teil beschreibt nach einer Auswertung der Projektergebnisse zusammenfassend die derzeitige Situation im Projekt. Jede inhaltliche Strukturkomponente der Projektmanagementmatrix wird nach den allgemeinen Bewertungskomponenten hinterfragt und eine Einschätzung hinsichtlich der Erfüllung der Leistung vorgenommen. Die Gliederung leitet sich somit aus der Struktur der Projektmanagementmatrix ab. Probleme und Kritische Erfolgsfaktoren werden identifiziert und Lösungsansätze zur Beseitigung entworfen.

- Im dritten Teil sind wichtige Erfahrungen aus der Projektrealisierung zusammengestellt. Problemlösungen, die sich in der Praxis bewährt haben, werden beschrieben. Damit eröffnet sich die Möglichkeit, im Projekt erworbenes Wissen dem gesamten Unternehmen verfügbar zu machen.

4.1.5.5 Protokolle

Protokolle sind wichtige Unterlagen, um den Weg der Entscheidungsfindung im Verlauf des Projektes nachvollziehen zu können. Sie dokumentieren wesentliche Diskussionen in den Projektsitzungen, den Verlauf der Lösungsentwicklung und die getroffenen Festlegungen. Sie werden vom Projektmanager oder einem Beauftragten während der Sitzung skizziert, im Anschluss an die Sitzung ausformuliert und dem gesamten Projektteam zur Abstimmung zugeleitet. Mit der Genehmigung der Protokolle werden diese zusammen mit den Einladungen zu den Projektsitzungen oder den Workshops unter Kapitel 4.2 im Projektmanagementhandbuch abgelegt.

Der Inhalt der Protokolle richtet sich im wesentlichen nach den Besprechungsergebnissen, die erarbeitet wurden. Dabei ist darauf zu achten, dass nicht einfach die Inhalte der Phasenergebnisse wiederholt werden. Vielmehr werden in den Protokollen die Vorgehensweise der Entscheidungsfindung und die wesentlichen Festlegungen dokumentiert.

In jedem Protokoll sollten die folgenden Punkte enthalten sein:

- Datum, Ort, Teilnehmer der Sitzung

- Agenda

- Bearbeitete Themen

- Wesentliche Festlegungen: Wer hat bis wann was zu tun?

Oft werden die Protokolle in formalisierter Weise geführt. Kurztexte reduzieren den Zeitaufwand für das Schreiben. Steht ein Beamer zur Verfügung können die Protokolle direkt während der Sitzungen verfasst und die Formulierungen mit den Beteiligten abgestimmt werden, so dass mit Abschluss der Sitzung auch schon das Protokoll fertig gestellt ist.

4.1.6 Projektkennzahlen

Ein Berichtswesen muss zwei Aspekten genügen:

- ein Überblick muss vermittelt und

- wichtige Aspekte müssen differenziert dargestellt werden.

Während die wichtigen Aspekte einer individuellen Beschreibung bedürfen, ist es zweckmäßig, für Überblicksinformationen normierte Informationen zu definieren. Der Vorteil liegt in der schnellen Aufnahme und in der Vergleichbarkeit. In diesem Zusammenhang spielen Kennzahlen für den Projektstand eine nützliche Rolle.

Kennzahlen sind durch das Unternehmen definierte Normierungen für das Projektberichtswesen. Die Festsetzung der Kennzahlen orientiert sich nach den Prioritäten, die das Unternehmen setzt. Häufig gibt es schon solche Kenngrößen, die für das Projektmanagement nur noch weiter differenziert werden müssen. Gängige Projektkennzahlen sind:

Kosten
- aktueller Soll/Ist-Kostenvergleich

- Restbudget in % vom Gesamtbudget

- Kostenänderungen

- Aktuell prognostiziertes Gesamtbudget zum Planungsbudget

- Kostenüber-/unterschreitungen der einzelnen Aktionen

Zeit
- Soll/Ist-Vergleich gemäß Projektplan

- Zeitabweichungen der einzelnen Aktionen

- Aktuell prognostizierter Fertigstellungstermin zu Planungstermin

Inhalt
- Zielerreichungsgrad des Gesamtprojektes

- Zielerreichungsgrad der einzelnen Aktionen

- Anteil der Änderungen

- Nutzungsgrad in den Arbeitsprozessen

Mit der Festlegung von Projektkennzahlen sollte gleichzeitig deren exakte Definition bekannt gegeben werden. Dies stellt sicher, dass die Handhabung vereinheitlicht erfolgt und dementsprechend auch die Ergebnisse vergleichbar werden. Zweckmäßig ist neben der Definition auch ein Beispiel für die Bildung der Kennzahl, damit Missverständnisse vermieden werden.

4.1.7 Projektaudit

Das hier beschriebene Projektverständnis geht vom Modell einer kooperativen Führung aus. Während das dargestellte Berichtswesen bislang keinen Unterschied zu hierarchischen Prinzipien zeigte, bringt die weitere Behandlung im Berichtswesen zur aktiven Gestaltung des Projektes den entscheidenden Unterschied.

Aufbau von integrierten Informationssystemen

In der Vergangenheit verschwanden die Berichte des Projektmanagers gleichsam in der Hierarchie und selten gab es ein Feedback. Wenn es überhaupt eine Rückäußerung gab, war sie meistens negativ. In der hier vorgestellten Methodik soll es ja zu einer Einheit zwischen den Zielen des Unternehmens und den sich daraus ergebenden Projektrealisierungen kommen. Ein einseitiger Informationsfluss ist demnach vollkommen ungeeignet, diese Harmonie herzustellen.

In der auf Kooperation beruhenden Philosophie gibt es einen gegenseitigen Austausch und eine Transparenz, so dass alle Beteiligten den Sinn gemeinschaftlichen Wirkens verstehen und ihre Kräfte sinnvoll bündeln können. Die klassische Situation, dass der Projektmanager mit seinem Team aufwändige Präsentationen herstellt, die dann den Führungskräften in einer Sitzung präsentiert werden und wo der Projektmanager „Rede und Antwort" stehen muss, kann bei der hier vorgestellten Methodik nur als antiquiert empfunden werden. Ich plädiere für eine andere Form der Zusammenarbeit. Als äußeres Zeichen möchte ich diesen Zusammenkünften zum Projektcontrolling einen anderen Namen geben: Projektaudit.

Die Idee des Audits kommt aus dem Qualitätsmanagement. Ein Projektaudit unterscheidet sich zu der beschriebenen Projektsitzung durch die Maßnahmen zum Controlling, die auf aktive Einwirkungen auf den Projekterfolg gekennzeichnet sind.

In ISO 8402 ist der Qualitätsaudit definiert. Mit dieser Definition sollen die Unterschiede zur konventionellen Projektsitzung herausgearbeitet werden.

> **Definition:**
>
> **Ein Qualitätsaudit ist nach ISO 8402 eine systematische und unabhängige Untersuchung, um festzustellen, ob die qualitätsbezogenen Tätigkeiten und die damit zusammenhängenden Ergebnisse den geplanten Anforderungen entsprechen und ob diese Anforderungen wirkungsvoll verwirklicht und geeignet sind, die Ziele zu erreichen.**

Ein Audit ist demnach eine gemeinsame Arbeitssitzung und keine Präsentationsveranstaltung. Übertragen auf das Projektmanagement geht man von genau definierten Zielen und einer Ergebnisdefinition aus. Dieser Soll-Stand wird gegen den Ist-Stand verglichen. Das ist nicht weiter ungewöhnlich. Gleichzeitig wird aber auch ein Gegenstromprinzip etabliert. Die Untersuchung zielt nicht nur starr auf den Soll/Ist-Vergleich. Sie stellt auch u.U. die geplanten Maßnahmen in Frage. Auf diese Weise wird auch der ursprüngliche Plan einer Modifikation unterworfen, wenn die Untersuchung diese Notwendigkeit ergibt. Das Ergebnis des Projektaudits ist nicht ein Besprechungsprotokoll mit einer Mängelliste der bisher abgelieferten Ergebnisse, sondern

- das gemeinsame Verständnis über die Wirksamkeit der gewählten Vorgehensweise und eventuell deren Modifikation,

- die Transparenz der aufgetretenen und zu erwartenden Probleme und

- fundiert erarbeitete Maßnahmen zu deren Lösung, bzw. Vermeidung.

Der Projektaudit zielt auf einen Dialog zwischen controllender Stelle und Projektteam ab. Die Absicht besteht darin, aktiv gestalterisch auf den Projekterfolg hinzuarbeiten. Das Projekt wird lediglich unterschiedlichen Sichten unterworfen, die gegenseitig vermittelt werden. Die Wirkung, die hieraus resultiert, ist ein besseres Verständnis der jeweils anderen Sichten, eine umfassendere Kontrolle und eine weitergehende Möglichkeit, den Projekterfolg aus unterschiedlichen Positionen heraus voranzutreiben. Diese Form des Arbeitens hat nichts mit Fehlernachweisen gegen das Projektteam zu tun. Ebenso wenig ist es eine Exkulpierungsveranstaltung für das Projektteam. Der Projektaudit entspringt aus dem Bewusstsein, dass die beteiligten Stellen im Unternehmen ihre Kraft und ihr Fachwissen in den Dienst des Projekterfolgs stellen.

Diese Darstellung mag manchem idealistisch oder vielleicht sogar „blauäugig" erscheinen. Die Erfahrung von Rivalität zwischen den beteiligten Gruppen oder Organisationseinheiten widerspricht der praktischen Durchsetzbarkeit eines Audits in der beschriebenen Form. Hierzu ist zweierlei zu bemerken:

Natürlich basiert die vorgestellte Definition des Projektaudits auf einer gelebten, kooperativen Unternehmenskultur. Aber wenn auch dieser Stand nicht vollständig erreicht sein sollte, kann diese Arbeitskultur hergestellt werden. Dies gelingt am besten durch gründliche Vorbereitung und einen sachbetonten Ansatz. Hier helfen jetzt die methodischen Grundlagen des Projektmanagements. Mit Hilfe der Projektmanagementmatrix wird der aktuelle Stand des Projektes beschrieben. Dazu stellt sich der Projektmanager die folgenden Fragen:

- Wie ist der Stand der Bearbeitung des Zellenthemas (inhaltlich und zeitlich)?

- Wird das Zellenthema vollständig bearbeitet oder sind noch zusätzliche Aktionen notwendig?

- Wie wird das bisherige Arbeitsergebnis bewertet?

- Sind zur Bewertung noch inhaltliche Fragen offen?

- Ist für jedes Zellenthema der fachliche Lösungsansatz transparent und verstanden?

- Sind die entwickelten Maßnahmen der Umsetzung passend oder müssen sie modifiziert werden?

Im Projektaudit wird zunächst geklärt, ob die seinerzeit festgelegten Ziele Bestand haben oder modifiziert werden müssen. Ist die Zieldefinition abgeschlossen oder bestätigt, werden die vorbereiteten Ergebnisse zu den oben aufgeführten Fragen vorgestellt und diskutiert. Diese Diskussion benötigt eine Moderation, damit Sachlichkeit und das gewählte Abstraktionsniveau gewahrt bleibt. Falls es unterschiedliche Meinungen gibt, werden sie näher dargestellt und mit den Methoden des Projektmanagements behandelt (in erster Linie Zieldefinition und Filterungen, siehe auch Kapitel 5.2). Zur effektiven Behandlung wird auf die beschriebenen Werkzeuge zurückgegriffen (siehe auch Kapitel 5.3).

Ist die Bewertung abgeschlossen und sind die Maßnahmen zur weiteren Vorgehensweise entwickelt, werden die Unterlagen entsprechend aktualisiert. Die hieraus resultierenden Aktionen werden entworfen, gegebenenfalls modifiziert und ergänzt und in den Projektplan überführt. Die Zeitplanung und die Zuweisung der Ressourcen werden angepasst.

4.2 GIS und SAP

Eigentlich ist das Projektmanagement für eine integrative Nutzung von SAP und GIS nur ein Sonderfall des Multiprojektmanagements. Insofern könnte man sich die Behandlung dieses Kapitels einfach machen und auf die beschriebene Methodik mit ihren Werkzeugen verweisen

Das Multiprojektmanagements wurde bislang aber nur aus übergeordneter, unternehmerischer Sicht dargestellt. Es fehlt noch die Behandlung für den Projektmanager, der für die integrierte Umsetzung zweier (eigentlich mehrerer) Projekte verantwortlich ist. Damit gewinnt dieses Thema einen zusätzlichen und praktisch sehr bedeutsamen Aspekt. Die Reduktion auf zwei Projekte entspricht dabei den realistischen Möglichkeiten. Die genaue Betrachtung des Themas wird einen wesentlich engeren Bezug zu den konkreten Informationssystemen zeigen und auch erfordern als dies im Multiprojektmanagement aus unternehmerischer Sicht der Fall war.

Deshalb soll an dieser Stelle der praktisch bedeutsame Fall der Integration von GIS und SAP näher beschrieben werden. Hierdurch werden zusätzlich Hilfen vermittelt und die Wirkung mancher, im Folgenden noch beschriebenen Werkzeuge wird deutlicher.

4.2.1 Chancen und Risiken der Integration

Die Integration von GIS und SAP ist ein Meilenstein in der Informationstechnologie eines Unternehmens. Allein schon die Beseitigung der Redundanzen zwischen den Systemen bringt große Effekte in der Datenerfassung und Fortführung. Zusätzlich eröffnen sich weitgehende Möglichkeiten aus der Integration von (raumbezogenen) technischen und kaufmännischen Daten. Neben universellen Auswertemöglichkeiten für die operative Anwendung kommt die Chance hinzu, technisch/kaufmännische Kennzahlen für die Unternehmenssteuerung zu ermitteln.

Bislang durchgeführte Schätzungen werden durch analytisch fundierte Kenngrößen ersetzt. Komplexe Zusammenhänge und individuell notwendig gewordene Analysen lassen sich auf relativ einfache Weise erreichen.

Andererseits ist die Integration dieser Systeme nicht unproblematisch. GIS und SAP haben völlig unterschiedliche Strukturen und Einsatzzwecke. Sie modellieren die Realwelt nach eigenen, voneinander abweichenden Prinzipien. Hieraus resultieren grundsätzliche Schwierigkeiten der Integration.

Trotz ihrer unterschiedlichen Ausrichtung gibt es aber auch Themen, die in beiden Systemen gleichermaßen gut abgebildet werden können. Auf diese Weise kann es zu Überschneidungen in der Anwendung kommen. Ein typisches Beispiel hierfür ist die Instandhaltung. Aus der Überschneidungsmöglichkeit resultiert die Schwierigkeit der genauen gegenseitigen Abgrenzung.

Die Integration von GIS und SAP ermöglicht Automatismen der Abläufe zwischen den Systemen. Während es bei der getrennten Führung beider Systeme zu Medienbrüchen kommt, kann der integrierte Betrieb direkt auf den Daten des jeweils anderen Systems aufsetzen und so die Prozessabwicklung wesentlich verbessern.

Dem Vorteil der gegenseitigen Kopplung steht die Gefahr der unkontrollierten Prozessautomation entgegen. Theoretisch sind eine Menge automatisierter Vorgänge zwischen GIS und SAP denkbar. Während im unvernetzten Einzelbetrieb der Anwender auch jeweils die Kontrolle über das System hat, kommt es in der integrativen Anwendung zu Verkettungen, deren Auswirkungen im Rahmen der Konzeption genau geprüft werden müssen. Hierzu ein einfaches Beispiel, das weniger inhaltlich als methodisch die Verkettungsproblematik aufzeigt. Wir nehmen an, in SAP werde ein Merkmal zu einem Technischen Platz geändert. Der Technische Platz in SAP existiere auch als Objekt im GIS. Zwischen Technischem Platz und dem Objekt bestehe eine Kopplung. (Die genaue Ausprägung dieser Kopplung ist für den Sinnzusammenhang jetzt nicht wichtig). Die in SAP vorgenommene Änderung wirke auf das korrespondierende Attribut im GIS und das Attribut wiederum auf die grafische Ausprägung im GIS.

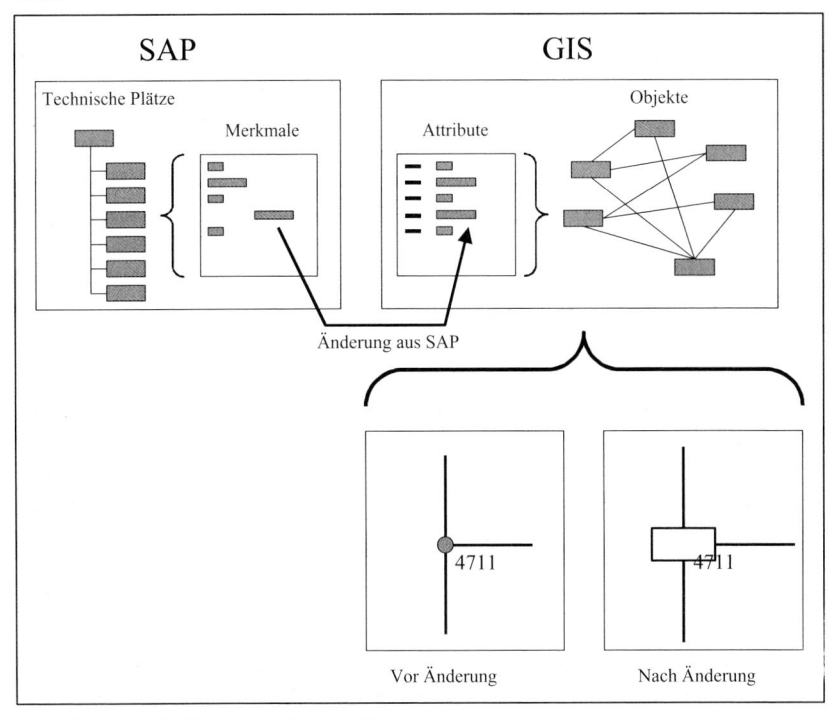

Abbildung 44: Unkontrollierte Prozesskopplung

Dieses Beispiel verdeutlicht, dass durch die Kopplung Auswirkungen entstehen können, die der Bearbeiter bei seiner Tätigkeit am Ausgangssystem gar nicht übersehen kann. Im nicht integrierten Zustand ist die Veränderung am Technischen Platz auf den Wirkbereich des SAP-Systems beschränkt und der Bearbeiter hat die volle Kontrolle über die Auswirkungen. Im integrierten Zustand könnte es im dargestellten Fall dazu kommen, dass aufgrund der Merkmalsänderung in SAP und der daraus folgenden Attributsänderung in GIS das GIS mit einer Symboländerung reagierte. Diese Auswirkung kann der SAP-Bearbeiter nicht übersehen; er bekommt noch nicht einmal eine Rückmeldung über diese Änderung im GIS. Die Symboländerung könnte dazu führen, dass grafische Anpassungen im GIS durchgeführt werden müssten, um einen optisch ansprechenden Stand der Darstellung zu erreichen.

Die Kopplung der Systeme führt also auch zu einer Kopplung der Anwendung. **Integration hat dementsprechend nicht nur datentechnische, sondern auch prozesstechnische Auswirkungen, die unbedingt auch hinsichtlich ihrer Konsequenzen durchdacht sein müssen**. Es darf z.B. nicht vorkommen, dass durch Kopplungsmechanismen die fachliche Verantwortung für den Informationsinhalt eines Systems ausgehebelt wird. Technische Eingaben in GIS dürfen nicht unkontrolliert kaufmännische Abläufe initiieren oder beeinflussen und genauso dürfen Änderungen in SAP keine unrichtigen oder falsch interpretierbare Zustände in GIS verursachen. Eine integrierte Führung von GIS und SAP muss mithin (mindestens) alle Prozessschritte, die integrativ wirken, genau untersuchen und gegebenenfalls auch mögliche automatische Schritte unterbrechen, damit die fachliche Verantwortung für Datenbestände gewährleistet werden kann.

Auch hier hilft das Instrument der Geschäftsprozessmodellierung entscheidend weiter. Sämtliche in der Zukunft mit den Systemen (standardmäßig) vorkommenden Geschäftsprozesse müssen Schritt für Schritt durchdacht und nach Abwägung des richtigen Weges schriftlich festgehalten werden, bevor man weiter in die Realisierung geht. Dabei ist die Visualisierung der zukünftigen Geschäftsprozesse und die damit verbundenen (auch formalen) Kontrollmöglichkeiten eine wertvolle Hilfe, um Schwächen oder Fehler des entworfenen Modells erkennen zu können.

4.2.2 Stärken und Schwächen der Systeme

GIS und SAP sind für völlig unterschiedliche Anwendungen und Nutzerkreise entwickelt worden. Dementsprechend haben die beiden Systeme natürlich bevorzugte Einsatzgebiete. Wie oben erwähnt, gibt es hier aber auch Überschneidungen. So muss bei der integrativen Nutzung von GIS und SAP u. a. auch festgelegt werden, wo welche Daten abgelegt und welche Prozesse von welchem System unterstützt werden. Im ersten Schritt orientiert man sich dabei an den Charakteristika von GIS und SAP.

Aufgrund der grafischen Komponente hat GIS bedeutende Vorteile gegenüber SAP. Wenn es also um Aspekte der Dokumentation (im kartografischen Sinne) und anschaulicher Visualisierung geht, ist GIS unstrittig SAP überlegen. Die Spezialisierung des GIS auf raumbezogene, intelligente Datenstrukturen legt auf jeden Fall die Abbildung aller Objekte mit Raumbezug im GIS nahe.

SAP setzt immer noch auf hierarchische Modellierungen. Diese machen besonders bei der Modellierung von Netzzusammenhängen Schwierigkeiten. Da ein GIS auch noch topologische Zusammenhänge und deren Veränderungen in besonderer Weise unterstützt, kommt für die Modellierung von Ver- und Entsorgungsnetzen zweckmäßig nur GIS in Frage.

Die Stärke von SAP liegt im integrierten Aufbau betriebswirtschaftlicher und kaufmännischer Anwendungen. Aber auch für die technischen Disziplinen sind die Möglichkeiten für Instandhaltungsanwendungen, der Verwaltung von Hausanschlüssen und zugehöriger Verbräuche, der Kostenaggregation und der Budgetplanung und –kontrolle interessant.

Es gibt also durchaus Anwendungen, die gleichermaßen von GIS oder SAP abgedeckt werden können. Eine Schwierigkeit der integrierten Nutzung von SAP und GIS besteht also darin festzulegen, welche Geschäftsprozesse durch welches System unterstützt werden.

4.2.3 Typische Schwierigkeiten und Lösungsansätze

Selbst wenn es gelingt, Geschäftsprozesse eindeutig einem System zuzuordnen, ist damit die Zuordnung der Daten noch lange nicht geregelt. Ein Objekt des GIS, das in der Karte dargestellt werden soll, kann genauso als ein Equipment an einem Technischen Platz für die Instandhaltung in SAP angelegt sein. Damit es im GIS entsprechend grafisch ausgeprägt, topologisch verkettet und nach Standardverfahren ausgewertet werden kann, müssen für das Objekt entsprechende Attribute und Relationen abgespeichert werden. Für die Instandhaltung werden aber auch gewisse Merkmale zum Equipment benötigt.

Schon wird ersichtlich, dass trotz der Positionierung der Softwaresysteme auf unterschiedliche Geschäftsprozesse partiell gleiche Daten benötigt werden. Die integrierte Führung von GIS und SAP beinhaltet mithin den Zugriff und die Veränderung gleicher Daten. Damit steht man vor einem technischen Problem. Werden die Daten redundant in den Systemen abgelegt, muss diese Redundanz technisch kontrolliert werden. Geht man von redundanzfreier Führung der Daten über den Systemen aus, müssen aufwändige Mechanismen bereitgestellt werden, die u.a. auch performantes Arbeiten mit den Systemen erlauben.
Neben dieser rein technischen Problemsicht kommt noch die eingangs erwähnte Schwierigkeit hinzu, dass die Führung und Veränderung von Daten eindeutigen Verantwortlichkeiten zugeordnet sein muss. Die technische Machbarkeit ist nur eine Entscheidungskomponente für die letztlich zu wählende Architektur der Systemintegration. Die Probleme der technischen System-, der Prozess- und der Datenmodellierung sind jeweils so gravierend, dass unpassende Lösungen jedes Einzelbereichs das Scheitern der gesamten Integration zur Folge haben kann. In der Praxis taucht jetzt regelmäßig die Schwierigkeit auf, dass bestimmte Lösungsansätze des einen Bereichs Probleme in einem anderen Bereich ergeben. Schnell degeneriert die Entwicklungskonzeption zu einem Trial and Error Verfahren. Genauso schlimm ist die aus Verzweiflung über die Komplexität resultierende Verkündung von Dogmen wie „führende Systeme". Schließlich geht es darum, sich optimal dem Geschäftsablauf anzupassen und nicht den Systemen. Weiterhin wird man bei der Definition eines führenden Systems feststellen, dass Abläufe durch interaktive Eingaben unterstützt und damit unterbrochen werden müssen, weil das führende System das folgende nicht mit allen notwendigen Informatio-

nen bedienen kann. Es kommt zwangsläufig zu Situationen, dass der zugrunde liegende Geschäftsprozess nicht optimal durch das führende System unterstützt werden kann. Daraus resultieren dann Unterbrechungen automatischer Abläufe und eine Verschlechterung der Unterstützung. **In der Integration von GIS und SAP gibt es kein führendes System, sondern nur einen führenden Geschäftsprozess.**
Der Geschäftsprozess definiert dann im Einzelfall, welches System bei welchem Prozessschritt Führung übernimmt.

Dogmatische Ansätze bringen nichts! Sie müssen zugunsten einer objektiven Vorgehensweise unterbunden werden. Gerade bei schwierigen vernetzten Problemstellungen muss man zu einer geordneten Abwicklung übergehen.

Die methodische Vorgehensweise in der Integration von GIS und SAP beruht darauf, sich vom Großen ins Kleine stabile, abgestimmte Grundlagen zu schaffen. Ansonsten riskiert man einen ständigen Wechsel in den Betrachtungsebenen. Während eine Gruppe über grundsätzliche Modellierungen diskutiert, verlieren sich andere in speziellen technischen Details.

Deshalb geht man wie folgt vor:

- Gegenseitige Erörterung und Diskussion der Zielvorstellungen,

- Kennen lernen der GIS- und SAP-Welten,

- Entwicklung gemeinsamer Ziele,

- Definition wesentlicher Begriffe,

- Modellieren der zukünftigen Geschäftsprozesse der Integration,

- Festlegung der Abbildung der Prozesse auf die Systeme,

- Gemeinsame Datenmodellierung.

Bei der Integration von GIS und SAP treffen vollkommen unterschiedliche Sichten, technisch brisante Problemstellungen und komplex vernetzte Geschäftsprozesse aufeinander. Es macht überhaupt keinen Sinn, sich direkt in die Ausarbeitung stürzen zu wollen, wenn nicht zuerst ein gegenseitiges Grundverständnis für beide Systeme und der dahinter stehenden Modellierungsphilosophien hergestellt wird.

SAP und GIS Anwender werden in verschiedenen Teams zusammen arbeiten. In der Regel wird der GIS-Anwender eine mehr technische und der SAP-Anwender eine mehr kaufmännische Ausrichtung haben. Hierdurch ergeben sich grundsätzliche Kommunikationsschwierigkeiten, weil jede Disziplin gewisse Grundkenntnisse unbewusst voraussetzt. Auch prägt die gedankliche Verwandtschaft zu einem System so stark die eigene Begriffwelt, dass Missverständnisse vorprogrammiert sind.

Eine sinnvolle Maßnahme im Projektmanagement besteht also zunächst darin, das Anliegen der Fachdisziplinen auszutauschen. Es sollte vermittelt werden,

- welche Aufgabe eine Fachdisziplin hat,
- welchen Nutzen sie aus ihrem Informationssystem zieht (oder ziehen möchte) und
- was sie zu einer integrativen Nutzung der Systeme motiviert.

Im nächsten Schritt müssen die Systemwelten von GIS und SAP grundsätzlich bekannt gemacht werden. Dabei kommt es darauf an, die Grundsätze der Systeme, deren tragende Begriffe und beispielhafte Arbeiten mit den Systemen zu vermitteln, so dass die fremde Welt begreifbar wird. Ein SAP-Anwender sollte die Bedeutung von Raumbezugsebenen erkennen, die Begriffe Topografie und Topologie unterscheiden können und die Vorteile relationaler Modellierung verstanden haben. Ein GIS-Anwender muss z.B. zwischen Technischem Platz und Equipment unterscheiden können, etwas von Instandhaltungsaufträgen gehört haben und die Modellstruktur in IS-U kennen, bevor er über die integrative Nutzung nachdenkt.

Erst, wenn diese vorbereitenden Tätigkeiten erledigt sind, macht es Sinn, sich an die eigentliche Projektarbeit zu begeben. Trotz dieser Vorarbeiten kann es immer wieder zu Missverständnissen kommen. Deshalb muss man sich den Zwang auferlegen, alle wesentlichen Begriffe zu definieren. Dies wird am Anfang Mühe machen, im weiteren Projektverlauf wird sich diese Maßnahme aber als ein wahrer Segen erweisen.

Die methodische Vorgehensweise löst sich zunächst völlig von den Systemen. Im ersten Schritt widmet man sich ausschließlich systemneutralen Betrachtungen. Dies hat den Vorteil, dass man nicht ständig in Technologiediskussionen verfällt. Wenn die Grundsätze klar sind, geht es „nur" noch um die technische Umsetzung. Hier nutzt man den Vorteil klarer Grundsätze und konzentriert sich ganz auf die technischen Aspekte. Mittels Szenariotechnik entwickelt man bei Bedarf verschiedene Lösungsansätze und kann sie dann mit den Filtertechniken (siehe auch Kapitel 5.3.4) objektiv prüfen.

Selbst wenn sich zeigen sollte, dass ein bestimmter grundlegender Ansatz technologisch nicht oder nicht wirtschaftlich umzusetzen ist, wird nach dem Gegenstromprinzip der Grundsatz so modifiziert, dass er technologisch umsetzbar ist, aber gleichzeitig auch geschäftlich akzeptabel bleibt.

Sind die Geschäftsprozesse und die grundsätzliche Umsetzung auf die Systeme klar, muss ein erheblicher Aufwand in die Modellierung der Daten gesteckt werden. Jetzt werden die Vorteile von getroffenen Definitionen besonders wirksam. **Schließlich geht es in der integrierten Nutzung der Systeme darum, auf beiden Seiten Identitäten zu schaffen**, damit hierüber Verknüpfungen hergestellt werden können. Für die Datenmodellierung ist noch die grundlegende Entscheidung wichtig, ob man mit redundanter Datenhaltung zwischen den

Aufbau von integrierten Informationssystemen 135

Systemen arbeiten wird oder nicht. Für diese Entscheidung zieht man die Notwendigkeiten, die sich aus den Geschäftsprozessen ergeben haben und die technischen Möglichkeiten von GIS und SAP unter Berücksichtigung der dadurch entstehenden Aufwände heran.

Diese Vorgehensweise hat große Vorteile.

- Das gesamte Problemfeld wird in sequentiell bearbeitbare Module aufgeteilt, so dass man sich immer auf Teile konzentrieren kann.

- Die Modulstruktur berücksichtigt die empirisch als effektiv erkannte Entwicklung, so dass optimiert gearbeitet wird.

- Den Anwendern ist meistens transparent, welche Anforderungen aus geschäftlicher Sicht durchgeführt werden müssen. Insofern lassen sich die systemneutralen Grundsätze relativ schnell festlegen.

- Die technische Umsetzung stützt sich auf klare Vorgaben, so dass verschiedene Szenarien einer objektiven Bewertung unterworfen werden können.

Damit ist gezeigt, wie der Grundsatz, sich jeweils stabile Grundlagen zu entwickeln, praktisch umgesetzt wird. Die systematische, allgemeine Vorgehensweise ist genau im Kapitel 6.1 beschrieben.

Leider muss man in der Praxis immer wieder beobachten, dass schwerwiegende Grundsatzentscheidungen nicht fundiert getroffen werden. Typische Beispiele sind die Festlegung „führender Systeme", die Entscheidung über Datenablage oder die Datenstrukturen. Die Ursache für die vorschnellen (und oft falschen) Entscheidungen ist die scheinbare Klarheit der Zusammenhänge auf den ersten Blick. Es wird eindringlich geraten, solche Grundsatzentscheidungen erst dann zu fällen, wenn man einen hinreichend tiefen Einblick in die zukünftigen Prozesse erlangt hat. Gerade in dieser Detailtiefe ergeben sich immer überraschende Erkenntnisse, die maßgeblichen Einfluss auf die Grundsatzentscheidungen haben.

Der Nachteil der Systemintegration besteht in einer geringeren Anpassungsflexibilität der Einzelsysteme nach der Systemkopplung. Änderungen an einem System müssen dann auch immer hinsichtlich der Auswirkungen auf die mit im Integrationsverbund stehenden Systeme betrachtet werden.

Die integrative Realisierung von GIS und SAP gelingt nur umständlich, wenn man sie wie zwei unabhängige Projekte behandelt. Zwar würden sich die erforderlichen Kooperationen zwangsläufig aus dem dargestellten Modell des Multiprojektmanagements ergeben, die Nutzung der beschriebenen Kommunikationswege und -strukturen wären aber nicht so effektiv wie die direkt koordinierte integrierte Projektentwicklung. Hierunter fallen alle Aktivitäten, die zwingend in jeweiliger Abstimmung der Systeme durchgeführt werden müssen. Für diese Koordination ist grundsätzlich der Projektmanager (des Gesamtprojektes) zuständig.

Hierzu muss der Projektmanager alle wesentlichen Informationen aus dem GIS- und SAP-Projekt bekommen und auch durcharbeiten. Wer jemals ein SAP/GIS Integrationsprojekt durchgeführt hat, weiß, auf welch tiefem Detaillierungsgrad sich oft erst die Probleme zeigen. Sich ausschließlich auf die Informationen aus dem Berichtswesen zu verlassen, reicht nicht aus. Der Projektmanager muss eine unabhängig controllende Instanz für die Konzepte und Realisierungsschritte der Einzelprojekte sein. Es reicht nicht aus, sich auf die Bringschuld der Projektmitarbeiter zu berufen. Genauso wenig darf sich der Projektmanager als eine Führungskraft sehen, die sich nicht um Detailkoordination zu kümmern braucht. Er muss die Fähigkeit haben, übergeordnet zu steuern, aber genauso Notwendigkeiten für Koordinationsarbeiten zu entdecken und diese Detailarbeiten auch durchzuführen.

4.3 (Daten-)Migrationsprojekte

Ein weiterer wichtiger Anwendungsfall der Praxis besteht in Migrationsprojekten mit GIS. Dieser Sonderfall wird aufgegriffen, weil er auch die Bedeutung der Daten für ein Unternehmen transparent macht.

Die (Daten-)Migration wird in zwei Untergruppen aufgeteilt:

- Daten aus alphanumerischen Anwendungen werden auf ein (vorhandenes) GIS migriert oder

- Ganze (GIS-)Anwendungen werden komplett auf ein (neues) GIS migriert.

Der erste Fall tritt z.B. bei der Auflösung von Technischen Datenbanken und deren Integration in GIS auf. Der zweite Fall ist oft Thema bei der Zusammenführung von Unternehmen durch Zukauf oder Fusion. Beide Fälle unterscheiden sich hinsichtlich des Projektmanagements grundsätzlich nicht vom Allgemeinfall, wie er hier geschildert ist. Man folgt einfach der vorgeschlagenen Methodik (siehe Kapitel 5.2) und lässt die Komponenten weg, die schon erledigt sind.

Die Besonderheit, auf die die Aufmerksamkeit gelenkt werden soll, liegt in der Datenproblematik. Hier zeigt sich eindrucksvoll die hohe Bedeutung der Daten und Datenstrukturen.

Aufbau von integrierten Informationssystemen 137

4.3.1 Datenmigration zu einem GIS

Um den Aufwand einer Datenmigration abschätzen zu können und damit Transparenz in das Projekt zu bekommen, muss man unbedingt ins Detail gehen.

Zwei Dinge sind wichtig:

- Das Datenmodell des Zielsystems muss feststehen. Das bedeutet: die Geschäftsprozesse und daraus das Datenmodell mit der genauen Datenstrukturierung müssen definiert sein.

- Die vorhandenen Datenbestände müssen analysiert werden.

Die Analyse der vorhandenen Datenbestände beinhaltet:

- Feststellen der Orte, wo Daten vorhanden sind und der Medien, auf denen die Daten abgelegt sind

- Aufstellen eines Mengengerüstes der Daten

- Zusammenstellung des Vollständigkeitsgrades und der Aktualität der Daten

- Definition der zugrunde liegenden Begrifflichkeiten

- Strukturierung und Modellierung der Daten.

Im ersten Schritt muss geklärt werden, wo überhaupt Daten verfügbar sind. Oft sind diese Daten nicht zusammenhängend oder einheitlich abgelegt. Die betriebliche Praxis spiegelt häufig den Umbruch in der Informationsverarbeitung wider. Dementsprechend findet man das gesamte Spektrum von analogen bis digital vorgehaltenen Daten. Man muss also damit rechnen, dass immer nur Teile des benötigten Datenbestandes in zusammenhängender Form abgelegt sind.

Besonders bei graphischen Anwendungen ergeben sich sehr viele Möglichkeiten, wie die Daten erfasst sein können. Akten, Karteikarten, Pläne in unterschiedlichen Raumbezugsebenen, PC-Anwendungen (Office-Produkte, Eigenentwicklungen, CAD, GIS) zeigen in etwa die Bandbreite des Bemühens, die benötigten Informationen für den gewünschten Zweck optimal vorzuhalten. Schnell muss man einen Überblick gewinnen, wo sich überhaupt Daten befinden und wie diese Daten abgelegt sind. Bei diesen Arbeiten sind betriebserfahrene Mitarbeiter von unschätzbarem Wert, weil sie meistens direkte Auskünfte geben können und sich so die Zeit für Recherchearbeiten wesentlich reduziert.

Von großer Bedeutung ist das Mengengerüst der entdeckten Daten. In Verbindung mit Qualitäts- und Wirtschaftlichkeitskriterien wird auf dieser Grundlage die Entscheidung gefällt, welche Daten in welcher Art für die Migration herangezogen werden.

Bevor man die Datenbestände einer tieferen Analyse unterzieht, sollte man klären, welchen Vollständigkeitsgrad und welche Aktualität sie haben. Meistens findet man für ein Thema eine Reihe von Informationsquellen wie analoge Unterlagen, aber durchaus auch digitale Informationen in diversen Anwendungen. Diese Informationen sind oft nicht vollständig über ein Thema erfasst, so dass man in die Schwierigkeit kommt, den Zieldatenbestand aus Mosaiken der Quellbestände zusammenzusetzen.

Ein ganz besonderes Problem ist die Aktualität der Daten. Selbst wenn die Quelldaten in guter Qualität passend zum Zieldatensystem vorliegen, kann mangelnde Aktualität die Migration aus diesem Quelldatenbestand zunichte machen.

Nach diesen Schritten müssen die vorhandenen Daten qualitativ bewertet werden. Die große Schwierigkeit bei den Migrationen besteht überwiegend darin, dass die vorhandenen Daten in einer nicht homogenen und auch in einer nicht immer passenden Qualität im Bezug auf das Zielsystem vorliegen. Bevor man an die Analyse der Datenstrukturen geht, sollte man unbedingt klären, ob den Datenbeständen auch gleiche Begrifflichkeiten (zwischen Ziel- und Quellsystemen) mit gleichen Inhaltsdefinitionen zugrunde liegen. Dieser Hinweis ist besonders wichtig, wenn unterschiedliche Firmenkulturen fusionieren sollen.

Um Missverständnisse im Projekt und in der Datenmigration auszuschließen, muss eine einheitliche Begriffswelt geprägt werden, der genau definierte Inhalte zugeordnet sind.

Leider ist die Bedeutung einer einheitlichen Begrifflichkeit den Wenigsten in den Betrieben bewusst. Dies hat unangenehme Konsequenzen.

- Der Aufwand für eine Datenmigration wird von allen Beteiligten gravierend unterschätzt.

- Ein verantwortungsbewusster Projektmanager, der diese wichtige Aufgabe an sich zieht, erfährt nicht einen Hauch der Anerkennung, wenn er das Problem der unterschiedlichen Begrifflichkeiten löst. Im Gegenteil! Er muss mit einer ständigen Nörgelei des Managements rechnen, das schnelle und sichtbare Fortschritte fordert und oft den wahren Wert dieser Arbeit nicht erkennt. Man sollte zumindest den Versuch unternehmen, diese Zusammenhänge transparent zu machen.

- Die Harmonisierung von Begriffen trifft u.U. auch die emotionale Ebene der Mitarbeiter. Zum Beispiel wird im gefühlsmäßig sensiblen Umfeld einer Fusion die Aufgabe eines etablierten Begriffes gerne als Machtverlust interpretiert. Neben der schwierigen Sachaufgabe kommt bei diesem Thema ein nicht unerheblicher Arbeitsaufwand psychologischer Natur hinzu, der letztlich Zeit beansprucht.

- Wird eine Harmonisierung der Begriffe nicht ernst genommen, tauchen unmittelbar bei der Datenmodellierung des Zielsystems, spätestens aber bei der physischen Migration Probleme auf, die nur mit hohem Aufwand wieder beseitigt werden können. Dieser Aufwand ist um ein Vielfaches höher als der Aufwand einer Begriffsharmonisierung.

Aufbau von integrierten Informationssystemen 139

Erst nach den oben benannten Vorarbeiten kann man sich der Datenmodellierung zuwenden. Wie bereits in Kapitel 2.5.3 dargestellt wurde, gibt es einen ganz wichtigen Zusammenhang zwischen Funktionalität und Datenstruktur. Da dieser Punkt sehr entscheidend für Datenmigrationen ist, soll er etwas vertieft werden.

Zunächst ein einfaches Beispiel. Wenn in einem Altsystem die Katasterkarte in gescannter Form vorliegt, können hieraus die Flurstücke nicht (automatisiert) als Objekte in das Zielsystem übertragen werden, da keine taugliche Datenstruktur im Quellsystem vorliegt, die diese Übertragung ermöglichen würde.

Beim Übergang auf ein (neues) GIS wird es bezüglich der Funktionalität immer einen Unterschied zwischen den Quellsystemen und dem Zielsystem geben. Dementsprechend benötigt das Zielsystem auch eine Datenstruktur, die seine vorgesehene Funktionalität ermöglicht. Es ist also nicht nur zu prüfen, ob ein Quellsystem die Informationen für ein Objekt des Zielsystems hat. Zusätzlich muss auch geklärt werden, ob die im Quellsystem vorliegende Information eine Struktur hat, die für das Zielsystem verwendet werden kann.

Wenden wir dies auf unser Beispiel an. Das Quellsystem hat die Information der Flurstücke. Es hat sie allerdings nur in visuell ausprägbarer Form (Rasterbild). Das Zielsystem benötigt die Information der Flurstücke aber als Objekt, weil z.B. hiermit Verschneidungsoperationen durchgeführt werden müssen. Hierzu wird die Flurstücksinformation in einer ganz anderen Datenstruktur benötigt, die automatisiert nicht aus dem Rasterbild ableitbar ist.

Die Konsequenz: das einfache Betrachten des Quellsystems würde das Ergebnis bringen, dass Flurstücke im System vorhanden sind und damit auch übertragen werden können. Die genaue Analyse würde zeigen, dass die Flurstücke nur durch den Aufwand einer Digitalisierung aus dem Quellsystem in das Zielsystem überführt werden könnten, was erheblichen Zeit- und Kostenaufwand bedeuten würde. Niemand käme auf die Idee, dies zu tun. Hier wäre die Alternative viel rationeller, Daten der Katasterverwaltung zu übernehmen.

Das Beispiel ist bewusst einfach gewählt. Es soll zeigen, dass u. U. winzige Details der Datenstruktur entscheidende Ausschläge in die Richtung der Migrationsstrategie sowie der Zeit- und Kostenaufwände bewirken. Die Arbeit an und mit Datenmodellen und Datenstrukturen ist immer Detailarbeit. Sie hat ausschlaggebende Bedeutung für das Migrationsprojekt. Entsprechend sorgfältig muss dieser Schritt geplant und durchgeführt werden.

Die dargestellten Analyseschritte für die Quelldaten werden im Idealfall in allen vorgestellten Stufen durchgeführt und dann in eine Bewertungsmatrix eingetragen. Stellt man allerdings bei einem Bewertungsschritt schon gravierende Mängel fest, erübrigen sich weitere Arbeiten. Hat man z. B. einen Vollständigkeitsgrad von 3% in einem Quellsystem, wird man hierauf nur zurückgreifen, wenn andere Möglichkeiten aufwändiger sind.

Die Bewertungsmatrix liefert nun einen Überblick über die vorhandenen Bestände nach qualitativen und quantitativen Kriterien. Jetzt kann der Weg für die Migration genau geplant werden.

In der Praxis wird man diese Vorgehensweise iterativ wählen, damit die Analysearbeit optimiert werden kann. Erfahrene Mitarbeiter können gute Hinweise und Einschätzungen geben, so dass man die Analyse direkt auf aussichtsreiche Datenquellen konzentrieren kann.

Je größer ein Unternehmen ist, desto vielschichtiger sind meistens die Datenquellen. In den wenigsten Fällen wird man bei einer Quelle optimale Voraussetzungen finden, so dass immer Zusatzarbeiten für die Migration eingeplant werden müssen.

Baut man ein neues System auf, sollte man unbedingt die Chance nutzen, eine homogene Datenqualität aufzubauen. Angesichts unterschiedlichster Quelldatenbestände und sehr eingeschränkter Budgets ist dies eine sehr herausfordernde Aufgabe. Das Hauptproblem der Quelldatenbestände besteht eigentlich darin, dass ihre Erfassung auf nicht so harten Grundsätzen beruhte, wie es heute beim Einsatz eines GIS allein schon durch die Eingangsprüfungen des Systems vorgegeben wird. Unterschiedliche Dokumentationsstrategien, persönliche Qualifikationen und Zielvorstellungen der Verantwortlichen für die Dokumentation und auch wechselnde Prioritäten spiegeln sich in diesen Beständen, die über mehrere Jahrzehnte aufgebaut wurden.

Einerseits möchte man möglichst schnell einen kompletten Datenbestand im GIS zur Verfügung haben. Andererseits besteht bei der Migration die letzte Chance, konsequent einen homogenen Datenbestand aufzubauen. Diesen Zielkonflikt muss man an den Zielen des Migrationsprojektes messen, um dann die Strategie festlegen zu können.

4.3.2 Investitionsschutzaspekte

Aus den Darstellungen zu den Migrationsprojekten wird der hohe Wert der Daten bewusst. Manchen Unternehmen scheint nicht transparent zu sein, dass in den Datenbeständen Mannjahrhunderte bis –jahrtausende an Aufwänden stecken. Deshalb gilt es, diese Investitionen bestmöglich zu schützen. Zwei wichtige Zusammenhänge bringen das zugrunde liegende Problem auf den Punkt.

Aus Abbildung 70 wird das Verhältnis zwischen den Kosten für die Datenerfassung und allen anderen Aufwendungen für ein GIS-Projekt ersichtlich. In extremen Fällen können die Kosten für die Datenerfassung bis zu 90% eines GIS-Projektes ausmachen. Damit wird die Dimension der Aufwendungen für die Datenerfassung eindrucksvoll belegt.
In Abbildung 71 wird deutlich, dass die Lebensdauer der Daten die der Systeme um ein Mehrfaches übersteigt. Will man diese Investitionen schützten, müssen zwei Aspekte berücksichtigt werden:

- die Sicherung der Datenbestände und

- die Sicherstellung der universellen Verwendbarkeit der Daten.

Aufbau von integrierten Informationssystemen 141

Die Sicherung der Datenbestände ist in diesem Zusammenhang relativ einfach. Ausgereifte Datensicherungsmechanismen und –strategien sorgen für einen ausreichenden Schutz. Auf die trotzdem noch vorhandenen Detailprobleme wird hier nicht weiter eingegangen, weil sie im Verhältnis zum nächsten Aspekt verschwindende Bedeutung haben.

Wenn Daten in ein GIS eingebracht werden, sind sie zunächst durch das System universell verwendbar (im Rahmen der Definition der Funktionalitäten). Ein Unternehmen muss aber auch Vorsorge für den Fall treffen, dass das System aus irgendeinem Grund nicht mehr zur Verfügung steht. Schließlich ist der Lebenszyklus der Hard- und Software wesentlich kleiner als der der Daten.

In diesem Fall müssen die Daten aus dem bestehenden System in ein anderes migriert werden. Daraus ergeben sich zwei notwendige Forderungen:

- Die Daten des Systems müssen mindestens auslesbar sein!

- Die Struktur der ausgelesenen Daten muss den kompletten Dateninhalt widerspiegeln und sie muss dokumentiert sein!

Diese trivial anmutenden Forderungen bedeuten nur die Sicherstellung der strukturierten Auslesbarkeit aller Daten im bestehenden System. Die Überführung dieser Daten in das neue System ist noch gar nicht erwähnt. Aber schon allein der erste Teil hat höchste Bedeutung für die Praxis. Wie immer steckt „der Teufel im Detail".

Geografische Informationssysteme haben sehr komplexe Datenstrukturen. Dies resultiert nicht nur aus der Vielzahl und Unterschiedlichkeit der Daten, die das System aufnimmt. Zusätzlich stehen diese Daten noch in komplexen Beziehungen zueinander. Hierfür wird außerdem noch ein gewisser Anteil an Verwaltungs- und Beziehungsinformationen für die Daten benötigt, die das System meistens völlig automatisch im Rahmen der Erfassung hinzufügt.

Die Forderung, Daten aus einem System migrieren zu können, läuft auf die Forderung heraus, dass alle für den kompletten Inhalts- und Verwaltungszusammenhang benötigten Daten ausgegeben werden müssen. Genau an dieser Stelle sitzt das Problem.

Es ist bei weitem nicht selbstverständlich, dass ein GIS des Marktes alle Informationen, die den Datenbestand, seine Beziehungen untereinander sowie deren graphische Ausprägung beinhalten, zusammenhängend und offen dokumentiert in einem allgemein lesbaren Format ausgeben kann!

Damit diese Tatsache in ihrer vollen Bedeutung klar wird, werde ich dediziert hierauf eingehen. Die obige Feststellung bedeutet u. U.:

- Ich bekomme nicht alle Daten, die in das GIS eingegeben wurden, wieder heraus.

- Es gibt keine Schnittstelle, die mir die Daten aus dem GIS zusammenhängend bereitstellt.

- Wenn es eine Ausgabe der Daten gibt, ist die Schnittstelle nicht offen oder nicht dokumentiert. Erst recht gibt es keinen Standard für eine solche Schnittstelle.

- Wenn Daten überhaupt vollständig ausgegeben werden, sind sie in ganz speziellen Formaten abgebildet, die nicht ohne eine Software des GIS-Lieferanten gelesen oder interpretiert werden können.

Wer erstmalig mit einer Migration betraut ist, die Daten aus einem GIS einem anderen System bereitstellen soll, muss sich klar darüber sein, dass dieser scheinbar einfache Punkt zu großen Aufwänden führen kann.

Um es deutlich zu sagen: die Idealvorstellung, zwei Systeme einfach durch ein Kabel zu verbinden und die Informationen über eine einheitliche Schnittstelle zu überspielen, ist überhaupt nicht gegeben. Es wurde nur die Forderung erwähnt, die Daten eines GIS auslesen zu können. Im besten Fall hat man dann alle Daten in einem dokumentierten, offen lesbaren Format. Es käme noch die Schwierigkeit hinzu, diese Daten in das neue System zu bringen.

Mit diesen Darstellungen soll einerseits die deutliche Warnung vor der Komplexität ausgesprochen werden. Andererseits ergibt sich daraus ein wichtiger Aspekt für die Beschaffung eines GIS. Wenn das System nicht über die geforderte Möglichkeit verfügt, alle Daten dem Anwender offen zur Ver-fügung zu stellen, bedeutet dies **einen mangelnden Investitionsschutz!** Eingangs wurde auf die riesigen Investitionen für die Datenerfassung eingegangen. Jetzt zeigt sich ein Skandal des GIS-Marktes.

Viele GIS stellen für das Unternehmen, in dem es eingesetzt wird, keine Investitionssicherung der Unternehmensdaten dar, weil das Unternehmen nicht unabhängig vom System auf die Daten zugreifen kann!

Ein verantwortungsvoller Projektmanager muss hier in jedem Fall entgegenwirken. Die dazu existierenden Möglichkeiten sind im Kapitel 2.5.3 ausgeführt.

In diesem Zusammenhang wird natürlich der Begriff „OpenGIS" fallen. Mit diesem Schlagwort wird die Bemühung des OGC (Open GIS Consortium) zur Schaffung von Standards zur Interoperabilität in der Verarbeitung von Geodaten bezeichnet. Grundsätzlich sind Initiativen, die die Standardisierung von Daten oder Schnittstellen zum Ziel haben, zu begrüßen. Schließlich dienen sie den Interessen der Anwender, ihre Investitionen zu schützen.

Aufbau von integrierten Informationssystemen   143

Allerdings muss man auch deutlich auf die Wirklichkeit solcher Standardisierungsgremien eingehen. Am Beispiel der UNIX-Standardisierung wird genauestens deutlich, dass die DV-Industrie sich letztlich vehement gegen das Aufbrechen ihrer Monopole wehrt. Dies gelingt am besten, wenn man sich zum Führer von Standardisierungsinitiativen macht. Durch die direkte Mitwirkung hat man alle taktischen Möglichkeiten, Kompromisse zu verhindern, seine eigenen Vorstellungen durchzusetzen oder auch das Vorankommen zu behindern. Trotz jahrelanger so genannter „Bemühungen" ist es nie zum umfassenden UNIX-Standard gekommen. Glaubt jemand ernsthaft, dass die GIS-Hersteller jemals ohne Not zu einem offenen, umfassenden Standard finden werden oder auch wollen?

Wenn überhaupt, setzen sich kundenorientierte Standards (leider) nur durch Macht durch. In der Autoindustrie finden wir ein Beispiel, dass diese Macht vom Kunden ausgehen kann. Durch den Einsatz unterschiedlicher CAD-Systeme in der Autoindustrie selbst und bei ihren Zulieferern entstehen Schwierigkeiten beim Datenaustausch, die letztlich zu Qualitätsverlusten in den Daten führen. Diese Qualitätsverluste fordern eine Nacharbeit, die nur manuell geleistet werden kann. Die dadurch entstehenden Kosten bewegen sich auch nach konservativen Kalkulationsansätzen im Bereich von dreistelligen Millionenbeträgen [Csavajda...].

Dies war Grund genug, die unterschiedlichen Schnittstellen der CAD-Industrie für die Integration einfach nicht mehr zu akzeptieren und einen Standard zu definieren.

Für Behörden und Versorgungsunternehmen liegen mir keine Statistiken vor, die es erlauben, stabile Schätzungen durchzuführen. Klar fassbar sind aber folgende Nachteile:

- Für Migrationszwecke sind bestehende raumbezogene Daten in der Regel nicht ohne manuelle Nacharbeit nutzbar.

- Systemwechsel zu kostengünstigeren Anbietern sind nur sehr umständlich möglich.

- Bedient man sich Dienstleistern zur Datenerfassung, bleibt fast nichts anderes übrig, als das System und dessen Konfiguration festzuschreiben, auf deren Basis die Daten erfasst werden müssen. Andernfalls ist die Datenübernahme ohne manuellen Zusatzaufwand nicht garantiert. Damit steht einem Auftraggeber nur ein Bruchteil der Erfassungskapazitäten für Ausschreibungen zur Verfügung.

- Der Datenaustausch zwischen unterschiedlichen Organisationen ist stark behindert und benötigt immer manuelle Nacharbeit.

- Die Übernahme öffentlicher Informationen gelingt nur über ganz spezielle und nicht einheitlich ausgeprägte Schnittstellen.

Allein diese Zusammenstellung lässt schon ahnen, welche Einsparpotentiale durch Standardisierung im GIS-Anwendungsbereich freigesetzt werden können. Neben dem erwähnten Investitionsschutz kämen noch die Vorteile der universellen Nutzungsmöglichkeit des Marktes für GIS, für Datenerfassungs- und Datenbereitstellungsleistungen sowie für Datenaustauschmöglichkeiten. Die Marktmacht der Versorger und Behörden könnten diesen Standard durchsetzen, wenn sie sich entsprechend organisieren würden. Am Ende des Kapitels 2.5.4 ist eine der CAD-Lösung vergleichbare Vision im GIS-Bereich vorgeschlagen.

4.4 Besonderheiten mit GIS

Die Darstellungen dieses Buches zum Projektmanagement gelten grundsätzlich für das Projektmanagement mit Informationssystemen. GIS als spezielles Informationssystem lässt sich überwiegend nach den entwickelten Vorgaben umsetzen. Allerdings haben Geografische Informationssysteme gegenüber anderen Informationssystemen Besonderheiten, die berücksichtigt werden müssen. Die grundsätzlichen Besonderheiten, die einen Einfluss auf die gesamte Projektentwicklung haben, wurden bereits im Kapitel 2 vorgestellt. Jetzt geht es mehr um technische Aspekte der Systemarchitektur, die wiederum eine dedizierte Wechselwirkung mit den Geschäftsprozessen haben. Diese Zusammenhänge müssen dem Projektmanager bekannt sein. Deshalb werden sie hier kurz aufgeführt.

4.4.1 Das grafische Benutzerinterface

GIS wird überwiegend als interaktives System genutzt. Zwar gibt es auch hier Batchprozesse, der Regelfall der Anwendung ist aber die Interaktion. Im Gegensatz zu sonstigen Datenbank basierenden Systemen findet die Kommunikation mit dem System nicht nur über Bildschirmmasken statt. Vielmehr wird die Grafik des GIS als ein Kommunikationsinterface mit dem Benutzer genutzt.

Datenpräsentation und Dateneingabe bekommen so eine zusätzliche Komplexität. Da der Benutzer grafische Visualisierung als anschaulich empfindet, ist die Akzeptanz einer GIS-Anwendung nicht unwesentlich von der Gestaltung des grafischen Benutzerinterface abhängig. Der Projektmanager wird also diese Möglichkeit für die Anwendung bestmöglich ausnutzen. Hierdurch wird die Definition der Ein- und Ausgabe mit dem GIS gegenüber anderen Informationssystemen aufwändiger.

Grafische Gestaltung ist auch ein Thema, bei dem jeder Projektbeteiligte mitreden kann. Da gerade geschmackliche Vorstellungen über Gestaltung von grafischen Oberflächen stark differieren können, sollte sich der Projektmanager vor einer zu starken Individualisierung der Anforderung hüten. Seitens der GIS ist es durchaus möglich, für jeden Anwender eigene Gestaltungen einzurichten. Im Sinne des Unternehmens muss aber auch an eine einfache Konfiguration des Systems und eine leichte Pflegbarkeit gedacht werden.

Es wird empfohlen, grundsätzlich die Standards des Systems anzuhalten und Modifikationen nur aus besonderem Grund und für alle Anwender gleich zuzulassen.

4.4.2 Die grafische Komponente

Ein Meilenstein in der Informationstechnik stellt die grafische Komponente des GIS dar. Neben den oben aufgeführten Vorteilen für den Benutzer eröffnen sich hierdurch neben den üblichen Auswertungen nach Sachdaten in einem Informationssystem die Möglichkeit, raumbezogene Aspekte in die Auswertung zusätzlich mit einzubringen.

Aufbau von integrierten Informationssystemen

Diese grafische Komponente hat aber auch ihren Preis. Zusätzlich zu den Sachdaten müssen die Grafikdaten in einer Intelligenzstruktur aufgebaut werden, die die gewünschten Auswertungen unterstützt. Bei heutigen Projekten kann der Aufwand für die Datenerfassung bis zu 90% der Gesamtkosten ausmachen. Dieser Fall tritt dann ein, wenn bislang nur analoge Datenbestände bestehen und daraus grafische Objekte aufgebaut werden sollen.

Mehr als bei jedem anderen Informationssystem muss sich der Projektmanager beim GIS um den Aufbau des Datenbestandes kümmern. Die Datenerfassung ist für die meisten Projekte ein Kritischer Erfolgsfaktor. Üblicherweise kann man bei vorhandenen Datenbeständen nicht von einer homogenen Qualität der Unterlagen ausgehen. Als Konsequenz ergeben sich hohe Zusatzaufwände für die Bereinigung von Fehlern.

Um hier vor unangenehmen Überraschungen sicher zu sein, gelten für ein GIS-Projekt folgende Regeln:

- Es muss ein Überblick über den vorhandenen Datenbestand erarbeitet werden. Hierbei sind die Datenquellen, Mengengerüste, Datenstrukturen, Datenqualität und die Vollständigkeit der erforderlichen Daten zu analysieren. (Hinsichtlich der notwendigen Arbeiten kann auf die Zusammenstellungen des Kapitels 4.3.1 „Datenmigration" zurückgegriffen werden).

- Die mit GIS zu erledigenden Geschäftsprozesse müssen definiert sein. Hieraus ist das erforderliche Datenmodell zu entwickeln, so dass der Soll-Stand der erforderlichen Daten und ihre Struktur klar ist.

- Aus dem Abgleich zwischen den Daten des Zielsystems und deren Strukturen mit den vorhandenen Daten muss eine Datenerfassungsstrategie erarbeitet werden, aus der der Aufwand und der Zeitbedarf für die Datenerfassung sowie die frühestmögliche Nutzbarkeit der erfassten Daten hervorgeht.

Die mit dem GIS zu verarbeitenden Grafikwerke müssen definiert werden. Bereits am Anfang des Buches wurde auf die erweiterten Möglichkeiten eingegangen, die ein GIS gegenüber klassischen Organisationsformen für (grafische) Daten bietet. Dementsprechend muss ein Auseinandersetzungsprozess hinsichtlich der zukünftigen Organisation der grafischen Informationen unter der Berücksichtigung der Projektziele und der besonderen Möglichkeiten eines GIS stattfinden. Dieser Designprozess ist schwierig, weil man sich von der rein anschaulichen Behandlung von grafischen Daten lösen und sie gedanklich als Daten im informationstechnischen Sinne behandeln muss.

Häufig werden im GIS unterschiedliche Grafikwerke auf der Basis verschiedener Raumbezugsebenen aufgebaut. Für die Anwendung ist zu klären, in welchem Zusammenhang diese Grafikwerke stehen sollen. Die Systeme des Marktes vertreten bei diesem Thema unterschiedliche Philosophien. Sie reichen von der redundanzfreien, untereinander verbundenen Organisation bis zur völlig unabhängigen (teil-)redundanten Führung der Grafikwerke.

Der Projektmanager muss in Anpassung an die Geschäftsprozesse die optimale Variante finden. Hierzu müssen die bestehenden grundsätzlichen Möglichkeiten den Anwendern bekannt gemacht werden. Erst danach kann mit ihnen der Findungsprozess zur optimalen Lösung eingeleitet werden. Festlegungen zur Organisation des Grafikwerks haben weitreichende Konsequenzen für die Systemauswahl und die Datenerfassung. Vor allem aber sind Entscheidungen zu diesem Thema nach der Systemauswahl und der Realisierung im GIS nicht mehr (einfach) veränderbar, weil jedes GIS in seiner Architektur nur bestimmte Lösungsphilosophien berücksichtigt. Deshalb muss man diesen Entscheidungsprozess analytisch durchführen. Verschiedene Szenarien sollten erörtert und auf ihre Tauglichkeit für die Anwendung bewertet werden. Ein GIS-Projektmanager muss die Konsequenzen verschiedener Modelle kennen und sie in ihren Vor- und Nachteilen den Anwendern darstellen können. Nur so wird die Transparenz erreicht, die für eine fundierte Entscheidung notwendig ist.

Wenn klar ist, auf welchen Raumbezugsebenen die GIS-Anwendung und wie der Zusammenhang zwischen ihnen aufgebaut werden soll, sind grundsätzlich auch die benötigten Basiskartenwerke (Flurkarte, DGK 5, TK25 u.s.w.) festgelegt. Leider liegen diese aber nicht immer in der homogenen Qualität vor, wie es laut Definition sein müsste. Bevor diese Daten als Grundlage eingesetzt werden, sollte man von den Vermessungsstellen, die diese Daten abgeben, folgende Auskünfte einholen:

- Liegen die benötigten Basiskartenwerke flächendeckend in gleicher Qualität und einer definierten Genauigkeit vor?

- Welches Intelligenzniveau haben diese Daten und über welche Schnittstellen werden sie abgegeben?

- Welche Kosten entstehen für den Erstbezug und die Fortführung?

- Nach welchem Verfahren werden Fortführungsdaten ausgeliefert und was muss dabei beachtet werden?

- Stehen für die nähere Zukunft Änderungen in den Datenstrukturen, den Auslieferungsverfahren oder den Genauigkeiten der Daten an?

Entscheidend hierbei sind nicht nur die Antworten, die die Vermessungsstellen abgeben, sondern auch das Wissen um die Konsequenzen, die sich aufgrund bestimmter Konstellationen ergeben. An dieser Stelle können die möglichen Auswirkungen nicht aufgeführt werden, weil sie zu vielschichtig sind und weil zum genauen Verständnis vermessungstechnisches Wissen erforderlich ist. Der Projektmanager sollte auf jeden Fall die Ergebnisse mit einem Vermessungsfachmann diskutieren, damit er die Auswirkungen auf sein Projekt sicher fassen kann.

Das Thema (grafische) Daten zählt aufgrund seiner Komplexität, seiner weitreichenden Bedeutung und der damit verbundenen Kosten immer zu den entscheidenden Punkten eines

Aufbau von integrierten Informationssystemen 147

GIS-Projektes. Ohne eine umfassende Transparenz zu diesem Thema ist ein GIS-Projekt grundsätzlich hoch gefährdet. Entweder sollte sich der Projektmanager selbst um diese Transparenz bemühen oder fachkundige Hilfe in Anspruch nehmen.

4.4.3 Lange Transaktionen

Eine DV-Anwendung, die von vielen Anwendern im Teilhaberbetrieb genutzt wird und die dann auf gleiche Datenbestände zugreift, wird als Transaktionssystem bezeichnet. Unter einer Transaktion wird die Bearbeitung eines DV-Auftrags vom Start bis zum Abschluss auf einem Transaktionssystem verstanden. Da viele Benutzer auf dieselben Daten zugreifen, müssen Zugriffskonflikte abgewendet werden. Die Veränderung von Daten wird deshalb jeweils nur einem Benutzer erlaubt. Hierzu sperrt das Transaktionssystem für den (kurzen) Zeitraum, wo sich der Benutzer die Daten für eine Veränderung zuordnet und sie durchführt, den Zugang zu diesen Daten für andere. Das Wesen einer Transaktion liegt u. a. in ihrer Kurzzeitigkeit. Der Prozess der Datenfortführung wird so organisiert, dass mit einem (kurzen) Ablauf Zuordnung, Veränderung und Freigabe der Daten realisiert wird. Hierdurch wird einer Blockade von Daten für andere Benutzer entgegengewirkt.

Ein GIS hat man einen ähnlichen Ausgangsstand wie oben beschrieben. Im Praxisbetrieb ergeben sich hieraus mehrere Problemfälle.

- Häufig sind die durchzuführenden Änderungen an den Daten nicht in kurzen Zeiträumen möglich. So kann die Überplanung eines Gebietes u. U. Jahre dauern. Während dieser Zeit ergibt sich noch kein neuer geschlossener Planungsstand, den man in das System zurück schreiben könnte.

- Während einer Planung ergeben sich in diesem räumlichen Bereich auch Veränderungen im Bestand, die fortgeführt werden müssen.

- Zwei unterschiedliche Benutzer sind im gleichen Bereich und am gleichen Thema mit Fortführungsarbeiten beschäftigt. Die Arbeiten der beiden Benutzer müssen so durch das System kontrolliert werden, dass sie sich nicht gegenseitig behindern.

Würde man nach dem klassischen Prinzip der Transaktionsverarbeitung vorgehen, wären die Daten, die einer „momentanen" Veränderung unterliegen, für andere Zugriffe gesperrt. Angesichts der erforderlichen Zeiten für die Veränderung käme es sehr schnell zu einer weitgehenden Blockade dieser Daten für die Anwender. Das GIS muss also Strategien entwickeln, wie diese konkurrierenden Datenzugriffe einerseits so geschützt werden können, dass unterschiedliche Benutzer sich nicht gegenseitig den Datenbestand zerstören oder es zu Inkonsistenzen kommt. Andererseits soll die Arbeit am System so wenig wie möglich eingeschränkt sein. Für diese Anforderung hat sich der eigentlich in sich widersprüchliche Begriff der „langen Transaktion" etabliert.

Jeder GIS-Hersteller hat zum Problem der „langen Transaktionen" eigene Lösungen entwickelt. Diese Lösungsansätze sind sehr unterschiedlich. Je nach Gestaltung werden zwangsläufig unterschiedliche Geschäftsprozesse für den konkurrierenden Zugriff auf Daten des GIS erforderlich. Diesen Zusammenhang muss der Projektmanager kennen. Entweder werden die Geschäftsprozesse den Möglichkeiten des GIS angepasst oder aufgrund definierter Geschäftsprozesse entsteht die technische Anforderung an die Behandlung der konkurrierenden Zugriffe.

Dieser Aspekt scheint zunächst recht theoretischer Natur zu sein. Deshalb sollen typische Praxisfragen den Blick für die innewohnende Problematik schärfen.

- Soll es überhaupt zugelassen werden, dass Themen verändert werden können, wenn ein Bearbeiter diese Themen für seine Aufgabe (als Hintergrund) benötigt, nicht aber selber bearbeitet?

- Wann wird der Bearbeiter über diese Veränderungen in Kenntnis gesetzt (gar nicht, direkt mit der Veränderung oder wenn er es veranlasst)?

- Wie finden Veränderungen im System überhaupt statt (auf kleinstem Detaillierungsgrad (objektweise) oder in zusammenhängenden Bereichen)?

Die Brisanz dieser Fragen zeigt sich in der Gestaltung des konkreten Arbeitsablaufs. Stellen wir uns einen Planer vor, der auf der Grundlage der ALK und einiger Fachthemen eine Planung durchführen möchte. Wird es anderen Benutzern erlaubt, in dem räumlichen Bereich der Planung überhaupt Veränderungen am Bestand durchzuführen? Wenn ja, wird der Planer diese Veränderungen sehen oder wird er seinen Ausgangsbestand beibehalten? Wird er die Veränderungen im Bestand direkt nach der Eingabe ins System sehen (objektweise) oder wird zu einem bestimmten Zeitpunkt die gesamte Änderung erst wirksam? Kann der Planer die durch Fortführung veränderte Hintergrundsituation selbstbestimmt wirksam werden lassen oder hängt sie von der Freigabe des Fortführenden ab. Im letzten Fall könnte der Planer plötzlich und unvorbereitet eine völlig veränderte Hintergrundsituation erleben, die im schlimmsten Fall überhaupt nicht mehr mit seiner Planung zusammenpasst. Muss der Planer dann die Ausgangssituation seiner Hintergrundthemen zwingend beibehalten, obwohl sie doch schon längst geändert ist?

Allein diese Darstellung gibt zu erkennen, wie komplex die Geschäftsprozesse bei der Nutzung des GIS werden können. Außerdem wird deutlich, dass eine passende Lösung immer im Zusammenspiel zwischen systemischen Möglichkeiten und Arbeitsorganisation entwickelt werden muss. Ist es überhaupt aus Sicht der Arbeitsorganisation möglich, sich einem bestimmten Systemkonzept des GIS anzupassen oder steht der Prozess so im Vordergrund, dass man ein dazu passendes System benötigt?

An diesem Beispiel wird sehr anschaulich deutlich, welchen Zwängen man sich indirekt mit der Systemauswahl unterwirft. Die fachliche Qualifikation eines GIS-Projektmanagers bemisst sich u. a. daran, dass er genau die Themen kennt, wo Systemarchitektur bindenden Einfluss auf die Geschäftsprozessgestaltung hat. Deshalb müssen diese Themen vor der Beschaffung eines Systems behandelt werden. Der Anwender muss auch diese Problematik kennen. Indem dann verschiedene Lösungsszenarien durchdacht und deren Vor- und Nachteile für die konkrete Unternehmens- und Projektsituation analysiert werden, findet sich letztlich die für den Einzelfall optimale Lösung.

5 Methodische Behandlung von Projekten

Bislang wurden die theoretischen Grundlagen für die Projektplanung und das Projektmanagement und die Besonderheiten eines GIS-Projektes vertieft. Im wesentlichen wurde hierbei entwickelt, was für ein erfolgreiches Projektmanagement geleistet werden muss, welche Zusammenhänge existieren und warum bestimmte Vorgehensweisen eingehalten werden müssen. Diese Darlegungen sind hilfreiche Grundlagen, aber sie reichen für die praktische Umsetzung noch nicht aus. Es gehört zum Anspruch dieses Buches, eine durchgängige Methodik vorzustellen, die auch die praktische Realisierung des Projektmanagements mit berücksichtigt.

Als Anfänger fühlt man sich in dieser Beziehung recht allein. In der Literatur beschäftigt man sich überwiegend mit dem „Was" des Projektmanagements (das, was getan werden muss). Für das genaue „Wie" (wie etwas getan werden muss) findet man aber - wenn überhaupt - nur bruchstückhafte Ansatzpunkte. So habe ich im Laufe der Zeit Techniken und Methoden zusammentragen, selbst entwickelt und in der Praxis ausprobiert. Auf diese Weise entstand daraus eine Methodik für das Realisieren von IT-Projekten. Diese Methodik beruht auf dem Gedanken einer ganzheitlichen Behandlung und wurde deshalb GIAD® * (Ganzheitlich Interaktive Analyse- und Designmethode) genannt. Bevor näher auf die praktischen Werkzeuge eingegangen wird, soll die GIAD-Philosophie vertieft und auf die Bedeutung des integrierten Nebeneinander von Methodik und passendem Werkzeug hingewiesen werden.

Um die Methodik besser erfassen zu können, wird kurz auf die Entstehungsgeschichte der Kernpunkte eingegangen. Schließlich wird vorgestellt, wie auf der Basis der vorgestellten Theorien und der damit verbundenen methodischen Komponente die Projektplanung und das Projektmanagement in die Praxis umgesetzt werden. Effiziente Werkzeuge helfen dabei, die umfangreichen Arbeiten vollständig zu strukturieren und letztlich zu bewältigen.

5.1 Kernpunkte der Methodik

Die Entwicklung von DV-Lösungen für betriebliche Anforderungen ist trotz fortgeschrittener DV-Techniken immer noch ein Problem. Die Schwierigkeiten beschränken sich dabei nicht ausschließlich auf das Fachgebiet der Datenverarbeitung. Vielmehr wird man auch mit scheinbar themenfremden Problemstellungen konfrontiert:

- Wie schafft man es, ein gegenseitiges Verständnis zwischen Anwender, Management und Datenverarbeiter herzustellen?

- Wie gelingt es, Ängste abzubauen, die mit dem Aufbau von Informationssystemen verbunden sind?

- Wie bringt man die Anforderungen des Managements in die Realisierung eines Technischen Informationssystems ein?

---

* GIAD ist ein eingetragenes Warenzeichen der R. + S. Consult GmbH

- Wie motiviert man die Projektbeteiligten, neue Wege mit zu gehen, Organisationsänderungen mit zu initiieren und zu tragen oder sogar in eigener Initiative durchzusetzen?

- Wie erstellt man wirklich praxistaugliche Konzeptionen, und wie kann man die Datenverarbeitung zum Nutzen aller einsetzen?

Die Beispiele zeigen, dass bei der Erstellung von DV-Lösungen für die betriebliche Praxis weitaus mehr als technische Problemstellungen bewältigt werden müssen.

Die Schwierigkeit in der Bearbeitung liegt im Wesentlichen an zwei Punkten:

- der Komplexität der hiermit aufgeführten Themenbereiche und

- der Unterschiedlichkeit der Themen und der zur Bearbeitung erforderlichen Methoden.

Um zu vernünftigen Lösungen zu kommen, muss diese Ausgangssituation analysiert werden. Hierzu wurden die Probleme in den von mir bearbeiteten Projekten gesammelt und einer Problem/Ursachenanalyse unterworfen (siehe Kapitel 5.3.5). Sie zeigte, dass die Realisierung von DV-Anwendungen für die betriebliche Praxis mehr als nur Umsetzen von Technologie ist. Vielmehr besteht sie aus einem Zusammenspiel von vier Hauptkomponenten (vgl. Abbildung 45):

- Prozessorganisation
- Projektorganisation
- die zur Verfügung stehenden technischen Mittel und
- Mitarbeiter.

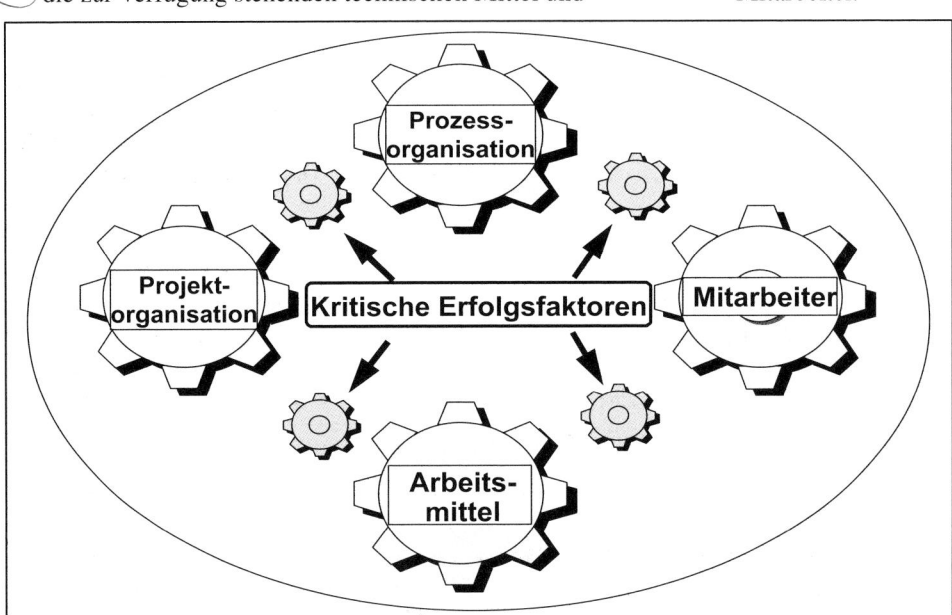

Abbildung 45: Ganzheitliche Sicht

Zusätzlich kommen noch individuelle Kritische Erfolgsfaktoren hinzu (siehe hierzu die genauen Betrachtungen in Kapitel 3 „Projektmanagementtheorie"). Damit sind die inhaltlichen Strukturkomponenten der Projektmanagementtheorie entwickelt. Will man also zu guten DV-Projektlösungen kommen, muss man diese Zusammenhänge erkennen und bewusst zur Erfolgssteuerung einsetzen. Dies ist allerdings viel leichter gesagt als getan. Bedeutet diese Aussage doch, dass man wesentlich mehr als die Bewältigung der technologischen Probleme schaffen muss, um ein Projekt zum Erfolg zu bringen.

Wie kann dieses Ziel überhaupt erreicht werden ?

Traditionelle Denkweisen und reine Analytik können der Vielschichtigkeit der Aufgabenstellung nur teilweise gerecht werden. Schließlich werden auch kreative und emotionale Fertigkeiten zur Problemlösung benötigt. Eine ganzheitliche Methodik muss also auch in irgendeiner Weise diese Aspekte aufnehmen.

Mit der „Entdeckung" des Mind Mapping (siehe Kapitel 5.3.3) wurde schlagartig klar, dass es effektiver ist, zur Problemlösung nicht nur eine Hirnhälfte (analytische) sondern beide gleichzeitig (analytische und kreative) zum Denken einzusetzen. Die gesamte Erziehung technischer Berufszweige läuft darauf hinaus, ausschließlich die analytischen Fähigkeiten zu trainieren. Für die Lösung der Probleme in den Betrieben wird aber ein hohes Maß an Kreativität verlangt. Eingeschliffene Standard-Analysewege sind zwar gut geeignet, Schwachstellen zu identifizieren, aber genauso wichtig sind auch neue Ideen und ein Ausbrechen aus sich im Kreis drehenden Denkstrukturen.

Andererseits darf die Betonung der Kreativität nicht dazu führen, dass Utopien entworfen werden, die jeden Versuch der praktischen Realisierung ad absurdum führen. Es kommt also darauf an, eine gesunde Mischung zwischen Ideen und streng methodischem Vorgehen zu entwerfen, um einerseits neue Wege gehen zu können und andererseits genügend realitätsbezogen zu bleiben, um praktischen Nutzen zu generieren. Die Mind-Map Technik verhalf nicht nur zu der geschilderten Einsicht, sie führte auch auf den Weg, die Kreativität fördernde Techniken zu entwickeln.

Der verblüffende Effekt der Mind Map Technik resultiert aus dem Einsatz von Visualisierungstechniken. Hierdurch wird die Assoziationsfähigkeit des Gehirns gefördert, gleichzeitig aber auch strukturiert. Dieser Gedanke (die Kombination zwischen Strukturierung und Visualisierung) war wichtig für die weitere Entwicklung. Hierin steckt die grundlegende Synthese zwischen analytischem und kreativem Denkanstoß. Damit war die Richtung für die Entwicklung der Werkzeuge vorgezeichnet.

Die Visualisierungskomponente hat aber auch noch andere Vorzüge. Der überwiegende Teil der Menschen denkt in Bildern. Warum also langatmige Dokumentationen schreiben, wenn „ein Bild mehr als tausend Worte" sagt (vgl. Abbildung 46)? Und warum soll man nicht Bilder zur Kommunikation einsetzen? Jeder, der einen Vortrag hält, weiß doch um die Wirkung visueller Unterstützung.

Anreise über die A1

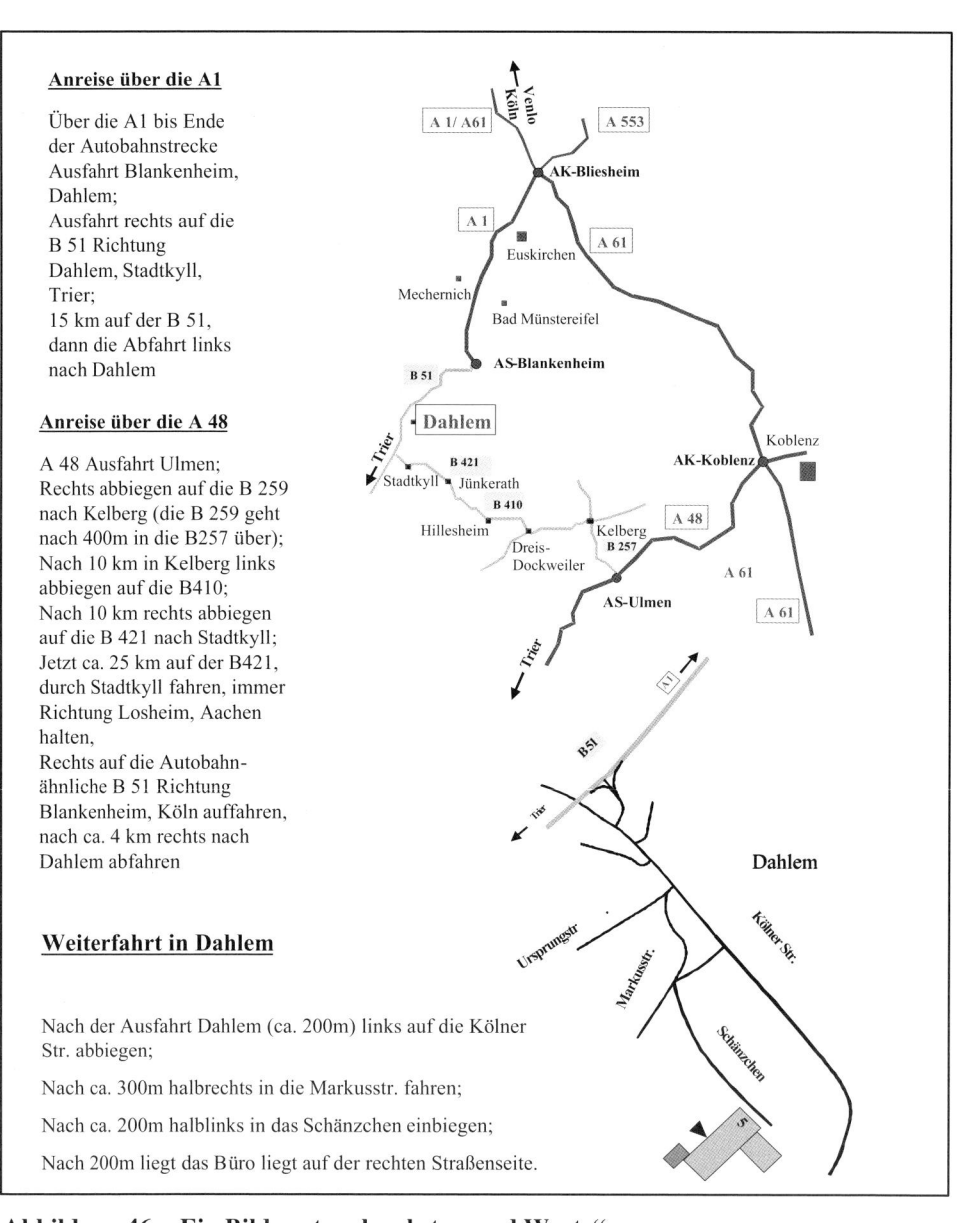

Über die A1 bis Ende der Autobahnstrecke Ausfahrt Blankenheim, Dahlem;
Ausfahrt rechts auf die B 51 Richtung Dahlem, Stadtkyll, Trier;
15 km auf der B 51, dann die Abfahrt links nach Dahlem

Anreise über die A 48

A 48 Ausfahrt Ulmen;
Rechts abbiegen auf die B 259 nach Kelberg (die B 259 geht nach 400m in die B257 über);
Nach 10 km in Kelberg links abbiegen auf die B410;
Nach 10 km rechts abbiegen auf die B 421 nach Stadtkyll;
Jetzt ca. 25 km auf der B421, durch Stadtkyll fahren, immer Richtung Losheim, Aachen halten,
Rechts auf die Autobahn-ähnliche B 51 Richtung Blankenheim, Köln auffahren, nach ca. 4 km rechts nach Dahlem abfahren

Weiterfahrt in Dahlem

Nach der Ausfahrt Dahlem (ca. 200m) links auf die Kölner Str. abbiegen;

Nach ca. 300m halbrechts in die Markusstr. fahren;

Nach ca. 200m halblinks in das Schänzchen einbiegen;

Nach 200m liegt das Büro liegt auf der rechten Straßenseite.

Abbildung 46: „Ein Bild sagt mehr als tausend Worte"

Methodische Behandlung von Projekten 153

Besonders faszinierend sind z.B. Piktogramme (vgl. Abbildung 47). Mit Hilfe dieser Zeichen ist es möglich, unter Menschen unterschiedlichster Kulturen Kommunikation herzustellen. Bei olympischen Spielen ist es z.B. üblich, Wegweisungen vollkommen mit Piktogrammen abzudecken, und diese Art der Kommunikation funktioniert bestens.

Abbildung 47: Piktogramme

Wenn also die Kommunikationsbrücke zwischen unterschiedlichsten Fachdisziplinen geschlagen werden muss, können visualisierende Symbole einen wesentlichen Beitrag zur reibungslosen Verständigung leisten.

Wenn man schon eine große Menge an Einzelproblemen zu lösen hat, warum löst man sie nicht in Teamarbeit? Diesem Gedanken steht allerdings die Erfahrung endloser Sitzungen entgegen, die Probleme eher noch erschweren als verbessern. Wenn also im Team gearbeitet wird, dann muss die Arbeit so gesteuert werden, dass die positiven Effekte bewusst herausgearbeitet werden.

Interdisziplinäres Arbeiten ist nur deshalb schwierig, weil jede Disziplin ihre eigene Denkweise hat und gleiche Wörter u. U. völlig unterschiedliche Bedeutungen haben können. Gelingt es, unterschiedliche Begriffswelten durch allgemein anerkannte und gleich empfundene Symbole zu ersetzen, wird ein wesentlicher Fortschritt für die Kommunikation erzielt.

Mit diesen Ideen waren die gedanklichen Grundlagen für Werkzeuge und Methodiken gelegt. Diese gehen von folgenden Leitsätzen aus:

- Die Kombination analytischer und kreativer Techniken führt zu wirklichen Verbesserungen.

- Methoden müssen durch entsprechende Werkzeuge und umgekehrt auch Werkzeuge durch entsprechende Methoden unterstützt werden.

- Kreative Impulse müssen in analytisch fassbare Bahnen gelenkt werden, analytisch vorgegebene Denkrichtungen werden einer emotional kreativen Kontrolle unterworfen.

Krealytisches Denken ist damit die Basis für GIAD.

Aus dieser Philosophie der Synthese unterschiedlicher Denkweisen wurde GIAD entwickelt. Methodische Komponente und Werkzeug werden integrierend genutzt, um die gewünschten Effekte herzustellen. Die methodische Komponente wurde über die reinen DV-Methoden hinaus um geschäftliche und organisatorische Aspekte erweitert und zu einem modularen durchgängigen Konzept geformt. Parallel wurde zu jedem Modul eine oder mehrere Werkzeugkomponenten entwickelt, die das methodische Vorgehen durch kreative und intuitive Gedanken unterstützen und ergänzen.

Damit war die Abkehr von den traditionellen Techniken besiegelt. GIAD steht generell für eine total andersartige Projektmanagementmethodik. Der Ausflug ins Philosophische soll dabei aber nicht davon ablenken, dass mit GIAD ganz konkrete unternehmerische Effekte erzielt werden. Letztlich muss es gelingen, unternehmerische Absichten oder Ziele bis zur letzten Hierarchieebene hin umzusetzen. Dies bedeutet praktisch: strategische Ideen müssen so weit ausgeformt werden, dass sie beim Mitarbeiter überhaupt ankommen, und der Mitarbeiter muss diese Ideen mit Überzeugung tragen und umsetzen.

Projektmanagement wird so zu einem durchgängigen Prozess von den ersten strategischen Ideen bis zur kritischen Kontrolle der in der Praxis eingesetzten Realisierung.

Methodische Behandlung von Projekten 155

5.2 Methode

Im vorigen Kapitel wurde die gedankliche Entwicklung der Grundphilosophie der GIAD-Methodik vorgestellt. Nun soll es darum gehen, sie konkret und hinsichtlich ihrer Systematik darzustellen. Die gesamte Methodik besteht aus vier Einzelmodellen:

- Projektentwicklungsmodell

- Vorgehensmodell

- Phasenentwicklungsmodell und

- Arbeitsmodell.

Das Projektentwicklungsmodell beschreibt die systematische Entwicklung eines Projektes, das Vorgehensmodell die grundsätzlichen Ablaufschritte von Projektphasen, das Phasenentwicklungsmodell die inhaltliche Definition der erforderlichen Projektphasen und das Arbeitsmodell die Art der Arbeit des Projektmanagers mit seinem Team. Im Folgenden sollen die Modelle und damit der Inhalt der Methodik beschrieben und auch die Unterschiede zu den klassischen Vorgehensweisen herausgearbeitet werden.

5.2.1 Projektentwicklungsmodell

Wie kommt es eigentlich in der Praxis zu Projekten? Sehr oft ist ein Projekt der beharrlichen Initiative von einem oder mehreren Einzelkämpfern zu verdanken. Sie lassen sich auch nicht durch Rückschläge beirren und verfolgen ihre Überzeugung, als wichtig erkannte Veränderungen durchzusetzen.

Bedenkt man, dass dabei durchaus Projekte in Millionenhöhe mit einem umwälzenden Veränderungspotential (wie GIS) entstehen, müsste dies die Unternehmensverantwortlichen eigentlich sehr nachdenklich stimmen. Veränderungsprozesse in der Dimension eines Projektes dürften eigentlich nicht ausschließlich auf Zufälligkeiten oder der Initiative Einzelner basieren! Vielmehr muss die Innovationskraft eines Projektes bewusst erzeugt oder zumindest im Sinne des Unternehmens entwickelt werden.

Ein Projekt beginnt nicht erst mit seiner Umsetzungsphase. Der Anfang eines Projektes wird durch die ersten Ideen begründet. Dabei sind zwei unterschiedliche Entstehungsquellen möglich. Die erste Möglichkeit haben wir schon erörtert. Hiermit sind die Ideen von Mitarbeitern gemeint, die Initiative ergreifen und einen Veränderungsprozess wollen. Diese Initiative sollte unternehmensseitig auf jeden Fall gefördert werden. Es muss nur sichergestellt werden, dass ein Projekt, das aus dieser Initiative resultiert, auch dem Unternehmen dient. Bezogen auf GIS heißt dies z.B.: die Initiative zu einem GIS-Projekt darf nicht ausschließlich auf dem

156   Methodische Behandlung von Projekten

technischen Interesse von Mitarbeitern an GIS beruhen, sondern muss den Nutzen des Unternehmens an der GIS-Technologie fokussieren. Mithin muss die Projektentwicklung die Ideen von Mitarbeitern unternehmensorientiert kanalisieren.

Die zweite Möglichkeit verlässt sich nicht auf Zufälle oder wartet auf die Initiative von Einzelnen. Aus dem Blickwinkel einer übergeordneten Betrachtung von Projekten (Multiprojektmanagement) werden Notwendigkeiten für die betriebliche Weiterentwicklung analysiert und daraufhin passende Projekte initiiert. Aus der Theorie des Aufbaus von integrierten Informationssystemen (siehe Kapitel 4.1) werden die für das Unternehmen geeigneten und wichtigen Projekte entwickelt. Von der durch äußere Anlässe getriebenen Projektentwicklung kommt man zu systematischen Projektentwicklungsprozessen. Schließlich gilt es, den Herausforderungen der Unternehmen proaktiv zu begegnen.

Betrachten wir zunächst die erste Möglichkeit. Hierbei ist es wichtig, dass die Idee eines Einzelnen oder einer Gruppe sich in die Ziele des Unternehmens einfügt. Dieser Prozess der Angleichung muss so gestaltet werden, dass die Mitarbeiter durch die unternehmensseitige Reflexion der Projektidee nicht frustriert werden, aber auch der unternehmerische Aspekt angemessen berücksichtigt wird. Dies erreicht man am besten durch eine systematische Vorgehensweise.

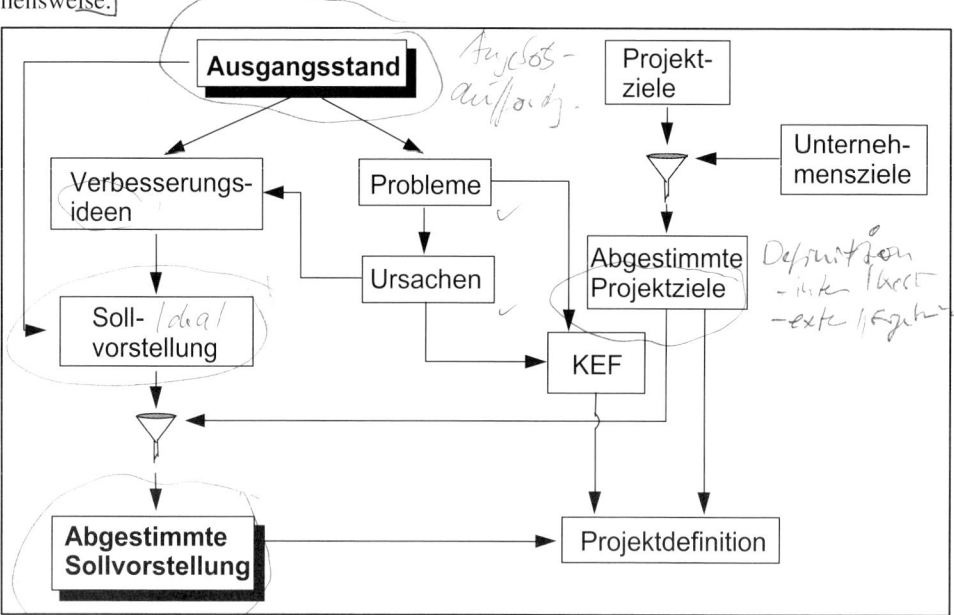

Abbildung 48: Architektonisches Modell der Projektdefinition

Die Abbildung 48 skizziert dabei die methodische Vorgehensweise. Wie theoretisch und praktisch dargelegt, spielen die Projektziele eine überragende Rolle. Aus diesem Grund steht die Zieldefinition immer an erster Stelle. Die Projektziele werden nach einem bestimmten Vorgehensmuster (siehe Kapitel 6.1.4) erhoben. Um dem Abdriftphänomen (vgl. Abbildung 2) entgegenzuwirken, werden sie gegen die Unternehmensziele gefiltert. Hierdurch wird sichergestellt, dass das Projekt nicht eigene Zielsetzungen verfolgt, sondern sich denen des Unternehmens unterordnet. Solchermaßen gefilterte Projektziele werden als „Abgestimmte Projektziele" bezeichnet. Sie sind die Richtschnur für das spätere Handeln. Durch ihren Projektbezug sind sie auch hinreichend konkret (im Gegensatz zu vielen Unternehmenszielen), um sie als Kontrollfilter für Entscheidungsvorgänge zu benutzen.

Der Anspruch der Projektmanagementmethodik besteht in der Nachvollziehbarkeit und in der analytischen Vorgehensweise. Dazu benötigt man einen definierten Ausgangsstand. Aus vielerlei Gründen, die später noch genauer erläutert werden, halten wir den momentanen Ausgangsstand als Basis an. Bei dieser Analyse werden zwei Aspekte besonders herausgearbeitet. Als positiver Aspekt zeigen sich Verbesserungsideen. Gleichzeitig werden als Negativkomponente die vorhandenen Probleme zusammengestellt. Da Probleme oft nur vordergründige Erscheinungen sind, ist es geboten, die wirklichen Problemursachen festzustellen. Die Analyse der Probleme und deren Ursachen identifiziert die Kritischen Erfolgsfaktoren. Die genaue Vorgehensweise ist in Kapitel 6.1.4 beschrieben.

Aus der Behandlung der Ursachen entwickeln sich weitere Verbesserungsideen. Nun sind die Grundlagen für den Aufbau der Sollvorstellung geschaffen. Das Positive des Ist-Standes, angereichert um die Verbesserungsideen, führt zu einer Vorstellung über den Soll-Stand. Wiederum wird dem Abdriftphänomen durch Filterung entgegengewirkt. Der abschließende Check gegen die Abgestimmten Projektziele führt endlich zu einer Abgestimmten Sollvorstellung.

Liegt eine Rahmenkonzeption für Informationssysteme vor, ist die oben vorgestellte Architektur zur Projektdefinition institutionalisiert. Der gesamte Vorgang der Definition eines Projektes ist inhaltlich gleich. Aufgrund der regelmäßigen Audits und den daraus resultierenden Rückmeldungen über die Stände der Projekte (Berichtswesen) wird ein weitaus besseres Umfeld für dem Unternehmen nutzende Projektdefinitionen geschaffen. Die Ergebnisse der Einzelprojekte können schon zum Teil für die Generierung sinnvoller weiterer Projekte genutzt werden.

5.2.2 Vorgehensmodell

Welchen Sinn haben überhaupt Vorgehensmodelle?

Wie in der Theorie ausgeführt, wird die Projektmanagementmatrix dazu genutzt, eine Phase des Projektverlaufs zu entwickeln. Damit ist eine Hilfe für die Entwicklung der Projektphase gegeben. Welche Phasen es aber überhaupt gibt und wie man sie zweckmäßig vom Ablauf her gestaltet, ist damit noch nicht gesagt. Trotz der Individualität eines jeden Projektes gibt es einen groben grundlegenden Ablauf, der sich als allgemeiner Leitfaden empfiehlt. Außerdem bringt die einheitliche Nutzung eines Vorgehensmodells für Projekte in einem Unternehmen eine bewusst gesteuerte Ablaufstruktur. Dieser Grundstein ist absolut notwendig, um strukturelle Qualitätssicherungen vorzunehmen oder zu erhalten.

In der Datenverarbeitung haben sich unterschiedliche Vorgehensmodelle etabliert, die alle eine aufeinander aufbauende, stufige Struktur haben und sich eigentlich nur durch eine andere Einteilung der Stufen und deren Anzahl unterscheiden. Für unsere Arbeitsweise ist es nicht so wichtig, ob wir den Weg zum Ziel in fünf oder acht Stufen entwickeln. Das Wichtigste dieser Vorgehensmodelle ist die inhaltliche Modularisierung und ein systematischer, aufeinander aufbauender Fortschritt. Neben der Arbeitshilfe hat ein wie oben charakterisiertes Vorgehensmodell aber auch erhebliche wirtschaftliche Bedeutung.

Dies wird recht eindrucksvoll durch eine Untersuchung der Fa. Oracle belegt. Dabei wurde ermittelt, mit welchen Folgekosten man zu rechnen hat, wenn die dargestellte sinnvolle Abwicklung der Arbeitsschritte nicht eingehalten wird. Je später man in einem laufenden Projekt zu einer methodisch exakten Projektführung zurückkehrt, desto größer sind die Kosten. Die Kosten der Korrektur von Fehlentwicklungen belaufen sich auf ein Mehrfaches der bereits eingesetzten Kosten (vgl. Abbildung 49). Hieraus wird deutlich, welches Kostenrisiko eingegangen wird, wenn Projekte nicht systematisch entwickelt werden.

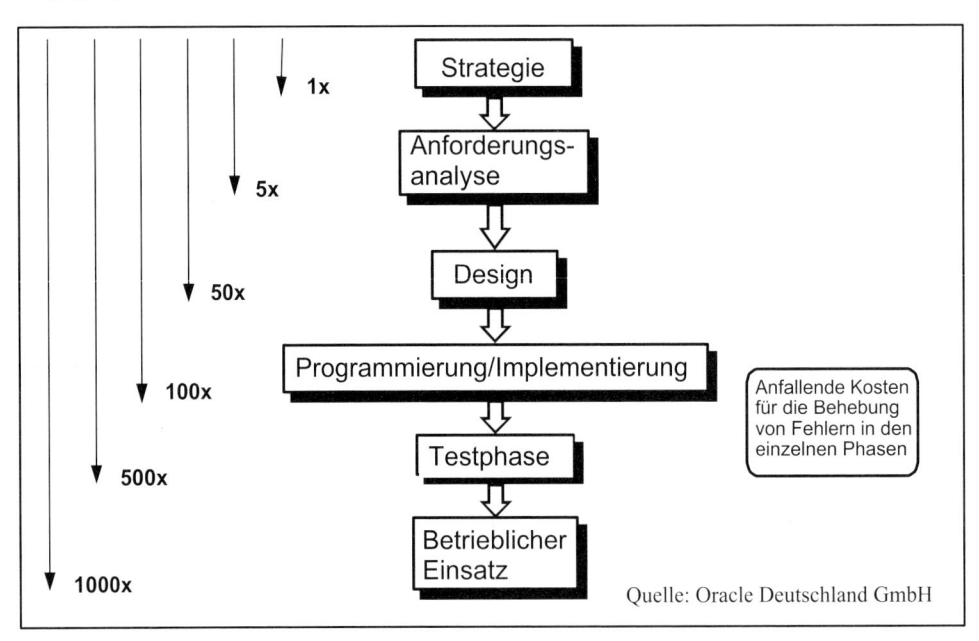

Abbildung 49: Kosten für die Fehlerbehebung

Um diese Untersuchung zu verdeutlichen, gehen wir einmal von dem praktischen Fall aus, dass die Entscheidung für ein GIS ausschließlich auf der Grundlage von Herstellerpräsentationen erfolgt und man somit weder eine Strategie, noch eine konzeptionelle Vorstellung für den Praxiseinsatz hat. Die Ergebnisse der Analysen belegen, dass bei den dann auftretenden Fehlern ein bis zu x-facher Betrag der bisher erfolgten Investitionen aufgebracht werden muss, um die Situation zu heilen. Klar erkenntlich wird das enorme Risikopotential, das durch mangelnde Planung und Vorbereitung entsteht.

Nach meinen Erfahrungen ist diese Darstellung keineswegs ein Marketingtrick. Die Ergebnisse, so unglaublich sie auch zunächst erscheinen mögen, kann ich aus meiner Kenntnis bestätigen. Kein Wunder also, dass sich in der Datenverarbeitung mehrstufige Vorgehensweisen, die ein Projekt vom Groben ins Feine entwickeln, bewährt haben und dass das Vorgehensmodell stark von diesen Erfahrungen beeinflusst ist.

Die Problematik dieser etablierten Modelle der Datenverarbeitung ist ihre mangelnde Dynamik. Die Theorien gehen immer davon aus, dass ein Projekt systematisch vom Großen ins Kleine entwickelt werden kann. Die Praxis der Unternehmen sieht aber anders aus.

Zum einen kann man es sich gar nicht leisten, eine Anwendung vorab bis ins Kleinste zu planen. Der erforderliche Zeitaufwand vom Konzept bis zum Praxiseinsatz wäre viel zu groß. Die Geschwindigkeit der Entwicklung in der Datenverarbeitung birgt zudem auch noch das Risiko, dass sich die Technologie während der Entwicklung des Konzeptes so weit entwickelt hat, dass das Konzept wieder modifiziert werden müsste. Auf dieses Problem wurde schon in Kapitel 4 hingewiesen.

Die etablierten Modelle sind in beidseitiger Richtung starr. Sie suggerieren, dass man von der Zieldefinition her nur systematisch, in aufeinander aufbauenden Schritten, die Lösung erreichen kann. Sie setzen damit voraus, dass der vorangegangene Schritt in seiner inhaltlichen Ausprägung richtig und unveränderlich ist. Beides entspricht nicht der Praxis. Unternehmen sind gezwungen, sich der Dynamik des Marktes anzupassen. Dies bedeutet, dass sich die Zielvorgaben während der Projektentwicklung durchaus ändern können. Technologische Möglichkeiten können ganz erheblich Soll-Konzepte beeinflussen. Ferner beinhaltet die Entwicklung eines Projektes einen stetigen Verbesserungsprozess. Im Verlauf der Arbeit kommt es zu einer vertieften Durchdringung des Themas und durchaus auch zu besseren Erkenntnissen als zu Beginn. Es wäre fatal, wenn diese Erkenntnisse in vorangegangene Arbeitsschritte nicht zurück fließen würden. Die logische Konsequenz ist: es müssen Rückführungen auf vorangegangene Arbeitsschritte und die dynamische Veränderung von Ausgangsüberlegungen möglich sein und in das Vorgehensmodell eingebaut werden.

Das GIAD-Vorgehensmodell setzt diese Erkenntnisse auf der Basis der etablierten Vorgehensmodelle um und kommt zu folgendem Ergebnis (vgl. Abbildung 50 auf der folgenden Seite):

Das GIAD-Vorgehensmodell hat die Charakteristik eines Planungsprozesses. Dabei sind die ersten vier Stufen fest und alle weiteren Stufen dynamisch definiert. Ausgehend von einem Rahmen, der Zieldefinition, wird die Projektdefinition abgeleitet. Da die Projekte aus dem Ist-Stand heraus entwickelt werden, wird immer der vorhandene Ist-Stand analysiert. Auf der Basis des Ist-Standes, neuer Ideen zur Verbesserung und grundsätzlicher technologischer Möglichkeiten wird ein hard- und softwareunabhängiges Konzept des Soll-Standes entwickelt, das die Qualität eines logisch konsistenten Profils zukünftiger Arbeitsablaufprozesse haben muss.

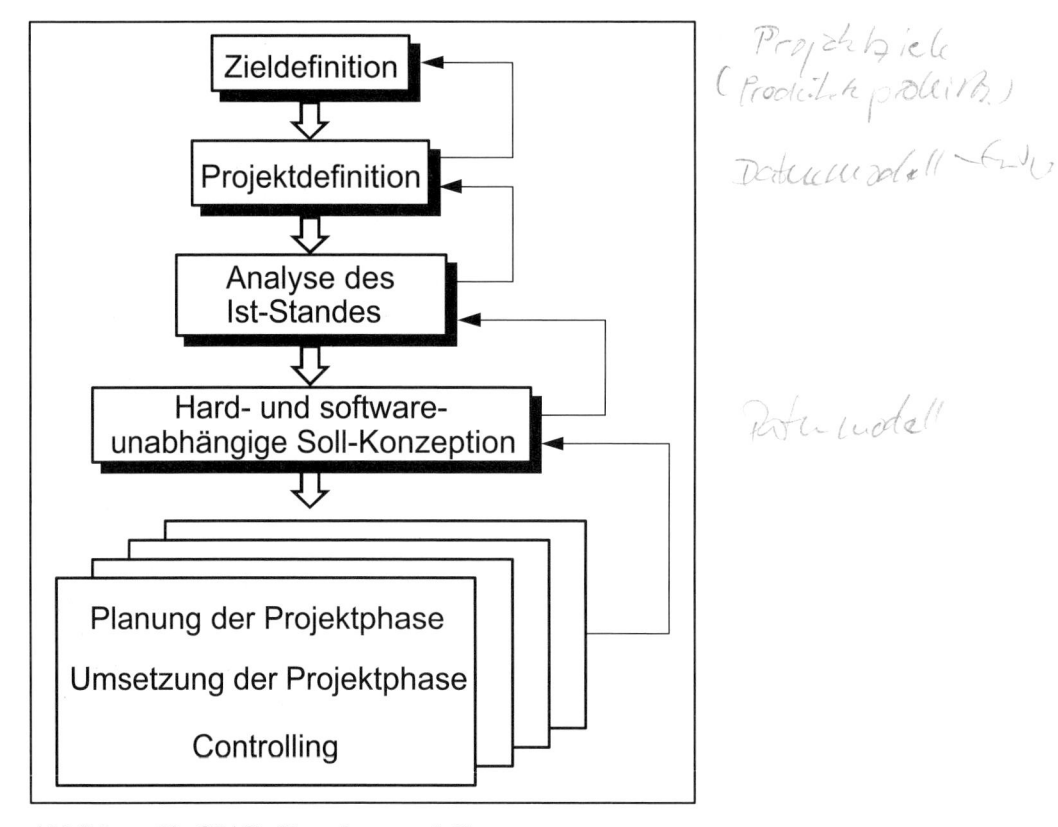

Abbildung 50: GIAD -Vorgehensmodell

Nach diesen Stufen folgen dynamisch definierte Projektphasen. Die Dynamik orientiert sich an den Notwendigkeiten des Projektes. Die Stabilität der Projektphasen wird durch die Projektdefinition, die mit dem Rahmenkonzept für Informationssysteme gekoppelt ist, gewährleistet. Projektphasen werden dreistufig entwickelt:

- Jede Projektphase wird geplant.

- Anhand der Planung einer Projektphase geht man in die Umsetzung.

- Während der ganzen Phase wirkt der Controllingprozess. Hierdurch finden entweder Rückflüsse auf die Phase selbst oder in Anlehnung an die Projektmanagementtheorie in vorangegangene Stufen statt.

Der GIAD-Entwicklungsprozess unterscheidet sich von den klassischen Wasserfallmodellen auch dadurch, dass jede Stufe des Vorgehensmodells nicht direkt bis ins Feinste entwickelt wird. Vielmehr wird immer auf hohem Abstraktionslevel begonnen. Erst wenn der Gesamtumfang einer Stufe in einem gleichen Abstraktionsniveau vorliegt (und man das Ergebnis auf Widerspruchsfreiheit prüfen kann), wird die nächste Verfeinerung (in dieser Stufe) angegangen. Auf diese Weise werden Probleme oder Widersprüche zum frühestmöglichen Zeitpunkt transparent und können gelöst werden.

Mit dieser Technik schafft man sich Schritt für Schritt abgestimmte Grundlagen, auf die man dann weiter aufbauen kann. Wenn Probleme oder Widersprüche auftauchen, führen die Lösungen zu den kleinstmöglichen Änderungen des entwickelten Konzeptes.

Vor allem von Seiten der GIS-Anbieter wird das Wasserfallmodell wegen der mangelnden Flexibilität als Vorgehensmodell kritisiert. Statt dessen werden Prototyping-Ansätze in verschiedenen Ausprägungen propagiert. Meistens geht es darum, ein grobes Konzept direkt umzusetzen und das Ergebnis als Anhaltemaßstab zu behandeln. Das Ergebnis wird dem Kunden am System gezeigt und dann werden die Änderungswünsche aufgenommen.

Im Sinne der dargestellten Ziele des Projektmanagements halte ich dieses Vorgehen für äußerst gefährlich und lehne es nachdrücklich ab. Die Vorteile einer Hard- und Software unabhängigen Entwicklung wurden vorgestellt. Eine zu frühe Festlegung auf ein System führt zu großen strategischen Nachteilen. Ebenso wäre die Verlagerung wichtiger Themen auf das Prototyping (und damit auf eine Phase nach der Beschaffung eines Systems) risikoreich. Mit der Wahl des Systems hat man indirekt auch schon bestimmte Systemphilosophien und Systemmöglichkeiten bestimmt. Im Extremfall passen diese dann gar nicht zu den Notwendigkeiten, die die Geschäftsprozesse gebieten. Damit würde man eine Reihe wichtiger Anforderungen nicht für die Wahl des Systems nutzen.

5.2.3 Phasenentwicklungsmodell

Ein weiterer architektonischer Baustein der Methodik ist das Phasenentwicklungsmodell. Unter dem Phasenentwicklungsmodell wird die dynamische Generierung von Projektphasen verstanden. Die etablierten Modelle der Datenverarbeitung sind nur Vorgehensmodelle mit genau definierten Phasen. Diese Phasen sind starr und gehen stillschweigend von der Voraussetzung aus, dass sich jedes Projekt in gleicher Weise realisieren lässt. Betrachten wir hierzu einmal das Kapitel 3.2.2. Anhand der gegebenen Beispiele für Zieldefinitionen eines Migrationsprojektes wurde deutlich, wie unterschiedlich die Motivation für ein GIS-Projekt sein kann. Wie soll denn dann die Entwicklung des Projektes in Phasen immer absolut gleich sein?

Machen wir es an einem anderen Beispiel noch deutlicher. Es muss doch vom Projektablauf her Unterschiede geben, ob ein Unternehmen erstmalig ein GIS-Projekt durchführt oder ob ein GIS-Projekt den Umstieg von einem bestehenden auf ein anderes System beinhaltet. Dementsprechend kann es nicht sein, dass jedes (GIS-)Projekt in jeweils den gleichen Etappen abläuft. Vielmehr wird eine Phasenentwicklung benötigt, die auf die jeweilige Situation Rücksicht nimmt. Mit anderen Worten: die Entwicklung der Phasen eines Projektes muss zwar gewissen Regeln gehorchen, aber doch inhaltlich flexibel entsprechend den Anforderungen sein. Genau dieser Aspekt wird in dem vorgestellten Phasenentwicklungsmodell berücksichtigt.

Aufgrund der Projektmanagementtheorie steht fest, nach welchen Kriterien die jeweilige Phase inhaltlich zu entwickeln ist. Mit Hilfe der Projektmanagementmatrix wird die anstehende Phase inhaltlich ausgeprägt und beschrieben. Im weiteren Verlauf wird sie dann umgesetzt und die Umsetzung im Sinne des Controlling kritisch reflektiert und planend optimiert. Im Gegensatz zu den etablierten Methoden wird der erforderlichen Individualität und Dynamik von Projekten dadurch Rechnung getragen, dass man eine sich selbst generierende Phasenentwicklung anhand der inhaltlichen Struktur- (Prozessorganisation, Technologie, Projektadmi-nistration und Mitarbeiter) und der allgemeinen und individuellen Bewertungskomponenten (Inhalt, Zeit, Kosten, Verantwortung, Probleme und Kritische Erfolgsfaktoren KEF) vorsieht (vgl. Abbildung 51).

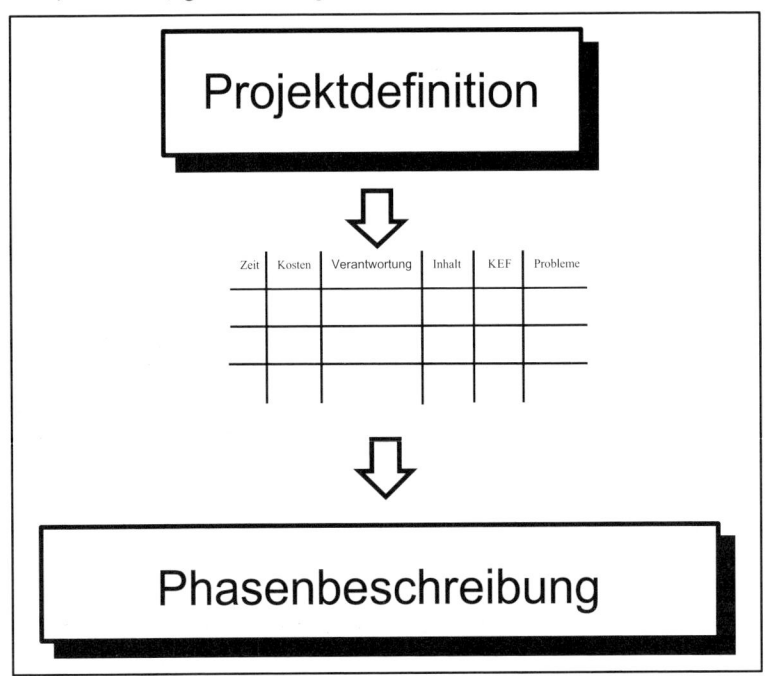

Abbildung 51: Phasenentwicklungsmodell

Dies hat große Vorteile. Hierdurch ist das Projektmanagementmodell wesentlich flexibler einsetzbar und erlangt eine gewisse Allgemeingültigkeit. Der Nachteil besteht darin, dass es kein festes Vorgehensmuster für die Realisierung von Projekten gibt und vom Projektmanager das inhaltliche Durchdringen des Projektes gefordert wird. Jetzt wird deutlich, warum der Projektmanager kein Verwalter des Projektes sein kann, sondern auf die Projektthematik bezogene Fachkenntnis haben oder sie entwickeln muss. Näheres hierzu wird auch in den Kapiteln 6.3 und 7 ausgeführt.

Das inhaltliche Durchdringen der Zusammenhänge ist anstrengend. Dafür resultiert daraus aber auch die größte Chance auf Erfolg und die persönliche Qualifizierung. Nicht ohne Grund ist ein großer Teil des Buches den Besonderheiten des GIS eingeräumt und aus der gleichen Motivation heraus stammt die Themen bezogene Behandlung des Projektmanagements.

5.2.4 Arbeitsmodell

Um die Vielzahl der beschriebenen Aufgaben vollständig und mit guter Qualität bewältigen zu können, reicht die Erfahrung, das Wissen und Vermögen eines Einzelnen nicht aus. Deshalb besteht förmlich der Zwang, das Aufgabenspektrum im Team zu behandeln. Das gesamte Arbeitsmodell geht von der Philosophie der kooperativen Mitarbeiterführung aus. Es beinhaltet spezielle Techniken und Vorgehensweisen, die auf der Basis dieser Philosophie die Schwierigkeiten beseitigen und die Nutzeffekte fördern. Das Arbeitsmodell stützt sich auf folgende Komponenten:

- Entwicklung durch die Mitarbeiter
- Schaffung von Transparenz durch Visualisierung
- Provokation von unabhängigen Kontrollsichten
- Moderation der Auseinandersetzungsprozesse

Entwicklung durch die Mitarbeiter

Heutzutage ist es fast üblich, ein Projekt mit den Mitarbeitern durchzuführen. Dabei ist offen, was die Projektentwicklung mit den Mitarbeitern wirklich bedeuten soll. Das vorgestellte Arbeitsmodell will in jedem Falle mehr! Das Projekt soll <u>durch</u> die Mitarbeiter entwickelt werden. Das bedeutet: es muss eine so eindeutige Transparenz der Zusammenhänge geschaffen werden, dass die Ideen und der richtige Weg zur Umsetzung zwangsläufig von den Mitarbeitern kommen. Dabei ist ausdrücklich <u>nicht</u> die Manipulation der Mitarbeiter durch den Projektmanager gemeint und auch nicht dessen Überzeugungsfähigkeit, die dazu führt, einen bestimmten Weg zu gehen.

Wie ist dieser Widerspruch zu lösen, dass der Projektmanager das gesamte Thema fachlich durchdringen muss, gleichzeitig aber auch nicht dominant den Lösungsweg entwickeln soll?

Die gesamte Technik des Arbeitsmodells beruht auf Fragestellungen. Der Projektmanager ist eigentlich dazu da, die richtigen Fragen zu stellen. Das ist schwieriger, als man zunächst annehmen wird. Es gilt nicht nur, Fragen zu finden; sie müssen auch so formuliert sein, dass die Antworten, die gegeben werden, logisch dazu passen. Die Fragetechnik zwingt die Beteiligten zum Nachdenken. Und genau das ist der Effekt, der erreicht
werden muss!

Der Grund hierfür ist ganz einfach. Wissenschaftliche Untersuchungen haben gezeigt, dass das Maß des Behaltens von Zusammenhängen hauptsächlich von der Intensität der Auseinandersetzung mit dem Thema abhängig ist. Einen Stoff nur akustisch vermittelt zu bekommen, wirkt längst nicht so intensiv wie visuelles Vortragen. Aus diesem Grund unterstützt man Vorträge durch Präsentationen. Noch größer ist der Effekt des dauerhaften Behaltens, wenn man den Stoff durch eigene Beschäftigung damit erfährt. Deshalb greifen Schulungsveranstaltungen auf das Mittel der Übungen zurück. Durch das Einbeziehen möglichst vieler sinnlicher Wahrnehmungen bei der Beschäftigung mit einem Thema wird der Lerneffekt am höchsten.

Das Arbeitsmodell setzt diese Erkenntnisse u.a. durch die Fragetechnik um. Zum einen kommt es dadurch zu einer intensiven Auseinandersetzung mit dem Thema und zum anderen entsteht als Nebenprodukt eine Art Schulung, die die beteiligten Mitarbeiter weiter in Richtung des Themas qualifiziert. Ein noch viel größerer Nebeneffekt ist aber die Motivation der Mitarbeiter. Der Prozess des Arbeitsmodells sieht die Entwicklung des Lösungsweges aus den Mitarbeitern vor. Die Lösung wird dadurch zum Kind der eigenen Ideen, die man in teils mühevoller Arbeit entwickelt hat. Von diesem Arbeitsergebnis ist man nicht nur überzeugt, man ist auch bereit, es in schwierigen Situationen zu verteidigen und durchzusetzen.

Der Einstieg in die Fragetechnik ist relativ einfach. Zum einen werden in den folgenden Kapiteln konkrete Vorgehensweisen, Arbeitstechniken und Werkzeuge vorgestellt, die genau die wichtigen Ausgangsfragen enthalten und deren weitere Behandlung skizzieren. Zum anderen gibt es eigentlich im Projektverlauf nur zwei Möglichkeiten. Entweder ist die Vorstellung des Projektmanagers oder die des Mitarbeiters falsch. In jedem Fall kann sich der Projektmanager direkt darauf konzentrieren, warum es unterschiedliche Meinungen gibt, und diese Unterschiede herausarbeiten.

Abgesehen von Missverständnissen, die sich mit dieser Technik sehr schnell aufdecken lassen, ergeben sich in der Praxis hierbei meistens erstaunliche Effekte. In den seltensten Fällen hat ein Einzelner immer Recht. Die Vorstellungen der Beteiligten haben fast immer einen guten und nicht so guten Bestandteil. Um zur Lösung zu kommen, entwirft man über die geäußerten Vorstellungen jeweils Szenarien und bewertet diese mit den vorgeschlagenen Filtertechniken (sieh auch 5.3.4). Hierdurch werden die Vor- und Nachteile der jeweiligen Alternative klar. In vielen Fällen entsteht dann eine neue Lösungsidee, die besser ist als alle untersuchten Alternativen.

Diese Strategie hat folgendes erreicht:

- Der Sachzusammenhang ist in jedem Fall deutlicher geworden, weil eine Problemstellung verschiedenen Sichten unterworfen wurde.

- Wiederum wurden die unterschiedlichen Szenarien den Filterkriterien unterworfen. Damit wird eine ständige Orientierung an den Zielen vorgenommen.

- Der Auswahlprozess orientiert sich an Sachkriterien und wird für die Beteiligten transparent.

- Die Lösung entwickelt sich aus den Beiträgen und den Leistungen des Teams. Die Beteiligten sehen sich in der Lösung verwirklicht.

- Der Lösung wurde einem kritischen Überprüfungsprozess unterworfen. Sie hat damit eine hohe Stabilität.

Diese Effekte lassen sich in einer Kultur des konstruktiven Streitens erreichen. Das größte Ziel im Arbeitsmodell ist das Erreichen dieser Streitkultur. Sie setzt Offenheit für die Gedanken anderer voraus und folgt nachvollziehbaren Argumenten. Sie stellt das Thema in den Vordergrund, die Arbeitsleistung durch das Team und nicht die Selbstdarstellung, und sie bedeutet vor allen Dingen Sachlichkeit. Auf diese Weise kommt man zu stabilen Lösungen im angestrebten Konsens und nicht zu (faulen) Kompromissen. Auch bei Beteiligten, die diese Kultur nicht kennen, kann man nach wenigen Workshops und konsequenter Moderation des Projektmanagers diese Arbeitsweise entwickeln. Die Vorteile sind derart evident, dass sich diese Anstrengung lohnt!

Schaffung von Transparenz durch Visualisierung

Wie aber erreicht man diese idealistisch anmutende Kultur des Streitens? Die Basis hierfür sind Einsichten. Einsichten werden dann erlangt, wenn eine Situation transparent ist. Wie die Begriffe schon verdeutlichen, haben Einsichten und Transparenz etwas mit Sehen zu tun. Wenn Zusammenhänge sichtbar sind, kommt es eben zu diesen gewünschten Einsichten.

Mit konventionellen Mitteln (Bleistift und Papier) ist es schwierig, Einsichten zu erreichen. Diskussionen und Dokumentationen berücksichtigen einfach zu wenig das „Sehen" der Zusammenhänge. Die GIAD-Methodik setzt deshalb durchgängig auf Visualisierungstechniken für die Entwicklung und Darstellung von Lösungen. Mehr noch! Es geht nicht nur darum, Arbeitsergebnisse zu visualisieren. Vielmehr werden hierbei möglichst viele Sinne bei der Behandlung eines Themas angesprochen, damit ein möglichst hoher Lerneffekt und Prozess der Einsicht erreicht werden. Deshalb wird immer in so genannten „Workshops" gearbeitet. Diese Arbeitsform bedeutet, dass die Mitarbeiter selbst an der Entwicklung der Lösung beschäftigt sind. Zwangsläufig werden die Visualisierungsmittel nicht durch den Projektmanager, sondern durch die Mitarbeiter bedient und eingesetzt.

Ziel ist es, ein Thema zu begreifen. Diesen Prozess des Begreifens kann man sich an der wortwörtlichen Form am besten deutlich machen. Betrachten wir einmal die Situation eines Blinden. Er begreift seine Umwelt, indem er Gegenstände in die Hand nimmt und von allen Seiten betastet. Durch diesen Vorgang setzt er seine ihm verfügbaren Sinne ein, um den Gegenstand zu „begreifen". Dazu genügt ihm nicht nur eine Sicht der Dinge, sondern er stellt eine umfassende Sicht her, indem er den Gegenstand von unterschiedlichen Lagen (in der Hand) her „begreift". Dieser Prozess führt zum Erschließen des Gegenstandes für seine Vorstellungswelt.

Ähnlich ist die Situation bei der Entwicklung von Projekten. Das eigentliche Thema ist nebulös verschwommen und muss erst noch erschlossen werden. Hierzu sieht die Methodik Transparenz durch umfassendes „Begreifen" vor. Mit möglichst vielen Sinnen wird das Thema aus unterschiedlichen Sichten abgetastet. Im Gegensatz zu dem Blinden haben wir zusätzlich noch die Möglichkeit der visuellen Erfassung, bzw. Darstellung von Themenzusammenhängen. Trotzdem werden die Teilnehmer der Workshops dazu gezwungen, das Thema „in die Hand zu nehmen" und mittels der Werkzeuge zu „begreifen". Das heißt: die Teilnehmer bedienen die Visualisierungstools selbst.

Dadurch wird eine nachhaltiges Beschäftigen und Behalten der Zusammenhänge erreicht und ein sehr weitgehender Schulungseffekt. Im Kapitel 5.3 wird gezeigt, dass diese Arbeitstechnik noch ganz andere Auswirkungen auf die umfassende Nutzung der Gehirnleistung hat, und somit noch weitergehende positive Effekte für die inhaltliche Qualität der erarbeiteten Lösungen.

Provokation von unabhängigen Kontrollsichten

Kehren wir noch einmal zu dem Beispiel des „Begreifens" durch einen Blinden zurück. Hieran lässt sich wiederum gut ein wesentliches Element der Methodik verdeutlichen. Wie dargestellt, wird der Blinde einen Gegenstand niemals nur von einer Seite her ertasten. Er wird den Gegenstand in seiner Hand drehen und so von vielen Seiten her „eine umfassende Sicht" über ihn gewinnen. Er erreicht diese umfassende Sicht, indem er die jeweils gegenüberliegenden Seiten ertastet. Die Technik beruht darauf, möglichst gegensätzliche „Sichten" zu bekommen, damit ein umfassendes (geistiges) Bild entsteht.

Ähnliches sieht die GIAD-Methodik vor. Unabhängige Kontrollsichten, damit ein Thema von möglichst unterschiedlichen Seiten her erfasst (ertastet) wird, werden provoziert, um so das Thema in seinem ganzen Umfang her begreifen zu können. Durch die Einbeziehung unterschiedlicher Sichten und Denkweisen erzwingt man einen Prozess der Auseinandersetzung. In der Abbildung 52 ist skizziert, welche unterschiedlichen gedanklichen Richtungen auf den Lösungsprozess einwirken, um die erwünschte umfassende Sicht und damit die Begreifbarkeit des Themas herzustellen.

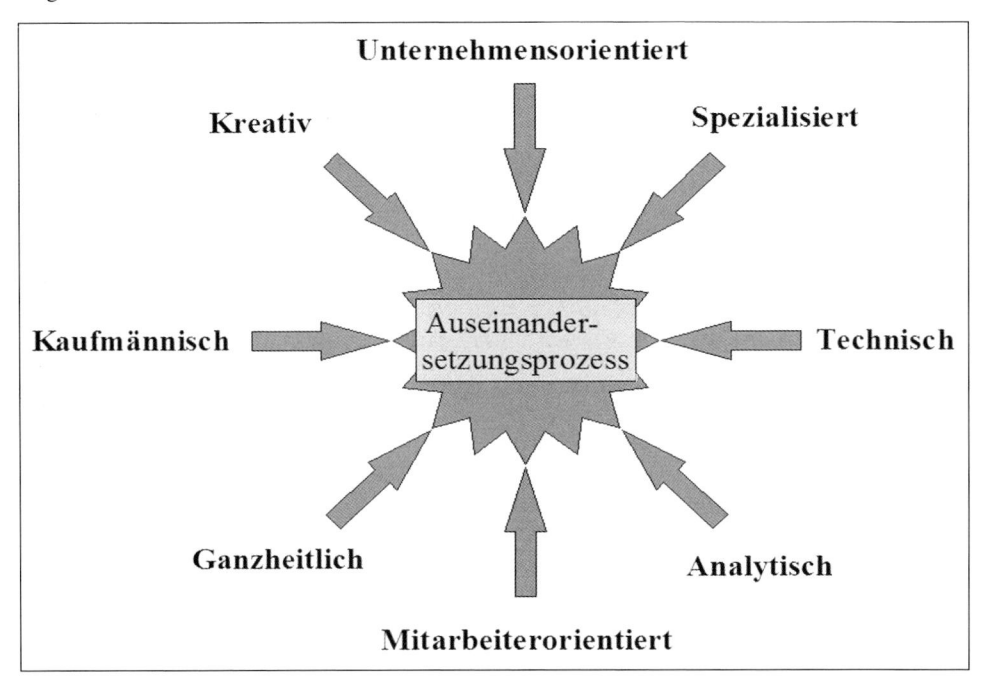

Abbildung 52: Provozierter Auseinandersetzungsprozess

Moderation der Auseinandersetzungsprozesse

Der Prozess der Auseinandersetzung muss gelenkt werden, damit er in die skizzierte positive Bahn gelangt. Ansonsten besteht die Gefahr des Streits. Wer jemals in der Praxis gearbeitet hat, weiß, dass es schon schwer genug ist, innerhalb einer gedanklichen Richtung (z.B. eines Fachbereichs) Konsens herzustellen. Wie soll das gelingen, wenn man total unterschiedliche Sichten einbeziehen will? Ist nicht hier mit einem Chaos, statt mit einem wirklichen gedanklichen Fortschritt zu rechnen?

In der Tat ist dieser Schritt nicht einfach. Deshalb wird das Aufeinanderprallen unterschiedlicher Sichten nicht auf eine zufällige Basis gestellt. Zwingend muss eine Moderation des Auseinandersetzungsprozesses vorgesehen werden. Diese Moderation ist weder mit reiner Verwaltung noch mit Unterhaltung der Arbeitsgruppe zu vergleichen. Vielmehr ist damit ein nach Sachkriterien gesteuerter Auseinandersetzungsprozess zur Verbesserung der Lösungsqualität gemeint. Unterschiedliche Sichten müssen nämlich überhaupt kein Nachteil sein. Sie werden zur stabilen Lösungsentwicklung und deren unabhängiger Kontrolle verwendet.

Oft hat man den Eindruck, sich trotz intensiver Beschäftigung mit einem Thema gedanklich im Kreise zu drehen. Der scheinbar unsinnige Input selbst eines Unbeteiligten kann in dieser Situation durchaus die eigene geistige Enge durchbrechen und zum gedanklichen Weiterkommen verhelfen. Dieser Effekt ist zwar nicht auf Kommando erreichbar, aber er ist fast provozierbar. Die größte Leistung eines Moderators besteht darin, diese positiven Effekte (unterschiedlicher Sichten) zu fördern und die Nachteile zu nehmen. Der Moderator ist wie ein Katalysator in der Chemie. Er muss Schadstoffe nehmen und positive Reaktionen beschleunigen können.

Mit diesem Überblick ist die Methode beschrieben. Im Weiteren wird über die Beschreibung und den Einsatz der Werkzeuge auch dargelegt, wie die Methodik umzusetzen ist.

5.3 Werkzeuge für den Projektmanager

Die Darstellungen der vorherigen Kapitel machen deutlich, dass der Projektmanager im Sinne von GIAD eine modifiziertere Funktion einnimmt, als dies klassisch gesehen wird (siehe Kapitel 6.3). Sein Berufsbild fußt auf dem des Projektmanagers klassischer Prägung. Zusätzlich übernimmt er Aufgaben, die man nach konventioneller Einteilung dem Consulting zurechnen würde. Insofern erklärt sich der relativ hohe Anteil von Analyse- und Designwerkzeugen für seine Tätigkeit. Die Werkzeuge selbst sind in der Reihenfolge des Entwicklungszyklus eines Projektes aufgeführt.

5.3.1 Grundsätzliches

Ein schlechter Handwerker kann noch so gute Werkzeuge haben, das Ergebnis wird immer schlecht sein. Mithin kann ein Projektmanager nicht allein aufgrund der Qualität seiner Werkzeuge bestehen. Die Arbeit eines guten Handwerkers wird aber durch schlechte Werkzeuge u. U. zunichte gemacht. Will ein guter Projektmanager auch gute Arbeit abliefern, braucht er adäquate Werkzeuge.

Früher ist der Projektmanager doch auch mit (hand-) schriftlichen Dokumentationsunterlagen ausgekommen. Weshalb braucht er jetzt noch besondere Werkzeuge?

Gegen diesen klassischen Weg spricht die praktische Erfahrung. Das bedeutet nicht, dass man auf Dokumentationen und Protokolle verzichten kann. Wenn man aber alle Ergebnisse als fortwährende Dokumentation oder in Protokollform führen muss, ist das schwierig, zeitraubend und unübersichtlich. Zudem ist noch zu berücksichtigen, dass sich die Mitarbeiter dem Projekt in den seltensten Fällen exklusiv widmen können. Ihre engen Terminmöglichkeiten lassen es nicht zu, diese Unterlagen sorgfältig zu lesen.

Trotz gewissenhafter Arbeit des Projektmanagers kommt es dann dazu, dass die erarbeiteten Inhalte des Projektes nicht, bzw. nicht in dem Maße transportiert werden, wie es erforderlich ist. Durch den Einsatz von Visualisierungstechniken spart man Zeit, erhöht die Transparenz und schafft sogar die „online"- Dokumentation während eines Workshops. Daneben eignen sich die in den Workshops erstellten Charts gut für die Photodokumentation, womit der Beschreibungsaufwand weiter reduziert (aber nicht ersetzt) wird.

Jedem Projektmanager wird angeraten, die ihm hier vermittelten Werkzeuge in der Praxis einzusetzen und kritisch zu prüfen. Es ist nicht nur wichtig, Werkzeuge zu haben; er muss sie auch adäquat einsetzen können. Er muss genau wissen, für welchen Einsatzbereich seine Werkzeuge tauglich sind.

Oftmals ist der Einsatz der Werkzeuge auch von den beteiligten Personen abhängig. Die Erfahrung, wann welche Werkzeuge am besten benutzt werden, kann man nicht vermitteln. Hier hilft nur die Praxis. Praxis bedeutet aber auch, schlechte Erfahrungen zu sammeln. In diesem Fall darf man nicht resignieren, sondern forscht nach den Ursachen und versucht, daraus bestmöglich zu lernen.

5.3.2 Fragebogen

Das Instrument des Fragebogens wird in der Praxis recht häufig benutzt. Die Idee beruht auf der Parallelisierung von Interviews, um Zeit zu sparen. Besonders, wenn eine umfangreiche Anzahl von Beteiligten in eine Befragung mit einbezogen werden muss, liegt es nahe, die anstehenden Fragen zu systematisieren und sie dann einer vorbereiteten Auswertung zu unterziehen. Vorab gilt es, das Thema zu strukturieren und entsprechend aussagekräftige Fragestellungen zu formulieren. Danach werden die Antworten einer Auswertung unterzogen. Je nach Anzahl der auszuwertenden Fragebögen und Themenstellungen findet dies manuell oder automatisiert statt.

Methodische Behandlung von Projekten

Um hier zu wirklich aussagekräftigen Ergebnissen zu kommen, bedarf es eines hohen Aufwandes an Vorarbeiten. Die Fragebogentechnik ist nur scheinbar einfach. Will man in dieser Form arbeiten, müssen folgende Aspekte geklärt werden:

Zunächst muss genau festgelegt werden, was ermittelt werden soll. Die Festlegung des konkreten Themenumfangs setzt eine abstrakte Betrachtung des grundsätzlich Möglichen und die exakte Abgrenzung des Themas voraus. Dabei ist es hilfreich, immer den genauen Zweck im Auge zu behalten, damit der Fragebogen in einem vertretbaren Umfang bleibt.

Wenn klar ist, was nachgefragt werden soll, muss darüber nachgedacht werden, wie man die Fragen so stellen kann, damit sie verständlich und gleichzeitig so präzise sind, dass sie nicht missverstanden werden können. Es ist eminent schwer, Fragen so zu formulieren, dass beim Leser genau ankommt, was der Fragende gemeint hat. Einerseits dürfen die Fragen nicht so verklausuliert sein, dass der Leser verwirrt wird, andererseits dürfen sie auch nicht derartige Interpretationsräume offen lassen, dass die Auswertbarkeit der Antworten in Frage gestellt ist.

Freie Antwortmöglichkeiten haben den Vorteil der nuancierten Darstellung. Haben die Befragten die Gelegenheit, sich frei auszudrücken, können sie ihre persönliche Sichtweise treffend darstellen. Diese beste Form der Stellungnahme (wenn sie durch den Interviewten umfassend genutzt wird) hat den Nachteil, dass systematisierte Auswerteschemata zumindest nicht direkt aus den Antworten abgeleitet werden können. Außerdem ist das Ausfüllen von Fragebögen letztlich lästige Mehrarbeit und wird oft nur unwillig aufgenommen. Verlangt der Interviewer dann noch überwiegend freie Textdarstellung, wird die Motivation zur (ausführlichen) Antwort entsprechend gering sein. Deshalb muss den Befragten ein Weg vorgegeben werden, der möglichst komfortabel ist.

Dies geschieht durch vorgefertigte Antwortschemata, die der Befragte nur noch nach seiner Wertung ankreuzen muss. Dieser Erleichterung steht natürlich wieder der Nachteil des Tendenziösen gegenüber. Durch die Vorgabe von Antworten wird eine gewisse Schematisierung erreicht. Diese Schematisierung muss so gewählt werden, dass keine Verzerrung des wahren Ergebnisses stattfindet. Hierbei besteht immer die Gefahr, dass die gewählten Kategorien, die zur Antwort zur Verfügung stehen, nicht den gesamten Antwortraum oder nicht genügend die Möglichkeiten der Antwortenpalette widerspiegeln.

Letztlich muss die Art der Auswertung auch vorbereitet werden. Die Fragen müssen dem Auswerteziel entsprechen. Am besten wird dem Befragten auch die Art der Auswertung vermittelt, damit er weiß, welche Konsequenzen seine Antworten haben und er darüber sachgerecht seine Akzentuierung des Themas setzen kann.

Schon allein aus diesen Kurzbetrachtungen wird deutlich, wie anspruchsvoll Fragebogenauswertungen sind. Gleichzeitig muss kritisch hinterfragt werden, wie gut sich eigentlich Fragebögen für die Problematik des Projektmanagements eignen. Dies kann nicht pauschal beantwortet werden. Immer, wenn es messbare Fakten zu erfassen gilt, ist der Fragebogen ein probates Mittel. Wenn beispielsweise für eine Datenerfassung Voraberhebungen (Mengengerüste u.ä.) zur Kostenschätzung gemacht werden müssen, sind Fragebögen durchaus gut geeignet. Wenn aber Konzeptionen entworfen werden sollen, ist es unmöglich, die Komplexität des Themas durch Fragebogenaktionen abzudecken.

Der größte Nachteil des Fragebogens ist meiner Meinung nach die Einseitigkeit der Kommunikation oder, anders ausgedrückt, das Fortlassen der Interaktion. Wenn man mit Fragebögen Sachverhalte erhebt, reduziert man die Informationen, die man bekommen kann, nur auf das Sehen eines Produktes. Werden allein diese Fragen in einem Interview gestellt, erfasst man die Antworten und auch die Gesprächspartner mit mehreren Sinnen. Die Art der Gestik, Mimik, Tonlage und die Art der Ausdrucksweise vermitteln den Gesprächspartnern viel mehr an Informationen. Sie werden zwar unbewusst aufgenommen, tragen aber oft maßgeblich zur Erfassung des Gesamteindrucks bei. Erfahrene Projektmanager nutzen dieses Mehr. Dem Leser wird hier besonders das Buch von Samy Molcho „Körpersprache" [Molcho] empfohlen. Wer ein wenig darauf trainiert ist, die Signale des Gesprächspartners zu lesen und sie in Verbindung mit dem Gesagten zu bringen, ist in der Lage, die Informationen sachgerechter zu werten als dies mit Fragebögen überhaupt möglich ist.

Außerdem birgt die Vorstrukturierung der Fragebögen enorme Gefahren. Steckt doch in dieser Strukturierung schon ein gewisses Maß an Richtunggebung. Man kann als einzelner überhaupt gar nicht so frei denken, wie es eine teamorientiert arbeitende Gruppe vermag. Neue Wege fordern die Freiheit, neue Gedanken und neue Strukturen entwickeln zu können. Dies steht im krassen Gegensatz zu einem vorstrukturierten Antwortschema. Aufgrund dieser Erfahrungen arbeite ich beim Projektmanagement äußerst selten mit Fragebögen. Selbst bei der Erfassung einfacher Sachinformationen suche ich bewusst die Interaktion mit den beteiligten Mitarbeitern. Sämtliche Techniken, die ich einsetze, wollen diesen Interaktionsschritt und die kreative sowie analytische Auseinandersetzung mit den Mitarbeitern. Für diese Arbeit reichen Techniken der Meinungsforschung oder Markterhebung nicht aus. Wir brauchen ein aktives, kreatives und systematisches Zusammenarbeiten. Dies wird durch Fragebögen nicht unterstützt. Welche Werkzeuge wirklich weiterhelfen, wird im Folgenden dargelegt.

5.3.3 Mind-Map Technik

Die Mind-Map Methode basiert auf Erkenntnissen der Gehirnforschung. Danach übernehmen beide Großhirnhälften unterschiedliche Funktionen. So sind dem rechts liegenden Hirnzentrum visuelle Wahrnehmungsfunktionen, Gefühle und die so genannte Intuition zugeordnet. Das linke Hirnzentrum übernimmt die analytischen, sprachlichen und kommunikativen Bereiche sowie Datensammlungsfunktionalitäten. Dies gilt für den überwiegenden Teil der Menschen. Bei Linkshändern ergibt sich die umgekehrte Aufteilung.

Beide Gehirnhälften arbeiten unabhängig voneinander. Sie sind aber über einen Nervenstrang miteinander verbunden. Auf diese Weise entsteht die Kopplung von Faktenwissen mit dem emotional kreativen Bereich. Nur eine Minderheit der Menschen nutzt beide Gehirnhälften gleichermaßen intensiv. In der Regel ergeben sich Dominanzen. Linksdominante

Menschen sind prädestiniert für analytisch arbeitende Berufe wie Techniker, Juristen und Naturwissenschaftler. Rechtsdominante Menschen findet man häufig in den Berufsbildern der Künstler oder Erfinder.

Wer in der Lage ist, beide Großhirnhälften gleichermaßen zu nutzen, gewinnt eine gewisse Ausgeglichenheit des Denkens. Genau das ist Ziel der Mind-Map Technik und GIAD.

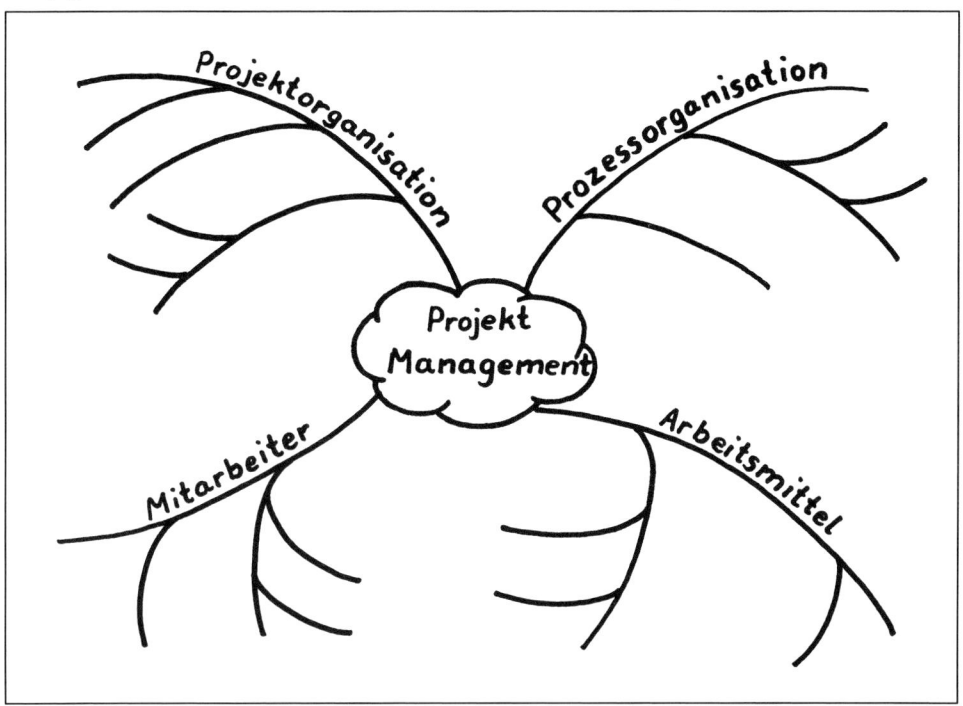

Abbildung 53: Mind Map Technik

Konzipiert wurde die Mind-Map Technik in den siebziger Jahren von dem Engländer Tony Buzan. Die Grundregeln sind sehr einfach (vgl. Abbildung 53). Im Mittelpunkt einer Mind Map steht das Thema. Deshalb wird in der Mitte des Papierbogens das Thema aufgeschrieben. Von diesem Thema gehen Äste aus, die nichts anderes als eine visualisierende Gliederung des Themas darstellen. Ein Originalbeispiel aus einem GIS-Projekt befindet sich auf Farbtafel I im Anhang des Buches.

```
1 ____
    1.1 ____
    1.2 ____
    1.3 ____
2 ____
    2.1 ____
        2.1.1 ____
        2.1.2 ____
    2.2 ____
    2.3 ____
3 ____
4 ____
```

Abbildung 54: Lineare Ordnungsstrukturen

Die zweidimensionale Gliederungsstruktur des Mind-Mapping ist der klassischen Gliederung (lineare Struktur (vgl. Abbildung 54) weit überlegen, weil sie keinen Zwang auf die Reihenfolge des Arbeitens ausübt. Im Brainstorming können Aspekte des Themas erfasst werden. Werden Hauptaspekte gefunden, führt dies zu neuen Hauptästen, die vom Thema ausgehen. Werden Nebenaspekte gefunden, wird entschieden, an welchen Ast, in welchem Hierarchiebereich der Aspekt angehängt wird, oder es wird deutlich, dass der gefundene Aspekt einem neuen Hauptbereich zuzuordnen ist.

Jedem Ast wird ein Schlüsselwort zugeordnet. Dieses Schlüsselwort hat die Funktion einer Assoziation. Die Beteiligten sollen sich aufgrund des Schlüsselwortes an den besprochenen Aspekt erinnern. Diese Technik kombiniert in idealer Weise das Brainstorming mit analytisch übersichtlichen Gliederungsstrukturen. Einerseits wird die Kreativität durch das Assoziieren gefördert, andererseits die Analytik durch übersichtliche zweidimensionale Gliederungsstrukturen.

Methodische Behandlung von Projekten   173

Bei der Nutzung dieser Technik im Projektmanagement sind folgende Punkte wichtig:

- Die Mind Map Technik eignet sich gut zu Beginn von Projekten oder Projektteilen. Sinn der Technik ist, einen ersten schnellen Überblick zu bekommen. Die Entwicklung einer Mind Map ist erfahrungsgemäß nach 10 - 30 min abgeschlossen. Sie ist nicht für eine funktionale Spezifikation geeignet.

- Jede Äußerung eines Mitarbeiters ist wichtig und wird deshalb auch aufgeschrieben! Auf keinen Fall darf der Moderator oder ein Beteiligter die Äußerungen werten. Der Sinn der Technik besteht darin, sich das Thema zu erschließen. Zu Beginn hat man sehr oft Vorstellungen vom Inhalt des Themas, die sich später als unzureichend oder sogar falsch erweisen. Bemerkungen, die anfangs oder auf den ersten Blick absurd erscheinen, können sehr wichtig sein, weil sie den Durchbruch in eine verbesserte Gedankenwelt eröffnen. Jeder Projektbeteiligte tut also gut daran, sich auch mit den zunächst vielleicht merkwürdig klingenden Inputs von anderen zu beschäftigen.

- Die Mind Map Technik in der Gruppe (man kann sie auch alleine anwenden) lebt von der Kraft und den Fähigkeiten der Gruppe. Zu diesen Fähigkeiten wird nicht nur die fachliche Qualifikation gezählt, sondern auch die soziale. Mind Mapping kann überragende Ergebnisse in der Gruppe erzielen. Die Gruppe muss aber dann auch teamorientiert arbeiten können. Bei folgenden praktischen Situationen muss der Projektmanager Fingerspitzengefühl haben und korrigierend eingreifen:

  - **Die Leitfigur**

    Der Leitfigur-Typus kommt in zwei Ausprägungen vor. Ist die Arbeitsgruppe hierarchisch unterschiedlich besetzt, ist das so lange unschädlich, wie die Beteiligten gewohnt sind, teamorientiert zu arbeiten. Sind Vorgesetze beteiligt, die ihre Dominanz in irgendeiner Form betonen, muss der Projektmanager eingreifen. In der Praxis ist es äußerst schwer, diese Situation zu retten. Selbst wenn der Vorgesetzte an die Spielregeln erinnert wird, werden die anderen Beteiligten ihre Äußerungen zurückhalten. Deshalb wird der erfahrene Projektmanager vorab prüfen, welchen Arbeitsstil die Beteiligten pflegen. Dies ist relativ leicht „zwischen den Zeilen" zu erkennen (Körpersprache, Kommunikation untereinander, Anrede, Gruppenverhalten u.ä.). Ist erkennbar, dass Hierarchie betont wird, sollte er dafür sorgen, dass die Arbeiten nicht gemischt hierarchisch durchgeführt werden.

    Der andere Leitfigur Typus ist entweder sehr motiviert und dementsprechend aktiv oder es handelt sich um die hyperaktiven Selbstdarsteller. Im ersten Fall hat man relativ leichtes Spiel. Es ist hier wichtig, die anderen zu Äußerungen aufzufordern und den Aktiven ein wenig zu bremsen.

Wesentlich schwieriger ist es im zweiten Fall. Die Gruppe registriert sehr sensibel, ob der Projektmanager auf Schaumschlägerei eingeht oder ob ihm die Sache am Herzen liegt. Bereits in dieser Phase können Trends im Projekt gesetzt werden. Wird der Dominante nicht einfühlsam zurückgedrängt, versagt die Gruppe die Gefolgschaft. Wird der Dominante allzu rigoros in seine Schranken verwiesen, wird er beleidigt reagieren und dem Projektmanager Rache schwören.

- **Allgemeine Zurückhaltung**

Diese Situation kommt häufig zu Beginn eines Projektes vor. Der Projektmanager hat die Aufgabenstellung erklärt, das Thema auf ein Chart geschrieben und eingekreist und erwartet nun voller Motivation auf die Eingebungen der Gruppe. Statt dessen starren die Beteiligten in der Gegend herum und niemand sagt etwas.

Wenn diese Situation daran liegt, dass man sich nicht kennt oder eine allgemeine Unsicherheit herrscht, helfen kleine Unterstützungen des Projektmanagers, die darauf hinauslaufen, die Beteiligten zur Aktivität zu bewegen. Hier eignen sich eine kurze gegenseitige Vorstellung oder auch nur ein wenig Humor, um die Stimmung zu lockern.

Sehr viel gravierender ist die Situation aber, wenn die Beteiligten missmutig sind oder sich zu irgend etwas gezwungen fühlen und durch die Zurückhaltung stummen Protest signalisieren. Frustrationsbemerkungen oder entsprechendes Verhalten verraten eine solche Situation. In diesem Fall lohnt es sich nicht, mit dem Thema zu beginnen und es einfach nach Plan durchzuziehen. Hier muss vielmehr Offenheit hergestellt werden. Der Projektmanager muss erreichen, dass die stumm Protestierenden erst einmal „Dampf ablassen" können. Wenn dieser Druck verpufft ist, hat man schon halb gewonnen. Merken die Mitarbeiter, dass man ihre Probleme wirklich ernst nimmt und aktiv versucht, ihnen entgegenzukommen, werden sie bereit sein mitzuarbeiten. Gemeinsam gelöste Schwierigkeiten und Probleme sind eine ausgezeichnete Grundlage für eine konstruktive und beständige Zusammenarbeit.

5.3.4 Filterarchitekturen

Aller Anfang ist schwer! Selbst bei noch so großer Erfahrung ist die erste Konfrontation mit einem schwierigen Projekt immer wieder ein frustrierendes Erlebnis. Tausende von Gedanken schießen einem unkontrolliert durch den Kopf und die ersten Versuche, das Projekt in den Griff zu bekommen, werden alsbald durch andere, vermeintlich bessere Gedanken ersetzt. In Wirklichkeit ertappt man sich nach geraumer Zeit dabei, wie man sich dauernd im Kreis dreht und dabei keinen Schritt vorwärts gekommen ist. Diese Erkenntnis verstärkt die Frustration, und man gerät, wenn man nicht aufpasst, in den ersten unheilvollen Teufelskreis.

Methodische Behandlung von Projekten

In dieser Situation gibt es nur einen Ausweg: man muss versuchen, das Projekt in mehr formaler als inhaltlicher Art und Weise zu erfassen. Es gilt wirklich die fast unglaubliche Tatsache, dass man sich bahnbrechende Ideen erarbeiten kann. Obwohl in der Wissenschaft längst erwiesen ist, dass systematische und intensive Beschäftigung mit einem Thema letztlich auch die so sehnsüchtig erhofften kreativen Durchbrüche bringt: das kreative Denken im Sinne von GIAD ist zunächst eine Tour der Leiden. Lediglich die Erfahrung vieler Projekte gibt einem die Gewissheit, dass die Phase der weiterbringenden Ideen wirklich kommt (fast nie zu Beginn). Aber bei jedem neuen Projekt drückt ein wenig die quälende Angst, ob auch diesmal endlich die entscheidenden Ideen kommen werden.

Die vorab beschriebene Mind-Mapping Technik hat im Wesentlichen zwei wichtige Funktionen: Stoffsammlungen für die kreative Assoziationsfähigkeit des Gehirns zu liefern und in einer ersten groben Form zu strukturieren. Die vorgeschlagene mehr formale Vorgehensweise bringt am Anfang zwar wichtige Fakten, aber der eigentliche Effekt des Sich-Lösens vom derzeitigen Denken wird dadurch nicht erreicht. In dieser Phase fehlt es an der Differenzierung zwischen wichtig und unwichtig. Aus der Vielzahl von Fakten müssen jetzt notwendigerweise Akzente gesetzt werden, die sukzessive zu mehr Transparenz führen und die Basis für die wichtigen Ideen bilden. Ich benutze hierzu grundsätzlich Filterarchitekturen.

Um aus der Fülle der Einzelfakten nun eine transparente Sicht herauszukristallisieren, werden bewusst in jeder Stufe der Entwicklung eines Projektes Filter angebracht, die die entwickelten Ideen, bzw. den Projektverlauf letztlich kontrollieren und priorisieren. Die Bandbreite des Einsatzes von Filtern ist groß. Filter können z.B. zur Ermittlung der groben Vorgehensweise eingesetzt werden, wenn verschiedene Möglichkeiten zur Debatte stehen. Genauso sind sie auch im Detail zum Schlichten von Meinungsstreits in Workshops zu verwenden. GIAD ist nicht ein zwanghaftes Muster, das minutiös und rein formal abgearbeitet wird. GIAD liefert Architekturen und Werkzeuge, die erst in der Hand eines verständig operierenden Projektmanagers ihre volle Wirkung entfalten.

Zusammenfassend und vereinfachend gesagt: Filter sind Mittel, um die Spreu vom Weizen zu trennen. Immer geht es darum, aus einer Vielzahl von Möglichkeiten über objektive Kriterien Priorisierungen vorzunehmen. Ich verwende in GIAD drei verschiedene Typen von Filterarchitekturen:

- Filterung durch Konzentration

- Filterung durch unabhängige Kontrolle

- Filterung durch Einzelpunktbewertung

Filterung durch Konzentration

Die Filterung durch Konzentration ist eine sehr einfache aber wirkungsvolle Methode. Zu ihrer Verdeutlichung stellen wir uns das Ergebnis einer Mind-Map vor. Die Mind-Map liefert, wie beschrieben, eine übersichtliche und strukturierte Darstellung eines Themas. Im nächsten Schritt muss geklärt werden, was aus der Fülle der ermittelten Einzelaspekte überhaupt verfolgt werden soll, bzw. was wichtig und was weniger wichtig ist.

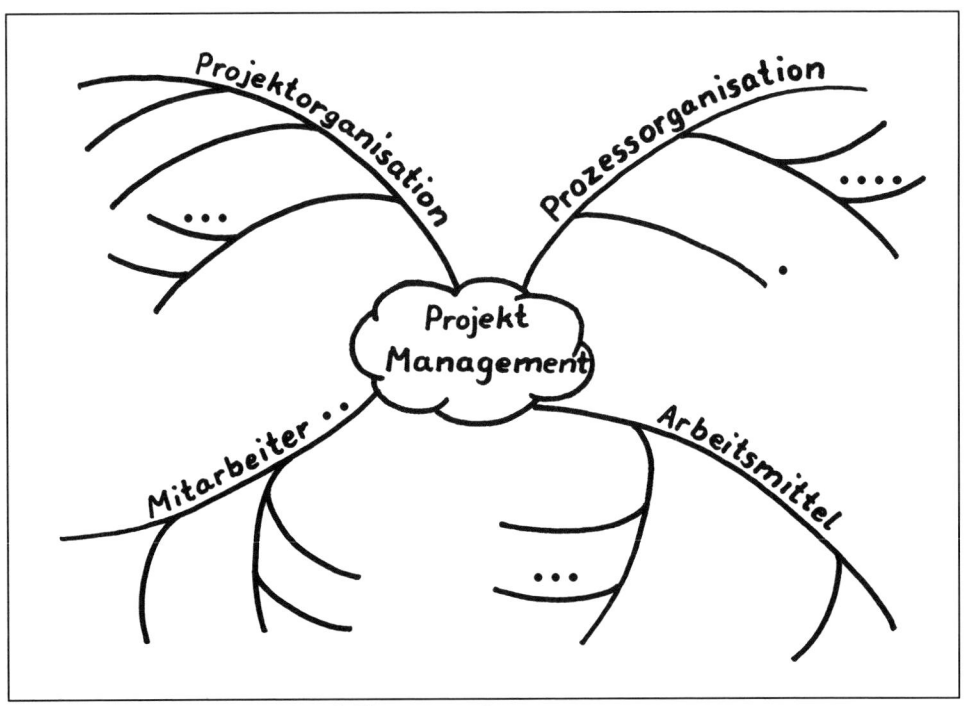

Abbildung 55: Filterung durch Konzentration

Hierzu wird eine Filterung durch Konzentration durchgeführt. Jeder der Beteiligten erhält drei Klebepunkte und wird gebeten, sie auf der Mind Map zu positionieren. Im ersten Schritt geht es um die Frage:

Welche Aspekte der Mind Map bergen für die Zukunft die größten Chancen?

Die Beteiligten können dabei die drei Punkte nach ihrer persönlichen Einschätzung kleben. Es ist auch erlaubt, mehrere Punkte an einen Aspekt zu kleben; ein Punkt darf aber nicht geteilt werden.

Im zweiten Schritt bekommen die Beteiligten drei weitere Punkte in einer anderen Farbe. Jetzt gilt es, die Frage zu beantworten:

Welche Aspekte werden aus heutiger Sicht die größten Probleme im Projekt bringen?

Methodische Behandlung von Projekten

Wiederum können die Beteiligten ihre Einschätzung durch die Klebepunkte in der Mind Map visualisieren (vgl. Abbildung 55). Bei dieser Technik gibt es zwei mögliche Ergebnistypen:

- Die Punkte verteilen sich gleichmäßig über die Mind Map. Dieses Ergebnis bedeutet Arbeit. Zeigt es doch offensichtlich die divergenten Auffassungen der Beteiligten. In einem solchen Fall hilft die dargestellte Filtertechnik nicht weiter. Hier wird empfohlen, zur Problem/Ursachenanalyse überzugehen (siehe Kapitel 5.3.5 „Routing Techniken").

- Die Punkte zeigen deutliche Konzentrationen und damit Trends. In jedem Fall bedeutet dieses Ergebnis schon einen Fortschritt in Bezug auf die zielgerichtete konzentrierte Bearbeitung von wichtigen Themen. Zwei Fälle sind hier zu unterscheiden:

    - Für beide Fragen zeichnen sich jeweils Konzentrationen ab.
      Dies ist der (erhoffte) Normalfall.

    - Beide Fragestellungen führen zu den gleichen Konzentrationen. Die Aspekte, denen die größten Chancen zugebilligt wurden, stellen gleichzeitig auch die größten Probleme dar.

      Wenn die gleichen Aspekte sowohl das größte Chancenpotential als auch die größten Probleme darstellen, bedeutet dies ein hohes Risikopotential des Projektes. Die Konzentration beider Punktefarben auf einen oder mehrere Aspekte liefert ein erstes Indiz für einen oder mehrere Kritische Erfolgsfaktoren für das Projekt.

Filterung durch unabhängige Kontrolle

Während die Filterung durch Konzentration mehr formal angewendet wird, sollen nun inhaltliche Filterarchitekturen vertieft werden. Der Ursprung dieser Architekturidee wurde über die Denkweise des Vermessungswesens assoziiert. Die Wissenschaft der Geodäsie hat (zumindest) eine sympathische Eigenschaft: sie nimmt sich nicht über Gebühr ernst. Kernpunkt der geodätischen Denkweise ist, dass der Mensch in seinem Denken und Handeln fehlerträchtig ist. Diese Neigung zu Fehlern kann sehr unangenehme Folgen habe, und deshalb hat man eine einfache, aber geniale Methode entwickelt und universell ausgeprägt, um sich vor den Fehlern zu schützen. Man entwickelte den Grundsatz: **immer eine unabhängige Kontrolle!**

Gemeint ist damit: bei jedem wichtigen neuen Schritt oder bei einer wichtigen Schlussfolgerung wird eine Kontrolle durchgeführt, die auf einem völlig anderen Weg zum gleichen Ergebnis führen muss. Erst dann gilt der Gedanke als kontrolliert und damit hinreichend abgesichert.

GIAD nimmt diese Philosophie für das Projektmanagement auf und entwickelt daraus eine Filterarchitektur. Während die Geodäsie bei ihrem Grundsatz nur analytisch fassbare Kontrollmechanismen zulässt, geht GIAD noch einen Schritt weiter. Die Filterarchitekturen in GIAD lassen im Sinne der krealytischen Denkweise auch emotionale Kontrollen zu, bzw. stützen emotional kreative Ideen durch analytische Filtermechanismen ab.

Dementsprechend besteht GIAD hinsichtlich seiner Methodik aus einer ständigen Mischung von Gegensätzen. Formale und inhaltliche Aspekte werden zusammengebracht, analytische und kreative Denkweisen ergänzen einander, technisches und kaufmännisches Denken streiten (konstruktiv) miteinander, traditionelles Handeln und revolutionäre Ideen werden gegenübergestellt. Gegensätze dienen dabei sowohl zur Mischung und Anregung als auch jeweils als Filter im Sinne einer unabhängigen Kontrolle (siehe Kapitel 5.2.4 „Arbeitsmodell").

Betrachten wir die Filterung durch unabhängige Kontrolle anhand eines Praxisbeispiels. Dieses Beispiel stammt aus einem Praxisprojekt und ist so allgemein gefasst, dass es in seiner Architektur durchaus auch auf die Vorgehensweise anderer Unternehmen übertragbar ist. Aufgabe des konkreten Projektes war die Evaluation eines für das Unternehmen optimalen GIS unter der Maßgabe, dass mit dem GIS-Einsatz wirkliche Rationalisierungseffekte erzielt werden.

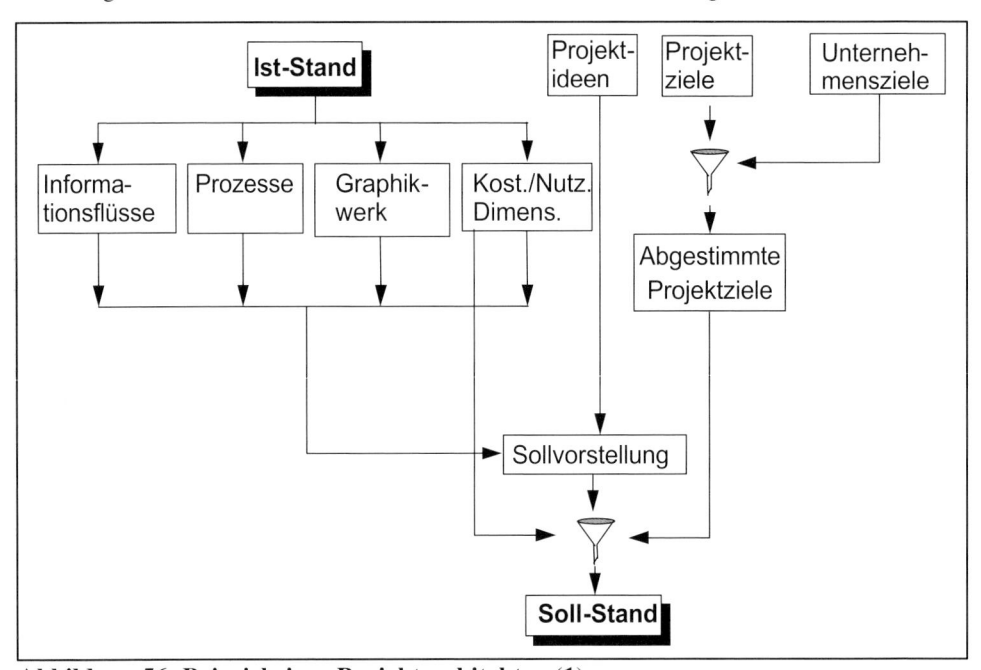

Abbildung 56: Beispiel einer Projektarchitektur (1)

Ohne den dargestellten Weg von der ersten Idee des GIS-Einsatzes bis zum Vertragsabschluß mit einem GIS-Hersteller inhaltlich vertiefen zu wollen, sollen an diesem Beispiel die Filterarchitektur durch unabhängige Kontrolle im Sinne von GIAD deutlich gemacht werden.

Die abgestimmten Projektziele (vgl. Abbildung 56) sind das Ergebnis eines analytisch kontrollierten Filterprozesses. Das Projektteam hat bestimmte Vorstellungen und Ziele für das GIS-Projekt entwickelt. Allzu häufig erlebt man in der Praxis, dass das GIS-Projekt zum „Selbstläufer" wird und zu Entwicklungen führt, die fast nur noch nach sportlichen Maßstäben zu bewerten sind. So ist das technisch Machbare nicht unbedingt auch betrieblich sinnvoll einsetzbar. GIAD löst diese potentielle Schwierigkeit durch die Filterung durch unabhängige Kontrolle. Die technisch geprägte Vorstellung wird dem betrieblichen Zweck unterworfen. Im einfachsten Fall geschieht das durch reine Abstimmungsgespräche. Kompliziertere Fälle werden wir im nächsten Abschnitt behandeln. Nach diesem Prozess stehen Abgestimmte Projektziele fest. Wie in der Theorie dargelegt, wird über ein Medium der unabhängigen Kontrolle gefiltert (Technik gegen Betriebswirtschaft).

Das nächste Beispiel, von der Sollvorstellung zum Sollstand (vgl. Abbildung 57), ist prinzipiell gleich. Hier wird die überwiegend kreativ entstandene Sollvorstellung einem analytisch entwickelten Filter, den Abgestimmten Projektzielen, unterworfen.

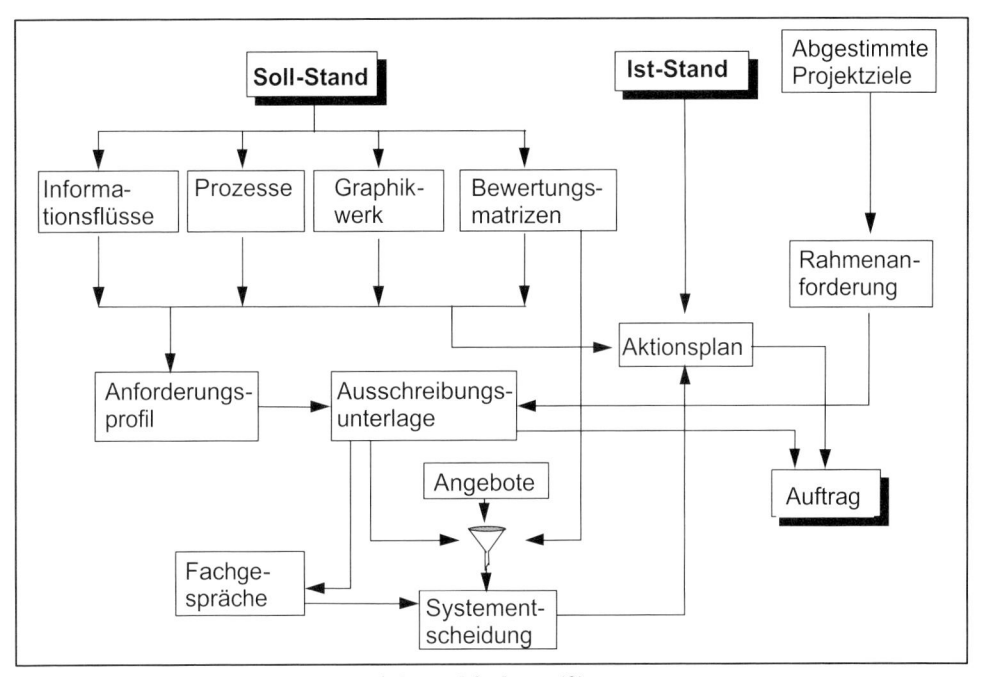

Abbildung 57: Beispiel einer Projektarchitektur (2)

Im letzten Beispiel - von den Angeboten zur Systementscheidung - wird die Filterarchitektur der unabhängigen Kontrolle kaskadierend (vgl. Abbildung 57) benutzt. In diesem Fall werden die Angebote verschiedenen erarbeiteten Kriterien im Rahmen einer analytischen Filterung unterworfen (Bewertungsmatrizen, Ausschreibungsunterlagen).

Nicht ersichtlich, aber häufig verwendet, sind Filter, die analytisch herausgebildete Sachverhalte emotionaler Kontrolle unterwerfen. Typisches Beispiel: eine analytisch entwickelte Konzeption wird erfahrenen Mitarbeitern (Praktikern), die nicht in den Entwicklungsprozess involviert waren, vorgestellt mit der Frage: „was halten Sie davon?" Dieses lächerlich einfach klingende Beispiel soll hinsichtlich seiner Wirkung nicht unterschätzt werden. Erfahrene Praktiker entwickeln förmlich einen sechsten Sinn für ihr Arbeitsumfeld. Falls die Befragung eindeutige Trends ergibt und vorausgesetzt werden kann, dass diese Trends nicht von einer Voreingenommenheit bestimmt werden, bringt dieser Filter außerordentlich wichtige Ergebnisse.

Filterung durch Einzelpunktbewertung

Häufig kommt es vor, dass verschiedene Alternativen zur Debatte stehen, keine von ihnen aber so gut ist, dass sie die allgemeine Zustimmung findet. Bei der Filterung durch unabhängige Kontrolle kann es auch passieren, dass der bloße Abstimmungsprozess, der die Filterung herbeiführen soll, zu keinem Ergebnis führt. In solchen Anwendungsfällen muss der eigentliche Filterprozess vertieft werden. Ich benutze dazu die Filterung über Einzelpunktbewertungen.

Der gedankliche Ansatz geht von einer Modularisierung der Filterkriterien aus. Während bei der Filterung durch unabhängige Kontrolle gegen einen einzigen Gesamtaspekt gefiltert wird, geht man bei der Einzelpunktbewertung zur Modularisierung des Gesamtaspektes über und führt die Filterung einzeln gegen alle Einzelaspekte durch. Ziel ist es, eine Idee oder Maßnahme nicht als Ganzes zu bewerten, sondern sie dediziert aufgrund von Einzelkriterien zu gewichten und dann aus den Einzelergebnissen eine Gesamtbewertung abzuleiten.

Zur besseren Erläuterung stellen wir uns die Situation vor, dass ein Unternehmen genaue Zielvorgaben für ein Projekt spezifiziert hat (vgl. Abbildung 56). Die Maßnahmen stehen zur Debatte, wie dieses Ziel am besten umgesetzt werden kann. Naturgemäß führt diese Phase immer zu (kontroversen) Diskussionen. Jetzt ist es besonders bedeutsam, dass Entscheidungen nach sachlichen Kriterien fallen. Hierzu ist folgende Filtertechnik sehr gut geeignet:

Alle Maßnahmen werden am linken Rand in einer Spalte stichwortartig untereinander geschrieben. Alle Abgestimmten Projektziele (als Einzelkriterien) werden am oberen Rand so stichwortartig aufgeschrieben, dass in jeder Spalte der oberen Zeile ein Abgestimmtes Projektziel steht.

Nun erfolgt eine Bewertung nach folgender Maßgabe:

Für jede Maßnahme und jedes Abgestimmte Projektziel wird gefragt:" Inwieweit trägt die Maßnahme dazu bei, das Abgestimmte Projektziel zu erfüllen?" Das Maß des Erfüllungsgrades wird durch eine Zahl zwischen 0 und 10 symbolisiert. Die Zahl 0 bedeutet, dass die Maßnahme überhaupt nicht zur Erfüllung des Abgestimmten Projektziels beiträgt und die Zahl 10 repräsentiert den vollen Erfüllungsgrad.

Methodische Behandlung von Projekten

	Ziel 1	Ziel 2	Ziel 3	Ziel 4	Ziel 5	Ziel 6	**Summe**
Maßname 1	1	4	0	3	2	5	15
Maßname 2	7	5	6	8	5	7	38
Maßname 3	2	3	3	4	3	3	18
Maßname 4	4	3	2	3	1	2	15
Maßname 5	3	1	2	1	3	0	10
Maßname 6	8	7	6	10	7	6	44
Maßname 7	1	1	3	3	4	2	14
Maßname 8	3	2	2	5	3	3	18
Maßname 9	8	8	7	6	9	8	46
Maßname 10	0	3	4	5	3	3	18

Abbildung 58: Filterung durch Einzelpunktbewertung

Auf diese Weise wird die Diskussion versachlicht und auf die anerkannt wichtigen Aspekte des Projektes zurückgeführt. Die Praxis zeigt immer wieder, dass es viel leichter ist, über Einzelaspekte eines Sachverhalts zu diskutieren und Konsens zu erreichen als über ein abstraktes Thema. Aus den so getroffenen Einzelbewertungen wird sehr schnell der Favorit erkennbar. Der Projektmanager muss nur darauf achten, dass die Bewertung wirklich nur das jeweils diskutierte Kriterium betrifft und nicht Ausstrahlungswirkungen das Ergebnis verfälschen. Dies erreicht man durch ständiges Wiederholen der Fragestellung, das die Beteiligten zum konzentrierten Denken zwingt. Ebenso muss die Logik der Antwort für eine Bewertung nachvollziehbar sein. Insbesondere bei schwankenden Bewertungsvorstellungen eines Aspektes muss der Projektmanager die Projektbeteiligten nach der Begründung für ihre Bewertung fragen.

Bei sachlicher Diskussion werden die anderen Beteiligten erkennen, dass sie eventuell Aspekte der Fragestellungen gar nicht gesehen haben oder ein anderes Verständnis hatten. Der Gedankenaustausch, der dann durch solche Diskussionen zustande kommt, ist sehr fruchtbar und in den allermeisten Fällen kann ein Konsens (nicht Kompromiss) erreicht werden. Dieser Konsens hat eine höhere Qualität als der Beitrag eines Beteiligten, weil er durch umfassenderes Denken zustande gekommen ist.

In Ergänzung zu diesem Beispiel kann auch die Filterung durch Einzelpunktbewertung hinsichtlich der Kritischen Erfolgsfaktoren wichtige Beiträge für die Ergebnisfindung liefern. Hier würde man einfach anstelle der Einzelziele die Kritischen Erfolgsfaktoren in die Tabelle eintragen und fragen: welche Maßnahme ist am besten geeignet, dem entsprechenden Kritischen Erfolgsfaktor entgegenzuwirken?

Dadurch entsteht ein interessanter Vergleich. Sind die Maßnahmen, die am besten die Ziele erfüllen können, auch geeignet, die Kritischen Erfolgsfaktoren zu beseitigen? Reichen die Maßnahmen zur Zielerfüllung wirklich alleine aus, um dem Projekt die nötige Stabilität zu geben?

Die drei vorgestellten Filterarchitekturen (Filterung durch Konzentration, Filterung durch unabhängige Kontrolle, Filterung durch Einzelpunktbewertung) unterscheiden sich inhaltlich hauptsächlich durch die Intensität der Behandlung des Filterprozesses. Geht es nur um grobe Ergebnisfindungen oder hat die Arbeitsgruppe augenscheinlich schon zu einem Konsens gefunden, reichen die beiden ersten Architekturen aus. Immer, wenn aus irgendeinem Grund genauer gefiltert werden muss, empfiehlt sich die Filterung durch Einzelpunktbewertung. Für wichtige Filterphasen wird sogar die Kombination der beiden letzten Architekturen empfohlen. Hierbei werden die Einzelpunkte, gegen die gefiltert wird, aus unabhängigen Kontroll-sichten heraus entwickelt.

Phasen des Bewertens sind innerhalb der Projektentwicklung nicht nur für den Projektinhalt richtungweisend. Versteht es der Projektmanager, die Diskussion immer auf der Sachebene zu belassen, bzw. zur Sachebene hinzuführen und konsequent nur logisch Nachvollziehbares als Ergebnis festzuhalten, gewinnt er in doppelter Hinsicht. Das Projekt wird sachbetont und seine Autorität von den Beteiligten anerkannt. Gleichzeitig wird dem Abdriftphänomen nachhaltig entgegengewirkt (siehe Kapitel 2.2). Die vorgestellten Filterarchitekturen stützen sich auf die Visualisierungskomponente, die Bewertung nach Sachkriterien und auf die Entwicklung durch die Mitarbeiter. Sie sind deshalb ein tragendes Element zur Realisierung des Arbeitsmodells (siehe Kapitel 5.2.4).

5.3.5 Routing Techniken

Will man ein Projekt ganzheitlich umsetzen, hat man mit zwei Hauptproblemen zu kämpfen: fehlende Modularisierung oder die schier unüberschaubare Fülle von Einzelaspekten. In beiden Fällen besteht das Problem mangelnder Übersicht. Einmal ist das Arbeitspaket viel zu groß, so dass es nicht vollkommen erfasst und behandelt werden kann. Im anderen Fall gibt es viel zu viele kleine, unstrukturierte Einzelanforderungen, die den Blick für das Wesentliche versperren.

GIAD löst diese Problemsituation durch Routing Techniken. Der Schlüssel zu den Routing Techniken ist jeweils der Aufbau von Baumstrukturen. In GIAD werden zwei unterschiedliche Routing Techniken benutzt:

- Modularisierende Routing Techniken und

- Zusammenfassende Routing Techniken.

Methodische Behandlung von Projekten   183

Modularisierende Routing Techniken

Ein großes Problem lässt sich leichter beseitigen, wenn es in viele kleinere zusammenhängende Einzelprobleme strukturiert wird, die dann gesondert angegangen werden können. Durch die Mind Mapping Technik (siehe Kapitel 5.3.3) können hier sehr schnell effektive Ergebnisse erzielt werden. Nach diesem Schritt hat man folgendes erreicht:

- Es liegt eine detailliertere Struktur vor und

- die Zusammenhänge zwischen den Details sind transparent.

Verbindet man nun die Module, die durch den Strukturierungsprozess entstanden sind, jeweils nach ihrem Ausgangsmodul und richtet sie nach der entstandenen Hierarchie aus, entsteht die erforderliche Baumstruktur. Hauptkomponenten und Nebenaspekte des Problems werden nun deutlich (vgl. Abbildung 59).

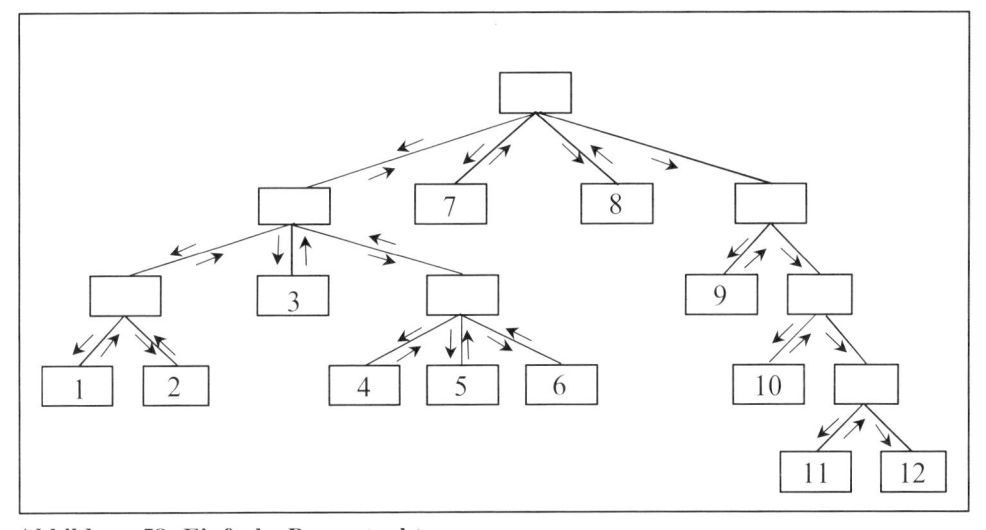

Abbildung 59: Einfache Baumstruktur

Formal kann nun die Abarbeitung durch reines Routing stattfinden. Dabei gibt es zwei Arbeitstechniken, die je nach dem zu Grunde liegenden Bedarf eingesetzt werden.

Arbeitet man vom Großen ins Kleine, werden die entstandenen Module von oben nach unten entsprechend ihrer Hierarchieebene behandelt.

Ist die umgekehrte Arbeitstechnik erforderlich, geht man nach folgendem Schema vor:

Ausgehend vom definierten Anfangsmodul (Stamm des Baumes) wird der jeweils links liegende, freie Ast durchlaufen, bis man zur untersten Ebene kommt. Sobald das entsprechende Modul bearbeitet ist, wird es gestrichen und auf das nächst höhere Modul übergegangen. Von hier aus wird wieder in der gleichen Weise bis zum nächst unteren Modul verzweigt, so dass es zu einer Bearbeitungssequenz kommt, wie es in den Ziffern der Module dargestellt ist. Dabei ist die gewählte Richtung, links zu beginnen, vollkommen willkürlich.

In einem zusätzlichen Schritt können aber noch weitere wichtige Informationen gewonnen werden. Die Mind-Mapping Technik vermittelt aufgrund ihrer Struktur nur hierarchische Zusammenhänge. Nun haben Baumstrukturen bei feiner Strukturierung den Nachteil des explosionsartigen Wachstums und eignen sich dann wenig für das schnelle Abarbeiten. Diesen Nachteil kann man beseitigen, indem das Routing mit Filterarchitekturen (siehe Kapitel 5.3.4) kombiniert wird. Bevor der Laufweg eines Astes beschritten wird, wird der Wert der Behandlung aufgrund des Filters getestet. Auf diese Weise werden nur die Module bearbeitet, die für das augenblickliche Vorhaben den größten Nutzen bringen.

Diese einfache Kombination von Routing und Filtern in GIAD erweist sich in der Praxis als äußerst wirkungsvolles Designelement. Ohne wesentliche Dinge außer Acht zu lassen, wird zielstrebig das anstehende Projekt bearbeitet. Vertiefungen können nach dem gleichen Schema durchgeführt werden. Auch Details werden zum gegebenen Zeitpunkt berücksichtigt.

Zusammenfassende Routing Techniken

Die zweite Variante der Routing Technik aus GIAD resultiert aus dem Bedarf, Einzelpunkte zusammenzufassen. Besonders bei der Problem/Ursachenanalyse ergibt sich eine Vielzahl von Einzelproblemen, die hinsichtlich ihrer Dimension und Bedeutung total unterschiedlich sind. In der Abbildung 60 ist das Praxisbeispiel einer Problemsammlung dargestellt, die sich auf den momentanen Zustand mit einem GIS bezieht. Hierzu wurden in einem Brainstorming alle Probleme auf Kärtchen geschrieben und auf ein Chart geklebt.

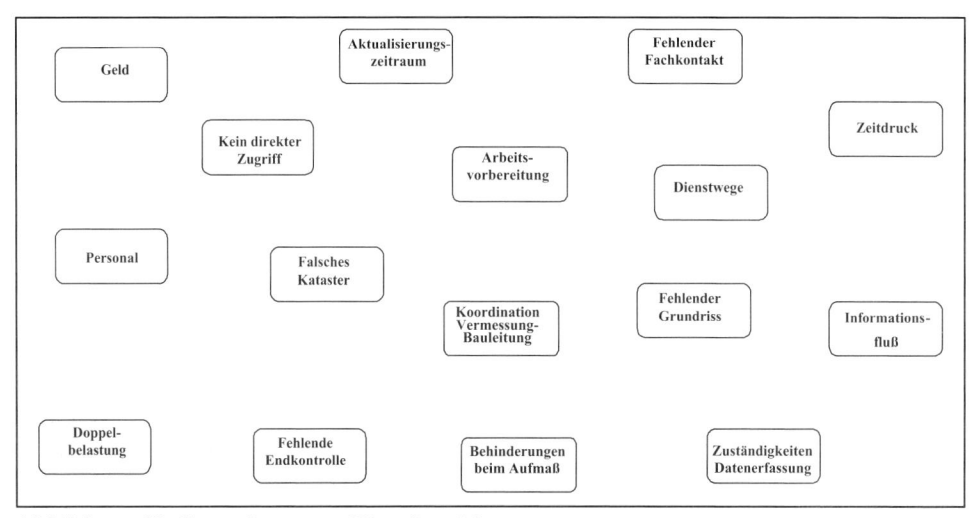

Abbildung 60: Sammlung von Einzelproblemen

Der Anwender steht, wie auch bei diesem Beispiel, regelmäßig vor der Schwierigkeit der Auswahl, welche Probleme in welcher Reihenfolge anzugehen sind. In diesem Fall bringt das Zurückverfolgen von Einzelproblemen formal und inhaltlich erhebliche Fortschritte.

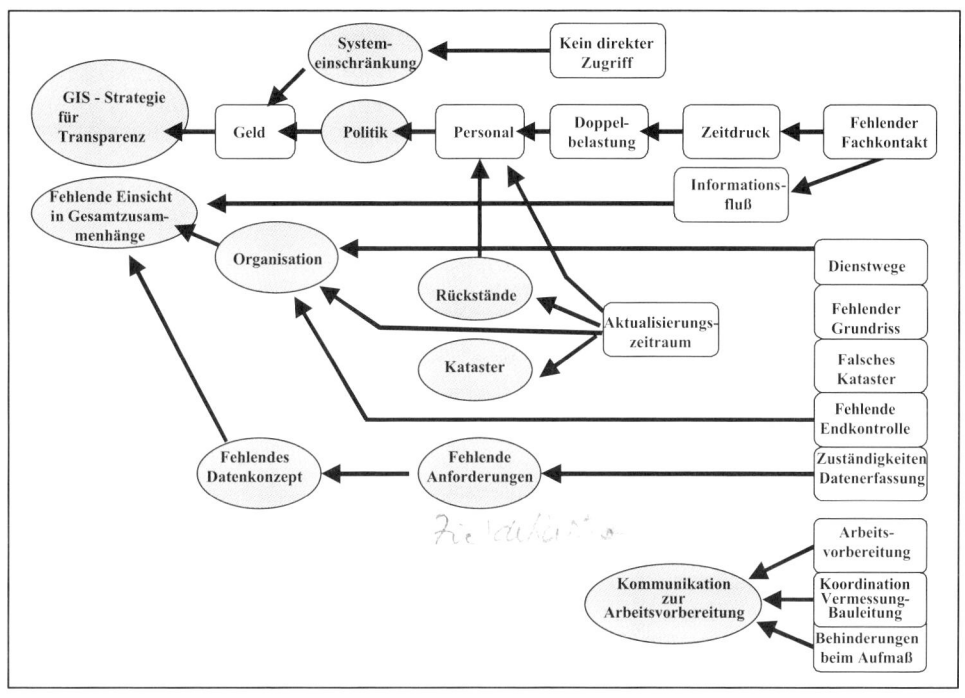

Abbildung 61: Problem/Ursachenanalyse

Hierzu wird die Technik der Problem/Ursachenanalyse angewendet. Zunächst werden alle Einzelprobleme auf der rechten Seite eines Charts untereinander positioniert (rechteckige Tafeln in den Abbildungen). Für jeden Einzelpunkt wird nun gefragt, warum dieser eigentlich ein Problem darstellt. Die Fragestellung zielt direkt auf die Ursache des Einzelproblems. Sobald man die Ursache gefunden hat, positioniert man sie eine Spalte weiter links vom Problem und behandelt nun die gefundene Ursache wieder als Einzelproblem. Problem und gefundene Problemursache werden mit einem Pfeil verbunden, der in die Richtung der Problemursache weist. Diesen Vorgang wiederholt man so lange, bis keine Ursachen mehr gefunden werden, bzw. die Ursachenbeschreibung so abstrakt wird, dass sie keinen praktischen Nutzen mehr hat (vgl. Abbildung 61).

Führt man dies mit allen Einzelproblemen durch, ergeben sich erstaunliche Effekte. Man sieht, dass einige Einzelprobleme die gleichen Ursachen haben. Manche Einzelprobleme „wandern" weiter nach links und werden damit zu Ursachen von anderen Einzelproblemen. Quasi automatisch entstehen Baumstrukturen. Es ist hierbei zweckmäßig, zum Abschluss der Übung die Aufstellung so umzusortieren, dass nicht zu viele Pfeilüberschneidungen entstehen und die Baumstruktur übersichtlich erscheint. Mit dieser einfachen Vorgehensweise erreicht man sehr tief greifende Ergebnisse. Einleuchtend lernt man zwischen Ursachen und Symptomen zu unterscheiden.

Das Arbeiten mit der Problem/Ursachenanalyse ist zwar sehr effektiv für das Problemverständnis, allerdings ist die praktische Durchführung nicht einfach. Oft kommt es vor, dass nicht die richtige Ursache gefunden wird. Deshalb wird für die Durchführung ein Kontrollschritt empfohlen. Glaubt man, für ein Problem eine Ursache gefunden zu haben, wendet man darauf einen Kontrollsatz an. Er lautet:

„Die Tatsache, dass [die gefundene Ursache] existiert, führt zu [dem dargestellten Problem]".

Betrachten wir jetzt einmal das Praxisbeispiel der Abbildung 61, bzw. das Originalchart auf der Farbtafel II im Anhang. Hier wurde der fehlende Fachkontakt als ein Problem genannt. Gemeint wurde mit diesem Schlagwort die mangelnde Kommunikation zwischen den unterschiedlichen Fachbereichen. Die Frage, warum existiert dieses Problem, möge einmal zwei Antworten gebracht haben: den mangelnden Informationsfluss und nicht eindeutig definierte Fachbegriffe. Um zu prüfen, welche Aspekte wirklich eine Ursache des Problems darstellen, wird durch den Kontrollsatz die Logik des Zusammenhangs verifiziert.

Die Tatsache, dass ein mangelnder Informationsfluss [gefundene Ursache] existiert, führt zum fehlenden Fachkontakt [dargestelltes Problem]. Das ist logisch! Damit kann die gefundene Ursache akzeptiert werden.

Die Tatsache, dass keine eindeutigen Fachbegriffe [gefundene Ursache] existieren, führt zum fehlenden Fachkontakt [dargestelltes Problem]. Das ist nicht logisch! Keine eindeutigen Fachbegriffe können zu schlechter oder missverständlicher Kommunikation führen; sie sind aber nicht die Ursache für den fehlenden Fachkontakt. Hier wird deutlich sichtbar, wie entlarvend der Kontrollsatz wirkt. Genauso wird ersichtlich, wie genau man die Logik der Zusammenhänge ermitteln muss. Nur ein einziger unpräziser Rückschluss zerstört das Gedankengebäude!

Die konsequente Rückführung auf die Ursachen bringt andererseits aber auch bahnbrechende Erkenntnisse. Immer wieder ist es faszinierend zu sehen, wie man die wahren Problemursachen eines Unternehmens mit dieser scheinbar einfachen Technik aufdecken und bewusst machen kann. Der angehende Praktiker sei aber auch gewarnt. Diese Technik hat es in sich! Sie ist einfach zu zeigen und zu beschreiben. Muss sie aber selbständig in der Praxis umgesetzt werden, ist ein hartes Arbeiten erforderlich. Viele sind es nicht gewohnt, über mehrere Stunden hochkonzentriert anstrengende Analysen durchzuführen. Auch der Projektmanager kommt hier an seine Leistungsgrenze. Ständig muss er darauf achten, dass der wirkliche logische Zusammenhang hergestellt wird. Deshalb wird empfohlen, diese Technik einige Male an kleineren Beispielen zu üben, bevor es auf die ernsteren Fälle zugeht. Wer diese Technik beherrscht, wird begeistert sein!

Methodische Behandlung von Projekten

Kehren wir zurück zu dem dargestellten Beispiel in der Abbildung 61. Dieses Beispiel ist unverfälscht aus einem GIS-Projekt übernommen. Der Kunde hatte folgende Ausgangssituation. Seit einigen Jahren setzte er bereits ein GIS ein, aber die Effekte, die er vom Einsatz erwartet hatte, stellten sich nicht ein. Um dem Kunden wirksam helfen zu können, wurde u.a. auch eine Ursachenanalyse gemacht. Im ersten Schritt wurden zunächst die Probleme aufgelistet, die der Kunde benannte. Hierzu zählten:

- Geld
- Personal
- Kein direkter Zugriff
- Informationsfluss
- Doppelbelastung
- Fehlender Fachkontakt
- Zeitdruck
- Aktualisierungszeitraum (der Karten)
- Fehlende Endkontrolle
- Zuständigkeiten für die Datenerfassung
- Arbeitsvorbereitung
- Koordination Vermessung / Bauleitung
- Behinderungen beim Aufmass

Vergleicht man diese erste Zusammenstellung (vgl. Abbildung 60) mit dem Chart der Ursachenanalyse (Abbildung 61), werden zwei Punkte besonders deutlich, die typisch für die Praxis sind:

- die eigentlichen Ursachen wurden gar nicht genannt und
- die Probleme haben sehr unterschiedliche Bedeutung.

Ich pflege die genannten Probleme in einer einheitlichen Farbe darzustellen (gelb auf dem Originalchart und rechteckig in der Abbildung 61). Vereinfachend kann man sagen: je weiter das ursprünglich gefundene Problem bei der Ursachenanalyse „nach links wandert", desto bedeutungsvoller ist es, weil es kein vordergründiges Problem, sondern eine tiefer liegende Problemursache ist. In der Abbildung 61 sind die ursprünglich genannten Probleme rechteckig umrandet. Allein die Visualisierung zeigt schon, dass es sich doch überwiegend um vordergründige Problemstellungen handelt. Das eigentlich Verblüffende ist aber das Ergebnis der Analyse: alle genannten Probleme beruhen letztlich nur auf drei Ursachen.

Hätte man die Probleme einzeln zu lösen versucht, wäre man unweigerlich gescheitert. Die Menge der Probleme führte mit größter Wahrscheinlichkeit zur Verzettelung oder zur Konzentration auf nur vordergründige Probleme. Die wirklichen Ursachen wären allerdings nie in Angriff genommen worden. Diese Situation ist typisch für die Praxis. Der Aufwand für eine Problemanalyse ist höchst effektiv. Schließlich zeigen sich hierdurch die wahren Ursachen. Die Problemursachen zu lösen, bedeutet weniger Arbeit und wirkliche Erfolgsaussichten. Vordergründige Probleme anzugehen, führt nur zum Verzetteln.

In dem aufgeführten Praxisbeispiel zeigte sich: die ganzen Probleme ließen sich auf nur drei Ursachen zurückführen.

- Es musste eine bessere Kommunikation zur Arbeitsvorbereitung eingeführt werden. Dieser Punkt war nicht GIS-spezifisch und deshalb auch unabhängig von GIS zu lösen.

- Es fehlte eine GIS-Strategie, um Transparenz für das Thema GIS zu erzeugen.

- Es fehlte eine Einsicht in Gesamtzusammenhänge.

Die hier beschriebenen Situationen erlebe ich sehr oft in der Praxis. Das Werkzeug der Problem/Ursachenanalyse zeigt, wie effektiv man an Problemlösungen herangehen kann und wie phantastisch es bei der Lösung helfen kann. Allerdings muss man auch dazu bemerken, dass es für einen Unternehmensexternen in diesem Fall wesentlich leichter ist, diese Analyse durchzuführen, als für einen Internen. Dies liegt ganz einfach daran, dass jeder bestimmte Gedankenstrukturen entwickelt und darin arbeitet. Die Problemanalyse fordert die Loslösung von einer Gedankenstruktur, um gerade die problematischen Aspekte dieser Strukturen zu erkennen. Dieser Loslösungseffekt ist für einen Externen einfach. Er hat zwar auch bestimmte gedankliche Strukturen, sie werden sich aber in aller Regel gravierend von denen der Internen unterscheiden. Hierüber gelingt es, die Ursache/Wirkung Relation zu ermitteln und aufzuzeigen. Das Ausbrechen aus den eigenen Gedankenstrukturen ist sehr schwierig und gelingt mit einer gewissen Garantie eigentlich nur dann, wenn man die konstruktive Auseinandersetzung mit „Andersdenkenden" sucht. Dies sei warnend für jene gesagt, die glauben, man könne mit dieser Technik ohne große Übung die eigenen Problemursachen leicht finden.

Ich selbst wende meine Methoden und Werkzeuge auch für meine eigenen Belange an. Immer wieder stelle ich fest, dass mir, im Durchschnitt betrachtet, Analysen und Konzeptionen für Kunden besser gelingen als für mich selbst. Dies liegt sehr stark an der Angleichung meiner Gedankengänge. Meine Methodik lebt von der konstruktiven Auseinandersetzung von Gegensätzen und kontrolliert sich auch dadurch. Wird dieser Aspekt zu wenig beachtet, schwindet die Effektivität der Methode und des Werkzeugs.

5.3.6 Beziehungsmatrix

Die Beziehungsmatrix eignet sich gut für die Darstellung des Informationsaustauschs zwischen festgelegten organisatorischen Einheiten. Sie wird nach folgendem Muster aufgebaut (vgl. Abbildung 62):

Im ersten Schritt wird das Thema festgelegt, für das diese Übersicht erzeugt werden soll. Es wird als Titel des Charts formuliert.

Im zweiten Schritt werden alle Organisationseinheiten, die an dem Thema beteiligt sind, auf Karten geschrieben. Organisationseinheiten können dabei interne und externe Stellen, Personen oder Personengruppen oder Organisationen, bzw. Organisationsteile entsprechend einem Organigramm sein. Die so definierten Organisationseinheiten werden nach beliebigen Kriterien sortiert (z.B. externe - interne Einheiten, Gliederungssequenz nach bestehendem Organigramm o.ä.) und auf ein Chart mit karierter Linierung entlang einer Diagonalen angebracht, wie man es z.B. aus Entfernungstabellen eines Autoatlasses kennt.

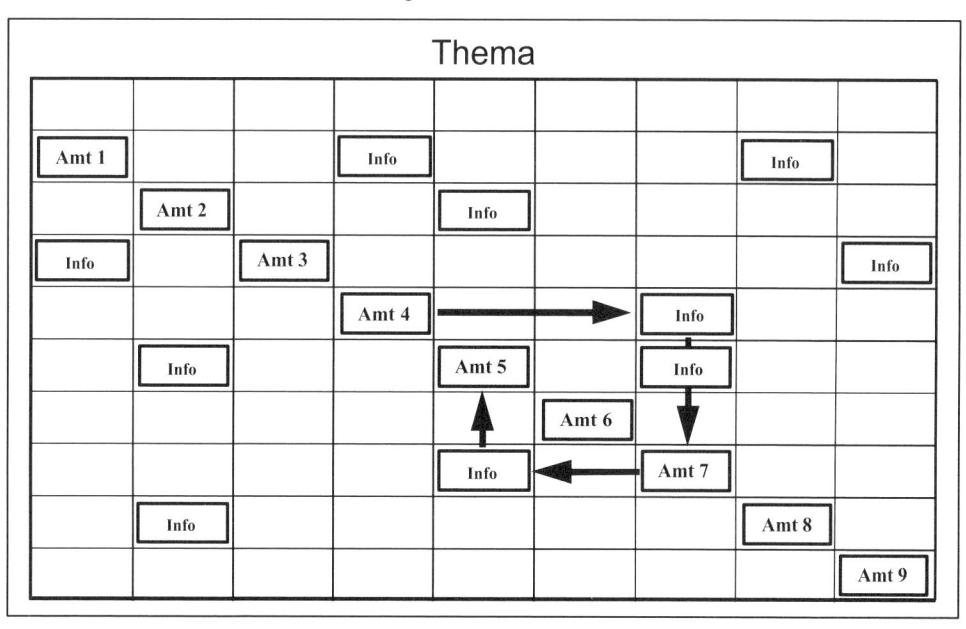

Abbildung 62: Beziehungsmatrix

Im dritten Schritt werden nun die Informationen, die zwischen den Organisationseinheiten ausgetauscht werden, aufgeschrieben. Im Schnitt einer Zeile mit einer Spalte werden die Informationen niedergeschrieben, die zwischen den beiden Organisationseinheiten fließen. Um eine eindeutige Lesart herzustellen, wird die Verkettung Absender - Information - Empfänger immer im Uhrzeigersinn definiert. Die Informationen, die in der oberen Hälfte des durch die Diagonale geteilten Charts stehen, haben dementsprechend ihren Absender in der Zeile links von der Information. Der Empfänger der Information ist in der gleichen Spalte unterhalb der Information. Die Informationen in der unteren Hälfte haben ihren Absender in der Zeile rechts von der Information. Der Empfänger der Information ist in der gleichen Spalte oberhalb der Information. Ein Praxisbeispiel befindet sich auf Farbtafel III im Anhang.

In der Praxis kann man jetzt noch durch farbige Karten den Charakter der Information darstellen, z.B. analoge oder digitale, vorhandene oder geplante, vollständige oder unvollständige Information o.ä.. Besonders interessant sind Probleme mit der Information. Da sich die Methodik als konstruktive Vorgehensweise versteht, geht es hierbei nicht darum, Schuldzuweisungen zu treffen. Deshalb werden Probleme irgendeiner Art durch einen roten Pfeil an die entsprechende Information geheftet und auf dem Pfeil die Art des Problems stichwortartig beschreiben. Ob jetzt das Problem wirklich an der Information oder an anderen Ursachen liegt, ist zu diesem Zeitpunkt der Erhebung nicht von Interesse. Wichtig ist vielmehr eine übersichtliche Zusammenstellung des Informationsflusses mit evtl. aufkommenden Problemen.

Weiterhin kann man durch Nummerierung sogar die Folge des Informationsflusses im zum Thema gehörigen Arbeitsablauf darstellen. Allerdings sollte man sich vorher genau überlegen, welche Informationen man wirklich auf dem Chart unterbringen will. Immerhin ist das Hauptziel solcher Zusammenstellungen die Übersicht und damit die Konzentration auf die wichtigsten Informationen. Gerade die Beschränkung, die durch das Chart vorgegeben wird, übt einen heilsamen Zwang aus, die richtige Abstraktionsstufe für die Darstellung der Informationen zu finden. Deshalb sollte man versuchen, sich diesen Möglichkeiten anzupassen oder bei anderem Bedarf auf ein anderes Werkzeug zu wechseln.

Grundsätzlich liefert die beschriebene Technik ein übersichtliches, aber auch hochkonzentriertes Bild der Informationsflüsse zu einem Thema. Sehr leicht unterschätzt man am Anfang die Fülle der Informationen, die auf dem Chart dargestellt wird. Geht man davon aus, dass zwar nicht von jeder Organisationseinheit zur anderen Informationen fließen, aber durchaus von einer Einheit zur anderen mehrere unterschiedliche Informationen fließen können, kommt man leicht auf eine Menge der Darstellungen, die mit dem Quadrat der Anzahl der Organisationseinheiten in der Diagonale wächst.

Für den Projektmanager hat dies zwei wichtige praktische Konsequenzen:

- Die Beziehungsmatrix darf nicht überfrachtet werden.Nicht alles, was die Beziehungsmatrix darstellen kann, muss auch unbedingt abgebildet werden. Für den praktischen Gebrauch empfiehlt es sich, einige Arbeitsschritte schon einmal vorab beispielhaft auszuprobieren. Dann kann ungefähr abgeschätzt werden, mit welcher Informationsfülle man zu rechnen hat und entschieden werden, welche Kriterien wirklich für diese Analysestufe wichtig sind. Der Zwang der Abstraktion, der durch den verfügbaren Raum ausgeübt wird, ist bei dieser Technik durchaus gewollt. Gewinnt man den Eindruck, dass die physischen Möglichkeiten eines Charts nicht ausreichen, ist dies meistens ein Indikator dafür, dass entweder das falsche Werkzeug gewählt worden ist oder man nicht genügend abstrahiert hat. In der praktischen Anwendung wird der Projektmanager diese Indikatoren zunehmend zu schätzen wissen. Inhaltliche Schwierigkeiten werden hier (teilweise) durch Formalismen erkennbar. Es wird dringend angeraten, diese Formalwarnungen lesen zu lernen. Sie stellen hervorragende Indikatoren für „Schieflagen" in der Arbeitsweise dar.

- Der Arbeitsaufwand für die Erstellung der Beziehungsmatrix darf nicht unterschätzt werden.Eine einfache Abschätzung hilft hier, auf realistische Zeiten zu kommen. Nach meiner Erfahrung gilt folgende Formel für die Zeitermittlung zur vollständigen Erstellung der Beziehungsmatrix: Anzahl der Organisationseinheiten zum Quadrat in Minuten.

Die Beziehungsmatrix ist ein gutes Instrument für analytisch ausgerichtete Mitarbeiter. Bei mehr kreativen Themenstellungen oder kreativ orientierten Mitarbeitern kann es durchaus zu geringerer Akzeptanz des Werkzeugs kommen. Deshalb muss das zur Verfügung stehende Werkzeug auch nach der bevorzugten Denkweise der im Workshop vertretenen Mitarbeiter ausgesucht werden. Eine Alternative zur Beziehungsmatrix ist z. B. GIAD-org (siehe Kapitel 5.3.8).

5.3.7 Wertekettenanalyse

Beim Entwurf einer Rahmenkonzeption für Informationssysteme für ein Unternehmen steht man immer vor dem Problem, eine Vielzahl von Informationen sammeln zu müssen, um eine vernünftige Planungsgrundlage zu schaffen. Andererseits darf der Aufwand für die Analysen nicht so groß werden, dass für die eigentliche Systembeschaffung keine Mittel mehr verfügbar sind.

Die Wertekettenanalyse ist ein Werkzeug, welches den Prozessgedanken der Vorgehensweise aufrecht erhält, ohne den Aufwand und den Detaillierungsgrad der Arbeitsablaufanalysen zu haben. Sie gibt eine Übersicht über die grundsätzlichen Zusammenhänge der Aktivitäten zur Produkterstellung und ist einfach und in kurzer Zeit zu erarbeiten. In Farbtafel IV im Anhang ist ein Beispiel für eine Wertekettenanalyse dargestellt.

Zu Beginn der Wertekettenanalyse wird der zu untersuchende Geschäftsprozess identifiziert und als Titelkarte auf ein Chart mit Rastereinteilung geklebt. Geschäftsprozesse sind die Summe der Arbeitsabläufe, die der Erstellung eines Produktes dienen. Ist man sich unsicher, welche Geschäftsprozesse es in einem Unternehmen gibt, so kann man zuerst die Produkte sammeln, die als Leistung für die internen und externen Kunden erzeugt werden. Die zugehörigen Arbeiten, die zu diesem Endprodukt führen, werden unter einem Geschäftsprozess zusammengefasst. Der Projektmanager muss darauf achten, dass die Geschäftsprozesse nicht immer auf eine Abteilung beschränkt sind. Die Arbeitsteilung in einem Unternehmen führt sehr oft dazu, das mehrere Abteilungen von einem Geschäftsprozess betroffen sind.

Die wichtigen Arbeitspakete, die zur Produkterstellung notwendig sind, werden auf Karten geschrieben. Es ist darauf zu achten, dass Arbeitspakete Zusammenfassungen von Einzeltätigkeiten sind. Nur so bleibt das erforderliche Abstraktionsniveau gewahrt. Im Geschäftsprozess der Bauleitplanung wären das z.B. die Beschaffung des Kartenmaterials, das Auslegungsverfahren, Beteiligung Träger öffentliche Belange, etc. Die Arbeitspakete werden auf Karten in ihrer zeitlichen Abfolge auf einem Chart von links nach rechts angeordnet. Arbeitspakete, die parallel abgearbeitet werden, werden entsprechend untereinander positioniert. Zur Unterscheidung können vornehmlich manuell durchgeführte Arbeitspakete in einer anderen Farbe als die rechnergestützten Teile dargestellt werden. Im Gegensatz zu den Ablaufanalysen werden Fallunterscheidungen oder Wiederholungsschleifen in der Bearbeitung nicht dargestellt.

Sind die Arbeitspakete eines Geschäftsprozesses vollständig beschrieben, werden sie anschließend dahingehend untersucht, an welchen Stellen in der derzeitigen Bearbeitung Probleme auftreten oder wo noch Optimierungspotential vorhanden ist. Möglichkeiten der EDV-Unterstützung werden festgehalten und das mit einer Automatisierung erwartete Nutzenpotential beschrieben. Alle aufgeführten Kriterien werden auf Pfeile geschrieben und den entsprechenden Arbeitspaketen zugeordnet.

Um die Bedeutung der analysierten Geschäftsprozesse für das Unternehmen bewerten zu können, werden abschließend die Mengengerüste (wie oft fällt der Geschäftsprozess an) erfragt und auf dem Chart dokumentiert.

Nach Abschluss der Wertekettenanalyse hat man alle Informationen, um die Projekte zu identifizieren, die sich für eine Unterstützung durch Software besonders eignen. Sind bei einem Geschäftsprozess den Problempfeilen inhaltlich entsprechende Nutzenpfeile gegenübergestellt, hat man Ansatzpunkte gefunden, wo die Automatisierung zu einer Vereinfachung des Verfahrens führt. Ist einem Geschäftsprozess mit einem großen Mengengerüst ein großes Nutzenpotential zugeordnet worden, kann man hier große Einsparpotentiale erwarten. Werteketten mit vielen Einzelpaketen sind oftmals auch mit Schnittstellenproblemen behaftet. Informationssysteme können an dieser Stelle zu einer Straffung des Verfahrens führen.

Mit der Wertekettenanalyse eröffnet sich die Möglichkeit, einen schnellen Überblick über den Handlungsbedarf in einem Unternehmen zu bekommen. Es können Projekte zur Optimierung der strategischen Arbeitsabläufe identifiziert und diese nach der Wichtigkeit priorisiert

Methodische Behandlung von Projekten

werden. In der späteren Umsetzung der Projekte dient die Wertekettenanalyse als Einstieg in die detaillierteren Analysen, da sie als Ausgangspunkt für die Arbeitsablaufanalysen genutzt werden können.

Bei der Bearbeitung der Wertekettenanalyse muss der Projektmanager auf zwei Problembereiche achten:

- Die Arbeitsgruppe muss sich aus Mitarbeitern aller Abteilungen zusammensetzen, die am Geschäftsprozess beteiligt sind. Ansonsten besteht die Gefahr, dass eine einseitige Sicht abgebildet und damit die Darstellung nicht repräsentativ wird.

- Die Abstraktionsebene der Beschreibung der Geschäftsprozesse muss gleich sein. Die Arbeitsgruppe ist oftmals geneigt, einfache Geschäftsprozesse detaillierter zu beschreiben als komplexe Zusammenhänge. Die Vergleichbarkeit der Werteketten ist dann nicht mehr gegeben.

Die Wertekettenanalyse ist für Mitarbeiter geeignet, die ein ausreichendes Maß an Abstraktionsvermögen haben. Sie dient dazu, die grundsätzlichen Strukturen der Geschäftsprozesse in einem Unternehmen zu erarbeiten. Sie kann jedoch nicht die Arbeitsablaufanalysen in den Phasen Ist-Stand und Soll-Stand (siehe Kapitel 5.3.9) ersetzen und wird deshalb vornehmlich bei der Bearbeitung der IS-Rahmenkonzeption (siehe Kapitel 4.1.1) oder Vorarbeiten eingesetzt.

5.3.8 GIAD-org

GIAD-org® wird zur Analyse und zum (Re-) Design von Geschäftsabläufen eingesetzt. Anhand der Geschäftsziele werden Abläufe dargestellt, Schwachstellen herausgearbeitet, Ziele formuliert und verbesserte Abläufe entwickelt und dokumentiert. Diese Analyse- und Designarbeiten werden üblicherweise in Interviews erhoben und in Berichten niedergeschrieben. Aufgrund der dargelegten Zusammenhänge im Kapitel 5.2.4 bevorzuge ich hingegen die Arbeit im Team und die Visualisierungstechniken. Deshalb unterscheidet sich GIAD-org und überhaupt mein gesamtes methodisches Vorgehen sehr stark von konventionellen Methoden. Dies gilt für die Anwendung als auch für den damit verbundenen nachhaltigen Erfolg bei der Durchführung.

GIAD-org wird in einem Team angewendet. Das Team setzt sich aus Mitarbeitern der für das Thema einbezogenen Unternehmenseinheiten zusammen und einem erfahrenen Berater. GIAD-org bringt die Beteiligten dazu, das ausgewählte Thema aus einer ganz anderen Sicht zu betrachten. Im Folgenden wird zur Verdeutlichung der Arbeitsprozess mit GIAD-org kurz beschrieben.

Die Grundlage des Werkzeugs ist ein DIN A1-Plakat, das eine Wiesenlandschaft zeigt. Auf dieser „grünen Wiese" entsteht jetzt Schritt für Schritt ein Abbild eines (bestehenden oder geplanten) Geschäftsablaufes. Hierzu werden vorgefertigte Symbole benutzt, die in einem Katalog zusammengestellt und vorgestanzt sind, so dass sie nur noch heraus gebrochen werden müssen. Lösbare Klebeverbindungen gestatten den sukzessiven Entwurf bis zur endgültigen Form. Für die praktische Arbeit werden folgende Symbole mit den in der Tabelle dargestellten Bedeutungen verwendet:

	Symbol	**Erklärung**
Wolke	☁	Thema des Plakats
Büro		Die am Thema beteiligten Unternehmenseinheiten
Person		(Optische Verschönerung des Plakats)
Dach	⌃	Bezeichnung der Unternehmenseinheit (Es können auch mehrere Büros unter einem Dach zusammengefasst werden, um dadurch Hierarchien, bzw. Zusammenfassungen auszudrücken.)
Leitung		Direkte Kommunikationsverbindung zwischen Unternehmenseinheiten
Telefonhörer	☏	Indirekte Kommunikationsverbindung zwischen Unternehmenseinheiten (Sind die beteiligten Unternehmenseinheiten so weit voneinander entfernt, dass die Leitung sich nur umständlich verlegen lässt und deshalb auch ein unübersichtliches Bild ergibt,"telefonieren" die beteiligten Unternehmenseinheiten. Der Inhalt dieser Information und der Adressat wird auf Sprechblasen vermerkt.)

Methodische Behandlung von Projekten

	Symbol	Erklärung
Brief		Inhalt einer analog übermittelten Information (Die Information wird immer dem Sender der Information zugeordnet und entsprechend geklebt.)
Sprechblase		Inhalt einer digital übermittelten Information (Die Information wird immer dem Sender der Information zugeordnet und entsprechend geklebt.) Im Fall, dass der Telefonhörer als Kommunikationssymbol gebraucht wird, wird die Sprechblase auch für analoge Informationsübermittlung benutzt.
Paket		Übermittelte Ware (Die Ware wird immer dem Sender der Ware zugeordnet und entsprechend geklebt.)
Prozesskarten		Die in einem Büro verrichteten Arbeitsprozesse (Die Karten werden auf die hierfür vorskizzierten Plätze der Büroschreibtische geklebt.)
Knoten		Störungen im Informationsfluss
Abgerissenes Papier		Unvollständige Information

	Symbol	Erklärung
Daumen		Generelles Qualitätssymbol (Wie im alten Rom entscheidet die Stellung des Daumens über die Qualitätsaussage. Damit sind beliebige Aussagen von sehr gut (Daumen oben) bis sehr schlecht (Daumen unten) möglich, die über Karten dann noch genauer erläutert werden können.)
Uhr		Hinweis auf einen zeitkritischen Zustand
Schere		Der Informationsweg ist (zeitweilig) unterbrochen.
Bäume		(Optische Verschönerung des Plakats)
Teilnehmerkarte		Namen der an der Herstellung des Plakats beteiligten Mitarbeiter und Datum der Erstellung
Roter Pfeil		Hinweis auf Probleme
Blauer Pfeil		Ziele, die gesetzt sind/werden
Rosa Pfeil		(Erwarteter) Nutzen

Das Motiv des endgültigen Produktes ist eine Bürohauslandschaft (siehe Beispiel auf Farbtafel V im Anhang). Auf der Wiese sind Büros entstanden, die bestimmte Geschäftseinheiten symbolisieren. In jedem Büro sind die dort anfallenden Arbeiten (durch Karten am Schreibtisch) beschrieben. Die Informationsflüsse sind durch Leitungsverbindungen dargestellt, an der Art und Inhalt der Information gekennzeichnet werden. Zur Beschreibung qualitativer und strategischer Aspekte gibt es besondere Symbole. Letztlich sind die an der Entwicklung des Plakates beteiligten Mitarbeiter und das Erstellungsdatum vermerkt.

Diese Methodik bringt eine Vielzahl von positiven Effekten, vorzugsweise im Bereich

- der Transparenz von Zusammenhängen,

- der Mitarbeitermotivation,

- der Lösungsqualität,

- der Akzeptanz der Ergebnisse und

- des Zeitbedarfs für Analysen und des Designs von Abläufen.

GIAD-org nutzt das Potential der Teamarbeit. Indem eine für alle verständliche Symbolik verwendet wird, entfallen Kommunikationsprobleme. Der einzelne Mitarbeiter fühlt sich einbezogen und wird ermuntert, aktiv seine Sichten und Erfahrungen einzubringen. Hierdurch wird Motivation für die Gestaltung und spätere Umsetzung erreicht. Zusammenhänge werden transparent. Lösungen können in Alternativen entworfen, simuliert und schrittweise verbessert werden. Die grafische Darstellungstechnik bietet ein unerreichtes Verhältnis zwischen Informationsgehalt und Übersicht. Nach jeder Arbeitssitzung liegen unmissverständlich für alle erkennbar fest definierte Ergebnisse vor. Gegenüber konventionellen Techniken ergibt sich nach meinen Erfahrungen eine bis zu 7fach größere Beschleunigung bei der Bearbeitungszeit.

Der Hauptvorteil der visuellen Komponente von GIAD liegt in der Überbrückung des Kommunikationsproblems. Die folgenden Darlegungen sollen dies näher verdeutlichen.

Abbildung 64: Übersetzungsproblem

Stellen wir uns die Kommunikationssituation eines Deutschen mit einem Engländer vor (vgl. Abbildung 64). Nehmen wir an, dass der Deutsche ein gewisses Grundlagenwissen in der englischen Sprache hat, der Engländer allerdings deutsch nicht versteht. Zwangsweise wird die Kommunikationssprache Englisch sein. Der Engländer sagt zum Deutschen „it rains cats and dogs". Der Deutsche, der diesen idiomatischen Ausdruck nicht kennt, wird diesen Satz wortwörtlich für sich übersetzen und daraus ableiten, dass es Katzen und Hunde regnet, was ihm nicht sonderlich plausibel erscheint. Dabei hatte der Engländer ihm doch nur vermitteln wollen, dass es heftig regnet.

Wäre die Situation umgekehrt gewesen - der Engländer hätte geringe Deutschkenntnisse - und der Deutsche hätte gesagt „es gießt wie aus Kübeln" wäre wahrscheinlich die gleiche achselzuckende Situation auf Seiten des Engländers entstanden. Warum existiert beiderseits diese Situation?

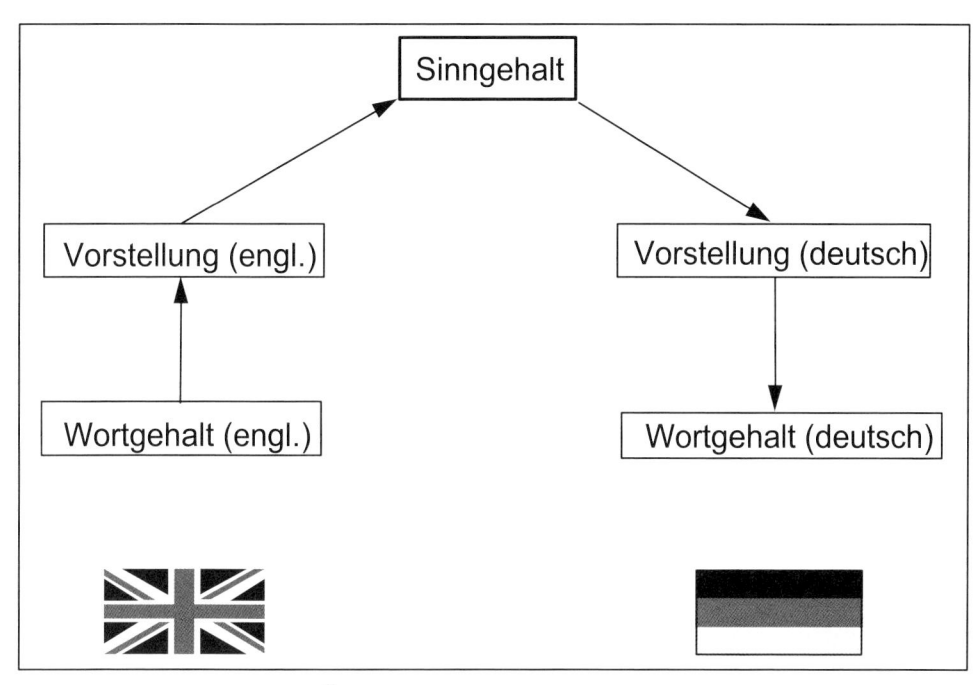

Abbildung 65: Ursache des Übersetzungsproblems

Das Problem besteht darin, dass der Wortgehalt der Aussage auf einer sprach- oder besser kulturspezifischen Vorstellung beruht (vgl. Abbildung 65). Der Sinngehalt der Bilder, der in beiden Kulturkreisen benutzt wird, ist absolut gleich; die bildliche Vorstellungswelt ist allerdings unterschiedlich. Ein Übersetzungsvorgang ist damit sehr komplex. Aus dem Wortgehalt des Engländers muss auf seine Vorstellungswelt zurückgeführt werden und von der Vorstellungswelt her muss man auf den Sinngehalt schließen. Dann beginnt der rückwärtige Übersetzungsprozess ins Deutsche. Der Sinngehalt wird in die typisch deutsche Vorstellungswelt überführt und dann erst in die entsprechenden Worte gekleidet.

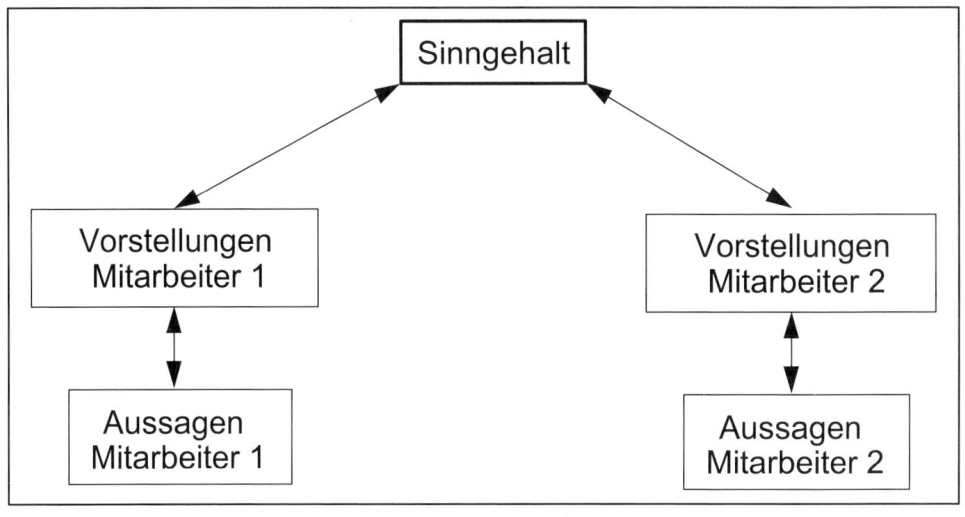

Abbildung 66: Kommunikationsproblem der Praxis

Führt man Anwender unterschiedlicher Fachdisziplinen zusammen, kann man ähnliche Verständigungsschwierigkeiten erleben, wie sie hier am Beispiel deutlich gemacht wurden (vgl. Abbildung 66). Bleibt man jeweils im Wortgehalt einer Fachsprache, sind sehr leicht Missverständnisse möglich. Die Idee der Visualisierungstools von GIAD besteht nun darin, nicht mit Wortgehalten einer Fachsprache zu operieren, sondern mit dem Begriff des Sinngehaltes.

Der Begriff des Sinngehaltes darf dann natürlich nicht in einer Fachsprache ausgeprägt werden. Vielmehr muss eine fachsprachenneutrale, besser noch eine begriffsweltneutrale Begrifflichkeit gefunden werden.

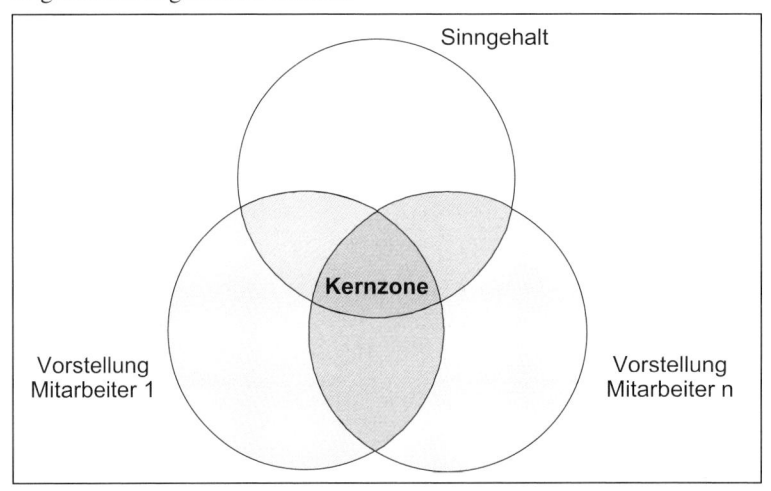

Abbildung 67: Stabiler Kommunikationsbereich

Methodische Behandlung von Projekten 201

Diese Begrifflichkeit aus der Ebene des Sinngehalts lässt sich durch grafische Symbolik am besten erreichen, weil diese „Grafiksprache" zumindest im westlichen Kulturkreis gleich interpretiert wird (vgl. Abbildung 67). Die Effektivität der Visualisierungstools gründet sich damit auf die Verkürzung des Übersetzungsprozesses. Grafisch gesehen bedeutet das: die Konzentration von Schlüsselbegriffen auf eine stabile Kernzone, die allen beteiligten Begriffswelten gemeinsam ist. Dies führt zur beschleunigten Kommunikation und auch zum Ausschluss von Missverständnissen im Kommunikationsprozess.

5.3.9 Ablaufanalysen

GIAD-org eignet sich sehr gut für die überblicksmäßige Erfassung von Arbeitsabläufen und gibt ein Bild des vernetzten Arbeitens und Kommunizierens wider. Im Sinne des Routing zeigt GIAD-org aber auch genau, wo noch vertieft nachgearbeitet werden muss (Problemsymbole, verwirrende Netzstrukturen, Isolation von organisatorischen Einheiten o.ä.). In diesen Fällen muss eine Stufe tiefer fokussiert werden. Dies ist zwar mit GIAD-org auch möglich, allerdings nicht so effektiv, weil hier andere Prioritäten gesetzt werden.

Ablaufanalysen analysieren differenziert einen oder mehrere Vorgänge zu einem speziellen Thema, das in der Form eines Ablaufdiagramms dargestellt (Abbildung 68) und zusätzlich noch textlich beschrieben wird.

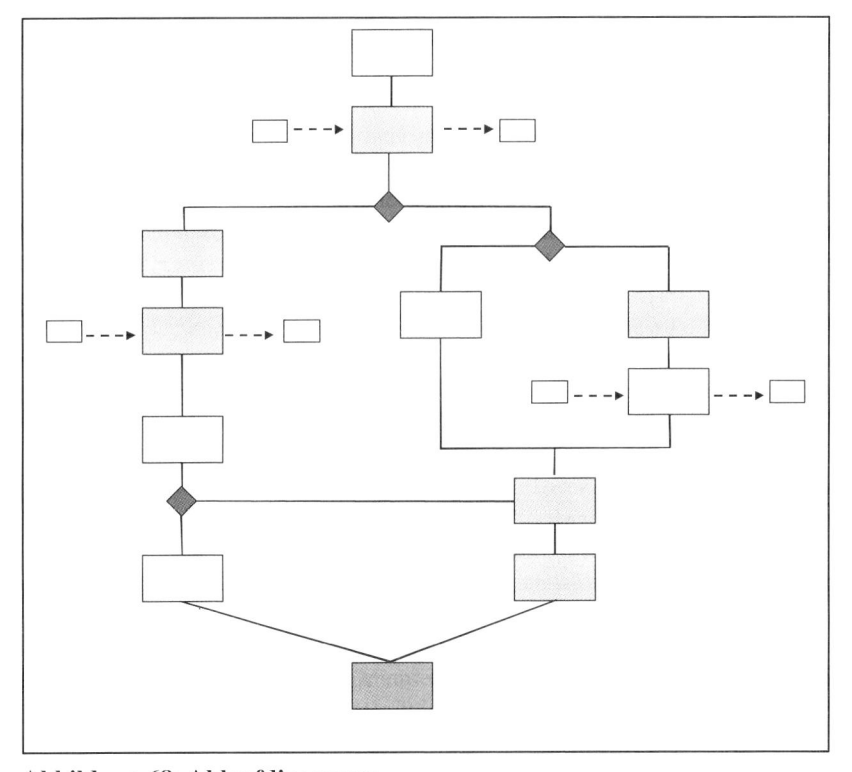

Abbildung 68: Ablaufdiagramm

Das Diagramm beschreibt

- Ablaufpfade (Verkettung der Arbeitsprozesse),

- konditionale Verzweigungen (Welcher Weg wird bei bestimmten Voraussetzungen gewählt),

- (Einzel-)Prozesse (Beschreibung der durchgeführten Arbeiten durch ein Schlagwort) und

- bei Bedarf auch die Ein- und Ausgabe von Prozessen (Eingabedaten für einen Prozess und Ausgabedaten, die durch den Prozess erzeugt wurden).

Zur Vorbereitung weiterer Analysen (Funktionsleistungsspiegelung) können die Prozesse klassifiziert werden. Praktisch bewährt (im Hinblick auf GIS-Evaluationen) haben sich Klassifikationen in: „Manueller Prozess", „Interaktiver Prozess" und „Ausschließlicher Rechnerprozess". Die Möglichkeiten der Variation sind aber keineswegs beschränkt und können je nach Erfordernis und Kreativität beliebig modifiziert werden.

Die textliche Beschreibung passt sich der Darstellungsform dadurch an, dass Verzweigungen im Ablauf eingerückt dokumentiert werden.

Das folgende Beispiel soll die Ablaufanalyse einmal näher verdeutlichen. Betrachten wir hierzu das Originalbeispiel einer Ablaufanalyse für den Soll-Stand eines Schadensfalls auf der Farbtafel VI im Anhang mit folgender textlicher Beschreibung:

„Für jede ankommende Störungsmeldung wird eine Dokumentation erzeugt. Diese Dokumentation wird DV-unterstützt geführt.

> Nicht immer besteht die Möglichkeit, die Störungsmeldung im GIS zu erfassen. Deshalb wird die etablierte Form der Meldekarte für die Dokumentation der Störungsmeldung beibehalten. Diese Meldekarten werden aber unverzüglich durch den zentralen Dienst im GIS erfasst.

> Besteht die Zugriffsmöglichkeit zum GIS, wird die Störung in der gleichen Art, wie die Meldekarte es vorgibt, erfasst und automatisch ausgedruckt. Für das betreffende Störungsgebiet wird der aktuelle Bestandsplan, eventuell auch Planungsstände, wenn sie in der Bauumsetzung stehen, ausgedruckt.

Mit diesen Unterlagen erfolgt der Einsatz vor Ort und die Erstabsicherung.

Methodische Behandlung von Projekten

Bei Rückfragen können bestimmte zusätzliche Auswertungen im GIS gemacht, bzw. bestimmte Unterlagen bereitgestellt werden.

Dann erfolgt die Reparatur.

> In der Regel ist aufgrund der Reparatur mit Änderungen im Bestandsnachweis zu rechnen. Deshalb werden, wie im Dokumentationsablauf beschrieben, die Veränderungen in den ausgedruckten Unterlagen skizziert. Der Bestand wird aufgrund dieser Unterlagen fortgeführt. Die neuen Betriebsmittel bekommen im Bestandsplan einen Reparaturvermerk, damit bei späteren Auswertungen die Änderungen nachvollzogen werden können.

An den Ort der Störung wird im GIS auf einer gesonderten Ebene ein Schadenssymbol gesetzt. Das Schadenssymbol gibt es in einer punkt- oder linienhaften Ausprägung, angeglichen an den Charakter der Störung.

> Besteht die Möglichkeit der direkten Erfassung in GIS, werden die Daten zur Schadensstatistik direkt im System erfasst (zu Umfang und Inhalt der Daten siehe ...).

> Ansonsten werden die relevanten Daten auf der Meldekarte hinterlegt und zu einem späteren Zeitpunkt ins GIS übertragen.

Bei der Eingabe ins GIS wird entschieden, ob der Schaden an klassifizierten Straßen lag und demnach noch Genehmigungen eingeholt werden müssen. Falls dies der Fall ist, wird ein so genanntes „Muss-Feld" zum Schadenssymbol gesetzt. Solange in diesem Feld keine Belegung verzeichnet wird („keine Genehmigung erforderlich" oder „Genehmigung beantragt am ..."), bekommt das Schadenssymbol keinen Abschlussvermerk. Eine Prüfung durch den Rechner wird diesen Schaden dann regelmäßig als noch nicht abgeschlossen identifizieren. Diese Prüfung erfolgt aufgrund der Muss-Feld Belegung und setzt im positiven Fall den Abschluss-vermerk."

Neben der fachlich-inhaltlichen Analyse der Prozesse liefert die Darstellung in der beschriebenen Form auch formale Hilfe.

- Wenn ein Ablaufdiagramm nicht einen kompletten in sich abgeschlossenen Arbeitsablauf beschreibt, muss es Verkettungen zu anderen Ablaufdiagrammen haben. Das Ende des einen Ablaufs muss dann mit dem Anfang eines anderen Ablaufs übereinstimmen, bzw. das Ende des vorgehenden Ablaufs muss sich nahtlos mit dem Anfang des nachfolgenden Ablaufs verbinden lassen.

- Formal analoges gilt für die Ein- und Ausgabedaten. Wenn nicht die Eingabedaten für einen Arbeitsprozess erstmalig erhoben werden, müssen diese Daten als Ausgabe eines anderen Arbeitsprozesses entstanden sein.

- Wenn die Ausgabedaten nicht archivierend abgelegt werden, müssen sie Eingabedaten für andere Arbeitsprozesse sein.

- Wenn verschiedene Arbeitsprozesse gleiche Ausgabedaten produzieren, sollte geprüft werden, ob diese Konstellation wirklich notwendig ist.

- Wenn in verschiedenen Arbeitsabläufen gleiche Arbeitsprozesse stattfinden, kann es u.U. sinnvoll sein, sie zusammenzufassen.

Diese formalen Analysen liefern oft erstaunliche Ergebnisse. Viele Arbeiten halten sich aus Tradition und niemand denkt über ihren (verketteten) Sinn nach. Überhaupt vernachlässigt die arbeitsteilige Unternehmensorganisation oft die übergeordnete Koordination. Jeder Bereich sucht für sich die optimale Arbeitsorganisation, doch niemand reflektiert dies aus übergeordneter Sicht. Wird ein Informationssystem eingeführt, geschieht eigentlich nichts anderes als eine Zusammenfassung von Geschäftsprozessen über verschiedene Bereiche. Gerade dann tauchen die Effekte der Doppelarbeiten, Inkonsistenzen von Informationen, Medienbrüche u.ä. auf. Auch für die Entwicklung der Soll-Abläufe eignen sich diese Formalkontrollen und geben wertvolle Hinweise auf bestehende Defekte des Konzeptes.

5.3.10 Funktionsleistungsspiegelung

Was soll das zukünftige Informationssystem denn alles können?- Diese recht einfache Frage führt häufig zu tiefem Schweigen oder unstrukturierter Aneinanderreihung irgendwelcher Details. In der Tat hat der Anwender oft große Schwierigkeiten auszudrücken, was er von dem System erwartet. Soll die Anforderung dann auch noch schriftlich zusammengestellt werden, tritt das zusätzliche Problem der Vollständigkeit auf.

Für diese Ausgangssituation eignet sich das Tool der Funktionsleistungsspiegelung. Auf analytische Weise wird hier eine Brücke zwischen den praktischen Abläufen im Unternehmen und den daraus resultierenden Anforderungen geschlagen. Wiederum ist das Werkzeug einfach gehalten, bringt aber höchst effektive Ergebnisse.

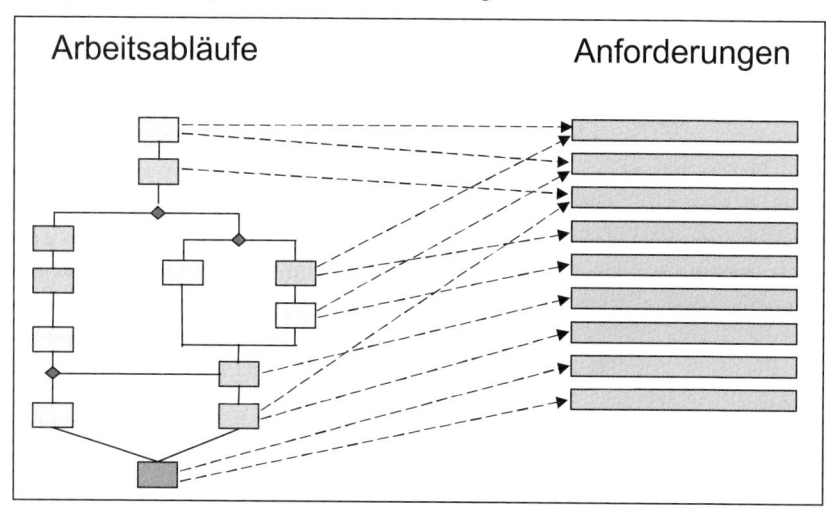

Abbildung 69: Funktionsleistungsspiegelung

Die Funktionsleistungsspiegelung (vgl. Abbildung 69) setzt komplett vorliegende Ablaufanalysen für den geplanten zukünftigen Stand voraus. Zur Übersicht ist es sinnvoll, wenn die dabei aufgeführten Prozesse im vorher beschriebenen Sinne klassifiziert sind. Für jeden Einzelprozess wird nun hinterfragt,

- ob er durch ein Informationssystem sinnvoll unterstützt werden kann (die Antwort liegt schon durch die Klassifizierung vor),

- welches Informationssystem dies sein könnte (hier sind auch Mehrfachnennungen möglich) und

- welche Anforderungen sich daraus für das Informationssystem ergeben.

Zweckmäßigerweise schreibt man sämtliche Prozesse dabei in die linke Spalte eines Charts und die daraus resultierenden zugehörigen Anforderungen an die Informationssysteme in die rechte Spalte (siehe Farbtafel VII im Anhang). Die erweiterte Form berücksichtigt auch noch die Ein- und Ausgaben zu den Arbeitsprozessen.

Bei einer geringen Anzahl von in Erwägung gezogenen Informationssystemen kann man die Anforderungen farblich unterscheiden oder für jedes in Betracht gezogene Informationssystem ein separates Chart verwenden. Damit wird in analytischer Form eine umkehrbare Zuordnung zwischen Arbeitsprozess und Informationssystem getroffen, die sich für das weitere Arbeiten als sehr nützlich erweisen wird. Diese Zusammenstellung ist ein Schlüssel zur arbeitsprozessorientierten Evaluation und Realisierung von Informationssystemen und zur kritischen Auswahl des passenden Informationssystems. Diese Ausführungen mögen vielleicht verwirren. Deshalb einige Beispiele.

Stellen wir uns vor, es geht um die Entscheidung, ob ein CAD oder ein GIS das richtige Informationssystem für eine Anwendung ist. Die Grenze zwischen CAD und GIS ist zwar recht eindeutig definierbar, aber ein Anwender muss sich darüber bewusst werden, welches Leistungsspektrum er eigentlich fordert. Die Zuordnung zwischen Arbeitsprozessen und Anforderungen an Systeme zeigt sehr schnell, ob es sich um eine CAD-Anwendung handelt oder nicht, bzw. es wird sehr schnell deutlich, welche Prozesse durch ein bestimmtes Informationssystem unterstützt werden können und welche nicht.

Genauso oft ist die Grenzziehung zwischen Archivierungssystemen und GIS ein Problem. Die Funktionsleistungsspiegelung zwingt die Beteiligten geradezu zur Diskussion und zur genauen Abgrenzung.

Die Vorteile dieses Werkzeugs sind evident:

- Durch einfaches Ableiten und Umsortieren der Ergebnisse der Funktionsleistungsspiegelung wird die Zusammenstellung der Anforderungen an ein System erreicht.

- Falls ein System eine bestimmte Anforderung nicht leistet, kann sofort der Rückschluss erfolgen, welche Arbeitsprozesse davon in welchem Maße betroffen sind. Erfahrungsgemäß ist der Anwender oft überfordert, wenn er vor der Frage steht, wie die Möglichkeiten eines bestimmten Systems gegenüber denen eines anderen zu bewerten sind. Die Funktionsleistungsspiegelung gibt objektiv Auskunft.

- Das passende System wird über einen wirklich analytischen Weg gefunden.

- Die genaue Abgrenzung zu ähnlichen Systemen hilft, die eigene Vorstellung kritisch zu durchleuchten und bringt letztlich die erforderliche Transparenz, die für die erfolgreiche Projektsteuerung unerlässlich ist.

Hinweise für die praktische Anwendung:

Wie gezeigt, ist die Funktionsleistungsspiegelung eine rein handwerkliche Tätigkeit, die sorgfältig durchgeführt werden muss, aber eigentlich keine große Schwierigkeit darstellt. Unerlässlich für diesen Übersetzungsvorgang sind aber Grundkenntnisse über GIS, am besten noch Erfahrungen mit Systemen. In der Praxis erlebe ich immer wieder die Verwunderung der Anwender, wie einfach es ist, eine vollständige und objektive Anforderungspalette zusammenzustellen. Ganz klar muss aber betont werden, dass die wirkliche Schwierigkeit in der Konzeptionsarbeit zur Entwicklung der zukünftigen Arbeitsabläufe besteht.

Häufig werde ich mit dem Kommentar konfrontiert, „wozu brauche ich die Arbeitsabläufe, ich weiß doch, was ich mache?" Diese Sicht birgt die enorme Gefahr, dass die Einführung eines GIS als Werkzeugwechsel angesehen wird. In den Anfangskapiteln wurde deutlich gemacht, was die nutzenorientierte GIS-Einführung in den Unternehmen bedeutet und welche gravierenden Konsequenzen sie hat. Hier muss zunächst Überzeugungsarbeit geleistet werden, bevor man sich überhaupt in Richtung GIS orientiert.

Das Schwierigste im ganzen Projektmanagementprozess ist die Konzeption der zukünftigen Arbeitsabläufe. Dies liegt an der betriebswirtschaftlichen Orientierung der hier vorgestellten Sicht auf GIS, von der ich überzeugt bin, dass sie sich durchsetzen wird. Schließlich wird von den Beteiligten eine selbstkritische Bestandsaufnahme des derzeitigen Arbeitens verlangt und die Fähigkeit, das Wesen der gedanklichen Revolution (siehe Kapitel 2.6) aufzunehmen, für das zukünftige Arbeiten zu verinnerlichen und umzusetzen. Letztlich bedeutet das eine Veränderung von Geisteshaltungen.

Diese Änderung der Gedankenwelt kann nicht sekündlich erreicht werden. Vielmehr ist es besser und nachhaltiger, wenn sie als ein Prozess gestaltet und in kleinen Einheiten umgesetzt wird. Ich gebe gerne zu, dass ich als externer Berater für die Förderung solcher gedank-

Methodische Behandlung von Projekten

lichen Veränderungen einen viel leichteren Stand habe als der Projektmanager, der aus eigenem Hause kommt. Die tägliche Erfahrung lehrt wirklich, dass der Prophet im eigenen Lande oft nichts gilt. Andererseits muss man aber auch betonen, dass sachlich fundierte, kontinuierliche Arbeit in der Regel anerkannt wird. Der interne Projektmanager sollte sich deshalb nicht entmutigen lassen. Sind die zukünftigen Arbeitsabläufe entwickelt, verfügt man über das Instrument schlechthin für eine sachgerechte GIS-Auswahl. Über die Funktionsleistungsspiegelung wird genau deutlich, was das GIS für den vorgesehenen Einsatzzweck leisten muss, bzw. auf welche Möglichkeiten man verzichten muss, wenn ein GIS bestimmte Funktionalitäten nicht hat. Wenn ich für Kunden Ausschreibungen erstelle oder später bei der Vertragsgestaltung mit dem GIS-Anbieter mitwirke, mache ich die Arbeitsabläufe und die aus der Funktionsleistungsspiegelung entstandenen Anforderungen zur vertraglichen Basis. Dadurch gewinnt der Kunde die Sicherheit, dass seine Anforderungen auch realisiert werden müssen. Ansonsten riskiert der Anbieter eine Rückabwicklung.

Es ist klar, dass dieses Verfahren nicht auf den ungeteilten Zuspruch der GIS-Anbieter stößt. Es nimmt den Anbietern viele Möglichkeiten der eigenen Darstellung und fragt unnachgiebig nach der Leistungsfähigkeit des Systems für die beabsichtigte Anwendung. Damit werden die Qualitätsunterschiede der Angebote transparent. Nicht die grundsätzlichen Möglichkeiten eines Systems werden in den Mittelpunkt gestellt, sondern die zukünftigen Arbeitsabläufe des Kunden und das Maß, wie ein GIS dazu effektiv beitragen kann. Dies bedeutet eine Verlagerung auf den Bereich des Kunden, und daraus resultieren strategische Vorteile für ihn bei der GIS-Auswahl.

5.3.11 Aktionsleistungsspiegelung

Die vorgestellte Funktionsleistungsspiegelung zielt auf die Anforderungen an das GIS und den Anbieter. Nun werden bei der Realisierung eines GIS-Projektes Kunde und Lieferant gleichermaßen gefordert. Zwangsläufig fehlt noch eine Methodik und ein passendes Werkzeug, wie die Anforderungen an den Kunden selbst hergeleitet werden können.

Hierzu wird die Aktionsleistungsspiegelung benutzt. Sie ist formal analog zur Funktionsleistungsspiegelung (siehe Kapitel 5.3.10). Die generelle Frage, die bei der Aktionsleistungsspiegelung im Vordergrund steht, ist: was müssen wir tun, damit dieser Arbeitsprozess, Teil- oder Gesamtablauf realisiert werden kann? Um die Bereiche, an die gedacht werden muss, zu präzisieren, wird auf die Projektmanagementmatrix zurückgegriffen. Die Zuweisungsstrukturen, die hierdurch entstehen, sind komplexer als bei der Funktionsleistungsspiegelung, weil in diesem Fall auch Gruppierungen von Arbeitsprozessen gebildet werden, die sich jeweils in Abhängigkeit zu einer Aktion ändern.

Aus dieser formalen Vorgehensweise heraus entsteht eine vollständige Sammlung der eigenen Aktivitäten. Diese Sammlung wird geordnet. Eventuell werden noch Aktionen zu größeren Blöcken zusammengefasst, bzw. Einzelaktionen noch weiter modularisiert. Die so überarbeiteten Aktionen können jetzt zeitlich angeordnet werden, wobei gegenseitige Abhängigkeiten berücksichtigt werden müssen. Auf diese Weise entsteht in nachvollziehbaren Schritten ein Projektplan für die weitere Vorgehensweise.

5.3.12 Handling der Werkzeuge

Für die praktische Anwendung der Werkzeuge müssen folgende Aspekte beachtet werden:

- Bevor die Werkzeuge eingesetzt werden, sollte der Projektmanager das Arbeiten mit ihnen üben, weil er sein Handwerkszeug absolut beherrschen muss. Zum ersten Schritt des Übens zählt das rein handwerkliche Benutzen. Wenn ein Projektmanager nämlich ständig damit beschäftigt ist, das Werkzeug einzusetzen, konzentriert er sich zu sehr auf Nebensächlichkeiten. Ein guter Projektmanager muss das fachliche Thema im Auge behalten und darauf achten, dass die Gruppe nicht abschweift oder es gar verfehlt. Gleichzeitig muss er auch aufmerksam das Gruppenverhalten beobachten, um daraus Signale für eventuelle Problemsituationen herleiten zu können. Alleine diese beiden Tätigkeiten füllen ihn voll aus. Der Einsatz des Werkzeugs muss so in Fleisch und Blut übergegangen sein wie Auto fahren. Ein guter Autofahrer konzentriert sich auf die Straße und führt die Funktionen des Autofahrens mehr mechanisch aus. Ehe man das kann, benötigt man einige Praxis.

- Die Werkzeuge müssen sowohl zu den Beteiligten als auch zum Projektmanager passen. Dass kreative Menschen stärker auf bildlich betonte Werkzeuge ansprechen und analytisch geprägte mehr auf die strukturierenden Werkzeuge, habe ich bereits erwähnt. Allerdings zeigen sich auch bei den Projektmanagern schnell Affinitäten. Im Laufe der Zeit wird man sogar beginnen, die Werkzeuge zu modifizieren. Das ist ausdrücklich gewollt. Zeigt es doch, dass Projektmanager und Werkzeug immer besser zueinander passen und deshalb dem Werkzeug keine Aufmerksamkeit mehr geschenkt werden muss. Wie gesagt, die Konzentration muss auf das Thema und die Beteiligten gelenkt werden.

- Die Werkzeuge sind weitaus mehr als eine Visualisierungshilfe. Das Medium der Grafik oder der Strukturierung verhilft allein über formale Kontrollen zu mehr Hinweisen auf eventuelle Mängel, bzw. wahre Hintergründe. Bei GIAD-org und der Ablaufanalyse wurden diese Formalkontrollen beispielhaft beschrieben. Man muss lernen, die Werkzeuge richtig lesen zu können. Ein Laie wird auf einem Röntgenbild nicht allzu viel erkennen. Für den Facharzt stellt das Bild aber ein wertvolles Informationsmedium dar, weil er auf die Interpretation des Bildes trainiert ist. Der Projektmanager wird am Anfang die Werkzeuge nur als Dokumentations- und Visualisierungshilfe benutzen. Erst bei intensivem Gebrauch wird er merken, dass durch die grafische Visualisierungskomponente zusätzliche (teilweise sehr versteckte) Informationen dokumentiert und offenbart werden.

6 Praktischer Leitfaden

Bislang wurde das Projektmanagement in folgenden Stufen entwickelt:

- Besonderheiten bei der Realisierung von Informationssystemen am Beispiel von GIS

- Projektmanagementtheorie, um die allgemeinen Zusammenhänge herzustellen und die notwendigen Maßnahmen zur erfolgreichen Realisierung von Projekten grundsätzlich abzuleiten,

- Architektur der Methodik, um den logischen Aufbau des methodischen Konzeptes zu verdeutlichen, und

- Werkzeuge, um die praktischen Hilfen vorzustellen und zu beschreiben.

Jetzt ist es an der Zeit, dem Leser aus der Fülle des Stoffes ein „Rezept" zu bieten, das er zur Realisierung von Projekten anhalten kann. Dabei soll weiterhin die Thematik allgemein für Informationssysteme entwickelt werden, jedoch GIS immer als Beispiel aufgegriffen werden, damit gezeigt wird, wie stark das spezielle Informationssystem die Projektarbeit beeinflusst.

6.1 Praktische Umsetzung

6.1.1 Wichtige Grundsätze

Einige der Besonderheiten von GIS-Projekten basieren auf ganz einfachen Zusammenhängen. Betrachtet man die Kostenaufteilung der GIS-Projekte nach ihrer Dimension (vgl. Abbildung 70) und die Darstellung der Nutzungsdauer der Einzelkomponenten (vgl. Abbildung 71), so ergeben sich vier wichtige Schlussfolgerungen für den Projektablauf, die die grundsätzliche Vorgehensweise im GIS-Projekt mitbestimmen:

- Beratung und damit Projektplanung und Konzeption gehören zu den kostengünstigsten Komponenten eines GIS-Projektes. Gelingt es, durch geschickte Konzeption oder gutes Know-how Einsparungen in der Hard-, Software oder Datenerfassung zu erzielen, wird der Mehraufwand für die Planung um ein Vielfaches kompensiert.

- Die Datenerfassung ist die größte Investition. Allerdings haben die erfassten Informationen auch die längste Lebensdauer. Wenn die erfassten Daten im GIS und um das GIS so organisiert werden, dass über die Lebensdauer der Hard- und Software hinaus die Nutzbarkeit dieser Daten sichergestellt ist, werden messbare Effekte hinsichtlich der Rentabilität eines GIS erzielt. Aufgrund der Nutzungsdauer definiert sich in der Theorie die Priorität der Bearbeitung:

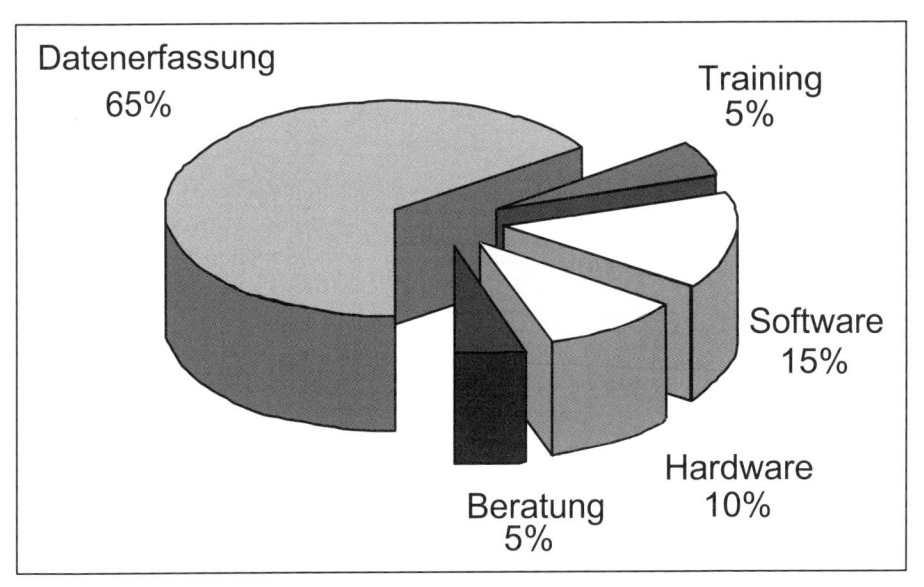

Abbildung 70: Kostenaufteilung

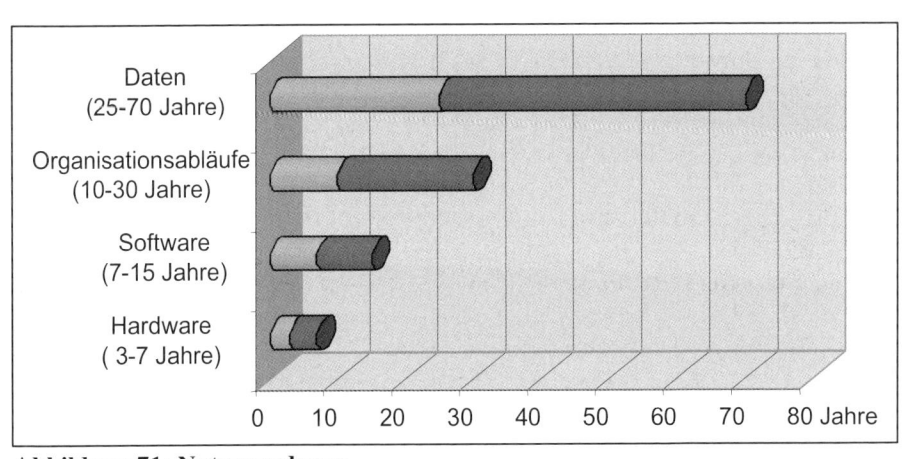

(Datenerfassung 65%, Training 5%, Software 15%, Hardware 10%, Beratung 5%)

Abbildung 71: Nutzungsdauer

- Daten (25-70 Jahre)
- Organisationsabläufe (10-30 Jahre)
- Software (7-15 Jahre)
- Hardware (3-7 Jahre)

- Zuerst werden sämtliche Aspekte der Datenhaltung und -fortführung behandelt.
- Dann werden die zukünftigen Arbeitsabläufe festgelegt.
- Aufgrund der Anforderungen der vorhergehenden Themen wird die Software ausgewählt.
- Zum Schluss wird die Hardware behandelt.

Diese Vorstellung ist rein von den Nutzungszeiträumen geprägt. Aus den anderen Zusammenhängen wird später zu sehen sein, dass die hier scheinbar zwingend vorgegebene Reihenfolge ein wenig modifiziert werden muss. Der Kern der Aussage bleibt allerdings richtig und findet auch im Projektablauf seinen Niederschlag.

- Die Nutzungsdauern der Einzelkomponenten zeigen erhebliche Unterschiede. Dies ist ein gravierendes Problem, da sie nicht losgelöst voneinander betrachtet werden können. Innerhalb des Nutzungszeitraums der Daten wird die Hardware mindestens fünfmal wechseln. Die Softwarezyklen betragen nur ein Drittel bis ein Viertel der Nutzungsdauer der Daten. Diese Zusammenhänge werfen eine kritische Frage für den Erfolg eines GIS-Projektes auf: Wie stellt man den Investitionsschutz sicher (siehe auch Kapitel 4.3.2)? In der Praxis tickt diese Zeitbombe. Wie oft kommt es heute schon vor, dass die Software gewechselt werden muss und sich bei diesem Wechsel herausstellt, dass die Daten nur bedingt zu übernehmen sind. Spätestens dann wird deutlich, welchen Ärger ein guter Projektmanager seiner Unternehmensführung, bzw. seinem Auftraggeber ersparen kann.

6.1.2 Formaler Projektablauf

Die Voraussetzung für ein ganzheitliches Projektmanagement ist die Durchdringung der Philosophie, die Beherrschung der methodischen Komponenten sowie der hierzu passenden Werkzeuge. Mit diesen Modulen kann eigentlich das Projektmanagement durchgeführt werden. Für die praktische Tätigkeit ist ein formales, auf die Belange des Informationssystems abgestimmtes und weiter differenzierendes Gerüst zur Orientierung und Kontrolle sehr hilfreich. Jetzt ist die Stufe erreicht, aus den Bestandteilen Philosophie, Methodik und Werkzeugen eine Rezeptur zur formalen Abwicklung von Projekten zu vermitteln.

Wie bereits dargelegt, wird das Projektmanagement nach GIAD erweitert verstanden und schließt die Maßnahmen zur Vorbereitung und Konzeption des Projektes mit ein. Aus Kostengründen unterteilt GIAD den Projektablauf in eine konzeptionelle und eine realisierende Phase. In jeder Disziplin ist es üblich, Investitionen zu planen und dann zu realisieren. Nur in der Praxis der Datenverarbeitung scheint dieses etablierte Prinzip (mit dem Aufkommen von Standardsoftware) aufgehoben zu sein. Auch heute noch ist es keine Seltenheit, dass Entscheidungen für GIS lediglich aufgrund von Messebesuchen und der Kontaktaufnahme mit dem Vertrieb getroffen werden. Für Viele sind Begriffe wie strategische Planung oder Lasten- und Pflichtenhefte Fremdworte. Wer den Kapiteln des Buches aufmerksam gefolgt ist, kann ermessen, welch ein Leichtsinn hinter dieser Vorgehensweise steckt. Alle, die sich nicht auf ihr Glück verlassen können, bzw. es nicht wollen, sei angeraten, das Projektmanagement auf eine systematische Vorgehensweise auszurichten.

Konzentrieren wir uns aber nun auf den modularen Leitfaden für die praktische Umsetzung des Projektmanagements nach dem allgemeinen GIAD-Vorgehensmodell (siehe Kapitel 5.2.2). Sinn des Vorgehensmodells ist, einerseits einen Rahmen für die praktische Arbeit zu geben, andererseits aber so offen zu sein, dass die dynamischen Veränderungsprozesse während des Projektablaufes berücksichtigt werden können. Dementsprechend gibt es nur zu Beginn des

Projektes vordefinierte Vorgehensweisen, die im Folgenden behandelt werden. Alles weitere wird in Phasen entwickelt (siehe Kapitel 5.2.3). In unserem Beispiel werden grundsätzliche Ablaufschritte für Unternehmen aufgezeigt, die in Richtung eines GIS-Projektes gehen wollen. Erfahrungsgemäß kommen dabei häufig ähnliche Projektphasen vor. Deshalb werden zusätzlich zu den fest definierten Vorgehensstufen auch typische Phasen aufgenommen und behandelt.

Alle anderen Sonderfälle (Redesign mit bestehendem GIS, Migrationen, Wechsel der GIS-Software u.ä.) leiten sich durch Auslassung nicht benötigter Schritte und Konzentration auf die geschilderten Zusammenhänge ab.

Gehen wir von der Ausgangssituation aus, dass ein Unternehmen ein GIS zur Verbesserung der betrieblichen Abläufe einsetzen möchte. Die erste Phase wird dabei ein mehr brainstormhaftes Zusammentragen der Möglichkeiten sein, die ein GIS-Einsatz bieten könnte. Gleichzeitig wird man den GIS-Markt beobachten und hieraus erste Ideen ableiten, wo ein GIS sinnvoll eingesetzt werden könnte. Vorstellungen über die Art des GIS-Einsatzes und dessen Nutzeffekte kristallisieren sich heraus. Damit ist der Zeitpunkt gekommen, strategisch über den GIS-Einsatz nachzudenken.

6.1.3 Voruntersuchungen

Voruntersuchungen bestehen aus groben Abschätzungen, ob sich die Idee der GIS-Nutzung für bestimmte Anwendungsfälle für das Unternehmen grundsätzlich rechnet. Hierbei geht es darum, Kosten- und Nutzenaspekte dimensionsmäßig abzuschätzen. Im wesentlichen muss skizziert werden:

- Welche Anwendungen können sinnvoll durch GIS unterstützt werden?

- Welche Vorteile ergeben sich hierdurch?

- Mit welchem Aufwand für die Realisierung muss gerechnet werden?

- Wie kann ein Zeitplan für die Realisierung aussehen?

Diese Voruntersuchungen lassen sich gut mit den beschriebenen Werkzeugen unterstützen. Mit GIAD-org kann der Ist-Stand des Themas abgebildet werden. In dieser Abbildung können die Arbeiten und Informationsflüsse gekennzeichnet werden, die man mit GIS verbessern kann. Eine weitere Darstellung mit GIAD-org visualisiert den zukünftigen Stand als Übersicht.

Den gleichen Effekt kann man mit der Visualisierung der Ablaufanalysen erreichen. Hier wird man im Ist- und Soll-Stand nur die wichtigsten Prozessschritte darstellen. Aus der Gegenüberstellung von Soll- und Ist-Stand werden die Vorteile abgeleitet und die Aufwände zur Realisierung abgeschätzt. Zusätzlich stellt man die groben Schritte zur Umsetzung zusammen. Diese Schritte werden in eine sinnvolle Reihenfolge gebracht und so entsteht eine grobe Aktionsplanung.

Auf diese Weise ist das Gerüst für die Vorarbeiten definiert. Entsprechend der Interessensschwerpunkte des Unternehmens müssen jetzt noch bestimmte Belange vertieft werden. Hierzu helfen wieder die dargestellten Werkzeuge. Für die weitere Vorgehensweise gibt es jetzt zwei Möglichkeiten:

- Die Untersuchungen fließen direkt in einen Genehmigungsantrag für ein Projekt oder

- sie dienen als Genehmigungsunterlage für ein Vorprojekt.

Ein Vorprojekt ist dann zweckmäßig, wenn die bislang durchgeführten Untersuchungen durchaus positive Effekte eines Projektes ergeben, die Kosten/Nutzen Situation aber nicht hinreichend sicher belegt werden kann. In diesem Fall werden von der Unternehmensführung genauere Aussagen zu definierten Punkten gewünscht, die allerdings einer vertiefteren Untersuchung bedürfen.

Ein Vorprojekt wird dementsprechend selektiv Aspekte aus dem Umfang eines Gesamtprojektes beleuchten und sie genauer analysieren. Am Ende des Vorprojektes steht entweder die Erkenntnis, dass sich ein GIS-Projekt nicht oder nur in modifizierter Weise gegenüber dem ursprünglichen Ansinnen lohnt oder dass sich eine Realisierung in einer bestimmten Vorgehensweise lohnen wird. Im positiven Fall beschreibt ein Genehmigungsantrag das Projekt (hierzu werden die Elemente der Projektdefinition herangezogen), und dieser Antrag wird der Unternehmensspitze zur Genehmigung vorgelegt.

6.1.4 Zieldefinition

Ist die Genehmigung für ein Projekt erteilt worden, müssen die bislang durchgeführten Arbeiten vertieft werden. Aus didaktischen Gründen wird der Gesamtablauf eines Projektes beschrieben, wobei Ergebnisse von Voruntersuchungen nicht einbezogen werden. Schließlich geht es darum, einen vollständigen Ablauf als Hilfestellung zu vermitteln. Bereits vorliegende Ergebnisse werden in der Praxis einfach mit aufgenommen.

Aufgrund der dargestellten Zusammenhänge steht dementsprechend zu Beginn immer die Definition des Projektziels. Selbst wenn in der Genehmigung des Projektes schon auf gewisse Zielvorgaben abgestellt wurde, muss die Zieldefinition erstellt werden. In diesem Fall nutzt man die Vorgaben und konkretisiert sie weiter.

Wie aus der Abbildung 1: Gründe für Erfolg / Scheitern von Projekten ersichtlich ist, tragen Mängel in der Zielvorstellung in erheblichem Maße zum Scheitern von Projekten bei. **Folglich ist die Zieldefinition des Projektes eine unverzichtbare Grundlage für ein erfolgreiches Projektmanagement.** Auch die Architektur der vorgestellten Methodik stellt den Teil der Zielfindung als Ausgangspunkt über alle anderen Aktivitäten. Deshalb fußt der wichtigste Punkt des Planungsprozesses auf der Festlegung dieser Ziele und definiert somit die strategische Richtung des Projektes.

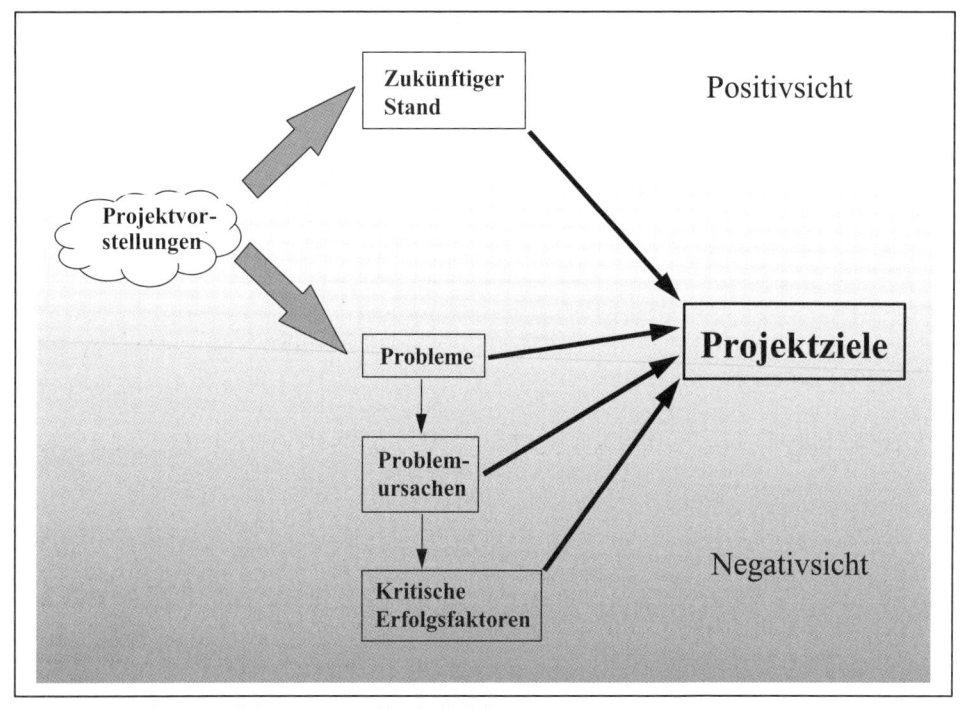

Abbildung 72: Entwicklung der Zieldefinition

Ziele sind nicht Wünsche! Sie unterscheiden sich von den Wünschen durch ihren Realitätsbezug und ihre konkrete Fassung in messbare Größen. In den Workshops muss man sich deshalb sehr viel Mühe geben, diese Ziele zu entwickeln und sie eindeutig zu beschreiben. Zunächst werden (teilweise noch sehr diffuse) grundsätzliche Projektvorstellungen existieren. Diese Projektvorstellungen sind eigentlich mit der erwähnten Ausgangssituation beschrieben, dass man sich im Unternehmen mit der Einführung eines GIS gedanklich beschäftigt. Jetzt werden die Ziele im Sinne einer eindeutigen, unabhängig kontrollierten Strategie von zwei Denkrichtungen her aufgebaut (vgl. Abbildung 72). Die positive Denkrichtung beschreibt das Zukunftsszenario als den erstrebenswerten zukünftigen Stand. Dieses Szenario wird entwickelt durch die Frage:

Wer hat eigentlich berechtigte Interessen am Projekt?

Mit dem „wer" sind Personen, Gruppen oder Organisationseinheiten gemeint, also beispielsweise: der Vorstand, die Anwender oder die Kartografie. Wichtig ist, dass diese gefundenen Interessenten nicht nur ein einfaches Interesse am GIS-Projekt haben - dies hat fast jeder. Vielmehr sollen sie ein berechtigtes Interesse nachweisen können. Die Berechtigungen können sich aus ganz unterschiedlichen Quellen herleiten. So hat der Datenschutzbeauftragte allein schon per Gesetz ein berechtigtes Interesse an der Gestaltung des GIS-Projektes und der daraus folgenden Anwendung, wenn personenbezogene Daten verarbeitet werden. Im gleichen Rang stehen aber auch betriebliche Interessen (z.B. Ausschöpfen aller Möglichkeiten in der Kartografie, wesentliche Verbesserung des Aktualitätsstandes des Kartenwerkes bei gleicher Personalstärke o.ä.).

Praktischer Leitfaden

Mit dieser Fragestellung gelingt es, den Kreis der Beteiligten am Projekt exakt einzugrenzen. Im nächsten Schritt geht es nun darum, den Weg zur Zieldefinition vorzubereiten. Die Frage:

Welche berechtigten Interessen sind das?

führt zur konkreten Beschreibung der Inhalte. Setzt man jetzt eine Dienstleistungssicht voraus, so ergibt sich eine erste Zieldefinition des Projektes einfach durch die Erfüllung der berechtigten Interessen.

Mit diesen ersten Vorarbeiten wird jetzt konkreter auf den zukünftigen Stand eingegangen durch die Frage:

Wie sieht unter realistischer Betrachtungsweise die Zukunft aus, wenn das Projekt fertig ist?

Dieser anzustrebende Stand wird durch eine Mind-Map (siehe Kapitel 5.3.3) beschrieben.

Der Sinn dieser Vorgehensweise besteht darin, sich darüber klar zu werden, welchen Umfang das Projekt hat und welche Aspekte berücksichtigt werden müssen. Durchaus kann diese erste Annäherung an das Thema zunächst mehr verwirren, als dass Klarheit entsteht. Sehr oft ist zu beobachten, dass aufgrund der Darstellungen der Mind-Map das Projekt einen Umfang annehmen würde, der mit Sicherheit nicht mehr zu beherrschen wäre und mehr utopische als realistische Züge zeigte.

Deshalb wird im nächsten Schritt eine Art Gegenprobe eingeleitet. Es werden alle Aspekte gesammelt, die als problematisch für den Weg zum definierten Ziel angesehen werden. Da Problemeindrücke unter Umständen nur vordergründige Sichten sein können, wird eine Problem/Ursachenanalyse gemäß Kapitel 5.3.5 „Routing Techniken" durchgeführt. Aus der Betrachtung der ersten Zieldefinitionen und der Problemursachen des Projektes werden die Projektziele formuliert.

Die Projektziele müssen schriftlich fixiert sein und messbare Fakten enthalten!

Dies ist entscheidend für die spätere Steuerung des Projektes.

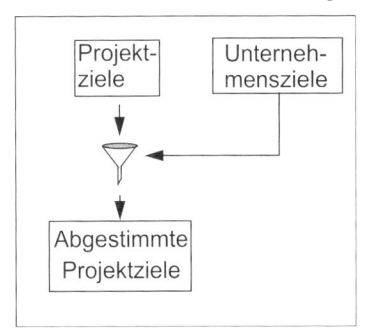

Abbildung 73: Abgestimmte Projektziele

Wenn die Projektziele gefunden sind, muss ein Abgleich mit den Unternehmenszielen vorgenommen werden, um dem Abdriftphänomen (vgl. Abbildung 2) entgegenzuwirken. Dies wird grundsätzlich durch den Einsatz von Filterarchitekturen erreicht (siehe Kapitel 5.3.4). Im einfachsten Fall wird die Filterung durch die Beteiligung der Geschäftsleitung an der Formulierung der Ziele durchgeführt oder durch die Vorlage der Projektziele bei der Geschäftsleitung. In schwierigeren Fällen findet eine Filterung durch Einzelpunktbewertung gegen die Geschäftsziele statt. In jedem Fall werden die Ergebnisse der Geschäftsleitung vorgelegt. Die von der Geschäftsleitung genehmigten Projektziele werden als Abgestimmte Projektziele bezeichnet (vgl. Abbildung 73). Die Abgestimmten Projektziele werden in das Projektmanagementhandbuch in Kapitel 1.2 übernommen.

Alle gefundenen Problemursachen werden darauf untersucht, ob sie den Rang von Kritischen Erfolgsfaktoren haben. Sie werden ebenfalls in das Projektmanagementhandbuch übernommen (Kapitel 1.2).

Zur leichteren Handhabung soll die beschriebene Vorgehensweise nochmals zusammengestellt werden:

- Vorarbeiten für die Herleitung der Ziele über zweistufige Fragestellungen

- Entwurf des zukünftigen Standes des Projektes anhand einer Mind Map
  (siehe Kapitel 5.3.3)

- Sammeln von jetzt schon erkennbaren Problemen für die Umsetzung auf Karten

- Analysieren der Problemursachen mit Hilfe der Problem/Ursachenanalyse
  (siehe auch Kapitel 5.3.5 „Routing Techniken")

- Identifizieren der Kritischen Erfolgsfaktoren

- Formulieren von messbaren Projektzielen

- Abstimmen der Projektziele mit der Geschäftsleitung (Abgestimmte Projektziele)

Für die praktische Durchführung sind folgende Punkte wichtig:

- An dem Workshop zur Zielfindung müssen die Führungskräfte der am Projekt beteiligten Organisationseinheiten teilnehmen. Hier geht es um die unternehmensorientierte Ausrichtung des Projektes und damit um die ureigene Aufgabe einer Führungskraft. Je nach Umfang und Bedeutung dauern diese Workshops zwischen 0,5 und 2 Tagen. Angesichts der schon sprichwörtlichen Zeitnot der Manager wird es Schwierigkeiten geben, dass sich alle beteiligten Manager auch diese Zeit nehmen. Hier muss der Projektmanager Überzeugungsarbeit leisten und die Bedeutung der Zielfindung herausstellen. Um es unmissverständlich zu sagen: wird für die Findung der Projektstrategie nicht die notwendige Zeit geopfert, ist dies ein Indikator dafür, das Projekt besser aufzugeben. Mit Verweis auf die Oracle Analysen (vgl. Abbildung 49) erübrigen sich weitere Kommentare.

- Für die Entwicklung des Zukunftszenarios wird die Mind Map Technik benutzt. Sie vermittelt in kurzer Zeit brauchbare Ergebnisse und ist sehr leicht anzuwenden. Wichtig ist es, sich darüber klar zu werden, was alles zum Projekt gehört und was nicht. Wird der Projektrahmen zu eng definiert, wird man nach kürzester Zeit Erweiterungen vornehmen müssen oder sogar feststellen, dass manche Festlegungen nicht abstrakt genug getroffen wurden. Wird er zu weit definiert, wird das Projekt niemals fertig und nach einiger Zeit stellt sich allseitig große Frustration ein. Die richtige Dimension abzuschätzen, ist eine Kunst. Hier kann leider nur auf Erfahrung verwiesen werden. Gerade für Neueinsteiger wird dieser Satz wenig tröstlich sein, aber unangenehme Wahrheiten dürfen nicht verschwiegen werden.

Der einzige Tipp, der ein wenig dabei helfen kann, möglichst schnell an Erfahrungswerte für Abschätzungen zu kommen, ist die Nachkalkulation. Die eigene Abschätzung setzt man nach Beendigung den wirklichen Fakten gegenüber. Nach einiger Zeit wird man bemerken, dass sich ein gewisser konstanter Faktor zwischen Ersteinschätzung und Wirklichkeit herausbildet. Je stabiler dieser Faktor im Laufe der Zeit wird, desto höher liegt das Erfahrungspotential. Ein Beispiel. Um meine eigenen Kalkulationen zu kontrollieren, habe ich die Grundregel: das erste Gefühl für die erforderlichen Zeiten mal Faktor zwei.

Nach wie vor baue ich meine Abschätzungen aus modularisierten überschaubaren Einzelblöcken auf. Obwohl sich meine gefühlsmäßige Abschätzung als recht stabil erwiesen hat, fehlt mir nach wie vor der Mut, mich darauf ausschließlich zu verlassen.

- Das Wichtigste sämtlicher Zieldefinitionen ist die Messbarkeit. Je stärker es gelingt, die Zielvorgaben durch konkret messbare Fakten zu definieren, desto besser kann das gesamte Projektmanagement organisiert werden. In diesem Punkt wird man auf erhebliche Praxisprobleme stoßen. Messbarkeit bedeutet natürlich auch die spätere Nachvollziehbarkeit von Fehlern. Diese Tatsache wird sofort von den Mitarbeitern erkannt und folglich setzen die Abwehrmechanismen ein. Dieser Zielkonflikt wird so lange existieren, wie unsere Unternehmenskultur einen Fehler schlimmer geißelt als Untätigkeit.

Auch bei den Managern sinkt in dieser Phase die Zustimmung. Es ist nicht überall gelebte Praxis innerhalb der Mitarbeiterführung den Mitarbeitern Ziele zu setzen und sie auch hinsichtlich der Zielerfüllung zu kontrollieren. Da die vorgestellte Projektmanagementmethodik hierarchielos ist, wird auch von den Managern die konkrete Zieldefinition abverlangt. Ziele definieren, heißt, Verantwortung übernehmen. Damit wird der Manager vor den Augen seiner Mitarbeiter messbar. Diese Aussicht führt öfters dazu, dass man sich vehement hinsichtlich konkreter Angaben wehrt und so das Risiko des Projektmanagements vergrößert. Hier haben interne Projektmanager deutliche Nachteile gegenüber externen. Der Externe kann im Notfall den Auftrag kündigen. Schon allein diese Aussicht hilft ihm, seine Interessenslage eher durchzusetzen, als der interne Projektmanager es könnte.

Allerdings muss man auch sehen, dass die beschriebene Ideallinie nun einmal äußerst selten in der Praxis zu bekommen ist. Deshalb empfehle ich, den Zusammenhang zwischen konkreter Zieldefinition und Qualität des Projektmanagements deutlich zu machen, um damit Verständnis zu schaffen. Es geht nicht darum, Schuldige für eventuell auftretende Fehler auszumachen, sondern die Risiken des Projektmanagements so weit wie möglich in den Griff zu bekommen. Im späteren Projektverlauf können durch konkrete Zielvorgaben Fehlentwicklungen sehr frühzeitig identifiziert und dementsprechend leichter korrigiert werden. Vorbeugen ist auch hier besser als heilen!

Kritische Erfolgsfaktoren finden sich nur durch Recherche. Zunächst geht man von einer Problemsammlung aus, die durch einfaches Befragen in der Gruppe der Beteiligten ermittelt wird. Mit der Routingtechnik sucht man die Ursachenanalyse der genannten Probleme (siehe Kap. 5.3.5). Gefundene Konzentrationspunkte, bzw. Ursachen sind potentielle Anwärter auf den Status eines Kritischen Erfolgsfaktors.

- Aus den gegenläufigen Betrachtungen des Zukunftsszenarios und den Problemen und Kritischen Erfolgsfaktoren werden die Zielvorstellungen entwickelt. In dieser Phase muss die Projektgruppe gezwungen werden, die Ziele schriftlich zu formulieren. Diese Übung ist lästig und wird nicht sehr freudig aufgenommen. Aufgrund der hohen Bedeutung der Projektziele gibt es zur schriftlichen Fixierung keine Alternative.

Wer kennt nicht die Erfahrung völlig unterschiedlicher Darstellungen von Personen, die an der gleichen Veranstaltung teilgenommen haben. In der Zielfindung geht es darum, einen mehrjährigen aufwendigen Entwicklungsweg vorzubereiten. In dieser Situation kann man sich keine Missverständnisse leisten. Die wirklich beste Übung, seine Gedanken (und erst recht die Gedanken einer Gruppe) zu kontrollieren und Missverständnisse auszuschließen, besteht darin, die Gedanken gemeinsam im Workshop (und nicht in stiller Abgeschiedenheit) auszuformulieren. Hier werden dann die Nuancen der Sichten deutlich, und es ist jedes Mal erstaunlich, wie viel Diskussion noch notwendig ist, um die scheinbar einheitliche Sicht zum wirklichen Konsens zu führen.

6.1.5 Projektdefinition

Aus der Kenntnis der Zieldefinition wird jetzt die Projektdefinition von einem oder mehreren Projekten erstellt. Es kann durchaus sein, dass eine Zieldefinition durch mehrere (korrespondierende) Projekte umgesetzt wird. Die Inhalte der Zellen der Projektmanagementmatrix geben die Hinweise, nach welchen Gesichtspunkten das Projekt beschrieben werden muss, um eine Vollständigkeit zu erhalten und so zur Projektdefinition zu kommen.

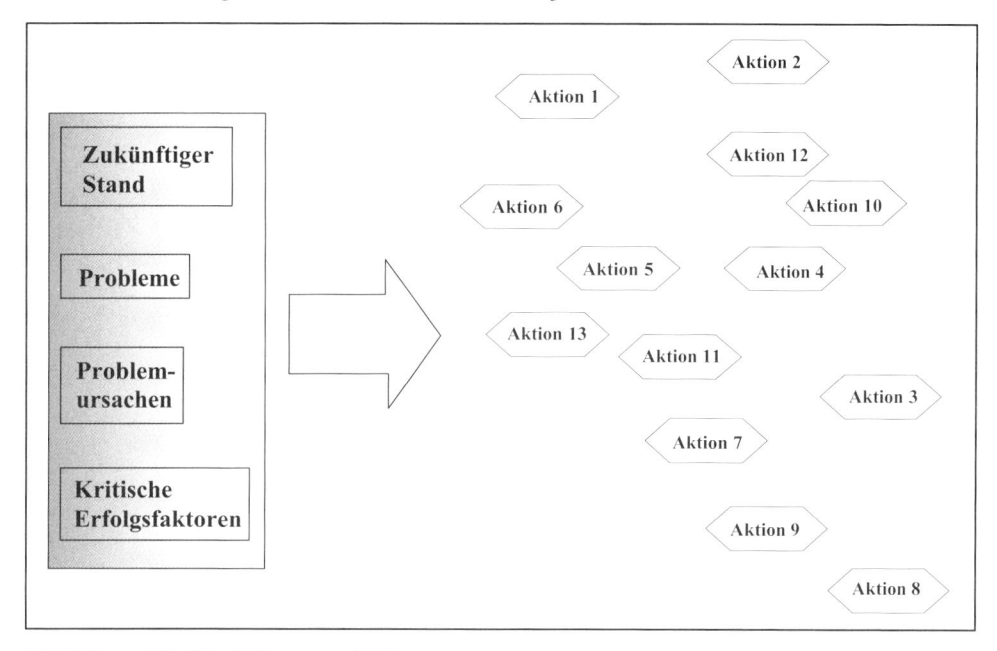

Abbildung 74: Herleiten von Aktionen

Aus der Kenntnis der Zielvorstellungen, der zu erwartenden Probleme und Kritischen Erfolgsfaktoren sowie der Projektbeschreibung werden alle notwendigen Aktionen abgeleitet (vgl. Abbildung 74). Zunächst werden diese Aktionen einfach im Brainstorming ermittelt. Schlüssel hierzu ist die Frage:

„Was müssen wir tun, um diesen Aspekt zu erreichen, bzw. dieses Problem zu vermeiden oder zu beseitigen?"

Die so entstehenden Einzelaktionen werden jetzt sinnvoll geordnet. Hierbei hilft die Frage, ob es zeitliche oder logische Abhängigkeiten zwischen den Einzelaktionen gibt. Die Einzelaktionen werden entsprechend dieser Abhängigkeiten in eine relativ zueinander orientierte, zeitliche Reihenfolge gebracht. Dies geschieht praktisch durch das Umkleben der Einzelaktionskarten. Es empfiehlt sich, die Abhängigkeiten, bzw. Zeitfolgen zwischen den Aktionen durch Pfeile zu verbinden (vgl. Abbildung 75). Hieraus wird die Verkettung untereinander sehr übersichtlich deutlich. Inplausibilitäten der zeitlichen Durchführung zeigen sich durch Pfeile, die nach links weisen. Dieses Bild wird dann so weit korrigiert, bis es keinerlei Widersprüche in der zeitlichen Folge der Aktionen mehr gibt (vgl. Farbtafel VIII).

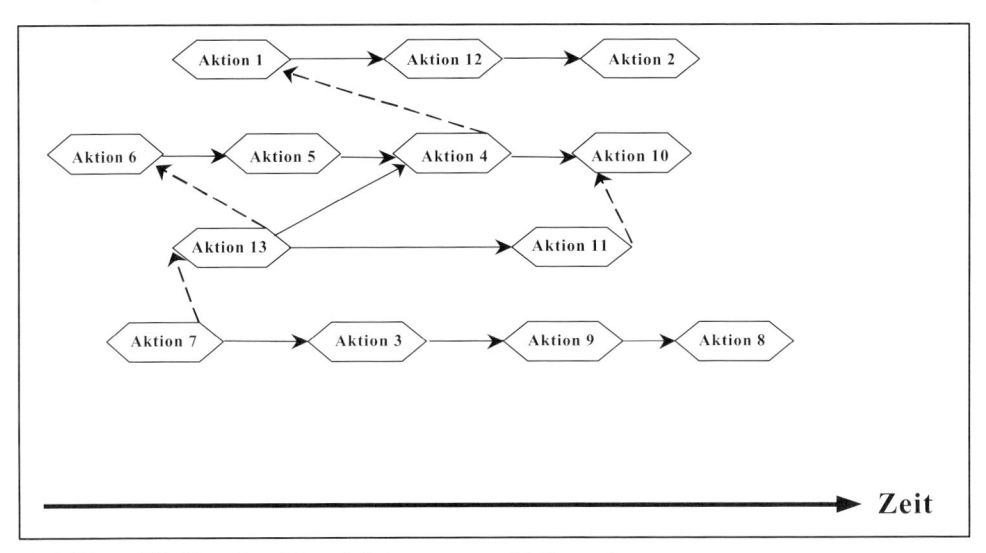

Abbildung 75: Von den Einzelaktionen zum Aktionsplan

Der nächste wichtige konstruktive Schritt besteht in der Zuweisung von Verantwortlichkeiten. Für jede Aktion wird ein Verantwortlicher definiert und jede Aktion wird hinsichtlich des benötigten Arbeitsaufwandes abgeschätzt. Aus diesen Angaben werden zwei Dinge abgeleitet:

- die absoluten Zeitangaben und
- die Abschätzung der Auslastung der Mitarbeiter.

Jetzt lassen sich sehr schnell Widersprüche aufdecken und korrigieren. Damit ist der Schritt zum ersten Projektplan und zur Beschreibung des Projektes vollzogen.

Für die Erstellung des Projektplans sind die verfügbaren Softwareprodukte des Marktes recht nützlich. Da der Projektplan im Laufe der Realisierung immer Änderungen unterworfen ist, wird eine manuelle Fortführung zeitaufwändig. Software zur Projektplanung hilft nicht nur bei der Aktualisierung. Auch Statistiken und Ressourcenverwaltung lassen sich sehr elegant und effektiv erzeugen.

Liegt eine Rahmenkonzeption für Informationssysteme vor, müssen die übergeordneten Rahmenanforderungen noch berücksichtigt und die daraus resultierenden Arbeiten in die Projektbeschreibung aufgenommen werden (siehe Kapitel 4.1.5). Die Projektdefinition wird im Projektmanagementhandbuch unter Kapitel 3 abgeheftet.

Praktischer Leitfaden   221

Die Projektdefinition wird demnach in folgenden Stufen entwickelt:

- Erstellen der Projektbeschreibung mit Hilfe der Projektmanagementmatrix (siehe auch Kapitel 3.3.2) unter Berücksichtigung der Rahmenkonzeption für Informationssysteme (siehe auch Kapitel 4.1.1)

- Herleitung von notwendigen Einzelaktionen

- Koordinieren der Einzelaktionen zum Projektplan (Zuweisung von Verantwortlichkeiten und Aufwandsabschätzungen und zeitlich logische Koordination der Einzelaktionen)

Für die praktische Durchführung sind folgende Punkte wichtig:

- Die Entwicklung der notwendigen Aktionen lässt sich relativ leicht vom Zukunftsszenario (was müssen wir tun, um die beschriebene Zukunft zu erreichen?), bzw. aus den Problemursachen und Kritischen Erfolgsfaktoren (Was müssen wir gegen die Problemursachen und Kritischen Erfolgsfaktoren tun?) ableiten.

- Falls die Menge der Aktionen und Vorschläge unübersehbar wird oder unterschiedliche Auffassungen über die notwendigen Aktionen bestehen, helfen die beschriebenen Filterarchitekturen weiter (siehe Kapitel 5.3.4).

- Die so verbliebenen Aktionen werden hinsichtlich gegenseitiger Abhängigkeiten überprüft und dann in einen zeitlichen Rahmen gebracht. Auf diese Weise entsteht der erste übergreifende Projektplan. Für die Praxis ist es außerordentlich wichtig, jede Aktion im Projektplan mit einem Verantwortlichen zu versehen, damit Arbeiten eindeutig und unmissverständlich zugeordnet werden. Diese Maßnahme ist nicht beliebt. Der Projektmanager muss darauf achten, dass diese Verantwortlichkeiten angemessen vergeben werden. D.h., der Betreffende muss eine realistische Chance haben, die Aufgaben bearbeiten zu können. Seine Qualifikation und Möglichkeiten müssen im rechten Verhältnis zur Aufgabe stehen. Nichts ist frustrierender als unrealistische Projektpläne! Nur der Form halber Projektpläne zu erstellen, von denen jeder weiß, dass sie nicht machbar sind, lohnt den Zeitaufwand nicht.

  Die Gesamtverantwortung liegt aber immer beim Projektmanager. Er muss rechtzeitig überprüfen, ob ein Verantwortlicher für eine Aktion seiner Aufgabe auch wirklich nachkommt, bzw. auch innerhalb der vorgesehenen Zeit erfüllt oder erfüllen kann. Die Delegation bedeutet keinesfalls, dass der Projektmanager sich um diesen Aspekt nicht mehr zu kümmern braucht.

- Da die meisten Unternehmen keine Rahmenkonzeption für Informationssysteme haben, fallen die Schritte Zieldefinition und Projektdefinition häufig zusammen. Aber inhaltlich sind Überlappungen möglich. So können in der Zieldefinition z.B. schon Elemente der Projektbeschreibung vorgegeben werden. Im Sinne der Modularisierung ist aber bewusst die Trennung von Zieldefinition und Projektdefinition vorgenommen worden.

6.1.6 Analyse des Ist-Standes

Der Sinn der GIAD-Methodik besteht darin, in systematischen, aufeinander aufbauenden und nachvollziehbaren Schritten zur Lösung zu kommen. Selbst, wenn später im Soll-Stand revolutionierend Neues eingeführt wird, soll - abweichend von den Theorien des Business Process Reengineering - die Zukunft nicht durch einen Bruch mit der Vergangenheit gestaltet werden. Ein solches Vorgehen geht mit an Sicherheit grenzender Wahrscheinlichkeit schief. Deswegen gilt der Grundsatz: **keine Revolutionen**!

Dies klingt widersprüchlich. Einerseits wird betont, dass bei betriebswirtschaftlicher Denkweise der GIS-Einsatz zu enormen Veränderungen führen muss, und andererseits darf es keine Revolutionen geben. Die Auflösung ist aber einfach.

Das Unternehmen, das GIS einführt, hat schließlich ein erhebliches Know-how über seinen Geschäftsbereich. Das bestehende Wissen des Unternehmens und die Erfahrung der Mitarbeiter sind ein wichtiges Gut, das nicht ignoriert werden darf. Deshalb gilt die Philosophie, den Ist-Stand so lange anzuhalten, bis man etwas Besseres gefunden hat. Aufgabe der Ist-Analyse ist demnach:

- den Ist-Stand zu erheben und

- Mängel zu identifizieren.

Die Identifizierung der Mängel wird dabei nicht als Suchen von Schuldigen verstanden. Die Sicht ist eindeutig positiv. Was können wir tun, um noch besser zu werden, und welche Teile des Ist-Standes sind demnach noch nicht optimal? Der Projektmanager ist hier gefordert, weil das Gute und die Mängel des Ist-Standes gleichermaßen identifiziert werden müssen.

Wichtig ist dabei, dass der Projektmanager wirklich dieses positive Bewusstsein hat und nicht als Besserwisser abgestempelt wird, weil er Negatives identifiziert. Wenn seine Arbeit und sein Verhalten dies den Mitarbeitern glaubhaft macht, danken sie es ihm durch sehr konstruktive Eingaben.

Zu den Verbesserungsideen, die aus der Analyse des Ist-Standes entwickelt wurden, kommen später noch die Verbesserungsmöglichkeiten durch den Einsatz eines GIS hinzu. Auf diese Weise wird dann der Blick auf die zukünftige Situation eingeleitet.

Ein Projekt der Größe eines GIS kann niemals von einer Person alleine durchgeführt werden. Viele Mitarbeiter müssen einbezogen werden und zur Überzeugung kommen, dass sich das Projekt lohnt und es sinnvoll ist, sich hier zu engagieren. Dazu muss man den Mitarbeitern auch die Chance geben, sich in das Projekt einzuarbeiten. Die Aufnahme des Ist-Standes hat neben dem rein analytischen Vorgehen noch einen weiteren, vielleicht sogar noch wichtigeren Grund: den Know-how Aufbau bei den Mitarbeitern und deren Motivation. Die Mitarbeiter sollen mit dieser Vorgehensweise bewusst die Chance bekommen, vom Ist-Stand her,

Praktischer Leitfaden

der ihnen ja bestens vertraut ist, langsam zum Soll-Stand überzugehen und damit auch die Denkweisen nachvollziehen und später aktiv mitgestalten zu können. Auf diese Weise wird neben der Weiterentwicklung des Projektes auch noch die Weiterbildung gefördert.

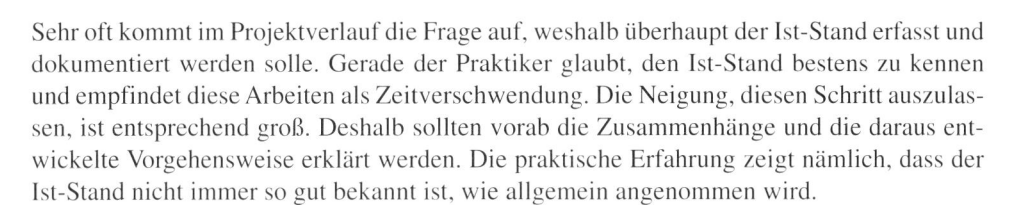

Sehr oft kommt im Projektverlauf die Frage auf, weshalb überhaupt der Ist-Stand erfasst und dokumentiert werden solle. Gerade der Praktiker glaubt, den Ist-Stand bestens zu kennen und empfindet diese Arbeiten als Zeitverschwendung. Die Neigung, diesen Schritt auszulassen, ist entsprechend groß. Deshalb sollten vorab die Zusammenhänge und die daraus entwickelte Vorgehensweise erklärt werden. Die praktische Erfahrung zeigt nämlich, dass der Ist-Stand nicht immer so gut bekannt ist, wie allgemein angenommen wird.

Hier einige Beispiele:

- Bei der Dokumentation des Ist-Standes ergeben sich widersprüchliche Aussagen über den Ablauf.

- Manche Abläufe basieren nicht auf eingerichteten Wegen, sondern auf zufällig vorhandenen Kommunikationswegen.

- Der wirkliche Informationsfluss geht über „den kleinen Dienstweg". Entweder existiert überhaupt kein eingerichteter Weg, oder er wird einfach nicht benutzt.

- Der Empfänger von Informationen beurteilt den Inhalt, die Vollständigkeit und Qualität sowie die Pünktlichkeit der Information ganz anders als der Sender.

- Bestehender Informationsbedarf wird nicht gedeckt; überflüssige Information wird abgegeben.

- Eine Information geht nicht den direkten Weg zum vorgesehenen Adressaten.

- Die gleichen Arbeiten werden an mehreren Stellen durchgeführt.

- Der Grund für den Arbeitsablauf ist keinem bekannt. Die Tradition erhält Arbeitsabläufe, auch wenn sie schon längst sinnlos geworden sind.

Die ungeprüfte Übertragung des Ist-Standes in den Soll-Stand ergibt unweigerlich zwei Negativeffekte, die das ganze Projekt zum Scheitern bringen können:

- die Übertragung von bestehenden Mängeln in den zukünftigen Stand und

- die Vernachlässigung von möglichen Rationalisierungseffekten durch GIS und einer dazu passenden Arbeitsweise.

Die bisher geschilderten Zusammenhänge zielten mehr auf die methodische Verkettung und das Handwerk der Ist-Analyse. Das eigentliche Ziel geht aber weiter. Es ist vergleichbar mit dem Übersetzungsproblem (vgl. Abbildung 64). So wie dort die benutzten Worte einen dahinter stehenden Sinnzusammenhang verdeutlichen sollten, so soll der durchgeführte Arbeitsablauf auf den wahren Bedarf an notwendigen Arbeiten und Informationen schließen lassen. Da es in gewachsenen Arbeitsabläufen durchaus zu Abdriftphänomenen kommt (vgl. Abbildung 2), besteht die Aufgabe des Projektmanagers darin, über die Ist-Analyse auf den wahren Bedarf der Arbeitsabläufe (betrieblich benötigte Arbeitsprozesse und Informationsflüsse) zu schließen.

Die Ist-Analyse ist das Konstrukt, um - ausgehend vom tatsächlichen Stand - auf den wahren Bedarf von Arbeitsprozessen und Informationsflüssen für den Betrieb zu schließen.

Zur Ermittlung des wahren Bedarfs muss der Projektmanager so lange alles hinterfragen, bis die notwendige Transparenz erreicht ist. Dieses ständige Nachhaken kann durchaus als unangenehm empfunden werden. Sehr oft erleben es interne Projektmanager, dass dies als „Einmischung in die inneren Angelegenheiten" empfunden wird und die Auskunftsfreudigkeit stark nachlässt. Der externe Projektmanager hat es hier erneut leichter, weil er die Zusammenhänge des Unternehmens ja nicht kennt und es verständlicher ist, wenn er häufig nachfragen muss.

Deshalb sollen einige Werkzeuge für die praktische Arbeit empfohlen werden. Für die Erfassung des Ist-Standes gibt es eine Reihe von Werkzeugen, die je nach Anwendung und Zusammensetzung der Beteiligten ausgesucht werden müssen. Folgende Möglichkeiten werden empfohlen:

Erhebung in Werteketten

Dies ist ein sehr schnelles Werkzeug (siehe Kapitel 5.3.7 „Wertekettenanalyse"), das abstrakte Denkweisen verlangt. In kurzer Zeit bekommt man recht umfassende Überblicke. Um Übersicht zu bekommen, ist es deshalb gut geeignet. Häufig stecken die Probleme aber im Detail. Falls sich Hinweise auf eine solche Situation ergeben, muss auf ein passenderes Werkzeug übergegangen werden.

GIAD-org

GIAD-org passt sehr gut bei übergreifenden Themenstellungen (siehe Kapitel 5.3.8). Die starke bildliche Orientierung ist prädestiniert für kreative Teilnehmer oder Beteiligte, die von analytischen Vorgehensweisen oder Datenverarbeitungsthemen abgeschreckt werden. Es erfordert die meiste Vorarbeit, weil einige Symbole erklärt werden müssen und die Technik des Arbeitens ein wenig geübt werden muss. Hinsichtlich der Vorbereitungen ist es zeitaufwendiger als die anderen Techniken und sollte nicht angewendet werden, wenn die Arbeitsabläufe zu speziell werden. Dafür entspricht der dargestellte Abstraktionsgrad und die hohe Anschaulichkeit aber oft genau den Notwendigkeiten der Ist-Analyse.

Beziehungsmatrix

Die Beziehungsmatrix ist für schematische Datenflussanalysen geschaffen (siehe Kapitel 5.3.9). Arbeitsprozesse werden nicht abgebildet. Die Visualisierung der Informationsflüsse zeigt sehr deutlich, welche Stellen intensiv miteinander kommunizieren. Auf diese Weise können Schwerpunkte der zukünftigen Arbeit identifiziert werden.

Ablaufanalyse

Die Ablaufanalyse ist das flexibelste Werkzeug, weil sowohl übergreifende Themen als auch spezielle Arbeitsabläufe abgebildet werden können (siehe Kapitel 5.3.9). Der Schwerpunkt liegt hier eindeutig auf den Arbeitsabläufen, obwohl Informationsflüsse als Input oder Output des Arbeitsprozesses auch optional aufgenommen werden. Ich skizziere die Arbeitsabläufe vorab auf Konzeptpapier und bringe sie erst in die endgültige Form, wenn sie eine hinreichende Stabilität gewonnen haben. Der Veränderungsaufwand ist hier recht groß. Durch die anfangs erwähnte Flexibilität des Werkzeugs muss bei der Anwendung darauf geachtet werden, dass der Ist-Stand nicht zu grob, nicht zu fein und auch auf einem gleichartigen Abstraktionsgrad durchgeführt wird. Diese Schwierigkeiten ergeben sich bei GIAD-org nicht, weil die Visualisierungskomponente den angenehmen Nebeneffekt hat, gleichsam automatisch zu reagieren. Wird das Thema zu intensiv behandelt, reicht die verfügbare Darstellungsfläche nicht aus. Bei zu oberflächlicher Behandlung empfindet man eine gewisse Leere des Bildes.

Mittlerweile gibt es aber auch einfach zu handhabende Softwareprodukte, die für die Darstellung der Abläufe genutzt werden können. Sie haben einen großen Vorteil bei Änderungen, weil die grafischen Darstellungen sehr schnell angepasst werden können. Der Nachteil der Nutzung besteht einerseits im Aufwand (Rechner, Software, Beamer) und andererseits in der beschränkten Bildschirmgröße für die Darstellung, weil der Anwender ständig zwischen Detailsicht und Überblick umschalten muss.

Problem/Ursachenanalyse

Die durch die anderen Werkzeuge skizzierten Mängel werden (bei Bedarf) als Probleme in die Problem/Ursachenanalyse übernommen (siehe Kapitel 5.3.5). Damit ist die direkte Verkettung untereinander sichergestellt. Wie bei der Entwicklung der Strategie ist es auch bei der Ist-Analyse sinnvoll, nach Problemen und deren Ursachen zu fragen. Damit ist die Problem/Ursachenanalyse ein Werkzeug, das seinen Platz nicht an einer bestimmten Stelle in der Entwicklung eines Projektes hat. Es kommt immer dann zum Einsatz, wenn es erforderlich wird.

Grundsätzlich stellt die Ist-Analyse nur eine Etappe auf dem Weg zum Ziel dar. Trotz der vielen existierenden Werkzeuge soll der Ist-Stand nur so weit erhoben werden, wie er zum oben definierten Zweck notwendig ist. Nicht die absolute Vollständigkeit und die Detailtreue sind hier wichtig. Es kommt vielmehr auf die Ermittlung der wesentlichen Fakten an (grundsätzliche Abläufe und das zugrunde liegende Konzept, gravierende Problemursachen u.s.w.). Die Ergebnisse der Ist-Analyse werden im Projektmanagementhandbuch unter Kapitel 3.3 gesammelt.

6.1.7 Entwicklung des Soll-Standes

In Kapitel 6.1.1 wurde aufgrund der Lebenszyklen und der Aufwände einzelner Komponenten des GIS die Vorgehensweise für die Entwicklung des Soll-Standes hergeleitet. Hiernach beginnt man zweckmäßiger Weise mit der Datenmodellierung, weil die Daten die größte Investition darstellen und die längste Restnutzungsdauer haben. Aus praktischen Gründen ist es aber besser, die Entwicklung der zukünftigen Geschäftsprozesse vorzuziehen.

Im Wesentlichen gibt es hierfür zwei Gründe:

- Die Datenmodellierung ist eine Tätigkeit, die nur von Experten durchgeführt werden sollte. Sie setzt ein hohes Maß an Abstraktionsvermögen und Erfahrung voraus.

- Ein großer Prozentsatz der Anwendungen lässt sich immer mit dem Standard eines Systems umsetzen. Sie kommen dementsprechend auch mit dem Standarddatenmodell aus. Der Aufwand reduziert sich natürlich, wenn man nur noch die nicht abgedeckten Teile modelliert.

Da es einen unmittelbaren Zusammenhang zwischen Funktionalität eines Systems und dem Datenmodell gibt, lässt sich das Datenmodell auch indirekt durch die Festlegung der Prozessanforderungen an das System beschreiben.

Dieser Weg bietet große Vorteile.

- Arbeitsabläufe haben auch eine recht lange Lebensdauer.

- Die Mitarbeiter können viel leichter in Arbeitsabläufen denken als in Datenmodellen.

- Definierte (Soll-)Arbeitsabläufe bilden eine stabile Basis für die Realisierung des Projektes.

- Arbeitsabläufe lassen sich ausgehend vom Ist-Stand entwickeln und bieten dadurch die Chance der sukzessiven Entwicklung der Mitarbeiter auf den zukünftigen Stand hin.

Aus diesen Gründen wird empfohlen, die Entwicklung des Soll-Standes mit der Definition von zukünftigen Geschäftsprozessen unter Nutzung des Informationssystems zu beginnen.

In der Praxis haben sich für die Realisierung von GIS zwei Denkweisen etabliert. Die erste geht davon aus, dass sich die Arbeitsabläufe den Möglichkeiten des GIS anpassen sollen. Hintergrund dieser Philosophie ist der Standardisierungsgedanke. Um die Pflegekosten für die Anwendung möglichst gering zu halten, wird auf die kundenspezifische Anpassung des GIS verzichtet. Die gesamten Arbeitsabläufe werden nach den Möglichkeiten des Systems ausgerichtet. Damit entfallen die personalintensiven Anpassungsarbeiten und die Programmpflege wird auf das Notwendige reduziert.

Will man diese Denkweise praktisch umsetzen, gibt es Schwierigkeiten. Die Voraussetzung dafür sind nämlich an der Praxis ausgerichtete GIS, denn die Arbeitsabläufe dürfen nicht so verändert werden, dass sie gänzlich untauglich für das praktische Arbeiten sind. Hier kommt ein Effekt zum Tragen, der den Kunden nicht bewusst ist: ihr eigenes Know-how. Die Praxis ist ja nicht rückständig und hat sich stets im Lauf der Zeit weiter optimiert. Auch, wenn bislang nur manuell gearbeitet wird, gibt es vielfältige Optimierungsmöglichkeiten, die die Praxis selbstverständlich nutzt. Wenn jetzt die Anpassung auf ein GIS eine Verschlechterung der Ablaufsituation nach sich zieht, wird es sehr schnell zu mangelnder Akzeptanz kommen.

In der Tat zeigt sich, dass nicht alle GIS standardmäßig die Möglichkeiten bieten, die für ein praxisrelevantes Arbeiten erforderlich sind. Schließlich muss ein Hersteller ja ein bestimmtes Marktsegment abdecken und kann dementsprechend nicht alle Möglichkeiten bedienen. So kommt es zu den so genannten 80%-Lösungen, die standardmäßig abgedeckt werden. Der erfahrene Projektmanager aber weiß genau, dass gerade die letzten 20% den Aufwand und auch den Effekt des GIS bringen.

Die Entwicklung der GIS ist auch sehr oft an DV-Kriterien angelehnt. Viele Entwickler kennen die Praxis überhaupt nicht und haben auch keinen direkten Kontakt mit dem Kunden. Sie erfahren immer nur „aus zweiter Hand", was in der Praxis benötigt wird. Denkt man jetzt noch an die Effekte, die diese Kommunikationskette (vom Kunden bis zum Entwickler) negativ beeinflussen können, ist es nicht verwunderlich, dass hier noch Verbesserungsmöglichkeiten existieren.

Der technische Bereich ist auch bei weitem nicht so standardisiert wie der kaufmännische. Alle GIS-Nutzer einer bestimmten Branche müssten eigentlich das Gleiche tun. Über diesen Gedanken müsste sich ja leicht der wahre Bedarf des Kunden herleiten lassen und daraus dann eine entsprechende Standardsoftware für GIS-Anwendungen. Auch ich habe geglaubt, dass ich meine Beratungen aus diesem Grund viel standardisierter durchführen könnte. Die Praxis hat mir gezeigt, dass jedes Projekt völlig individuelle Komponenten hat und es bislang nie zu gleichen Lösungen gekommen ist. Ich hatte auch den Einfluss der historischen Entwicklung, der strategischen Einbindung des Projektes im Gesamtunternehmen und der Gesamtsituation des Unternehmens auf die individuelle Ausprägung des GIS-Projektes unterschätzt. Vielleicht sind die aufgeführten Gründe die Ursache dafür, dass ich es bisher noch nicht erlebt habe, dass ein Standard GIS ohne Anpassungen so eingeführt werden konnte, dass sich ein signifikanter Nutzen gegenüber dem Aufwand ergab.

Ich habe aber auch einige Fälle erlebt, wo die auf dem Markt verfügbaren Systeme nicht in der Lage waren (auch nicht durch Anpassung), benötigte Arbeitsabläufe zu unterstützen. In diesen Fällen bleibt nichts anderes übrig, als die GIS-Anwendung generell in Frage zu stellen, individuelle Entwicklungen durchführen zu lassen oder sich nach den Möglichkeiten des GIS auszurichten.

Geht man den Weg, dass sich die Arbeitsabläufe den Möglichkeiten des ausgewählten GIS anpassen müssen, ist es besonders wichtig, die Abweichungen zwischen den bestehenden Arbeitsabläufen der Praxis und den Vorgaben des Systems zu identifizieren. Diese Abweichungen können Defizite zu notwendigen Arbeitsschritten der Praxis darstellen. In diesem Fall muss das identifizierte Defizit anderweitig als durch GIS beseitigt werden. Wenn klar ist, wie dies erreicht wird, müssen die Verfahrens- und Arbeitsanweisungen entsprechend geändert werden. Nur so ist garantiert, dass Standardsoftware erfolgreich in die Praxis eingeführt werden kann.

Die Praxis hat mich zur Bevorzugung der Variante gebracht, dass sich ein GIS den praktischen Anforderungen anpassen muss. Da ich generell von dem betriebswirtschaftlichen Ansatz der GIS-Definition ausgehe, machen die damit verbundenen Zusatzaufwände nichts aus, weil sie ja durch den Nutzen aufgefangen werden. Ansonsten lohnt sich in vielen Fällen die GIS-Einführung nicht.

In dieser Variante wird mit Sicherheit eine bessere Anpassung an die wirklichen Erfordernisse erreicht. Allerdings besteht die Gefahr, dass man ohne jede Rücksicht auf das Machbare Konzeptionen entwirft, die nicht realisierbar sind. Ein verantwortungsbewusster Projektmanager muss daher einen Überblick haben, was GIS wirklich leisten können. Dies setzt Marktkenntnis voraus und den Zwang, die in der Entwicklung befindliche Konzeption ständig dahingehend zu prüfen, inwieweit sich die Anforderungen mit den im Markt gebotenen Möglichkeiten realisieren lassen.

Angesichts der verschärfenden Konkurrenzsituation im Markt verstärken sich für die Unternehmen die Argumente, dass sich ein GIS den Geschäftsprozessen des Unternehmens unterwerfen muss. Schließlich geht es immer mehr darum, möglichst seine Alleinstellungsmerkmale auszuprägen, um eine führende Position im Markt zu bekommen. Damit wird es immer wichtiger, individuelle Entwicklungen voran zu treiben und nicht einem Standard zu verfallen.

Die Entwicklung des Soll-Standes ist nichts anderes als ein Gedankenexperiment. Man geht von der Annahme aus, ein GIS zu haben. Dabei soll nicht ein spezielles GIS gemeint sein, sondern die betriebliche Vorstellung notwendiger GIS-Funktionalitäten für die Arbeitsprozessoptimierung. Auf der Basis des Ist-Standes und der Ideen für die Verbesserung werden iterativ die zukünftigen Arbeitsabläufe entworfen. Parallel empfiehlt es sich, aus den (sich stabilisierenden) Arbeitsabläufen Anforderungen abzuleiten (siehe Kapitel 5.3.10), um sie kontinuierlich den Möglichkeiten des GIS-Marktes gegenüberzustellen. Ergeben sich zu hohe Anforderungen, muss über die Modifikation des angedachten Soll-Standes diskutiert werden. Auch ist es aus strategischen Gründen bedenklich, wenn die sich ergebenden Anforderungen nur durch ein einziges System erfüllt werden können. Der Projektmanager beraubt sich so jeder Verhandlungsmöglichkeit bei der GIS-Auswahl. Ein Konzept sollte so aufgebaut werden, dass mindestens drei verschiedene Hersteller grundsätzlich alternativ zur Auswahl stehen, es sei denn, dass spezielle Funktionalitäten eines GIS überproportional hohe betriebliche Effekte bringen.

Praktischer Leitfaden 229

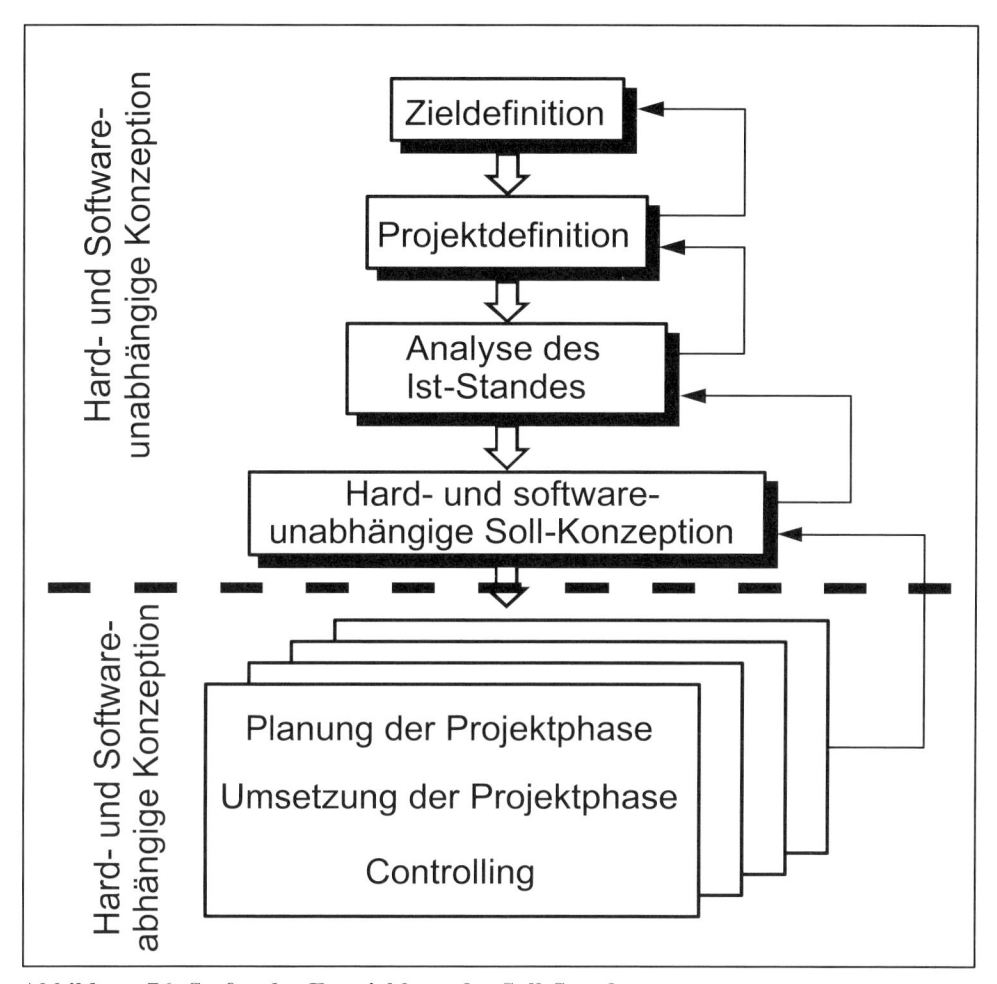

Abbildung 76: Stufen der Entwicklung des Soll-Standes

Die Entwicklung des Soll-Standes wird grundsätzlich in zwei Stufen (vgl. Abbildung 76) organisiert. Die erste Stufe ist hard- und softwareunabhängig. Iterativ wird die grundsätzliche Machbarkeit anhand der Möglichkeiten des Marktes und des Unternehmens geprüft. Wenn der Soll-Stand dann die erforderliche Stabilität erreicht hat, werden die Anforderungen für die Ausschreibung nach dem dargelegten Muster der Funktionsleistungsspiegelung hergeleitet und zum Ausschreibungsverfahren übergegangen. Es hat keinen Sinn, die Soll-Spezifikation bis ins Detail durchzuführen. Dies würde nur unnötig Zeit kosten und dazu verführen, sich einem System anzulehnen. Die Designphase zum Zweck der Systemauswahl muss zwar die gesamte Anwendung im Blick haben und sie durchdenken, allerdings braucht die Detaillierung nur so tief zu gehen, dass die Charakteristik der Anwendung genügend deutlich ausgeprägt ist, um passende und unpassende Systeme identifizieren zu können. Übertriebener Perfektionismus ist hier eher schädlich.

Um zu der Entwicklung des Soll-Standes zu kommen, empfiehlt es sich, die grundsätzlichen Möglichkeiten des GIS im Sinne des Kapitels 2.3 zu studieren.

Gleichzeitig müssen Vorkehrungen getroffen werden, die dem Abdriftphänomen entgegenwirken. Dies wird durch das ständige Filtern der wichtigen Komponenten des Soll-Standes gegen die Abgestimmten Projektziele erreicht. Sehr oft haben die Mitarbeiter des Teams sie so verinnerlicht, dass sie schon bei der Diskussion verschiedener Möglichkeiten die Abgestimmten Projektziele anhalten und so selbst einmütig entscheiden, welche Möglichkeiten sich im Sinne des Projektes lohnen und welche nicht. Es treten aber auch Fälle auf, die auf Grund der Vor- und Nachteile so eng beieinander liegen, dass nur durch strategische Kriterien die Richtung eindeutig festzulegen ist. Dann sollten die Führungskräfte, die bei der Entwicklung der Ziele mitgearbeitet haben, wieder einbezogen werden, um über die Auslegung der Abgestimmten Projektziele für die zweifelhaften Fälle zu entscheiden. Die Szenarien der verschiedenen Möglichkeiten werden zweckmäßig für diese Sitzung erhoben und als Einführung vorgestellt.

Der Soll-Stand ist die Konkretisierung der Strategie. Durch diese logische Verkettung gewinnt jetzt der Soll-Stand die gleiche hohe Bedeutung wie die Strategie. Je besser und konkreter dieser Stand definiert ist, desto leichter werden die gesamten weiteren Phasen im Projektmanagement. Dies wird schon bei der Entwicklung der Ausschreibung deutlich. Mit dem Werkzeug der Funktionsleistungsspiegelung (siehe Kapitel 5.3.10) werden jetzt die konkreten Anforderungen an das zu beschaffende GIS abgeleitet.

Der Abschluss des Soll-Standes beinhaltet immer den Projektplan. Ob dieser Projektplan jetzt zweistufig (Teil 1 nach der ersten Stufe der Designphase und Teil 2 nach der Hard- und Softwareauswahl) oder in einem Zug nach Abschluss der Designphase erstellt wird, hängt von individuellen Komponenten des Projektes ab. Bislang existiert ja nur ein grober Projektplan aufgrund der Ergebnisse der Projektdefinition. Dieser Plan wird jetzt wesentlich vertieft und konkretisiert. Hierzu wird das Werkzeug der Aktionsleistungsspiegelung (siehe Kapitel 5.3.11) benutzt und daraus der Projektplan abgeleitet.

Sobald das Ausschreibungsverfahren abgeschlossen und das für die beabsichtigte Anwendung optimale GIS gefunden ist, beginnt die zweite Stufe des Soll-Standes. Sie berücksichtigt die speziellen Möglichkeiten des ausgewählten Systems und vertieft die Sollvorstellungen besonders hinsichtlich der Praxisanwendung (Gestaltung von Eingabemasken, Optimierung des Datenmodells u.ä.). Während in der ersten Phase mehr die Distanz zum Anbieter überwiegt, muss es in der zweiten Phase zu einer echten Kooperation kommen. Der Anbieter, der die Hürden der Ausschreibung als bester absolviert hat und dem in unter Umständen harten Vertragsverhandlungen hohe Pflichten vertraglich auferlegt sind, verdient jetzt die volle Unterstützung seines Kunden und erst recht des Projektmanagers. Eine gute GIS-Anwendung im Sinne der getroffenen GIS-Definition ist nur erreichbar, wenn alle Beteiligten kooperieren und sich in den Dienst der Sache stellen.

Für die Entwicklung des Soll-Standes eignen sich prinzipiell die gleichen Werkzeuge wie für die Ist-Analyse. Zu bedenken ist: die Spezifikationen des Soll-Standes müssen in der Regel (auch in der ersten Designphase) eine Stufe genauer sein als der Ist-Stand. Dementsprechend sind die Werkzeuge, die für die feineren Spezifikationen besser geeignet sind, zu bevorzugen. In dieser Phase wird die Arbeit mit den Ablaufanalysen empfohlen. Bei großen Anwendungen ist zu überlegen, ob sie vom Großen ins Kleine organisiert werden müssen und aus diesem Grund zunächst grundsätzliche abstrakte Abläufe gefunden werden müssen.

Ich warne allerdings davor, in der Designphase nur im Abstrakten zu bleiben. Im Detail entscheiden sich meistens die wichtigen Charakteristika der Anwendung. Es ist also nicht nur gefragt, was gemacht werden soll. Der Projektmanager muss mit seinem Team auch die Frage beantworten, wie genau etwas gemacht werden soll. Viele Hauptcharakteristika der Anwendung kristallisieren sich erst am Detail heraus.

In der Akribie des „wie" entscheidet sich zu einem großen Teil der Erfolg des Projektes.

Im zweiten Teil der Entwicklung des Soll-Standes (hard- und softwareabhängig) werden häufig ganz andere Werkzeuge benutzt als im ersten Teil. Sehr oft müssen hier - zwar in kleinerem Maße - wieder

- kreative Lösungen erstellt,

- tiefer modularisiert oder

- Entscheidungen über Lösungsalternativen gefunden werden.

Dementsprechend setzt man die Mind Map Technik und Routing- und/oder Filtertechniken ein. Auch bietet sich jetzt der Übergang auf rechnergestützte Werkzeuge an. Gleich, ob ein- oder zweistufig gearbeitet wurde: zum Abschluss der Designphase wird entweder der schon bestehende Projektplan vertieft und aktualisiert oder erstmalig aufgestellt (auf der Basis des groben Projektplans der Zieldefinition). Natürlich wird der Projektplan in dieser Phase mit dem GIS-Lieferanten abgestimmt. Der Detaillierungsgrad muss dabei so genau sein, dass zweifelsfrei die Aufgaben der Beteiligten, die hierfür vorgesehenen Ressourcen und die Zeit ersichtlich sind.

6.1.8 Grundsätzliche Entwicklung weiterer Projektphasen

Für die genaue Entwicklung der weiteren Projektphasen gibt es, wie gesagt, keinen starren Ablauf. Die Phasen sind jetzt stark inhaltlich geprägt und von ihrer Reihenfolge und Ausgestaltung her von der individuellen Zielrichtung des Projektes abhängig. Für diese Phasen ist überwiegend vertieftes GIS-Wissen in Kombination mit strukturiertem Arbeiten erforderlich. Der Ablauf vollzieht sich aus den vorab beschriebenen Erkenntnissen immer in zwei Stufen:

- Planung und

- Umsetzung,

jeweils mit begleitendem Controlling.

Zur Planung der Projektphase wird die Projektmanagementmatrix als Hilfsmittel herangezogen. Die Umsetzung kann sehr unterschiedlichen Umfang haben. Sie kann in der Dimension eines eigenen Teilprojektes liegen (Softwareentwicklung) oder auch nur so klein sein, dass sie zusammen mit der Kontrolle durchgeführt wird (Abnahme eines Softwaremoduls).

Das Controlling erfolgt nach den Beschreibungen zum Projektaudit.

Grundsätzlich führt die Entwicklung einer Projektphase zu einer intensiven inhaltlichen Beschäftigung mit dem Thema. Dieses vertiefte Wissen sollte dazu genutzt werden, gleichzeitig schon die inhaltlichen Kontrollkriterien (Abnahme) mit zu konzipieren. Zweckmäßigerweise wird dazu jeweils ein Abnahmeplan der Inhalte einer Phase anhand der Phasenbeschreibung entworfen.

Der Abnahmeplan besteht aus drei Teilen:

- Abläufe,

- Inhalte und

- Dokumentation.

Als einfacher Anhalt kann grundsätzlich immer Folgendes gelten:

- Zur Kontrolle der Abläufe zieht man die entwickelten Prozessbeschreibungen des Soll-Standes heran. Systematisch kann man jetzt den gesamten Umfang der Leistungen anhand der dargestellten Prozessschritte nachvollziehen.

- Für die Inhalte konzentriert man sich auf die spezifizierten Anforderungen aus der Funktionsleistungsspiegelung, bzw. auf die getroffenen Festlegungen der Ausschreibungsunterlage.

- Die Dokumentation nutzt man zweckmäßig schon während der Kontrolle der Abläufe und der Funktionen. Auf diese Weise wird gerade der Teil, der am häufigsten in der Praxis benötigt wird, kontrolliert.

Mit der Kontrolle der Abläufe werden alle in Verbindung mit den Arbeitsabläufen stehenden Anforderungen, besonders hinsichtlich des neu eingesetzten Informationssystems, entwickelt, beschrieben und Kennwerte für deren Abnahme hergeleitet.

Betrachten wir hierzu das Beispiel eines Ablaufs vom vermessungstechnischen Aufmass über ein elektronisches Tachymeter bis zum Einspielen der Daten im Innendienst. Für die Ablaufkontrolle ergäben sich dann z. B. folgende Kriterien:

- die verbesserte Abwicklung des Aufmasses durch die Nutzung der Freien Stationierung,
- das Berücksichtigen von besonderen Aufnahmesituationen,
- das reibungslose Einlesen der Vermessungsdaten und deren Umsetzung und
- das Maß der Beschleunigung des Ablaufs mit der Nutzung dieser Technologie.

Unter der Inhaltskontrolle werden fachspezifisch inhaltliche Anforderungskriterien verstanden. Bezogen auf unser Beispiel hieße das:

- die Genauigkeit des Verfahrens,
- die Vollständigkeit der Kodierungstabellen,
- die Kompatibilität zwischen Vermessungskomponenten und Informationssystem
- die Nutzung von speziell definierten Funktionalitäten u.s.w..

Unter der Dokumentationskontrolle wird das Vorliegen ausreichender Dokumentationsunterlagen und deren Nutzbarkeit für den jeweiligen Anwender verstanden. Unser beispielhafter Arbeitsablauf hätte vielleicht folgende Anforderungen an die Dokumentation:

- Vorliegen von Benutzerdokumentationen für die Handhabung des Instruments, der Registriereinrichtung und der Übertragung ins Informationssystem,
- Vollständige Dokumentation der Kodierungstabellen,
- Anweisungen für die Aufnahme spezieller Fälle (z.B. Schadenssituationen o.ä.).

6.1.9 Ausschreibung

Wenn man eine Vorstellung über das zukünftige Arbeiten mit einem GIS gewonnen und den Soll-Stand dokumentiert, die Möglichkeiten eines GIS berücksichtigt und diesen Stand hinsichtlich der Abstimmten Projektziele gefiltert hat, kann man mit den ersten Umsetzungsschritten beginnen. Jetzt geht es darum, die Möglichkeiten des Marktes auszuschöpfen und das für die geplante Anwendung am besten passende GIS zu finden. Da ein schier unübersehbares Angebot auf dem Markt verfügbar ist, wird diese Aufgabe oft als außerordentlich schwierig angesehen. Wie gezeigt, ist mit der Entwicklung des Soll-Standes die größte Schwierigkeit eigentlich überwunden. Das Finden des optimalen GIS wird handwerklich nach festen Regeln organisiert und gelöst.

Das wichtigste Werkzeug auf dem Weg zur Ausschreibung ist die Funktionsleistungsspiegelung (siehe Kapitel 5.3.10). Hiermit wird das erforderliche GIS spezifiziert.

Aus dem Vorgang der Funktionsleistungsspiegelung entsteht jetzt ein Katalog von genau beschriebenen Anforderungen, die in die Ausschreibungsunterlage übernommen werden. Die wichtigste Grundregel der Ausschreibung besteht darin, sich nicht das anbieten zu lassen, was die Anbieter als wichtig ansehen, sondern sie dazu zu „zwingen", auf die genannten Anforderungen des Kunden einzugehen. In der Regel mögen die Anbieter diese Vorgehensweise nicht so sehr, weil dadurch der Kunde den Maßstab der Beurteilung selbst setzt. Die Angebote werden so aber transparent und gegeneinander vergleichbar. Die Entscheidungsschwierigkeit der Kunden für ein Produkt existiert nur, wenn sie keine ausreichend genaue Vorstellung von ihrem zukünftigen Stand und ihrer dann veränderten Arbeitsweise entwickelt haben. Jeder Anbieter offeriert die speziellen Vorteile seiner Lösung und der Kunde weiß nicht, welche Aspekte er jetzt wie einordnen und bewerten soll und ist damit dann hoffnungslos überfordert.

Hat man aber die genaue Vorstellung über den Soll-Stand und daraus über die Funktionsleistungsspiegelung die Anforderungen abgeleitet, ist das Anforderungsprofil eigentlich nur eine analytisch fundierte Handwerksarbeit, die das spätere Auswahlverfahren relativ leicht macht. Es macht Sinn, thematisch zu gliedern. Bevor die Ausschreibung gestartet wird, werden die einzelnen Anforderungen gewichtet. Je nach Bedeutung wird das Gewicht 0 (unbedeutend) bis 10 (höchste Bedeutung) zugeordnet. Dadurch wird der Ausschreibung ein individuelles Kennprofil verliehen (vgl. Abbildung 77). Diese Vorgehensweise ist aus folgenden Gründen besonders wichtig:

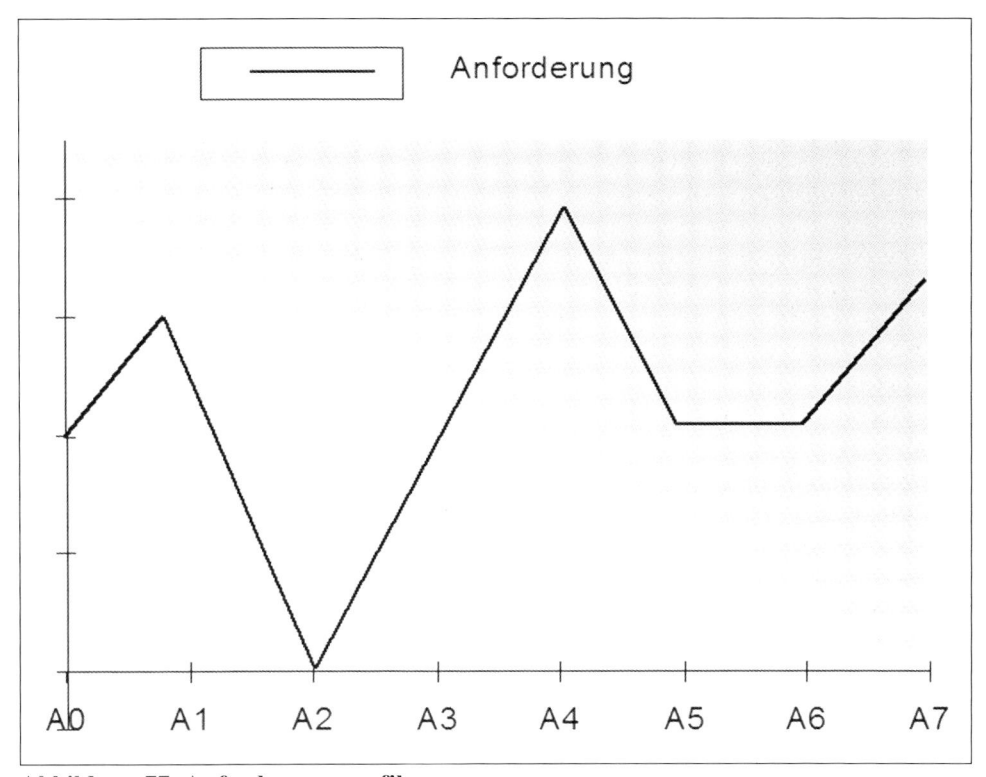

Abbildung 77: Anforderungsprofil

Immer wieder ist die Tendenz zu beobachten, dass trotz guter Vorbereitung einer Ausschreibung und intensiver Beschäftigung mit dem Thema im Sinne der hier vorgestellten Vorgehensweise, einzelne Merkmale über die Ausschreibung entscheiden, die von den Mitarbeitern als besonders reizvoll empfunden werden. Der hier vorgeschlagene Weg stellt alle relevanten Kriterien objektiv zusammen, so dass sich das für die vorgesehene Anwendung optimale System aus dem Zusammenwirken sämtlicher Komponenten ergibt. Dies erhöht auch die Sicherheit der Entscheidung und minimiert die Risiken für die Realisierung.

Durch die Gewichtung der Anforderungen, die immer von den Mitarbeitern des Projektteams durchgeführt wird, werden die Akzente der Anwendung transparent und eindeutig dokumentiert. In der GIS-Auswahlphase ist nicht ein abstrakt bestes GIS gefordert, sondern das für das individuell definierte Projekt optimale System. Nicht die Kriterien entscheiden, welches GIS bei der Auswahl gewinnt, sondern die Kombination zwischen den Kriterien und der Bedeutung, die jeweils den Kriterien zugewiesen wird. So kann es durchaus sein, das zwei Kunden gleiche Arbeitsabläufe mit GIS planen, aufgrund der unterschiedlichen Zielrichtung des Projektes sich aber unterschiedliche Bewertungen für die Kriterien ergeben und so objektiv auch andere GIS-Entscheidungen.

Daraus wird klar erkenntlich, dass die Versuche, Geografische Informationssyteme allgemein zu vergleichen und daraus abzuleiten, welches objektiv das beste System ist, zum Scheitern verurteilt sein müssen. Es geht primär nicht um die Technik des GIS, es geht um die Verbesserung von Unternehmensaspekten. Je nach Zieldefinition können diese höchst unterschiedlich sein. Gleiches gilt dann für die GIS-Auswahl.

In der Phase der Bewertung der Anforderungen muss die Rolle des Projektmanagers deutlich gemacht werden. Trotz der vielleicht größeren Erfahrung des Projektmanagers mit GIS geht es nicht darum, seine Meinung in der Bewertung der Anforderungskriterien einzubringen. Entscheidend ist die Sicht der Anwender und die individuelle Zielrichtung des Projektes. Nicht der Projektmanager soll ein GIS bekommen, sondern der Anwender benötigt ein für seine Zwecke passendes GIS.

Wird diese Gewichtung des Anwenders nicht in die Bewertung der Anforderungen eingebracht, kommt es zwangsläufig in der Realisierung zum Abdriftphänomen. Damit wird der geplante Effekt durch das GIS erheblich gefährdet. Über die aus den Arbeitsabläufen hergeleiteten Anforderungen kann es keine grundsätzlichen Diskussionen geben. Hier gibt es höchstens verschiedene Möglichkeiten. So kann durchaus darüber diskutiert werden, ob man mit Hotkeys oder über Menüführung arbeiten möchte. Die Tatsache, dass eine Steuerung im System benötigt wird, ist eindeutig aus dem Arbeitsablauf ableitbar. Demzufolge muss sich der Projektmanager bei der Ableitung der Anforderungen aus den Arbeitsabläufen mit seinem ganzen Wissen einbringen. Er muss Vor- und Nachteile der einzelnen Steuerungsmechanismen aufzeigen. Wenn es aber um die Bewertung der Anforderung geht, muss die individuelle Kennlinie des Projektes ausgeprägt werden. Hier ist die Bewertung des Projektmanagers nicht gefragt. Der Projektmanager muss die Zielrichtung des Kunden bestmöglich unterstützen, aber darf nicht seinen individuellen Geschmack in die Bewertung von Systemen einbringen.

Auf das Ausschreibungsverfahren soll hier nicht näher eingegangen werden. Dies gehört zum alltäglichen Geschäft eines Unternehmens und die Einkaufsabteilungen verfügen über hinreichende Erfahrungen zur Durchführung. Die Schwierigkeit besteht vielmehr in der genauen fachlichen Spezifikation. Aus diesem Grund wird nur dieser Aspekt vertieft. Es ist deshalb günstig, die gesamte Ausschreibung in zwei Teile zu trennen:

- ausschreibungstechnische Unterlagen, die vom Einkauf entwickelt, bzw. bereitgestellt werden, und

- fachliche Spezifikation, die durch das Projektteam erarbeitet wird.

Liegen die Angebote der Anbieter vor, geht man wie folgt vor:

Zu jedem Einzelpunkt werden sämtliche Angebote untereinander vergleichend betrachtet. Dann wird entschieden, welcher Anbieter für diesen Einzelpunkt das beste Angebot gemacht hat. Wiederum wird auf einer Skala von 0 bis 10 festgelegt, wie viele Punkte der beste bekommen soll. Es kommt in der Praxis durchaus vor, dass das beste Angebot für einen Einzelpunkt nicht so überzeugend ist, dass hierfür 10 Punkte vergeben werden. Nach diesem Maßstab werden die verbleibenden Angebote zu diesem Einzelpunkt in der Folge ihrer errungenen Platzierung bewertet. So wird bei jedem Einzelpunkt Konkurrenz hergestellt.

	Spezielle Funktionalitäten								
	Funkt. 1	Funkt. 2	Funkt. 3	Funkt. 4	Funkt. 5	Funkt. 6	Funkt. 7	Funkt. 8	Summe
Gewicht	10	8	7	10	9	10	10	10	
Anbieter A	10	3	6	6	9	10	10	10	
	100	24	42	60	81	100	100	100	607
B	6	2	2	3	9	5	5	10	
	60	16	14	30	81	50	50	100	401
C	4	0	0	1	10	10	10	7	
	40	0	0	10	90	100	100	70	410
D	5	4	0	3	10	3	3	5	
	50	32	0	30	90	30	30	50	312
E	5	0	0	1	10	1	1	5	
	50	0	0	10	90	10	10	50	220
F	8	3	10	6	10	10	10	10	
	80	24	70	60	90	100	100	100	624

Abbildung 78: Bewertung von Angeboten

Die erreichte Punktzahl wird jetzt mit dem vorab vergebenen Gewicht multipliziert (vgl. Abbildung 78). Sämtliche Punkte werden addiert. Auf diese Weise wird das spezifische Kennprofil des Kunden auf die Bewertung ausgeprägt. Ein Aspekt, der für den Kunden eine hohe Bedeutung hat und durch das Angebot gut abgedeckt ist, verhilft dem Anbieter gegenüber seinen Konkurrenten zu einem Vorsprung. Gute Angebote in Punkten, die schwach bewertet sind, bringen keinen übermäßigen Fortschritt. Durch die gewichtete Bewertung wird verhindert, dass ein Anbieter, der in nebensächlichen Anforderungen genauso oft eine Spitzenstellung einnimmt wie ein Anbieter, der in den wichtigen Anforderungen jeweils Sieger ist, auf den gleichen Gesamtpunktestand kommt.

Es wird empfohlen, die Bewertungen themenspezifisch zusammen zu fassen und nicht eine Gesamtsumme über alle Anforderungen zu bilden. Auf diese Weise werden Stärken und Schwächen auf bestimmten Gebieten erkannt und Kompensationseffekte vermieden. Die Form der vorgeschlagenen Bewertung ist aussagekräftig genug, die „Spreu vom Weizen zu trennen". Sie reicht allerdings nicht aus, um aufgrund geringer Punktevorsprünge den Sieger der Ausschreibung zu ermitteln.

Sehr oft enthalten die Angebotsunterlagen unklare Aussagen, gehen gar nicht auf die Fragen der Ausschreibung ein oder die Antworten sind unverständlich. Dann ist es sinnvoll, die noch in Frage kommenden Firmen zu einem Fachgespräch zu bitten und die ausstehenden Fragen gegenseitig zu klären. Aufgrund dieser Klärungen finden dann die Nachbewertungen statt und in der Regel ist jetzt die Transparenz so groß, dass der beste Kandidat zweifelsfrei ermittelt werden kann.

Es sollte nicht verschwiegen werden, dass die Angebote der GIS-Vertriebsfirmen höchst unterschiedliche Qualität haben. Sie reichen von der versuchten Verschleierung der wahren Leistungsfähigkeit bis hin zum ehrlichen Bemühen eines partnerschaftlichen Arbeitens mit fairen Angeboten. In jedem Fall sollte ein Angebot mit größter Sorgfalt durchgearbeitet werden. Sämtliche Widersprüche müssen aufgedeckt und im späteren Vertragsgespräch behandelt werden. Ähnlich wie bei Arbeitszeugnissen haben sich bei Angeboten teilweise Sprachregelungen etabliert, die der unerfahrene Kunde unmöglich bewältigen kann. Hier wird dringend empfohlen, sich neutraler und sachkundiger Hilfe zu bedienen. Die Flut der Möglichkeiten ist mittlerweile so groß, dass das Kapitel der sachgerechten Interpretation von Angeboten einen erheblichen Anteil meines Praxisseminars „Auswahlkonzepte für GIS" ausmacht. Für den Anwender ist diese Tatsache nicht sehr erfreulich. Deshalb soll folgender Praxistipp weiterhelfen:

Je unschärfer die Formulierungen im Angebotstext sind, desto größere Vorsicht ist geboten. Absolut nichts sagend für konkrete Vertragsangelegenheiten sind Formulierungen wie „überwiegend", „in der Regel", „meistens" und versteckte Hinweise auf kaum zu überschauende sonstige Aspekte wie „soweit in den Prospektunterlagen nicht anders vermerkt" oder „Schwierigkeiten sind bislang nicht bekannt geworden". Mangelnde Bereitschaft, sich festzulegen, deutet auf Unsicherheit oder mangelnde Qualität hin. (Diese Bemerkung gilt natürlich nur, wenn die Ausschreibungsunterlage so qualifiziert erstellt wurde, wie es hier beschrieben ist).

Man sollte einen Anbieter nicht nur fragen, was er leisten kann, sondern auch genau nachzuvollziehen versuchen, wie er es leistet. Bei mir ist es üblich geworden, bei Fachgesprächen mit den Firmen ausdrücklich um Ansprechpartner zu bitten, die vertiefte Systemkenntnis haben. Dieses fachlich intensive Gespräch dient beiden Seiten. Die Firmen wissen dann genau, wie eine Anforderung gemeint war, und der Kunde gewinnt einen umfassenden Überblick über Stärken und Schwächen des Systems im Hinblick auf die geplante Anwendung.

Sehr interessant ist in solchen Gesprächen auch, wie Firmen mit offenkundig identifizierten Schwächen umgehen. Die Spanne reicht hier vom ehrlichen Darstellen der Möglichkeiten des Systems, seiner Grenzen und eventuell geeigneten Alternativen bis zu fortgesetzten Vertuschungsversuchen. Der Kunde, der seine Anwendung wirklich durchdacht hat, sollte sich auch nicht durch aggressive Aussagen oder Mehrheitsargumenten von Anbietern verwirren lassen. „Das macht aber niemand so!" „90% der Anwender machen das aber ganz anders als Sie!" Im harten Geschäft des Vertriebs wird unter Umständen jede Möglichkeit genutzt, Einfluss zu gewinnen. Dazu zählen auch unseriöse Maßnahmen. Am einfachsten kann man diese Attacken abwehren, indem man die Aussagen konsequent mit der Zielsetzung des Projektes konfrontiert. Wenn ein Anbieter nachweislich bessere Möglichkeiten hat, die Ziele des Projektes zu erreichen, sollte man diesen Möglichkeiten folgen. Der beste Test, ob die Aussagen wirklich Bestand haben, ist, sie vertraglich unter der Garantie von messbaren Größen zu verankern.

Voraussetzung für dieses selbstbewusste Auftreten des Anwenders ist allerdings, dass er seinen Soll-Stand genügend durchdacht und spezifiziert hat. Gerechterweise muss man auch betonen, dass es Anwender gibt, die versuchen, das ganze Risiko des Projektes auf einen Anbieter abzuwälzen und zudem so gut wie nichts spezifiziert haben. In diesem Fall ist ein unpräzises Angebot eines Anbieters pure Notwehr.

Sehr beliebt bei Anbietern ist auch die Vermischung zwischen wirklich Vorhandenem und dem, was an Ausbaumöglichkeiten des Systems noch geplant ist. In der gesamten DV-Branche hat sich die Unsitte etabliert, eine Idee zur Weiterentwicklung eines Systems bereits schon als vorhandene Lösung darzustellen. Hier wird dringend angeraten, genau herauszuarbeiten, welche Lösungen schon vorhanden sind und welche nicht. Wer den Markt kennt, weiß, dass ein neu herausgekommener Softwarestand fast immer fehlerhaft ist und dass Kunden, die sich auf dieses Abenteuer einlassen, kostengünstige Tester der Software werden.

Fast nie wird ein Termin eingehalten, der zur Realisierung angekündigt war. Sehr oft sind die Lösungen unvollständig. Häufig wird der Kunde nur durch „bunte Bilder" geblendet; die wirkliche Lösung ist nur oberflächlich demonstriert, aber nicht voll inhaltlich umgesetzt. Ich neige dazu, Lösungen, die angekündigt sind und sich noch nicht im Praxisbetrieb von Referenzkunden befinden, als nicht vorhanden zu betrachten und dann auch entsprechend zu bewerten. Gibt es Gründe, dass ein Kunde sich auf das Risiko noch nicht vorhandener Software einlassen muss, wird empfohlen, sehr enge vertragliche Regelungen aufzustellen. In diesem Fall sollte die zu erstellende Funktionalität genau beschrieben und vertraglich mit der Zusicherung des Auslieferungstermins versehen sein. In keinem Fall sollten die Allgemeinen Geschäftsbedingungen des Anbieters gelten. Ich empfehle den Vertragsabschluß auf der Grundlage der Besonderen Vertragsbedingungen für Behörden (BVB), der sehr kundenfreundlich gestaltet ist und dem Anbieter harte Konsequenzen auferlegt, wenn Zusagen nicht eingehalten oder Termine überschritten werden. Aber Vorsicht: die ganze Konstruktion nutzt nur dann, wenn die Leistung sehr genau definiert ist!

Auch sollte man bedenken, dass die vertraglichen Absicherungen eigentlich nur Notanker sind. Sie schützen den Kunden vor finanziellen Verlusten, sie garantieren aber nicht die Lösung, die er anstrebt!

6.1.10 Kosten/Nutzen Analysen

Ein besonderes Thema bei GIS-Projekten ist die Kosten/Nutzen Analyse. Kein Aspekt ist so dehnfähig wie dieser. Es soll erst gar nicht in die Diskussion der Vielzahl der möglichen Modelle der Kosten/Nutzen Analysen eingegangen werden, weil hierbei durchaus der Eindruck entstehen kann, dass man sich nur das passende Modell aussuchen muss, um die gewünschten Ergebnisse zu bekommen.

GIAD zielt immer darauf ab, Sachinhalte herauszuarbeiten und in logisch aufeinander aufbauenden Schritten bis zur Entscheidungsfindung zu kommen. Genauso soll auch die Kosten/Nutzenanalyse behandelt werden. Im ersten Schritt werden sämtliche Punkte herausgearbeitet, wo sich ein Kosten- oder Nutzeffekt ergibt. Die Aufgabe des Projektmanagers liegt darin, alle notwendigen Fakten zu erheben, die für die Berechnung nötig sind. Die Berechnung durchzuführen, gehört aber nicht zu seinen Aufgaben. Hier sollte der Kontakt mit den im Betrieb zuständigen Stellen hergestellt werden. Kosten/Nutzenanalysen werden nach total unterschiedlichen Modellen berechnet. Auch in der Literatur existieren viele unterschiedliche Modelle [Nagel]. Deshalb sollten die ermittelten oder auch abgeschätzten Fakten den Fachleuten der Betriebe übergeben werden, damit sie die betriebsspezifischen Berechnungsmodelle hierauf anwenden können.

Das Interesse des Projektmanagers zielt nach unserem Modell auf eine betriebswirtschaftlich optimale Lösung für die Behandlung raumbezogener Themen. Er ist auf keinen Fall dem Zwang ausgesetzt, GIS einführen zu müssen. Insofern kann er leidenschaftslos dem Ergebnis der betriebswirtschaftlichen Berechnungen entgegensehen. Der Projekterfolg kann auch das Ergebnis sein, dass sich die Einführung eines GIS aus bestimmten Gründen nicht lohnt. Zu oft stößt man noch auf das Vorurteil, dass ein GIS-Projekt auf jeden Fall mit einem eingeführten System abschließen muss. Ich habe es durchaus schon in meiner Praxis erlebt, dass sich die Einführung eines GIS bei weitem nicht rechnet oder dass andere Softwaremöglichkeiten viel besser für einen speziellen Einsatzzweck geeignet waren als GIS.

Ein weiteres Vorurteil besteht darin zu glauben, die gesamte GIS-Entscheidung ließe sich auf den Vergleich zweier Zahlen (Kosten - Nutzen) zurückführen. Dazu ist ein GIS-Projekt viel zu komplex. Richtiger ist die Auffassung, dass es sich hierbei um eine typisch unternehmerische Entscheidung handelt, die auch die Komponente des unternehmerischen Wagnisses mit sich trägt. Wie jede unternehmerische Entscheidung wird man versuchen, das Wagnis gering zu halten und es durch möglichst verlässliche Fakten abzustützen. Es liegt aber in der Natur der Sache, dass nicht alle Fakten errechenbar sind und man zu plausiblen Annahmen oder Einschätzungen kommen muss. Andererseits wäre es verantwortungslos, ausschließlich die Komponente des unternehmerischen Wagnisses zu betonen und auf Fakten der GIS-Konzeption und -Realisierung zu verzichten.

In meinen Projekten habe ich beobachtet, dass die intensive Auseinandersetzung in einem GIS-Projekt dazu führt, dass Fakten und die unternehmerische Wagniseinschätzung oft in die gleiche Richtung weisen. Wenn dieser Effekt erreicht wird, besteht eine sehr hohe Wahrscheinlichkeit für die Richtigkeit der Entscheidung. Ergeben sich aber Differenzen, ist dies ein nicht zu unterschätzender Indikator (im Sinne der unabhängigen Kontrolle) für die mangelnde Stabilität der Entscheidung. In diesem Fall ist es ratsam, alle wichtigen Positionen noch einmal zu überprüfen.

Nun gibt es Einschätzungen, dass das Maß der Beherrschung der Informationstechnologie in Zukunft gravierend den Erfolg eines Unternehmens mit bestimmen werde. Demzufolge müsste ein Unternehmen eine relativ hohe Risikobereitschaft auf sich nehmen, um Informationstechnologie optimiert einzusetzen. Mir wäre dieses Argument allein zu unbedeutend, um sich in das Wagnis eines GIS-Projektes zu stürzen. Gemäß der dargestellten Philosophie bevorzuge ich möglichst voneinander unabhängige Quellen (Fakten und Einschätzungen), die tendenziell in die gleiche Richtung weisen, zur Abstützung einer doch so einschneidenden Entscheidung wie die Einführung von GIS.

Grundsätzlich werden die Nutzenkriterien in drei verschiedene Kategorien unterteilt:

- Strategischer Nutzen,

- Quantitativer Nutzen und

- Qualitativer Nutzen.

Strategische Motive für die Bewertung des GIS-Nutzens kommen häufiger vor, als man denkt. Ein typisches Beispiel hierfür ist folgende Situation:

In einer Abteilung gibt es einige Leistungsträger, die kurz vor ihrer Pensionierung stehen. Diese Mitarbeiter verfügen über einen Wissensschatz, der für den Betrieb von hohem Wert ist. Dieses Wissen existiert aber nur in den Köpfen der Mitarbeiter. Wenn sie aus dem Betrieb ausscheiden, wandert Unternehmenswissen ab. Eine vernünftige Möglichkeit, dieses Wissen für das Unternehmen zu erhalten, liegt in der Dokumentation. Also wird der Anlass der bevorstehenden Pensionierung dazu genutzt, das Mitarbeiterwissen für das Unternehmen zu erhalten.

Strategische Nutzenkriterien sind sehr schwer (objektiv) zu bewerten. Letztlich ist hier die Einschätzung des Managements gefordert. Szenarien können helfen, die Bewertung zu erhellen (welche Vor- und Nachteile entstünden, wenn wir mit oder ohne GIS-Unterstützung arbeiten würden?) oder sie in Richtung einer Quantifizierbarkeit zu bringen.

Der Quantitative Nutzen ist die Komponente, die aufgrund ihrer Messbarkeit am beliebtesten beim Management ist. Im Rahmen der vorgeschlagenen Methode ist sie auch relativ leicht faktisch zu ermitteln. Da Ist-Stand und Soll-Stand in der gleichen Weise erhoben werden, können die Differenzen sehr leicht ermittelt werden. Um diesen Ansatz weiter nutzen zu können, wird empfohlen, schon bei der Analyse des Ist-Standes Mengengerüste zu erfassen. In diesen Mengengerüsten wird festgehalten, welche Häufigkeit eine Anwendung hat, welche Zeit sie benötigt, wie viel Kapazität des Personals sie bindet u.v.m.. Dabei reichen dimensionsmäßige Festlegungen durchaus aus. Auf REFA-ähnliche Dokumentationen der Arbeitsschritte braucht nicht zurückgegriffen werden. Diese so zusammen gestellten Fakten werden der jeweils bevorzugten Modellrechnung des Unternehmens zur Bestimmung des quantitativen Nutzens übergeben.

GIS kann auch wesentlich zur Qualitätssteigerung beitragen. Die Faktoren, die hier eine Rolle spielen, sind durchaus beachtenswert und sollten auch zusammengestellt werden. Es ist aber unwahrscheinlich, dass ein GIS-Projekt allein aus Qualitätsmotiven heraus aufgesetzt wurde. Nach meiner Erfahrung ist die Aufzählung der möglichen Qualitätsverbesserungen ein nettes Add-on, was in Zweifelsfällen (Kosten/Nutzen) vielleicht den Ausschlag bewirken kann. Angesichts der Finanzlage vieler Behörden und auch Unternehmen nimmt dieser Nutzenaspekt die geringste Bedeutung ein. Man ist vielmehr geneigt zu fragen, welchen quantitativen Beitrag die Qualitätssteigerung bringt.

Die Erfassung der Kosten eines GIS-Projektes hat ebenso wie die Nutzenermittlung ihre Unsicherheiten. Ein Teil dieser Arbeit wird scheinbar durch die Angebote der Anbieter übernommen. Doch Vorsicht! In den seltensten Fällen sind dies Festpreise. Je differenzierter das Soll-Konzept des Kunden ist, desto stärker kann er sie vom Anbieter verlangen. Selbst, wenn es gelingt, für die Hard- und Softwarebeschaffung sowie zugehörige Dienstleistungen Festpreise zu bekommen, bleibt das weite Feld der erforderlichen Datenerfassung. Hierbei muss man einen Effekt ganz klar herausstellen:

Bislang zeigten alle meine Projekte in den vorhandenen Daten (analoge Pläne, alphanumerische Daten etc.) Qualitätsmängel, seien es Widersprüche in unterschiedlichen Quellen, fehlende Angaben, falsche Angaben oder unterschiedlich differenzierte Informationen. Es ist sinnlos, diese Mängel in ein GIS zu überführen. Hierdurch wird die Gefahr einer falschen Interpretation noch viel größer. Während der Sachbearbeiter vorher allein durch die Inaugenscheinnahme der Quelle indirekt die Information über die vermeintliche Qualität mitbekam und so die Gefahr qualitativ schlechter Information eventuell erkennen konnte, wird er später im GIS nur noch Informationen haben, die er als qualitativ gleichrangig ansehen muss. Aus diesem Grund darf der GIS-Datenbestand nur in einer gleichen Qualität aufgebaut werden. Im Aufwand der Datenerfassung steckt mithin die Beseitigung aller Sünden der Vergangenheit. Eine große Ungerechtigkeit in der Kosten/Nutzenbewertung entsteht dann, wenn man diese Verbesserungsmaßnahmen dem GIS-Projekt als Aufwand anrechnet.

Selbst wenn das GIS-Projekt in Generalunternehmerschaft vergeben wird, fällt immer noch ein beträchtlicher Anteil für interne Arbeiten an (Vorbereitungen, Tests, Abnahmen, Qualitätskontrollen u.s.w.). Diese internen Aufwände dürfen nicht negiert werden. Sie werden aber höchst unterschiedlich bewertet. Prinzipiell erlebt man zwei Philosophien.

Einerseits besteht die Auffassung, dass die Mitarbeiter sowieso bezahlt werden, gleichgültig welche Tätigkeiten sie durchführen. Andererseits wird die Meinung vertreten, dass sämtliche Kosten, die durch die Arbeit des Mitarbeiters am GIS-Projekt entstehen, kontiert werden müssten. Hierzu zählten auch die Kosten einer Ersatzkraft, die die durch GIS bedingten Ausfälle der normalen Arbeit erledigte. Aufgrund dieser Spanne ergeben sich enorme Unterschiede in der Kostenermittlung. Mit der zweistufigen Vorgehensweise, die kosten- und nutzenrelevanten Fakten zusammenzutragen und sie dann im zweiten Schritt zu bewerten oder bewerten zu lassen, wird das Bewertungsverfahren objektiviert, weil man sehen kann, wie bestimmte Fakten in die Kosten/Nutzenermittlung einfließen.

6.1.11 Hard- und softwareabhängige Soll-Konzeption

Die hard- und softwareabhängige Soll-Konzeption ist sehr stark inhaltlich geprägt, in Abhängigkeit von den Möglichkeiten eines ausgewählten Systems. Dementsprechend können keine allgemein verbindlichen Umsetzungsempfehlungen mehr gegeben werden. Um dem Anwender trotzdem Hilfestellungen geben zu können, wurde dem Kapitel GIS zu Anfang des Buches ein breiter Raum zugemessen. Dieses Wissen ist besonders auf die Punkte konzentriert, die für ein GIS-Projekt wichtig sind und die in der Literatur kaum behandelt werden. Während der gesamten Beschäftigungsphase mit GIS sollte das eigene Wissen kontinuierlich vertieft werden. Dabei helfen die GIS-Literatur sowie die Produktbeschreibungen und die Gespräche mit Anbietern, die allerdings kritisch nachvollzogen werden müssen. Auf Dauer werden dem Anwender die Unterschiede bei den Systemen deutlich, weil jeder Anbieter seine Besonderheiten herausstellt. Diese Besonderheiten brauchen nur bei den anderen Anbietern nachgefragt zu werden, und so ergibt sich durch diese iterative Vorgehensweise ein immer genaueres Bild der einzelnen Systeme.

Es wird empfohlen, die Architektur der Systeme besonders zu hinterfragen. In der Architektur ist letztlich das wirkliche Potential des Systems verankert, und man kann dann selbst Möglichkeiten und Grenzen abschätzen. Leider wird diesem Kapitel in der Literatur so gut wie keine Beachtung zugemessen, so dass der Anwender sehr stark in eigener Initiative dieses schwierige, aber eminent wichtige Kapitel durcharbeiten muss.

Da bislang auf der Arbeitsablaufebene die Entwicklung des softwareunabhängigen Soll-Standes entwickelt wurde, muss die vertieftere Umsetzung unter Berücksichtigung der Möglichkeiten des anvisierten GIS stattfinden. Diese Verfeinerung besteht aus den Komponenten:

- Konfiguration des Gesamtsystems (Erstmalige Konfiguration der Systemmanagementkomponenten (Vergabe von Zugriffsrechten, Konzeption der Datensicherung ...), Definition der Planwerksunterlagen und ihrer Komponenten, Einbindung in die bestehende DV und vieles mehr

- Detaillierung der Arbeitsschritte

  Hierzu werden die Arbeitsabläufe an den Stellen vertieft, wo die Interaktion mit dem System, bzw. ein automatisches Arbeiten des Systems stattfindet. Dies ist leicht zu erkennen, wenn man, wie empfohlen, die einzelnen Schritte der Arbeitsabläufe hinsichtlich ihrer Art (manueller, interaktiver und automatischer Arbeitsschritt) farblich unterschiedlich dargestellt hat. Jeder dieser Arbeitsschritte muss jetzt verfeinert werden. Dazu eignet sich wieder das Werkzeug der Ablaufanalyse (siehe Kapitel 5.3.9)

- Einrichtung des Datenmodells der Anwendung

  Mit der Einrichtung des Datenmodells sind zwei Schritte der Umsetzung bezeichnet. Komplexere GIS-Anwendungen oder Spezialanwendungen kommen nicht ohne eine eigene Datenmodellierung aus. Das entwickelte Datenmodell muss zunächst einmal im GIS abgebildet werden. Dazu benutzt man die Möglichkeiten, die insbesondere Standarddatenbanken bereitstellen. Dieser Umsetzungsprozess allein reicht aber oftmals nicht aus. Gerade bei raumbezogenen Fragestellungen oder größeren Anwendungen ist nach wie vor die Performance ein Problem. Zu diesem Zweck wird das Datenmodell getunt. Hierunter werden Kunstgriffe wie das spezielle Indizieren von Objekten verstanden, die die Anwendungen beschleunigen. In einem solchen Fall sollte der Anwender für die Abnahme ausgedehnte Performancetests planen und durchführen.

Aber auch einfachere Anwendungen müssen sich mit dem Datenmodell auseinandersetzen. Es gilt, die vorgesehenen Strukturen, Objekte und Attribute in das vorhandene Modell einzubringen. Deswegen ist es sinnvoll, im Rahmen der Planung eines GIS-Projektes zumindest die Objekte mit ihren Attributen zusammengestellt zu haben, die man später im System führen möchte.

- Beschreibung der Eingaben mit den Eingabehilfen des Systems und den logischen Kontrollen

Mit der Eingabe von Daten ins System werden diese hierarchie- und herkunftslos. Während der Bearbeiter vorher noch an den Unterlagen abschätzen konnte, welches Vertrauen er den Informationen zumessen kann, entfällt zukünftig diese Möglichkeit. Um so bedeutsamer ist es, dass die Informationen, die nun im System abgebildet werden, bestmöglich formal und logisch kontrolliert sind. Abhängig von den Möglichkeiten des Systems, aber auch den Möglichkeiten der Datenstruktur, lassen sich Qualitätskontrollen und auch generelle Erleichterungen für die Dateneingabe formulieren. Diese Arbeiten sind relativ aufwendig. Dieser einmalige Aufwand zahlt sich später tausendfach zurück. Selbst kleinste Erleichterungen oder „Handreichungen" des Systems bringen einen hohen Effekt, wenn man bedenkt, mit welcher Wiederholungsrate ein Mitarbeiter in der Datenerfassung arbeitet.

- Beschreibung der Ausgaben (inhaltlich und formal)

Bei der Beschreibung der Ausgaben sind zwei Aspekte zu bedenken. Die Mitarbeiter haben durch das GIS-Projekt ohnehin viele Neuerungen zu verkraften. Deshalb ist es sinnvoll, Ausgaben des Systems in einer Form zu gestalten, die den Wünschen entspricht, bzw. sich an bislang Bewährtem orientiert. Somit gilt es, die Ausgaben des Systems in eine benutzerorientierte Form zu bringen. Zusätzlich kommen aber auch inhaltliche Kriterien hinzu, die beachtet werden müssen. Durch die Vielzahl potentieller Ausgaben darf es nicht zu Fehlinterpretationen kommen. So muss z.B. ein Auszug aus dem Bestand klar datiert werden können. Oder aus einem Plot des Wassernetzes eines Versorgungsunternehmens muss zu ersehen sein, dass wirklich nur das Wassernetz dargestellt ist, und ein Anwender darf nicht daraus interpretieren, dass es an dieser Stelle keine Stromkabel gibt.

Es wird empfohlen, bei den oben aufgeführten Kriterien zur DV-Feinspezifikation gleichzeitig schon Notizen für die Abnahme des Systems, eventuell geplante Tests und die Qualitätssicherung zu machen, weil man jeweils in der Beschäftigung mit dem Thema den größten inhaltlichen Durchdringungsgrad erreicht. Mit den Notizen wird zum gegebenen Zeitpunkt ein geordneter Plan entwickelt, bzw. eine Checkliste erstellt. Die spätere Kontrolle wird dadurch wesentlich erleichtert.

Sind alle notwendigen Fakten durchdrungen und entwickelt, werden daraus Aktionen hergeleitet, die wiederum in einem verfeinerten Aktionsplan zusammengefasst werden. Der Aktionsplan vermittelt den Überblick, den man vor allen Dingen für die Kontrollen bei der Umsetzung braucht. Er wird jetzt noch um zwei Aspekte ergänzt. Besondere Berücksichtigung

Praktischer Leitfaden

müssen die Liefertermine für Hard- und Softwareprodukte finden und die Zeiten, die für die Abnahme eingeräumt werden, damit es nicht zu Engpässen und inhaltlichen Einschränkungen der Abnahmekontrollen kommt.

Erst, wenn die Aktionsplanung mit allen Aktionen, die zur Umsetzung erforderlich sind, feststeht, sollte die Schulungsplanung eingebracht werden. Die Schulungszeiträume für die Mitarbeiter werden nach zwei Bedingungen ausgerichtet:

- Schulungen müssen so rechtzeitig erfolgen, dass nach der Schulung der Stoff noch in der Praxis vertieft werden kann und dann erst Aktionen folgen, die rechtliche oder inhaltliche Relevanz für das Projekt haben.

- Eine Schulung lohnt nur dann, wenn die entsprechende Hard- und Software auch nach der Schulung unmittelbar zur Verfügung steht, so dass Schulungswissen durch mangelnde Praxis nicht wieder verloren geht.

Es kann durchaus sein, dass durch diese beiden Bedingungen ein Zielkonflikt formuliert ist. In diesem Fall muss der Projektmanager dafür sorgen, dass die Mitarbeiter zumindest temporär mit einer gewissen Exklusivität im Projekt arbeiten.

6.1.12 Datenerfassung

Das mit Abstand schwierigste Kapitel der Umsetzung ist die Datenerfassung. Zusätzlich werden hier auch noch die größten Investitionen vorgenommen. Die Bedeutung der Datenerfassung gebietet eine Vorbereitung in mehreren Stufen. Diese Stufen sind:

- Gedankliche Struktur der Daten für die geplante Anwendung

  Voraussetzung für einen Erfolg ist die eingehende Behandlung von Datenmodellierungsthemen im Rahmen der GIS-Konzeption. Am sichersten fährt man, wenn man für die geplante Anwendung ein Datenmodell erstellt. Dieses Datenmodell sollte aus den Arbeitsabläufen und den darin enthaltenen Anforderungen abgeleitet werden. Nun kann sich nicht jedes Unternehmen die Entwicklung eines Datenmodells leisten. In dieser Situation wird empfohlen, eine grobe, datentechnische Strukturierung des Themas vorzunehmen, damit man überhaupt einen Überblick über die dem Modell innewohnende Intelligenzanforderung bekommt und die Erfassungsvorgaben genau beschreiben kann. Zu dieser Beschreibung gehören (vgl. Abbildung 79):

  – die Definition der Objekte der Anwendung mit ihren eindeutigen Schlüsseln und

  – die Auflistung der Attribute, die für die Objekte erfasst werden sollen.

Abbildung 79: Beispiel einer Datenstrukturierung

Attribute Strom

	Nummer	Eigenname	Straßenname	Hausnummer	Bemerkung	Art / Funktion	Typ	Hersteller	Einbaudatum	Auftragsnr.	Querschnitt	Eigentümer	Baulänge	Absicherung	Beleuchtungskabel	Signalkabel	Monteur	Bauleiter	Tiefbau	Trafo	Ein / Aus
Anode					K	K	M	M	M												
Hausanschluß		K	M	M	K	M	M	M	M	M				K	M		M				
Beleuchtungsschaltst.			M	K	K	M	M	K	K								M				
Sonderelement		K	M		K	M	M	M	M	M											
Mast	M	K			K	M	M	M	M												
Leuchte	M				K	K			M			K									
Erdung					K				M												
Endmuffe					K																
Sammelschiene					K	M	M	M	M	M	M	K	M	K			M	M	M		
Leitung	M		M		K	M	M	K	M	K		K									
Leuchte	M				K	M	M	M	M				K								
Verbindungsmuffe		K			K		M	M	M				M								
Mast	M				K	M	M	M	M												
Kabeleinführungspaket	M				K																
Sicherung		K			K	M	M	M	K					M							
Mast	M				K		M	K	M												
Beleuchtungsschaltst.		K	M		K		M	K	M			K					M	K	M		
Leuchte			M		K	M	M	M	M	K											
Abzweigmuffe					K		M	K	M	K								K	M		
Überspannungsabt.					K		M	M	K												
Hausanschlußmuffe				M	K		M	K	M	K											
Schaltleistenplatz					K																
Verteiler		M		M	K		M	M	M						M	M	M				
Umspannanlage		K		K	K	M	M	K	K	K		K			M	M		M	M	M	
Station		K		K	K	M	M	M	M	K		K			M	M		M	M		M

M = Mußfeld
K = Kannfeld

Praktischer Leitfaden

- Evaluation der Möglichkeiten des Zielsystems

  Im nächsten Schritt wird nachvollzogen, wie Systeme die gewünschte Datenstruktur überhaupt abbilden. Fast alle GIS-Anbieter gehen von vordefinierten Fachschalen für die Anwendung aus. Diese Fachschale ist nichts anderes als ein Datenmodell. Modellierungstiefe und Abstraktionsgrad dieser Fachschalen sind inhaltlich und qualitativ sehr unterschiedlich, und es ist längst nicht garantiert, dass das Modell des Herstellers überhaupt den Bedarf des Anwenders abbilden kann. Es ist immer noch nicht selbstverständlich, dass sich die Modellierungen der Hersteller an den Geschäftsprozessen orientieren.

- Struktur der Ausgangsdaten

  In der Regel existieren bereits Daten, die in die GIS-Anwendung übernommen werden sollen. Wenn diese Daten digital vorliegen, muss geprüft werden, ob ihre Datenstruktur den Anforderungen der GIS-Anwendung entspricht. Dabei gilt der einfache Zusammenhang: intelligentere Strukturen als die Zielanwendung sind leicht auf ein niederes Niveau zu bringen. Unintelligentere Strukturen sind aber in der Regel nicht oder nur mit einigen Schwierigkeiten (meistens manuelles Eingreifen) auf das geforderte Niveau zu bringen. Dieser letzte Fall soll als „Datenlifting" bezeichnet werden. Leider bietet der Markt im Bezug auf dieses Thema relativ wenig Unterstützung, so dass hier oft mit einem hohen Anteil von manuellem Input gerechnet werden muss.

Das Zusammenwirken der drei aufgeführten Komponenten, die für die Datenerfassung beachtet werden müssen (Gedankliche Struktur der Daten für die geplanten Anwendungen, Möglichkeiten des Zielsystems, Struktur der Ausgangsdaten), kann man sich wie die Glieder einer Kette vorstellen. Entscheidend ist - und darin besteht die praktische Gefahr - das schwächste Glied der Kette. Der Projektmanager muss beim Datenerfassungsthema darauf achten, dass alle drei Komponenten auf gleicher Stufe stehen, um optimale Wirkungen und die Wirtschaftlichkeit der Anwendung zu ermöglichen.

Leider nehmen auch die Anbieter die Datenerfassung in der hier dargestellten Dimension immer noch nicht ernst genug. Zu oft ist zu beobachten, dass entweder recht leichtfertig Datenerfassungs- oder Übernahmeleistungen angeboten werden, ohne sich vertieft mit den Anforderungen zu beschäftigen, oder die Angebote sind als Dienstleistungsvertrag formuliert, so dass der Kunde keine Kostensicherheit hat. Wie schon erwähnt, entscheiden sich gravierende Auswirkungen bei der Datenerfassung fast immer im Detail und zeigen sich oft erst etliche Zeit nach der Einführung des Systems. Mit Verweis auf die Ausführungen im Kapitel 2.5.3 „Datenstrukturen und Auswertemöglichkeiten" soll noch einmal betont werden, durch welche Kleinigkeiten der Datenerfassung die spätere Nutzbarkeit des GIS beeinflusst wird. Ohne den Datenerfassungsfirmen nahe treten zu wollen, besteht eine grundsätzliche Interessenskollision, wenn die Datenerfassungsfirma auch die Konzeption der Datenerfassung vornimmt. Es wird deshalb dringend empfohlen, sich in das schwierige Kapitel der Datenerfassung und Fortführung intensiv einzuarbeiten oder sich sachkundiger Hilfe zu bedienen. Die entscheidende Frage für die gesamte Datenerfassung und spätere Anwendung ist immer:

Welche Intelligenz wird von den Datenstrukturen für die spätere Anwendung gefordert und ist diese Anforderung auch in den Datenstrukturen abgebildet?

Mit zu den deprimierendsten Kapiteln der Datenerfassung zählt die Automatisierte Liegenschaftskarte (ALK). Hier ist streng zwischen dem (sehr guten und richtungweisenden) Konzept der ALK und der praktischen Realität (Umsetzung des ALK-Konzeptes) zu unterscheiden. Zwischen dem Anspruch und der Wirklichkeit klaffen Welten. Obwohl die Vermessungsverwaltungen sich nach dem Bedarf von Recht, Verwaltung und Wirtschaft ausrichten sollten, ist die Kundenorientierung bezüglich der ALK nur in seltenen Fällen zu spüren. Die Abgabe der Daten erfolgt zu landesspezifisch unterschiedlichen Preisen und leider in sehr unterschiedlichen Formaten. Teilweise sind die Daten noch nicht einmal Objekt strukturiert. Das Interesse der Bewahrung von Eigenständigkeit der Vermessungsverwaltungen ignoriert die Idee der systemunabhängigen einheitlichen Datenbankschnittstelle (EDBS). So sind herstellerspezifische Schnittstellen zur Abgabe von ALK-Daten keine Seltenheit. Unternehmen, die regions- oder sogar länderübergreifend ALK-Daten benötigen, wissen um diesen Missstand.

Noch schlimmer als die Ersterfassung gestaltet sich aber die Fortführung von ALK-Daten. Das ALK-Konzept sieht hier einen differentiellen Update vor. Der Kunde sollte demnach nur die Daten bekommen, die sich seit dem letzten Bezug verändert haben. In der Praxis steht diese Möglichkeit nur bedingt zur Verfügung. Statt dessen wird die Fortführung auf das Löschen des vorhandenen Bestandes und Einspielen der neuen Daten zurückgeführt. Hat der Benutzer zum Beispiel in dieser Situation Beschriftungspositionen zu Freistellungszwecken verschoben, ist die Arbeit verloren und muss noch einmal durchgeführt werden. Bei nicht objektstrukturierten ALK-Daten hat der Benutzer nur geringe Chancen, z.B. Veränderungen im Gebäudebestand durch das GIS erkennen zu lassen. Dies ist höchstens durch spezielle Tricks, die programmiert werden müssen, erreichbar. Ein gezielter Hinweis durch den Rechner auf die geänderten Daten ist damit nicht herzustellen, so dass nach dem Einspielen des neuen Standes optische Kontrollen durchgeführt werden müssen, um das Fachthema wieder mit dem Katasterthema in Verbindung bringen zu können. Ein typisches Beispiel hierfür sind Bemaßungen von Leitungen, die auf Gebäude bezogen werden.

Ein ähnliches Beispiel ergibt sich bei Behörden. Ein Gebäude, das nach eingegangener Abbruchmeldung aus dem Bestand gelöscht wird, kann durchaus mit dem neuen ALK-Stand wieder auftauchen, weil die Arbeitsabläufe zum Katasteramt häufig nicht durchgängig organisiert sind und das Katasteramt entweder gar nichts vom Abbruch erfährt oder die Aktualisierung so lange dauert, dass erst nach Jahren die Veränderung eingebracht ist.

Praktischer Leitfaden 249

Eine besonders unglückliche Situation ergibt sich, wenn der Anwender eigene Sachdaten zu Flurstücken oder Gebäuden abspeichern möchte. Sollen diese Daten beim Bezug eines neuen ALK-Standes erhalten bleiben, bzw. fortgeführt werden, muss der Benutzer eigene aufwendige Entwicklungen betreiben. Dabei sind die zeitlichen Differenzen zwischen der Fortführung der ALK und der Sachdaten des Anwenders ein gravierendes Problem, das je nach der Struktur der ALK-Daten gar nicht lösbar ist. Es ist demnach kritisch zu fragen, ob eine Form der ALK, die noch nicht einmal dem ALK-Konzept entspricht, überhaupt eingesetzt werden soll. Unter Umständen ist es sinnvoll, alternative Wege zu gehen, die durchaus bei bestimmten Anwendungsfällen gegeben und zudem noch kostengünstiger sind.

Mit diesen Ausführungen sei nur kurz die Situation beleuchtet, dass die Kataster führenden Stellen aufgrund ihrer Monopolstellung in der Vergangenheit nur schwerlich den Gedanken fassen konnten, sich überhaupt am Kundenbedarf zu orientieren. Auch die Kunden (besonders Energieversorger) machten früher nicht deutlich, dass sie mit einer hinsichtlich des Konzeptes verminderter ALK-Qualität unzufrieden waren. Jetzt, wo sie auch zunehmend unter Kostendruck leiden, steigt die Bereitschaft, nicht jeden Preis für die ALK zu zahlen.

So gibt es durchaus Möglichkeiten, in der GIS-Anwendung auf die ALK zu verzichten, die Orientierung anhand der photogrammetrisch aufgenommenen Topografie vorzunehmen und Auszüge aus dem Liegenschaftskataster nur auf die absolut notwendigen Fragestellungen zu reduzieren. Die Fortführung wird dabei über die Planungsunterlagen (Lagepläne) vorgenommen, die Kunden für ihre Anträge einreichen, oder über terrestrisch-photogrammetrische Methoden.

Entscheidet man sich für die Einbeziehung von ALK-Daten, wird angeraten, anhand der Schnittstellenbeschreibung genau zu analysieren, mit welcher Intelligenz (Datenstruktur) und in welcher Fortführungsart die Daten abgegeben werden. Weiterhin sollte man unbedingt die zu Grunde liegenden Genauigkeiten des Katasterbereiches kennen, weil man sein Fachthema hieran anbinden muss. Schließlich möchte man nachbarschaftlich passende Lagegenauigkeiten wahren. Gibt es zwischen dem Kataster unter dem Fachthema Inhomogenitäten, hat man zwei Schwierigkeiten:

- Zur Herstellung einer lagerichtigen Nachbarschaft zwischen Fach- und Katasterthema muss das Fachthema lagemäßig angepasst und damit verfälscht werden.

- Erfolgt in späteren Jahren eine Verbesserung der Katastergenauigkeit, müssen die Fachdaten wiederum in ihrer Lage angepasst werden, um die Nachbarschaftsgenauigkeit zu wahren.

Diese geschilderten Effekte bedeuten hohe manuelle Aufwände in der Datenpflege. Bevor man also ALK erwirbt, sollte man mit einem Fachmann genauestens klären, ob die bekannten Nachteile, die es in der Praxis mit der ALK geben kann, für den eigenen Anwendungsbereich ausgeschlossen werden können. An dieser Stelle kann nicht tief auf die genauen Zusammenhänge eingegangen werden, weil dafür weitgehende vermessungstechnische Zusammenhänge entwickelt werden müssten. Deshalb werden nur die wichtigsten Schlagworte als Erinnerungsposten benannt. Zu beachten sind:

- Netzgrundlage des Katasters,
- Zu Grunde liegende(s) Koordinatensystem(e),
- Homogenisierungsbereiche,
- Genauigkeitszonen,
- Art des Datenaufbaus für das Kataster,
- geplante Netzerneuerungsmaßnahmen und deren evtl. Auswirkungen,
- Schnittstelle für die Datenabgabe,
- (Intelligenz-)Struktur der abgegebenen Daten,
- Kosten der ALK-Daten.

Hieraus kann man dann ableiten, welche Rahmenbedingungen, Aufwände und Möglichkeiten, bzw. Risiken für die geplante Anwendung und die Fortführung der Katasterdaten bestehen. Je nach Ergebnis muss man auch über sinnvolle Alternativen nachdenken oder den Druck auf die Katasterverwaltungen nach kundenfreundlichen Produkten erhöhen. Für die gesamte Datenerfassung gilt eine Grundregel:

Daten, die nicht oder in nicht wirtschaftlicher Weise fortgeführt werden (können), sollten erst gar nicht erfasst werden!

6.1.13 Tests

Ich habe noch nie ein Projekt erlebt, bei dem alles auf Anhieb funktionierte. Deshalb sind Tests notwendige Mittel, die Tauglichkeit der Konzeptionen und daraus ergangener Implementierungen zu prüfen. Je besser allerdings in den Vorphasen die Definitionen im Sinne der Messbarkeit erfolgten, desto leichter und eindeutiger lassen sich jetzt Kontrollkonzepte und Testbewertungen erstellen. In der Praxis haben sich unterschiedliche Testkonzepte etabliert, die ein wenig genauer beleuchtet werden sollen.

- Testaufgaben,
- Pilotprojekte und
- Tests vor dem Praxiseinsatz.

Als Testaufgabe soll die Formulierung einer (kleineren) Aufgabenstellung an einen Anbieter bezeichnet werden, um bestimmte Funktionalitäten nachzuweisen. Diese Art von Tests kommen in der Phase der GIS-Auswahl vor. Die Anwender erwarten hiervon Klarheit über bestimmte Möglichkeiten des Systems. Ein Praxisbeispiel, das für diesen Fall häufiger vorkommt, ist die Erfassung einer vorhandenen analogen Karte und die Demonstration der Ergebnisse.

Unter den Pilotprojekten wird eine längere Testdauer des Anwenders mit dem System verstanden. Hierbei handelt es sich überwiegend um größere Aufgabenstellungen, die über Wochen und sogar Monate andauern. Pilotprojekte kommen in der Phase vor der GIS-Auswahl oder vor der Beschaffung neuer investitionsintensiver Komponenten vor. Ausgedehnte Benchmarks (Pilotprojekte mit unterschiedlichen Systemen) wären die Idealvorstellung des Anwenders, um wirklich die unterschiedliche Leistungsfähigkeit der Systeme für eine bestimmte Anwendung direkt zu vergleichen. Diese Tests sind jedoch in der Regel kostenpflichtig. Zwar können Teile dieser Aufwendungen häufig beim Kauf eines Systems angerechnet werden, jedoch kommen schon beim Test von nur einem System derartige Kosten zusammen, dass die dargestellte Idealvorstellung technisch zwar interessant, wirtschaftlich aber illusorisch ist. Deshalb muss man noch andere Mittel und Wege finden, die Kaufentscheidung möglichst sicher abzustützen. Wenn überhaupt, habe ich bislang nur in den Fällen mit Pilotprojekten gearbeitet, bei denen es um sehr ungewöhnliche GIS-Anwendungen ging, für die es überhaupt keine Erfahrungswerte oder Referenzen gab.

Tests vor dem Praxiseinsatz sind unverzichtbare Simulationen des späteren Praxisbetriebs. Sie finden nach Kauf und Implementierung des Systems statt und haben sehr unterschiedlichen Umfang.

Für Tests gibt es einige Grundregeln zur effektiven Durchführung zu beachten. Ein Testvorhaben ist eigentlich nichts anderes als ein (kleines) Projekt. Dementsprechend können sie dann erfolgreich durchgeführt und bewertet werden, wenn die Grundregeln des Projektmanagements angewendet werden. Die wichtigste Grundregel für den Beginn der Testmaßnahmen ist die Zieldefinition.

Wenn das Ziel eines Testes formuliert ist, muss auch ein passendes Testbeispiel aufgebaut werden, um ein aussagekräftiges Ergebnis zu liefern.

Hierzu einige Beispiele:

Aus der Testaufgabe, eine analoge Karte zu digitalisieren und eine GIS-Präsentation mit diesen Daten zu machen, kann noch lange nicht geschlossen werden, ob das System und/oder der Hersteller optimal für die beabsichtigte Anwendung ist. Eine spezielle, für Testzwecke ersonnene Zeichnung kann aber sehr wohl ein Kriterium für die Qualitätsbeurteilung eines Plotters sein. Ein Pilotprojekt mit einem System liefert durchaus verlässliche Aussagen über die Benutzerfreundlichkeit der Oberfläche. Tests für eine Reihe von Funktionalitäten bieten aber keinesfalls die Garantie, dass das System in der Produktionspraxis bestehen wird.

Häufig sind Tests gar nicht in der Lage, die unklaren Fragestellungen zu beantworten. Wenn eine GIS-Anwendung betriebswirtschaftlich relevanten Nutzen bringen soll, führt das nach meiner Erfahrung bislang immer dazu, dass zum angebotenen Funktionsumfang noch zusätzliche Funktionen erstellt werden, das bestehende Datenmodell noch erweitert oder Schnittstellen geschrieben werden müssen o.ä.. Tests, die in diesem Falle eine verlässliche Antwort über den Nutzen des Systems garantieren können, müssten so angelegt sein, dass sie die erforderlichen Zusätze haben oder die notwendigen Rahmenbedingungen herstellen (vollständiger Datenbestand, Anwendung unter Volllast des Systems o.ä.). Damit sind Bedingungen der Endanwendung formuliert, die im Test unmöglich herzustellen sind. Hier zeigt sich besonders die Schwierigkeit des Projektmanagements. Zum einen ist der Projektmanager der Qualität verpflichtet, zum anderen aber auch der Wirtschaftlichkeit.

Das Ergebnis allein, das durch Tests erzielt wird, ist aber nicht ausreichend. Viel wichtiger ist noch, wie es erzielt wird. Damit ist der zweite wichtige Grundsatz für Tests formuliert. Er ergibt sich eigentlich zwangsläufig aus der getroffenen GIS-Definition. Diese Definition zielt auf die betriebswirtschaftliche Komponente des GIS-Einsatzes ab. Was nutzt ein Ergebnis, wenn es nur mit unverhältnismäßig hohem Aufwand produziert werden kann? Wenn also Tests durchgeführt werden, ist nicht nur die Qualität des Ergebnisses nachzuvollziehen, sondern zusätzlich auch noch der Weg, wie das Ergebnis erreicht wurde.

Diese harten, grundsätzlichen Anforderungen an Testvorhaben führen sehr oft dazu, dass die angestrebte Zielrichtung gar nicht mit einem Test (wirtschaftlich) kontrolliert werden kann. Testaufgaben tragen in der Regel viel zu wenig zur Klärung der Gesamtfragen an das System und den Hersteller bei und umfassende Testinstallationen für Benchmarks sind oft einfach nicht bezahlbar. So kommt es, dass in der Projektmanagementpraxis diese beiden Testvarianten gar nicht die Bedeutung haben, die man vorab vermuten könnte.

Von unverzichtbar hoher Bedeutung ist allerdings der Praxistest. Diese Generalprobe stellt die abschließende Prüfung vor der endgültigen Praxisanwendung dar. Hier besteht die letzte Chance, mangelnde Qualitäten aufzudecken und zu reklamieren. Schließlich hat der Hersteller ein gutes Recht, in angemessener Zeit die Abnahme seines Systems zu verlangen. Der Projektmanager muss jetzt in kurzer Zeit möglichst umfassende Testreihen durchführen. Dies geht nicht ohne vorherige Planung. Nun braucht diese Testreihe nicht jedes Detail zu kontrollieren. Dies ist de facto nicht durchführbar. Der Projektmanager sollte vielmehr wissen, wo die eigentlichen Schwierigkeiten zu erwarten sind, und sich dementsprechend auf die kritischen Punkte konzentrieren.

Dabei hilft enorm die vertiefte Beschäftigung mit der Anwendung und dem System. Jetzt zahlt sich die intensive Vorarbeit bei der Entwicklung der Sollabläufe und Evaluation des Systems aus. Aufgrund dieser Vorkenntnisse weiß man sehr oft schon um einige kritische Punkte des Systems oder der Abläufe. Weiterhin ist klar, wo die wesentlichen Nutzeffekte mit dem Einsatz des Systems erreicht werden sollen. Dementsprechend kann man sich nun (im Sinne des Routing (siehe Kapitel 5.3.5) auf die Äste der vielen Testmöglichkeiten konzentrieren, die wesentliche Projektbedeutung haben.

Die Planung der Tests muss vor der Testphase erfolgt sein. Zweckmäßigerweise nutzt man die konzeptionellen Arbeiten im Rahmen der Implementierungsphase, um hieraus Testkonzepte zu entwickeln. Dies ist zeitlich günstig, weil ausreichend früh schon die Tests berücksichtigt werden. Es lohnt sich auch thematisch, weil man gerade in dieser Phase am besten im Detail eingearbeitet ist und dieses Wissen direkt nutzen kann.

Wenn hier die Planung der Tests erst im gleich lautenden Kapitel angesprochen wird, ist dies nur auf die thematische Gliederung zurückzuführen. Bereits mit Beginn der Implementierungsphase explodieren die Aufgaben des Projektmanagers und erst recht in der Testphase. Sie reichen von der Korrektur oder Ergänzung strategischer Fragen bis zur (Teil-) Abnahme des Systems. Die Vielfalt der Aufgaben und Anforderungen sind nur dann kontrolliert zu handhaben, wenn der Projektplan ständig aktualisiert und hinsichtlich seiner Machbarkeit kontrolliert wird. Ohne Dokumentation ist hier kaum Übersicht zu schaffen. Deshalb folgender Tipp:

Jede Maßnahme muss inhaltlich beschrieben und daraus die notwendigen Aktionen zur Umsetzung hergeleitet werden. Diese Aktionen werden zunächst nur auf die Einzelmaßnahme bezogen und in eine logisch und chronologisch richtige Reihenfolge gebracht. Dabei ist besonders darauf zu achten, dass nicht schon innerhalb der Einzelmaßnahme unvereinbare Festlegungen getroffen werden. Eventuelle Widersprüche müssen vorab aufgelöst werden. Jeder Maßnahme ist ein Verantwortlicher zuzuweisen. Falls die Maßnahme nur durch ein Team bearbeitet werden kann, sind die Verantwortungen auf die nächst kleinere Gliederungsstruktur aufzuteilen. Zu jeder Zeit muss es einen eindeutig benannten Verantwortlichen geben. Die Auswirkungen auf das Budget müssen berücksichtigt werden.

Ist die Einzelmaßnahme durchgeplant, wird ihre Eingliederung in den Gesamtplan vorgenommen. Zunächst wird geklärt, ob sie zeitliche Rahmenvorgaben hinsichtlich des Beginns, des Endes oder Teilarbeiten hat. Anhand dieser Zwangspunkte wird die Einzelmaßnahme in den Aktionsplan eingepasst. Bei diesem Einpassen ist zu klären, ob:

- die Voraussetzungen, die die Maßnahme braucht, zum eingeplanten Zeitpunkt auch vorhanden sind;

- die Ergebnisse, die die Maßnahme liefern soll, auch rechtzeitig für die weiteren Maßnahmen im Projektplan bereitstehen;

- der oder die Verantwortlichen die in der Maßnahme genannten Arbeiten (auch im Hinblick des laufenden Geschäftes und sonstiger Verantwortlichkeiten im Projektplan) überhaupt leisten können und

- die Maßnahme aus zusammenhängender Sicht wirklich an der vorgesehenen Stelle richtig platziert ist oder aufgrund dieser Neuerung nicht Änderungen im Aktionsplan (unter Einbezug sonstiger Maßnahmen) durchgeführt werden müssen.

Diese mehr handwerklich orientierten Arbeiten sind nicht sehr beliebt. Viel spannender sind die kreativen Phasen. Allerdings benötigt ein erfolgreiches Projektmanagement zum Teil auch diese buchhalterisch geprägte Akribie. Wenn man sich hier nicht genügend Disziplin auferlegt, wird sehr schnell der Punkt erreicht sein, ab dem man die Übersicht verliert. Nie wird etwas in allen Teilen so realisiert, wie es geplant wurde. Das Projektmanagement beinhaltet deshalb ein ständiges Aktualisieren des Plans. Immer wieder funktioniert irgend etwas nicht, die Ressourcen reichen nicht, Mitarbeiter werden krank, Firmen schaffen die vereinbarten Termine nicht o.ä.. In diesen Situationen, in denen man dann so gut wie möglich improvisieren muss, stellen ordentlich ausgearbeitete Aktionspläne eine unschätzbare Hilfe dar.

Ein GIS-Projekt ist so komplex, dass man unmöglich sämtliche Verkettungen im Kopf behalten kann. Deshalb entsteht die Notwendigkeit zur Dokumentation. Die ständigen Änderungen sollen bitte nicht zu der Idee verleiten, die Planung aufzugeben.

Übersicht tut not. In der Phase der Implementierungen und der Tests bringen gute Werkzeuge einen hohen Nutzen. Die bislang erwähnten Werkzeuge (siehe Kapitel 5.3) fokussieren den im Team gestalteten Projektaufbau. Für den Aufbau und die ständige Fortführung des Projektplanes eignen sich sehr gut die marktgängigen Projektmanagementtools. Die Integration dieser Ergebnisse in das Projektmanagementhandbuch ist speziell berücksichtigt. Sie werden dort in Kapitel 3.2 abgeheftet.

Die Testphase stellt eigentlich für alle Beteiligten die größte Belastung dar. Schließlich geht es darum, die praktische Relevanz der umgesetzten Konzepte zu prüfen. Diese Prüfphase bedeutet ein Nebeneinander von Praxisbetrieb und Testbetrieb. Die Idealvorstellung, die Ergebnisse mit ihren Abläufen alt und neu in einem umfassenden Praxistest gegenüberzustellen und umfassend vergleichen zu können, ist illusorisch. Schließlich muss der Betrieb uneingeschränkt weiterlaufen können. Für den Test bleibt also in der Praxis nur eine sinnvolle Modularisierung in Einzeltests. So weit die schlechte Nachricht.

Die mangelnde Möglichkeit zu Gesamttests muss aber nicht unbedingt ein Nachteil sein. Dieser scheinbare Nachteil kann zu einem Vorteil umgekehrt werden. Dies bedeutet zwar Zusatzarbeit für den Projektmanager, hat aber erhebliche Vorteile gegenüber dem radikalen Umstieg von alten zu neuen Abläufen. Deshalb propagiere ich die Idee des Veränderungsmanagements.

Hiermit ist die sukzessive Umstellung zu neuen Abläufen hin gemeint. Die Vorteile sind offensichtlich. Getestete Teilabläufe werden in das praktische Arbeiten integriert. Hierdurch wird die Praxis ein Stück entlastet und die Mitarbeiter können sich allmählich an die neue Situation gewöhnen. Nachteilig ist, dass die Schnittstellen mit dem praktischen Betrieb festgelegt werden müssen und eine zusätzliche Konzeption dieser sukzessiven Praxiseinführung erstellt und umgesetzt werden muss. Es gibt natürlich Situationen, wo eine solche schrittweise Umsetzung nicht möglich ist. In dieser Situation hat man keine andere Wahl als den radikalen Umstieg. Falls man hierzu gezwungen ist, wird dringend zu Rückzugskonzepten angeraten. Man kann nun einmal nicht alles vorweg planen. Deshalb sollte man an den GAU der

Informationstechnologie denken und dafür Strategien und Konzepte entwickeln, die es im Katastrophenfall möglichst schnell erlauben, auf den alten Praxisbetrieb zurück zu schwenken.

Bei GIS-Projekten gibt es aber in der Regel sehr viele Möglichkeiten, sukzessive Teile von Anwendungen umzustellen. Trotz des Mehraufwandes bringt diese Vorgehensweise wichtige Ergebnisse in Bezug auf die praktische Handhabung. Diese Ergebnisse und Erfahrungen können sehr gut im Rahmen der weiteren Umsetzung genutzt werden, so dass Anwendungen, die später in den Praxiseinsatz kommen, dadurch eine viel geringere Fehlerquote haben. Auf diese Weise gleicht sich der zusätzlich investierte Aufwand wieder aus. Deutlich unterscheiden muss man an dieser Stelle aber zwischen Fehlern, die in der Testphase aufgekommen sind, und „kosmetischen" Anforderungen an die Anwendung. Natürlich sollte eine Anwendung so aufgesetzt sein, dass sie dem Benutzer Komfort bietet. Es gibt aber auch Benutzer, die Komfort mit umfassender Bedienung durch das System verwechseln und in keiner Weise bereit sind, sich anzupassen. Hier muss der Projektmanager ganz klar mit der Frage nach dem (wirtschaftlichen) Nutzen kontern. Andernfalls ist der Grundstein dazu gelegt, dass die Anwendung nie fertig wird.

6.2 Projektmanagementhandbuch

Im Verlauf eines Projektes fallen relativ große Mengen an schriftlichen Unterlagen an. Für die Praxis benötigt man Ordnungsstrukturen, die nach verschiedenen Kriterien ausgerichtet sein müssen. Zunächst werden eindeutige Ablagestellen benötigt, damit z.B. im Vertretungsfall die Unterlagen aufgefunden werden können. Weiterhin existiert ein unterschiedlicher Bedarf hinsichtlich der Informationstiefe. Für Managementinformationen werden nach Kenngrößen orientierte Informationen benötigt, für die Anwendung u.U. Informationen auf der Detailebene. Um diesen Anforderungen gerecht zu werden und auch um das Qualitätsmanagement zu unterstützen, wird das Führen eines Projektmanagementhandbuchs empfohlen.

Das Projektmanagementhandbuch hat verschiedene Register, die nach dem Prinzip „Vom Großen ins Kleine" gegliedert sind. Im folgenden ist die Gliederung des Handbuches dargestellt. Jeder Gliederungspunkt wird für die praktische Umsetzung als Registereinlage definiert und die entsprechenden Unterlagen dahinter abgeheftet. Dieser Vorschlag ist als Anregung gedacht und kann nach den eigenen Vorstellungen beliebig modifiziert werden. Die einzelnen Gliederungspunkte sind wie folgt zusammengestellt.

1 Voruntersuchungen
- 1.1 Analyse Ist-Stand
- 1.2 Beschreibung Soll-Stand
- 1.3 Kosten/Nutzen Betrachtungen
- 1.4 Projektantrag und –genehmigung

2 Anbindung an die IS-Rahmenkonzeption
- 2.1 Vorgaben aus der IS-Rahmenkonzeption
- 2.2 Projektziele
- 2.3 Führungsinformationen aus dem Statusbericht

3 Projektorganisation
- 3.1 Organisation des Projektteams
- 3.2 Ansprechpartner

4 Projektbeschreibung
- 4.1 Projektdefinition
- 4.2 Phasenbeschreibungen
- 4.3 Phasenergebnisse
- 4.4 Statusberichte

5 Projektverlaufsbeschreibungen
- 5.1 Protokolle
- 5.2 Kommunikation

6 Kaufmännische Verwaltung
- 6.1 Interne Leistungen
- 6.2 Externe Leistungen

7 Änderungsmanagement
- 7.1 Analysen
- 7.2 Beantragte Änderungen
- 7.3 Genehmigungen

8 Vertragswesen
- 8.1 Ausschreibung
- 8.2 Angebote
- 8.3 Verträge

6.3 Anforderungen an den Projektmanager

Aus der Darstellung der Projektmethodik und an dem ganzheitlichen Ansatz, der der gesamten Philosophie zugrunde liegt, lässt sich schon ein recht weites Anforderungsspektrum für den Projektmanager erkennen. Den Hauptkomponenten des ganzheitlichen Ansatzes entsprechend muss er ein grundsätzliches Verständnis für betriebliche Zusammenhänge aufbringen. Diese Zusammenhänge müssen im Rahmen von Realisierungen umgesetzt und in den Betrieb eingebracht werden können und definieren damit die Fähigkeit der strategischen und operativen Führung.

Im Gegensatz zu einem Manager verfügt der Projektmanager nicht über ein fest definiertes Team, das ihm disziplinarisch unterstellt ist. Er hat nur wenig Chancen, sich dieses Team über einen längeren Zeitraum hinweg aufzubauen. Auf diese Weise deckt das Team, mit dem er zusammen arbeitet, oftmals nicht die Bandbreite der erforderlichen Qualifikationen ab, so dass nicht alle operativen Tätigkeiten delegiert werden können. In Erinnerung an die Gesamtverantwortung des Projektmanagers entsteht folglich der Zwang, auch die operativen Aufgaben auszufüllen, die anderweitig nicht verfügbar gemacht werden können. Wenn kritische Punkte identifiziert werden, muss der Projektmanager u. U. sehr tief in die Materie eindringen, um sich einen unmittelbaren Überblick zu verschaffen.

So ergibt sich ein ständiger Wechsel zwischen Führungstätigkeit und operativen Aufgaben. In diesem Sinne ist der Projektmanager Praktiker, der sich nicht zu schade sein darf, auch einmal zuzupacken und in einem Kraftakt ein Problem zu beseitigen.

Wie die Bezeichnung schon sagt, hat der Projektmanager Managementfunktionen. Seine Aufgabe des Managements geht aber ganz klar weiter. Neben der Erarbeitung des „Wie" hat er zusätzlich noch die Aufgabe der Realisierung. Dabei ist er gnadenloser Transparenz ausgesetzt und wird durch die Ergebnisse der Systemeinführung eindeutig messbar.

Die grundsätzliche Komplexität der Projekte, gekoppelt mit dem Zeitdruck und selten idealen Rahmenbedingungen, stellen einen guten Nährboden für Fehler dar. Damit sind automatisch Stresssituationen vorprogrammiert. Um hier nicht unterzugehen, muss der Projektmanager solche Situationen als Anreiz an seine Fähigkeiten und sein Improvisationstalent empfinden.

Da er nicht alle Arbeiten selbst erledigen kann (und auch nicht sollte), muss er in der Lage sein, ein Team zu führen und zu motivieren. Überhaupt wird er mit der gesamten Bandbreite der Schwierigkeiten der Mitarbeiterführung konfrontiert. Schließlich bewirken Projekte Veränderungen und nicht alle Mitarbeiter stehen Veränderungen grundsätzlich positiv gegenüber. Häufig wird die wichtige Funktion des Moderators erwähnt. Leider definieren sich manche so genannte Moderatoren nur auf eine begleitende Rolle, die sich aus jeder Verantwortung heraushält. Ein Moderator im hier aufgeführten Sinn muss wie ein Katalysator in der Chemie wirken. Er sollte Schadstoffe beseitigen und (positive) Reaktionen fördern, ohne autoritär zu sein. Damit ist seine Verantwortung für den Prozess definiert. Der Projektmanager ist Arbeiter und nicht Showmaster!

Das Projektmanagement unterscheidet sich wesentlich von der Projektverwaltung. Es geht nicht ausschließlich darum, Berichte pünktlich abzuliefern, Präsentationen zu erstellen und die Zuweisung von Verantwortung zu kontrollieren. Vielmehr muss der Projektmanager aktive Eingaben bringen, die das Projekt in jeder Hinsicht vorantreiben oder vor Gefahren warnen, bzw. sie rechtzeitig erspüren. Dies geht nicht ohne solide Fachkenntnis.

Projektmanagement ist nicht nur das Wissen und die Erfahrung zur abstrakten Umsetzung einer Idee zur Wirklichkeit. Die Ausführungen zum Thema GIS in den ersten Kapiteln belegen deutlich, dass sehr viel Detailwissen erforderlich ist, um diesem Anspruch gerecht zu werden. Die Projektgruppe erwartet in der Regel, dass der Projektmanager dieses Wissen einbringt, um vor ungünstigen Tendenzen rechtzeitig zu warnen, nicht aber dominant seine Meinung den anderen „aufdrücken" will. So gesehen, werden vom Projektmanager beratende Fähigkeiten erwartet.

Überhaupt spielt der Umgang mit der Projektgruppe eine wesentliche Rolle. Schließlich muss erreicht werden, dass die Gruppe ihre Fähigkeiten bündelt und gegensätzliche Standpunkte konstruktiv zur unabhängigen Kontrolle von angedachten Wegen, bzw. zur Verbesserung von existierenden Ideen genutzt werden. Dies verlangt eine positive Kultur des Streitens, die in der Gruppe etabliert werden muss. Die (sachliche) Auseinandersetzung dient dazu, sich ständig als Gruppe zu verbessern. Niemand darf sich attackiert fühlen. Vielmehr ist die Motivation des Einzelnen gefragt, sich mit seinen gesamten Fähigkeiten für das Gelingen des Projektes einzusetzen. Hierzu bedarf es der psychologischen Fähigkeiten des Projektmanagers.

Wenn auch die Techniker häufig Vorurteile gegenüber der Psychologie haben, sei ausdrücklich darauf hingewiesen, dass diese Disziplin Ideen, Methoden und Werkzeuge vorgebracht hat, die äußerst nützlich für die Gruppenarbeit sind. Produktive Gruppenarbeit kann kaum ohne diese Erkenntnisse auskommen.

Obwohl die vorgestellte Projektmanagementmethodik analytisch aufgebaut ist und der Schwerpunkt eindeutig auf der Nachvollziehbarkeit liegt, darf man nicht vergessen, dass die Beteiligten am Projekt Menschen sind, die ihre Gefühle bei der Bearbeitung nicht aufgeben. Das Projekt wird mithin auch gravierend von irrationalen Momenten beeinflusst. Geht es dabei um Motivationsaspekte, wird die Gefühlsbetonung durchaus angestrebt. Bei negativen Auswirkungen wird sie verdammt. Es ist beliebt, die positiven Auswirkungen als eigenes Verdienst darzustellen und die negativen „unter den Tisch zu kehren" oder anderen identifizierbaren oder auch nicht identifizierbaren Gruppen als Schuld zuzuweisen. Im Sinne der Gerechtigkeit darf vielleicht der Projektmanager auch einmal Gruppenergebnisse für sich buchen. Zum Ausgleich muss er dann aber auch den „Sündenbock" für Entwicklungen übernehmen, die er eigentlich nicht (allein) zu verantworten hat. Das kann durchaus geschickt sein, um ein Projekt wieder ins Rollen zu bekommen oder Spannungen in der Gruppe aufzulösen.

Das Selbstverständnis des Projektmanagers zielt auf das Einbringen der eigenen Fähigkeiten zum Wohle der Teamarbeit und zum Gelingen des Projektes. Nimmt er diese Vorbildfunktion wahr, kann auch ein gewisser Ausstrahlungseffekt auf das Team erreicht werden.

Insgesamt muss die Qualifikation des Projektmanagers ein sehr weites Feld abdecken. Die besondere Schwierigkeit besteht darin, sehr unterschiedliche Gedankenwelten aufnehmen und verarbeiten zu können. Verwaltungstechnische, betriebliche, kaufmännische, technische, juristische und psychologische Elemente müssen verstanden und auch aktiv zur Projektsteuerung eingebracht werden können. Der Reiz der Aufgabe besteht darin, Gegensätzliches zu verstehen und zusammenzuführen sowie unterschiedliche Gedankenwelten aktiv zur Verbesserung des jeweiligen Zustandes auszunutzen. Dies mag schwierig sein, es ist aber auch höchst interessant!

Wenn es überhaupt Ausbildungsszenarien zum Projektmanager gibt, sind sie mit Sicherheit nicht in dieser Bandbreite der aufgezählten Qualifikationen aufgebaut. Deshalb spielt die Fortbildung hier eine wesentliche Rolle. Sie zielt dabei nicht nur auf Themen der eigenen Fachdisziplin. Vielmehr müssen auch die Bereiche, mit denen man bislang nicht konfrontiert worden ist, vertieft werden. Die Offenheit gegenüber Themen, die nicht Bestandteil der Ausbildung waren, beinhalten dabei das größte Potenzial, sich weiter zu entwickeln. Eine erste Anregung hierzu kann vielleicht das Literaturverzeichnis in Kapitel 8 sein.

7 Adaptierung der Methodik

Das Projektmanagement nach GIAD wurde für Technische Informationssysteme konzipiert. Wenn in diesem Buch der Fokus auf den Geografischen Informationssystemen liegt, ist dies im Thema des Buches, aber nicht in der Ausrichtung der Methodik begründet. Im Bezug auf die ursprünglich konzipierte Ausrichtung hat sie sich in vielen Projekten bewährt.

Wie schon öfters erwähnt, besteht die Methodik aus einer durchgängigen Basiskonzeption in Verbindung mit passenden Werkzeugen zur Umsetzung. Diese abstrakt definierten Zusammenhänge lassen sich auf Bereiche übertragen, die überwiegend ähnliche Problemstellungen haben, wie dies in der Realisierung von Technischen Informationssystemen beschrieben wurde. Da für die Adaptierung der Methodik auf andere Bereiche nicht ausreichend Erfahrungen vorliegen, wird diese Möglichkeit nur erwähnt. Sie kann aber nicht mit Sicherheit propagiert werden.

Aus Kundenkreisen und auf Betreiben von Kunden gibt es Adaptierungserfahrungen für betriebswirtschaftliche DV-Anwendungen, die allesamt positiv bewertet wurden. Da hier immer wieder die grundlegenden Zusammenhänge und die daraus entwickelten methodischen Maßnahmen mit den zugehörigen Werkzeugen dargestellt wurden, kann der interessierte Benutzer relativ leicht abschätzen, ob Methodik und Werkzeuge auch für angrenzende oder sogar themenfremde Fragestellungen tauglich sind.

Die hier vorgestellte Bearbeitungsphilosophie ist die Kombination von Methodik, Werkzeugen, Fachwissen und Erfahrung. Deshalb liegt es in der Natur der Sache, dass gutes Projektmanagement nur spezialisiert durchgeführt werden kann. Verantwortungsvolles Projektmanagement ist nur auf den Gebieten möglich, in denen man sich auskennt. So halte ich die Anregung meiner Kunden durchaus für praktikabel, die Methodik auch auf andere Projekte zu übertragen. Vieles spricht dafür, Projekte in einem ganzheitlichen Rahmen zu sehen und abzuwickeln. Die gesamte Projektsteuerung ist aber kein Formalismus. Sie beruht zu einem großen Teil auf der Erfahrung und dem Gespür des Projektmanagers.

Diese Erscheinung des „sechsten" Sinnes erkennt man oft in der Praxis. Erfahrene Praktiker spüren geradezu, wo es wichtig ist, eine Sachlage zu vertiefen. Dieses feine Gespür ist sogar wissenschaftlich nachgewiesen. Es kommt aus der intensiven langjährigen Beschäftigung mit einem Spezialthema. Offensichtlich haben derart begabte - oder besser gesagt trainierte - Menschen eine solche Sensibilität entwickelt, dass sie auch kleinste Indikatoren aufzunehmen verstehen und dadurch in die richtige Richtung der Vorgehensweise gelenkt werden. Dieser Effekt ist nicht zu erreichen, wenn man sich nicht genügend spezialisiert. Ich befürworte die Übertragung der Methodik auf andere Bereiche, wenn der Projektmanager Erfahrung mit diesem Aufgabengebiet und auch fundiertes fachliches Wissen hat.

Ein ganz anderes Feld der Adaptierung ist das Zuschneiden der Methode und der zugehörigen Werkzeuge auf die eigene Person. Diese Anpassung ist nachdrücklich erwünscht, weil sie zu einem harmonischen Miteinander von Persönlichkeit und Arbeitsstil des Projektmanagers führt. Mit der Anwendung der Methodik sollte man sich die Zeit gönnen, zu reflektieren, auf welche Art man Ergebnisse erreicht hat. Man wird feststellen, dass einem bestimmte methodische Schritte und Werkzeuge passend und förderlich und andere wiederum eher mühsam erscheinen. Dies sind erste Indikatoren für den erforderlichen Harmonisierungsprozess zwischen Projektmanager und seinen Methoden und Werkzeugen.

Da er diese beherrschen muss, damit sein Blick auch für die beschriebenen anderen Dinge im Projektmanagement frei bleibt, ist es wichtig, diese Harmonie herzustellen. Der Projektmanager sollte also das dargestellte Portfolio an Möglichkeiten sorgsam testen und für sich die Teile herausnehmen, die ihm hilfreich sind. Hat er mit bestimmten Methoden oder Werkzeugen Schwierigkeiten, sollte er klären, ob ihm Modifikationen, die natürlich den Sinn nicht verfälschen dürfen, einen besseren Zugang bieten.

Auf diese Weise entsteht ein kreativer Prozess der systematischen iterativen Adaption von Methodik und Werkzeugen, die schließlich immer besser mit dem persönlichen Stil harmonieren. Diese Harmonie empfindet der Mitarbeiter im Projekt als eine gewisse Souveränität. Der Projektmanager gewinnt an Sicherheit und dies hat wiederum positive Rückkopplungen auf das Projekt. Schließlich wird die Nutzung von Methodik und Werkzeugen zur Routine. Sie bindet nicht mehr so viele Energien des Projektmanagers, und er gewinnt dadurch die Freiheit, sich auf zusätzliche wichtige Dinge während der Workshops konzentrieren zu können.

Wenn zu Beginn der Ausführungen dem Projektmanager die verwirrende Vielfalt des Projektmanagements für Technische Informationssysteme fast jede Chance nahm, sich zurecht zu finden, ist ihm jetzt der Weg geebnet, Strukturen zu erkennen, Transparenz herzustellen und kreativ fördernd in den Entwicklungsprozess eines Projektes einzugreifen.

Falls Fragen bestehen, biete ich an, Kontakt mit mir aufzunehmen und Problemstellungen und Möglichkeiten zu diskutieren (wilfried.klemmer@r-plus-s-consult.de). Schließlich wünsche ich Ihnen viel Erfolg, wenn Sie sich die komplizierte, aber auch faszinierende Welt des Projektmanagements zu Eigen machen!

8 Literaturverzeichnis

Barker, Richard:
Case Method Entity Relashionship Modelling
Addison-Wesley 1990

Bartelme, Norbert:
Geoinformatik Modelle, Strukturen, Funktionen
Springer Verlag 1995

Bill, Ralf:
Grundlagen der Geo-Informationssysteme
Band 2
Herbert Wichmann Verlag 1999

Bill; Fritsch:
Geografische Informationssysteme
Herbert Wichmann Verlag 1994

Bill, R.; Zehner, M. L.:
Lexikon der Geoinformatik
Herbert Wichmann Verlag 2000

Buhmann, H., Wiesel, J:
GIS-Report 2003
Software, Daten, Firmen
Bernhard Harzer Verlag 2003

Kuhlmann, C., Markus, F., Theurer, E.:
CAD und GIS in der Stadtplanung
Bernhard Harzer Verlag 2003

Böning, Uwe:
Moderieren mit System
Gabler Verlag 1994

Borrough, Peter:
Principals of Geografical Information
Systems for Land Ressources Assessment
Clarendon Press 1979

Büschgen, Hans E.:
Bankbetriebslehre
Gabler Verlag 1993

Coad, Peter/Nicola, Jill:
Objekt-Oriented Programming
Yourdon Press 1993

Common, Richard; Flynn, Normann and Mellon, Elizabeth:
Managing Public Services
Butterworth-Heinemann Ltd 1992

Cowen, D.J.:
GIS versus CAD versus DBMS: What Are The Differences?
Photogrammetric Engineering And Remote Sensing Vol. 5, 1988

Csavajda, P.; Schroff, B.; Schweißhelm,G.; Wrensch, H.-J.;Haas, W.:
CAD-Datenaustausch in der Fabrikplanung der Automobilindustrie
http://www.step-cds.de/Daten/VBI-2000-WH.pdf

Czichos, Reiner:
Change-Management
Ernst Reinhardt Verlag München Basel 1990

Czichos, Reiner:
Coaching = Leistung durch Führung
Ernst Reinhardt Verlag München Basel 1991

Czichos, Reiner:
Creaktivität & Chaos-Management
Ernst Reinhardt Verlag München Basel 1993

Decker, Franz:
Effizientes Management für soziale Institutionen
Verlag Moderne Industrie, Landsberg/Lech 1992

Der Bundesminister des Innern:
Gliederung der IT-Rahmenkonzepte
KBST Mai 1990

Der Bundesminister des Innern:
Planung und Durchführung von IT-Vorhaben in der Bundesverwaltung
Bundesanzeiger August 1992

Literaturverzeichnis

Dueker:
Land Ressorce Information Systems: The Review of 15 Years of Experience
Geo-Processing Vol. 1 1979

Eigner, Martin; Maier, Helmut:
Einstieg in CAD
Hanser Verlag 1985

Göpfert, W.:
Raumbezogene Informationssysteme
Herbert Wichmann Verlag 1991

Institut für Geodäsie und Geoinformatik
Geoinformatik Lexikon
http://www.geoinformatik.uni-rostock.de/lexikon.asp

Kirckhoff, Mogens:
MIND MAPPING
Synchron Verlag Berlin 1992

Klemmer, Wilfried; Spranz, Roland:
GIS-Projektplanung und Projektmanagement
Wilfried Klemmer Roland Spranz Bonn 1997

Klemmer, Wilfried:
Praxisseminar GIS-Auswahlkonzepte
(unveröffentlicht)

Klemmer Wilfried:
Chancen und Risiken des GIS-Einsatzes in Verwaltungen
Die Gemeinde BWGZ 22/2000

Klußmann, N.:
Lexikon der Kommunikations- und Informationstechnik
2. Auflage
Hüthig Verlag 2001

Köhler, Gottfried:
Management von Klein- und Mittelstandsbetrieben
Wirtschaftsverlag Carl Ueberreuter 1994

Kummer, Walter A.:
Projektmanagement: Leitfaden zu Methode und Teamführung in der Praxis
Verlag Industrielle Organisation, Zürich 1993

Lachnit, Laurenz:
Controllingkonzeption für Unternehmen mit Projektleistungstätigkeit
Verlag Vahlen 1994

Madauss, Bernd J.:
Handbuch Projektmanagement
C.E. Poeschel Verlag Stuttgart 1991

Mees/Oefner-Py/Sünnemann:
Projektmanagement in neuen Dimensionen
Gabler Management 1995

Molcho, Samy:
Körpersprache
Mosaik Verlag 1983

Nagel, Kurt:
Nutzen der Informationsverarbeitung
Oldenbourg Verlag, München 1990.

Österle/Brenner/Hilbers:
Unternehmensführung und Informationssystem
B.G.Teubner Stuttgart 1992

Oyen, Volker/Schlegel, Hans Bernd:
Projektmanagement heute
GABAL 1986

Page-Jones, Meilir:
Praktisches DV-Projektmanagement
Carl Hanser Verlag 1991

Peter, N.:
Lexikon der Bautechnik
C. F. Müller Verlag, 2001

Porter, Michael E.:
Wettbewerbsstrategie (Competitive Strategy)
Campus Verlag 1990

Literaturverzeichnis 267

Reibnitz, Ute von:
Szenario-Technik
Gabler Verlag 1991

Reichel, Egbert-E.; Siegrist, Norbert H.:
EDV-Verträge richtig gestaltet
FBO Verlag 1993

Schmitz, Heiner/Windhausen, Michael Peter:
Projektplanung und Projektcontrolling
VDI-Verlag 1986

Schüttel, Marcel:
ALB und ALK – Fit für ALKIS?
Zeitschrift für Vermessungswesen 3/2003

Seidenschwarz, Barbara:
Entwicklung eines Controllingkonzeptes für öffentliche Institutionen
Verlag Vahlen 1992

Stahlknecht, Peter:
Einführung in die Wirtschaftsinformatik
Springer Verlag 1989

Steinberg, Claus:
Projektmanagement in der Praxis
VDI-Verlag/Schäffer-Poeschel Verlag 1990

Ulrich, Hans/Probst, Gilbert J.B.:
Anleitung zum ganzheitlichen Denken und Handeln
Verlag Paul Haupt Bern und Stuttgart 1991

Vollmuth, Hilmar J.:
Controlling-Instrumente von A-Z
WRS Verlag Wirtschaft, Recht und Steuern 1994

Wirth, Niklaus:
Algorithmen und Datenstrukturen
B.G.Teubner Stuttgart 1983

Wysowski, Robert K./Beck, Robert, Jr./Crane, David B.:
Effective Projekt Management
John Wiley & Sons 1995

Zdenek, Marilee:
Der kreative Prozeß (Die Entdeckung des rechten Gehirns)
Synchron Verlag Berlin 1988

9 Glossar

ALK
Automatisierte Liegenschaftskarte - der vermessungs- und kartentechnische Teil des digitalen Liegenschaftskatasters.

Audit
Untersuchung, ob ein Ergebnis den zuvor gestellten Anforderungen entspricht

Benchmark
Standardisierter Test zur vergleichenden Leistungsermittlung

Bestandsplan
Plan zur Dokumentation von Leitungsnetzen und Betriebsmitteln auf der Basis der Raumbezugsebene der Flurkarte (1:100 bis 1:2.500)

Bezugssystem
Grundlegendes Bestimmungssystem zur Festlegung von Punkten in mehreren Dimensionen

CAD
Computer Aided Design; Konstruktions- und Darstellungssoftware für technische Anwendungen

Change Management
Entwicklung und Steuerung von Veränderungsprozessen in der Unternehmensorganisation

Controlling
Konzept zur Wirkungsverbesserung der Unternehmensführung

Datenintegrität
(Erhaltung der) Korrektheit von Daten

Datenkonsistenz
Widerspruchsfreiheit und Vollständigkeit zusammengehöriger Datenbestände

Datenmodell
Abbildung der Wirklichkeit in Datenstrukturen und –organisationen zur Herstellung einer geordneten und funktionalen Informationsstruktur des Informationssystems

(Daten-)Modellierung
Vorgang zur Erstellung eines Datenmodells

Datenstruktur
Inhaltliche und formale Beschreibung von digitalen Informationen für deren zweckgebundene Speicherung und Bearbeitung

DGK 5
Deutsche Grundkarte im Maßstab 1:5.000

DV
Datenverarbeitung

DXF
Verbreitetes Vektor-Datenformat

Equipment
hier: Begriff aus dem SAP-Umfeld: physisches Objekt

Flurkarte
Katasterkarte der Flurstücke in den Maßstäben zwischen 1:200 bis 1:2.500

Generalisierung
Kartografischer Vorgang der bewussten Vereinfachung (und evtl. auch Verfälschung) der maßstäblichen Darstellung zugunsten der Übersichtlichkeit

Geschäftsprozess
Ein Element der Wertschöpfung im Unternehmen; Zusammenfassung von mehreren Arbeitsschritten

GIAD
Ganzheitlich Interaktive Analyse- und Designmethode
Hier beschriebene Methodik zum Projektmanagement

GIS
Geografisches Informationssystem

Inselkarte
Topografisch abgegrenzte Karte

Interface
Schnittstelle

IS
Informationssystem

IS-U
Abrechnungssystem (Modul aus dem SAP-Umfeld)

Interaktion
Zusammenspiel von Benutzereingriff und DV-Prozess

Glossar

Interoperabilität
Zusammenspiel von verschiedenen (DV-) Systemen

IT
Informationstechnologie

Kataster
Register

Kernel
Kern (in einem GIS)

Lastenheft
Spezifikation eines Produkts

(Liegenschafts-)Kataster
Öffentliches Register für den Nachweis von
Eigentumsverhältnissen an Grundstücken

Medienbruch
Wechsel im Arbeitsablauf von digitaler zu
manueller Verarbeitung

Merkmal
hier: Begriff aus dem SAP-Umfeld
Attributive Information zu einem Technischen Platz/Equipment

Migration
hier: Übergang von einem Alt- zu einem Neusystem

Mind Mapping
Technik zur Generierung und Strukturierung von Ideen

Multiprojektmanagement
Verwaltung, Steuerung und Controlling von
mehreren unterschiedlichen Projekten

Normalisierung
Prozess der Entfernung von Redundanzen aus
einem Datenmodell oder einer Datenbank

Objekt
Modelleinheit eines realen oder gedachten
Gegenstandes in einem Informationssystem

OGC
Open GIS Consortium - eine internationale Vereinigung zur Schaffung von Standards zur Interoperabilität in der Geodatenverarbeitung

Performance
Antwortgeschwindigkeit eines Informationssystems

Pflichtenheft
Beschreibung der Umsetzung des Lastenheftes

Pixel
Kleinste Struktureinheit in einem Rastersystem

Projekt
Abfolge von einmaligen, komplexen und voneinander abhängigen Tätigkeiten, die ein Ziel haben und zu einer bestimmen Zeit, mit vorgegebenen Mitteln und vorab festgelegter Spezifikation fertig gestellt sein müssen.

Projektmanagement
Planung, Steuerung und Überwachung von Projekten

Prototyping
Verfahren zur schnellen Entwicklung von Softwareprototypen, um die grundsätzliche Leistungsfähigkeit unter Beweis zu stellen.

Qualitätsmanagement
Organisationssystem, das sicher stellen soll, dass Güter, Dienstleistungen und Prozesse den Anforderungen entsprechend abgearbeitet werden.

Rastergrafik
Aus (Pixel-)Mosaikdarstellung erzeugtes Bild

Raumbezugsebene
Basismaßstab für die Aufnahme und Darstellung von Informationen im GIS

Recovery
(automatische) Wiederherstellung eines Datenbestandes nach einer Störung

Redesign
Entwicklung optimierter Prozesse oder Modelle

Redundanz
Mehrfaches Vorhalten einer gleichen Information

REFA
Abkürzung für „Reichsausschuss für Arbeitszeitermittlung"

Release
Freigabe einer Hard- oder Softwareversion

SAP
Software, Anwendungen und Produkte in der Datenverarbeitung
Marktführende Software für kaufmännische und betriebswirtschaftliche Anwendungen

Schemaplan
Maßstabsloser Plan für die Darstellung räumlich/prinzipieller Zusammenhänge

Technische Informationssysteme
Informationssysteme für technische Anwendungen

Technischer Platz
Hier Begriff aus dem SAP-Umfeld: Logisches Objekt

TK 25
Topografische Karte im Maßstab 1:25.000

Topografie
Struktur und Gestalt der Erdoberfläche

Topologie
Information über die nicht-metrische Verknüpfung von Objekten

Transaktion
Bearbeitung eines DV-Auftrags vom Start bis zum Abschluss

Transaktionssystem
DV-Anwendung, die von vielen Benutzern parallel genutzt wird und auf gleiche Datenbestände zugreift

Trial and Error
Verfahren des systematischen Probierens mit Ergebnisbewertung

Übersichtsplan
Plan auf der Basis der Raumbezugsebene der Deutschen Grundkarte DGK 5 (1:5.000) oder Topografischen Karte (1:25.000 bis 1:200.000)

Workflow
Arbeitsübergreifende Automatisierung von Geschäftsprozessen und die Bereitstellung von Informationen zur richtigen Zeit am richtigen Ort

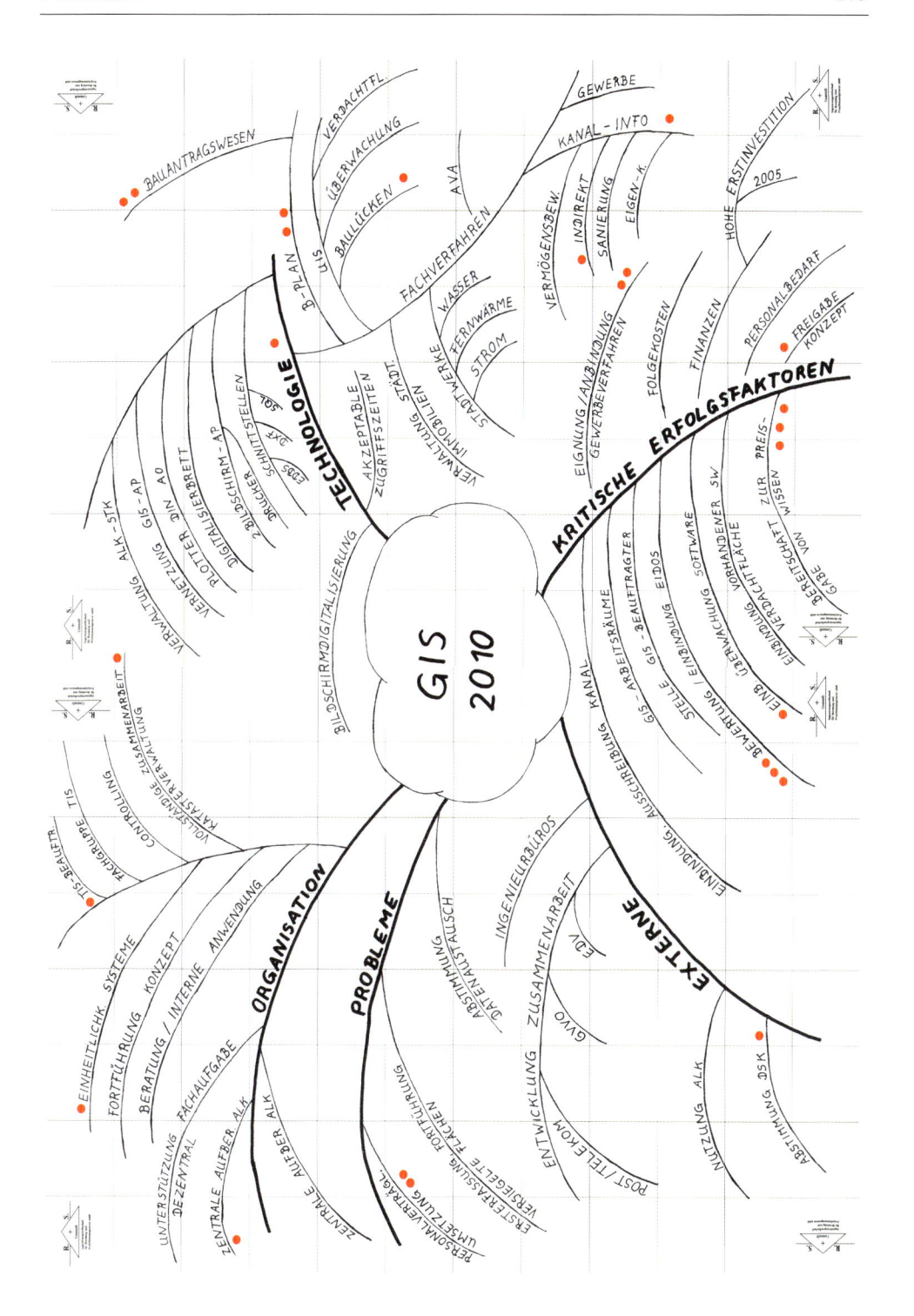

Farbtafel I

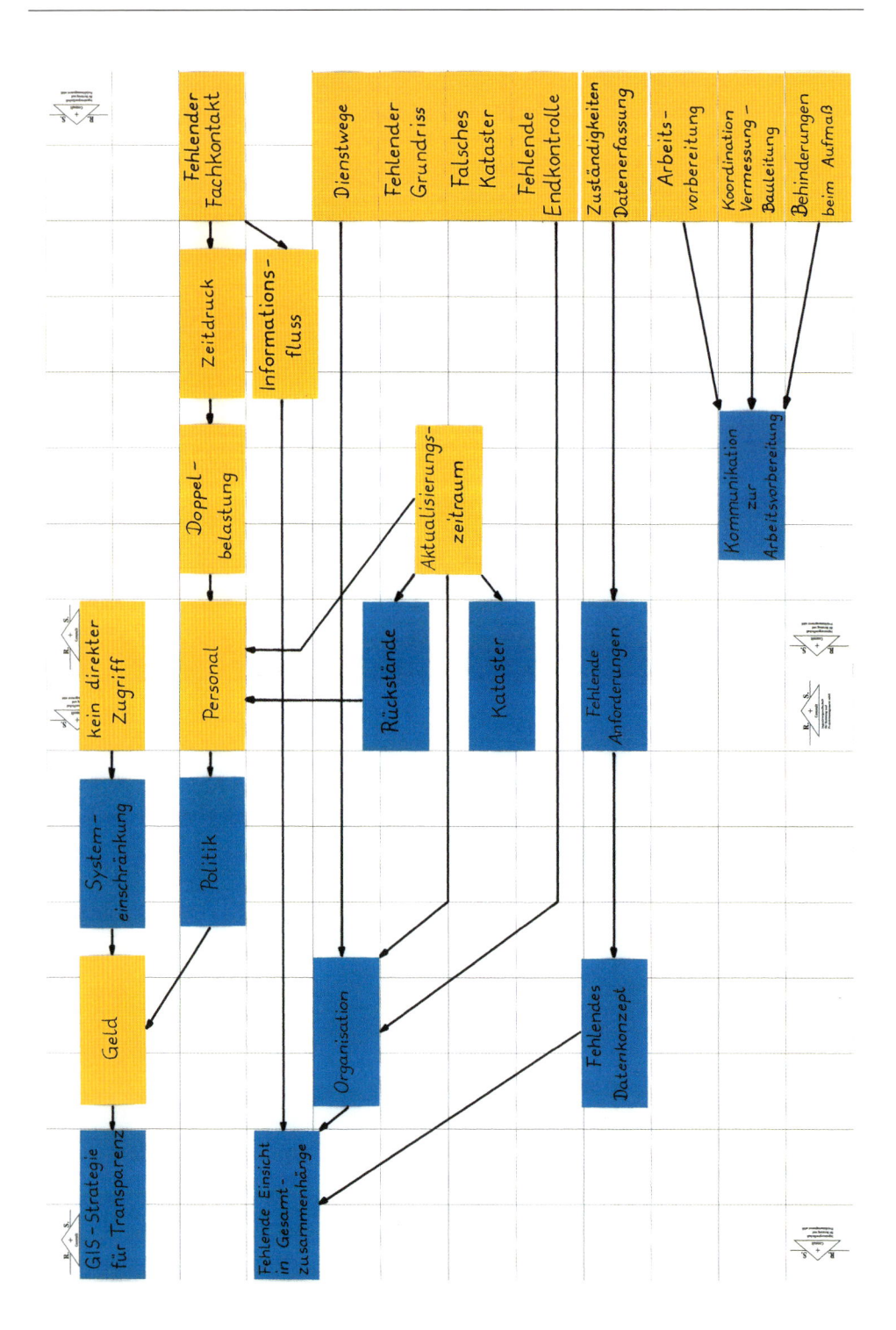

Farbtafel II

Farbtafel III

Informationsflüsse Leitungsbau Ist-Stand

Eigentümer → Baufirmen → Lieferanten → Materialwirtschaft

- Benachrichtigung
- Ausschreibung / Aufträge
- Bauprogramm
- Auffordg. zum Angebot / Aufträge
- Angebote
- Materialanforderung / fachl. Stellungnahme
- Lieferscheine
- Angebote
- Zustimmung
- Angebot / Fertigmeldung
- Material / Lieferscheine
- Angebote

Bau → Bauhof → Netzbetrieb → Planung → Kartographie

- Bauunterlagen
- Schaltanforderung
- Ausführungspläne
- Ausführungsplan
- Einmessskizzen
- Abnahmeprotokoll
- Schaltgenehmigung
- Schaltgenehmigung
- Planunterlagen
- Einmessskizzen
- Karten, Pläne

Farbtafel IV

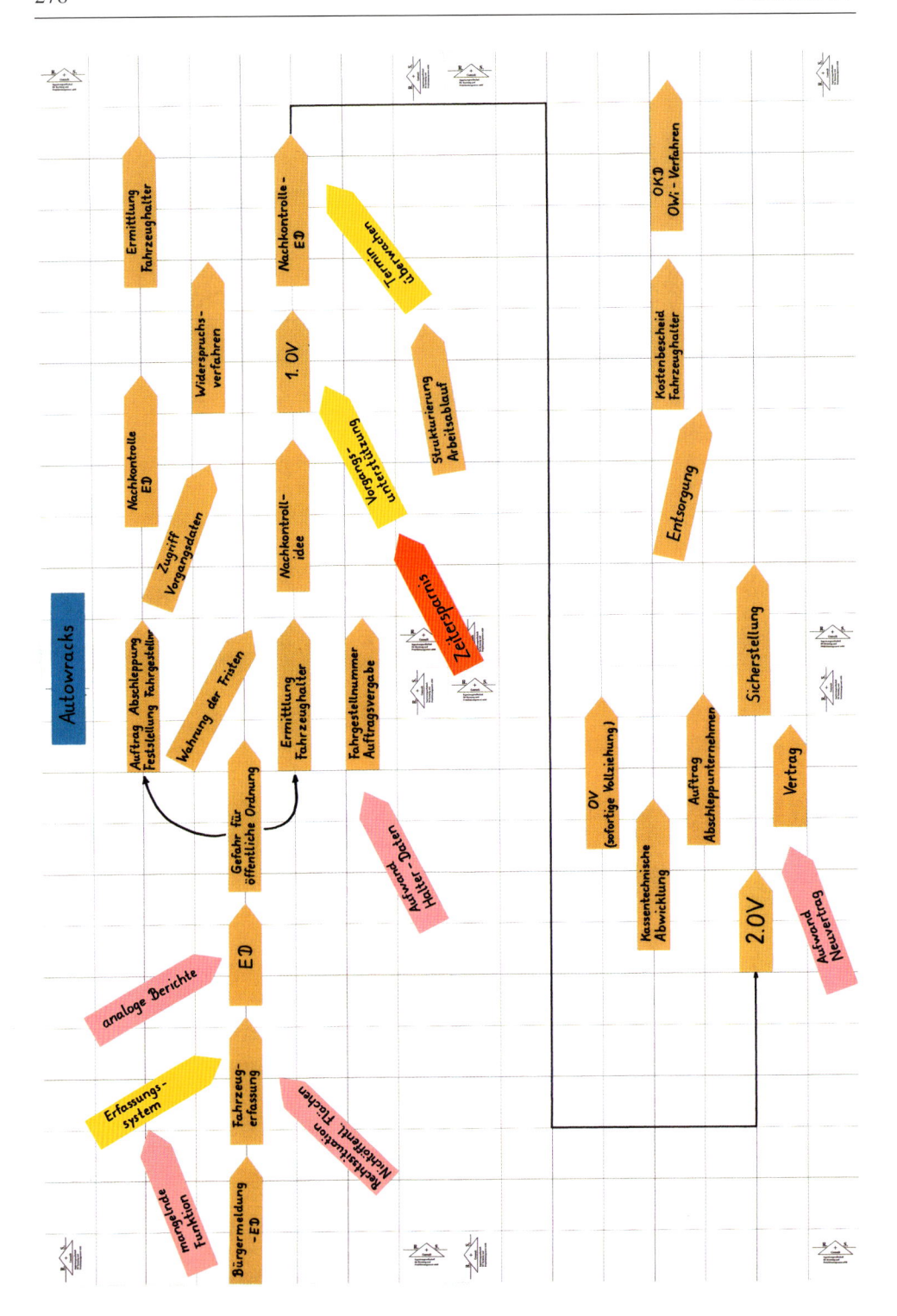

Farbtafel V

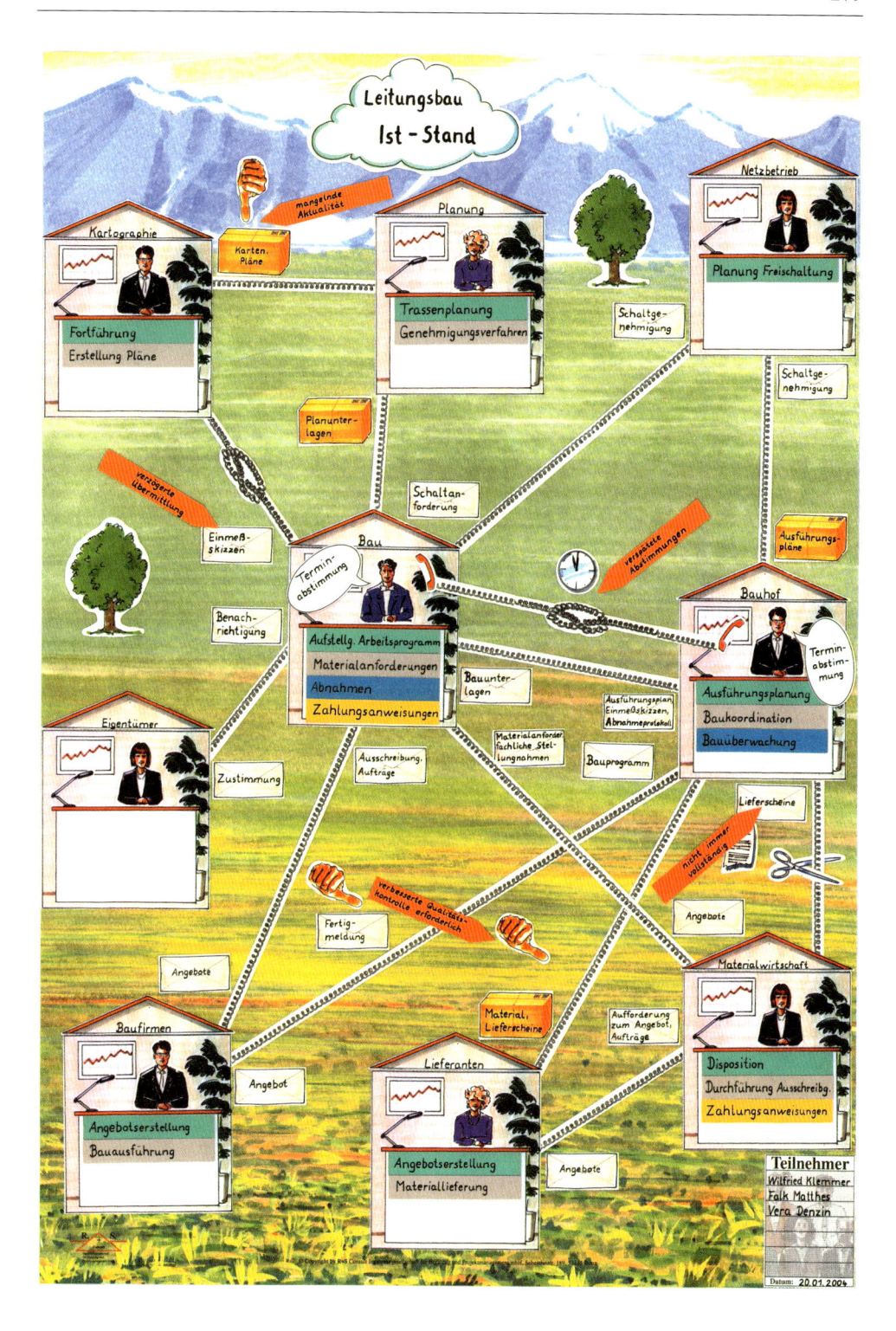

Farbtafel VI

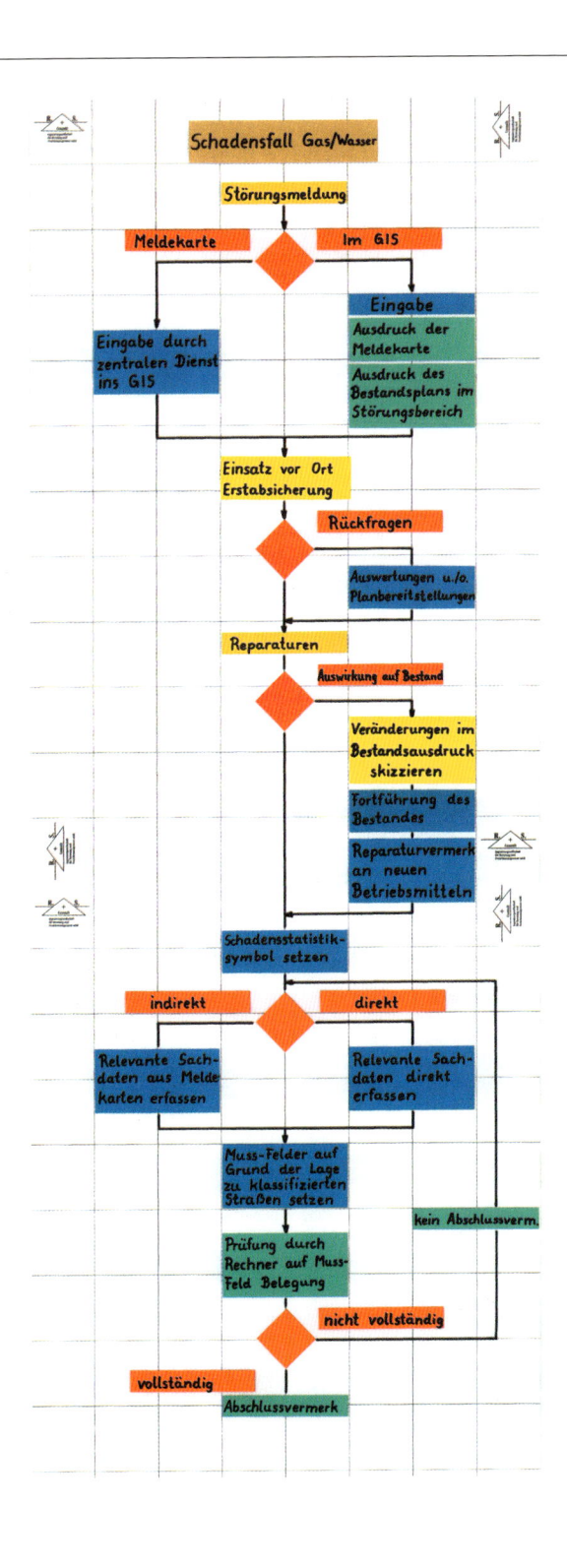

Schadensfall Gas/Wasser

Störungsmeldung

- Meldekarte
- Im GIS

Eingabe
- Ausdruck der Meldekarte
- Ausdruck des Bestandsplans im Störungsbereich

Eingabe durch zentralen Dienst ins GIS

Einsatz vor Ort Erstabsicherung

Rückfragen

Auswertungen u./o. Planbereitstellungen

Reparaturen

Auswirkung auf Bestand

Veränderungen im Bestandsausdruck skizzieren

Fortführung des Bestandes

Reparaturvermerk an neuen Betriebsmitteln

Schadensstatistiksymbol setzen

- indirekt
- direkt

Relevante Sachdaten aus Meldekarten erfassen

Relevante Sachdaten direkt erfassen

Muss-Felder auf Grund der Lage zu klassifizierten Straßen setzen

kein Abschlussverm.

Prüfung durch Rechner auf Muss-Feld Belegung

nicht vollständig

vollständig

Abschlussvermerk

Farbtafel VII

Funktionsleistungsspiegelung

Linke Seite (Anforderungen):
- Eingabe durch zentralen Dienst in GIS
- Ausdruck der Meldekarte
- Ausdruck des Bestandsplans im Störbereich
- Auswertungen mit Planbereitstellungen
- Fortführung des Bestandes
- Reparaturvermerk an neuen Betriebsmitteln
- Schadensstatistiksymbol setzen
- Relevante Sachdaten erfassen
- Muss-Felder auf Grund der Lage zu klassifizierten Straßen setzen
- Prüfung durch Rechner auf Muss Feld Belegung
- Abschlussvermerk

Rechte Seite (Funktionen):
- Datenbankfunktionalität
  - Maskengenerierung
  - logische Kontrollen
  - Vorbelegung von Feldern
- Druckeranschluss im Netz
- Auswahl Bestandsplanausschnitt aus
  - Fensterdefinition in Übersichtsplan
  - Straßenangabe
  - Bezeichnungen von Betriebsmitteln
- Netzverfolgung mit Berücksichtigung von Absperreinrichtungen
- Selektieren über Sachdaten in Kombination mit Ausschnittfenster
- Komfortable Konstruktionsfunktionen
- Verknüpfung zum Sachdatensatz

Farbtafel VIII

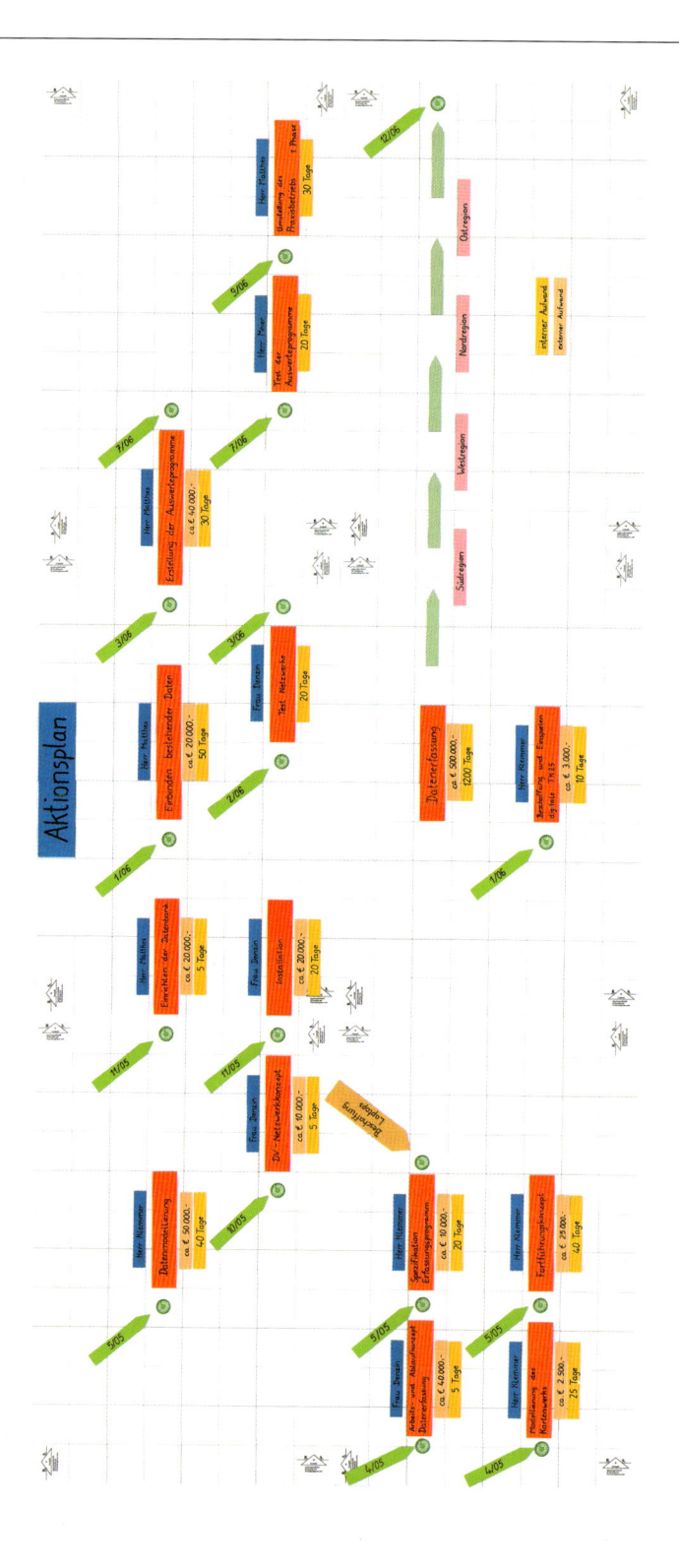

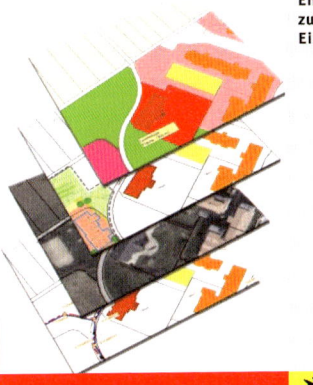

Kuhlmann / Markus / Theurer
CAD und GIS in der Stadtplanung
Ein Leitfaden zum effizienten Einsatz

HARZER

Bernhard Harzer Verlag GmbH
Westmarkstraße 59/59 a
D-76227 Karlsruhe
Telefon ++49 (0)721 944 02 0
Fax ++49 (0)721 944 02 30
E-Mail: Info@harzer.de
www.geobranchen.de
www.harzer.de
www.gis-report.de

Der Praxis-Leitfaden für den
kommunalen GIS-Einstieg

- **Kuhlmann / Markus / Theurer**
- **CAD und GIS in der Stadtplanung**
- **Ein Leitfaden zum effizienten Einsatz**
- 2003. 176 Seiten, zahlreiche Abbildungen und Tabellen, Kartoniert,
- EUR 19,80 / SFR 32,80 zzgl. Versandkosten
- (ISBN 3-9803128-6-0) **Kostenlose Leseprobe anfordern bei: info@harzer.de**

Zielsetzung der Autoren ist es, vor allem kommunalen Entscheidungsträgern, aber auch allen interessierten PlanerInnen einen Leitfaden an die Hand zu geben, der ihnen eine konkrete Hilfestellung und Anregungen zur Einführung von Geoinformations-Systemen GIS und CAD aufzeigt.

Dieses Buch beschreibt die notwendigen Voraussetzungen, Rahmenbedingungen und Auswirkungen beim Einsatz neuer Techniken und zeigt in sieben konkreten Schritten, was bei der Einführung von GIS und CAD in der räumlichen Planung beachtet werden sollte. Teure Fehlinvestitionen können damit vermieden werden. Die Autoren sind erfahrene Praktiker und haben diesen Leitfaden verfasst, weil sie davon überzeugt sind, dass nur so Lösungen erreicht werden, die dem Anwender effiziente und sinnvolle Softwarewerkzeuge bieten.

Aus dem Inhalt:

Einführung in das Thema / Aufgaben und Prozesse beschreiben und analysieren / Einsatzbereiche von IuK-Technologien in der Planung / Datengrundlagen und Informationsquellen erheben und zuordnen / Die Werkzeuge im Bereich CAD und GIS kennen lernen / Ziele und Visionen für den GIS-Einsatz entwickeln, Unnötiges/Unmögliches vom Notwendigen abgrenzen / Ein GIS-Konzept erarbeiten – Schritt für Schritt / Investitions- und Folgekosten kalkulieren / Umsetzung – Schritt für Schritt / Rahmenbedingen schaffen – Organisation, Personal, Schulung, Ergonomie, Hardware / Auseinandersetzung mit der Realität / Anhang: Begriffserklärungen, Literaturempfehlungen, Web-Adressen, Arbeitskreise / Veranstaltungen / Lieferanten von Hardware, Software, Dienstleistungen.

Grundwissen GIS

Lernsoftware für Geografische Informationssysteme

Herausgegeben vom Institut für Kommunale Geoinformationssysteme e. V.

Grundlagen Beispiele Anwendungen

Weitere Informationen dazu auf www.GEObranchen.de

2004. CD-ROM für WIN
Einzellizenz: EUR 39,80 /
Schullizenz: EUR 198,--
(ISBN 3-9808493-1-7)

HARZER

Grundwissen GIS
Lernsoftware für Geografische Informationssysteme
Grundlagen Beispiele Anwendungen
Herausgegeben vom Institut für
Kommunale Geoinformationssysteme e. V.

Diese Lensoftware erscheint in Zusammenarbeit mit einem der Weltmarktführer (INTERGRAPH). Sie ist das erste systematische „virtuelle Schulbuch" auf diesem Gebiet im deutschsprachigen Raum.

Die interaktive Software ist abgestimmt auf den Lehrstoff des Geografieunterrichts an allgemeinbildenden Schulen, ist aber auch für die Aus- und Weiterbildung sehr gut geeignet. Nach einer allgemeinen und sehr leicht verständlichen Einführung wird in systematischen Lernschritten, der Umgang mit dem Werkzeug „GIS" aufgezeigt.

Ergänzt wird die CD durch ein auf der CD integriertes Handbuch sowie ein komplettes GIS (GeoMedia Professional 5.1), dessen auf 12 Monate befristete Freischaltung mittels eines Codes über das Internet bei INTERGRAPH selbst vorgenommen werden kann. Damit können dann eigene Anwendungen selbständig entwickelt werden. Außerdem ist das Tool „Der Knopf" integriert.

Systemanforderungen:
Prozessor : Intel Pentium
Windows 95/98/2000/ME/Windows NT/XP
Arbeitsspeicher: Mind. 64 MB

WWW.ITS-Informationstechnik.de

ITS
Informationstechnik Service GmbH

Smallworld 4

Smallworld
Core Spatial Technology™

Smallworld ist eine Technologie von GE Energy

Ihr Partner rund um das Smallworld GIS !

ITS Informationstechnik Service GmbH

Karl-Marx-Str. 32
44141 Dortmund

Tel. :   0231 / 55 75 111
Fax :   0231 / 55 32 15

E-Mail: its@its-informationstechnik.de
http:\\www.its-informationstechnik.de

WWW.ITS-Informationstechnik.de

Offene Geo-Informationssysteme GIS:

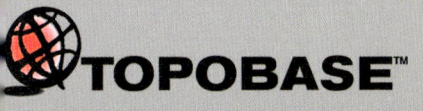

TOPOBASE™

Mit über 60 Mitarbeitern ist c-plan® einer der führenden Anbieter von Geo-Informationssystemen im deutschsprachigen Raum. Als anerkanntes Systemhaus entwickeln, vertreiben und implementieren wir standardisierte wie kundenspezifische GIS-Lösungen in zahlreichen Branchen.

Drei Kriterien stehen bei den kostenbewussten und zukunftsorientierten Kunden von c-plan® im Vordergrund: Offenheit des Systems, Flexibilität in der Datenstruktur und interoperable Softwarekomponenten nach breit abgestützten Standards. Unsere Referenzliste umfasst weit über 700 anspruchsvolle Unternehmen und Institutionen aus verschiedensten Anwendungsbereichen.

c-plan®

c-plan GmbH
Telefon: +49 (0)7144 / 80 12 - 0
www.c-plan.com

c-plan®

c-plan AG
Telefon: +41 (0)31 958 20 20
www.c-plan.com

GDV-MapBuilder

Schnelles JAVA-GIS. Sonst nichts.

Entwickeln Sie plattformunabhängige **und** performante GIS-Anwendungen

+ kostengünstig
+ einfach
+ hochperformant
+ erweiterbar
+ zukunftssicher

INFOS

www.gdv.com
Fon/Fax +49.06132.7148-0/-28

GDV
GESELLSCHAFT FÜR GEOGRAFISCHE DATENVERARBEITUNG

Auf dem Weg zum eigenen GIS

Sie wünschen eine Beratung bei der Wahl des "Bootes"

Sie suchen einen sicheren "Ankerplatz" für Ihre Daten

Sie brauchen Hilfe, um die "Klippen" zu umfahren

Sie benötigen tatkräftige "Ruderer", die Ihnen zur Hand gehen

Damit Sie die Fahrt genießen können

Willkommen an Bord!

PLANUNGS- UND VERMESSUNGSGES.
ANSPERGER mbH

Beratung • GIS • Wegerecht • Vermessung • Dokumentation

Südstraße 25   Telefon 02842 9635-0
47475 Kamp-Lintfort   Fax 02842 9635-99
va@ansperger.de

www.ansperger.de

Bringt Ihre Daten schnell ans Ziel ... PolyGIS

PolyGIS ist ein geographisches Informationssystem auf der Basis von Windows,

- multinutzerfähig
- schnell
- hybrid
- skalierbar

Wir machen Geodaten schnell nützlich

POLYGIS®
Geographisches Informationssystem

IAC mbH Leipzig
Karl-Heine-Straße 99 · 04229 Leipzig

Telefon: (03 41) 49 12 250
Fax: (03 41) 49 12 262
E-Mail: info@iac-leipzig.de
Internet: www.iac-leipzig.de

Planen Sie die Einführung eines GIS?

Egal ob Internet-, Intranet- oder Desktop-GIS

Wir bieten Ihnen Projektbetreuung aus einer Hand:

Beratung bei der Auswahl sowie Lieferung der optimalen Hard- und Software
Installation, Datenkonvertierung und Datenaufbereitung
Erstellung kundenspezifischer Anwenderlösungen

iPM
Ingenieurbüro Peter Müller GmbH

Unser weiteres Leistungsangebot:

Consulting & Support der gesamten ESRI-Produktpalette sowie Schulung & Vertrieb
Entwicklung von Fachschalen, Datenmodellen, Internet-/Intranet-Clienten
Eigene Softwareprodukte: ALB/ALK-Auskunftssysteme, DAVID-Schnittstellen, u.v.m
Erstellung komplexer Kartenwerke
Datenerfassung, GPS

Tel.: 037 33 / 145 - 202
Fax: 037 33 / 145 - 231

IPM - Ingenieurbüro Peter Müller GmbH
Adam-Ries-Straße 16
09456 Annaberg-Buchholz

e-Mail: info@ipm-gis.de
Internet: www.ipm-gis.de

www.GEObranchen.de

Geobusiness & Geowissenschaft

DAS INTERNETPORTAL

- www:GEOjobs.de

- www.GEOevents.de

- www.GEOdatenmarkt.de

- gis-report-news***

- Software. Daten. Firmen.

- Treffpunkt Fachwissen!

HARZER

Bernhard Harzer Verlag GmbH
Westmarkstr. 59/59 a
D-76227 Karlsruhe
Tel. +49 (0)721 944 02 0
Fax +49 (0)721 944 02 30
E-Mail: info@harzer.de
www.GEObranchen.de
www.GEOjobs.de
www.GEOdatenmarkt.de